한국고승전(上)

- 삼국·고려편 -

활안 한정섭 · 해월 오청환 著

불교정신문화원

서 문

　나는 일찍이 정릉에 있는 지장암에 들어가 3년이 넘게 불 때고 밥하고 마당 쓸고 하다가 겨우 스님의 말씀을 듣고 법당에 들어가니 "사시마지(巳時摩旨)를 올려보라" 하여 멍하니 섰으니 목탁채로 머리를 쳐 피가 철철 흘렀다.
　이 미련한 놈이 불 때고 밥할 때 어깨 너머로 들여다보고 소리 듣고 외워 불공을 해야 하는데 따로 배워야만 하는 줄 알고 바보처럼 살았으니 누가 그 속을 알 것인가.

　무슨 인연으로 활안스님을 뵙고 말씀드리니 "역대 선지식들이 공부한 내력을 살펴보면 알 바가 있을 것이다" 하면서 삼국사기·삼국유사·왕오천축국전 등을 주어 읽어보니 과연 중노릇이 어떤 것인가를 조금은 짐작하게 되었다.

　그리하여 이 글을 이리 쓰고 저리 써 정리하다 보니 십여년 만에 겨우 초(抄)를 내게 되었으나 글이 짧아 문장이 잘 나가지 아니하므로 이능화 선생의 "조선불교통사"를 읽어보니 대양의 바다에서 천정만유(天汀萬流)를 쳐다보게 되었다.

　처음 쓰는 책이라 아직까지도 그 가닥이 잘 잡히지 않지만 활안스님의 지도 하에 재편집을 하여 교정을 보니 조금은 된 것 같아 부끄러움을 무릅쓰고 출간하게 되었으니 양해하고 읽어주시기 바란다.

불기 2558년 부처님 오신 날
해월 오청환 씀

경 찬 사

해 없는 하늘엔 달이 제일이고, 달 없는 하늘엔 별들이 제일이다.

우리 부처님께서 밝은 태양이 되어 천지를 비추다가 인연 따라 본자리에 돌아가시니 사바세계 남염부주의 같고 다른 세계에서 헤아릴 수 없는 별과 달들이 나타나 갖가지 덕(德)과 공(功)으로 중생들을 이롭게 하고, 널리 법을 폈으니 어떤 이는 높은 산 깊은 골 후미진 골짜기에서 고요히 선정에 들고, 어떤 이는 누더기 옷에 쓰디쓴 나물로 주린 창자를 위로하며 사나운 호랑이 용들을 항복받고 진리의 등불을 밝히었다.

때로는 돈오점수(頓悟漸修)로서 때로는 비증지증(悲增智增)으로 일승 삼승 동체 별체의 법을 닦고 익혀 나와 남을 이롭게 하고, 천안통 천이통에 삼현십지(三賢十地)의 과로써 보살 연각 성문승들을 가르치되 빛없는 곳에서 빛을 나투고, 소리 없는 곳에서 소리를 나타내어 군생(群生)들을 이롭게 하니 배고픈 자는 배를 채우고, 옷 없는 이는 옷을 얻게 되었다.

이 같은 고승들의 이야기는 각 나라마다 있지만 우리나라 고승전은 인도여행기·중국고승전·삼국사·고려사·이조실록·일본서기 등에 기록되어 있으나, 지금까지 그것이 한데 묶어 만들어진 것이 없다. 그런데 해월스님이 오랜 세월 연구하다보니 이 정도라도 다행으로 생각하고 있는 그대로 편찬하였다.

불기 2558년 갑오 4월 8일

활안 한정섭 씀

일 러 두 기

1. 이 글은 고구려·백제·신라·고려·조선조에 활약했던 스님들을 중심으로 썼다.

2. 전편을 상·하 양편으로 나누어 상편은 고구려·백제·신라·고려까지, 하편은 조선조 스님들을 중점적으로 기록하였다.

3. 그 가운데서도 비명(碑銘)·탑명(塔銘)이 있는 것을 본위로 했으며, 더러는 예외적인 것도 있다.

4. 묵호자·아도·마라난타·지공스님처럼 한국 스님이 아니어도 한국불교와 연관이 있는 분들을 간추려 정리하였다.

5. 자료는 당고승전·송고승전·해동고승전·삼국사기·삼국유사·고려사·조선실록 등을 참고하고, 특히 이능화선생의 조선불교통사와 일본의 원형석서·일본서기 등을 많이 참고하였다.

목 차

제1편

고구려 스님들

제1편
고구려 스님들

    고구려는 BC 18년 이전부터 압록강 송화강 만주 일대에 살던 여러 개의 부족국가가 5부로 통일하였다가 험난한 산곡(山谷)과 비좁은 들판을 헤치고 서남으로 진출하였다가 신라·백제·당나라의 저격을 받아 668년 멸망하였다.

    소수림왕 2년 불교를 받아들였으나 유교와 도교를 수용하면서 조화를 이루지 못했다.

1. 동명성왕(BC37~BC19)
2. 유리왕(BC19~BC18)
3. 대무신왕(BC18~AD44)
4. 민중왕(AD44~AD48)
5. 해모수왕(48~53)
6. 태조대왕(53~146)
7. 차대왕(146~165)
8. 신대왕(165~179)
9. 고국천왕(179~197)
10. 산상왕(197~227)
11. 동천왕(227~248)
12. 증천왕(248~270)
13. 서천왕(270~292)
14. 봉상왕(292~300

15. 미천왕(300~331)
16. 고국원왕(331~371)
17. 소수림왕(371~384)
18. 고국양왕(384~391)
19. 광개토왕(391~412)
20. 장수왕(413~491)
21. 문자왕(491~519)
22. 안장왕(519~531)
23. 안원왕(531~545)
24. 양원왕(545~559)
25. 평원왕(559~590)
26. 영양왕(590~618)
27. 영류왕(618~642)
28. 보장왕(642~668)

고구려 불교시조 순도(順道)스님

순도스님은 어떤 사람인지 모르겠으나, 덕이 뛰어나고 세속을 높이 초월하여 자유롭게 참을성이 있게 만물을 제도하였다.

법을 펴는데 뜻을 세우고 진단(중국, 혹은 동방의 나라)을 널리 유력하였다. 가는 곳마다 근기에 따라 사람들을 가르치기를 게을리 하지 않았다.

고구려 제17대 해미류왕(혹은 소수림왕) 2년 임신년(372) 여름 6월에 진(秦)의 부견이 사신 및 스님 순도를 파견하여 불상과 경문을 보냈다. 이 때 임금과 신하가 모여 영접하는 예로 성문(省門)에 나아가 맞이하였다. 정성을 다해 공경하고 믿으니, 감격과 경사가 멀리 퍼졌다. 사신을 보내 답례로 토산물을 바쳤다.

혹 일설에는 순도가 동진(東晉)에서 와서 처음 불법을 전했다고 하는데, 진(秦 ; 前秦)과 진(晉 ; 東晉)을 구별할 수 없으니 어느 것이 옳고 그른지는 알 수가 없다.

스님은 일찍이 다른 나라로부터 와서 서역의 자비로운 등불을 전하여 동쪽에 지혜의 해를 띄우니 인과를 보이고, 화복으로 이끌어 난초의 향에 취하고 안개에 젖어들 듯 점차로 전파되어 친숙해져 갔다.

그리하여 세상이 질박하고 백성이 순박하였으므로 다스려야 할 까닭을 알지 못했기 때문에 스님은 비록 학문이 깊이 쌓이고 널리 해득하였으나, 아직 널리 두루 퍼지는 못하였다. 마등(伽葉摩騰)이 후한(後漢)에 들어온 후 이에 이르기까지 2백여 년이다.

그 후 (소수림왕) 4년(374) 신승(神僧) 아도(阿道)가 위(魏)로부터 이르렀고 비로소 성문사(省門寺)를 창건하여 순도를 머물게 하였다.

옛 기록에 이르기를, "성문을 절로 삼았다"고 했으니, 지금의 흥국사(興國寺)가 그것이다. 이후에 잘못 기록하여 초문(肖門)이라고 하였다. 또 이불란사(伊弗蘭寺)를 창건하고 아도를 머물게 하였는데, 옛 기록에 흥복사(興福寺)가 그것이라고 하였다. 이것이 해동불교의 시초이다. 애석하다! 그 사람됨과 그 공덕은 마땅히 죽백(竹帛)에 기록하여 훌륭하고 뛰어난 공적을 알려야 하거늘, 그 문사(文辭)가 거의 보이지 않으니 어찌하리오.

그러나 사람들이 사방에 사신으로 가서 임금의 명령을 욕되지 않게 함은 반드시 현자(賢者)를 기다려야 능히 할 수 있는 것이다. 특히 다른 나라에 이르러 일찍이 없었던 큰 일을 처음 행함은 커다란 지혜와 커다란 지략이 있지 않고, 부사의한 신통력을 얻지 않았다면 어떻게 행하였겠는가. 이것으로써 그 남다른 사람됨을 알 수 있으니, 중국에 처음 불법을 전한 축법란(竺法蘭)이나 강승회(康僧會)와 같은 부류의 사람이라 할 만하다.

해동고승전에서 찬탄하였다.
『옛날 삼한이 솥의 세 발처럼 서로 맞서서 나라를 세우고 왕이라 칭하였을 때 부처님의 이름과 가르침은 그 조짐조차도 없었다. 그러다가 이윽고 중생의 그 간절한 소원이 부처님께 감응하게 되자 어진 덕이 마침내 와서 기연에 따라 교화하였다.

주역에 이르기를, '천하의 모든 일에 통달하여 그 길흉을 미리 안다'고 하였는데, 순도를 두고 한 말이라 하겠다. 처음에 내가 흥국사·흥복사에 몸소 나아갔을 때, 글을 지어 이 일을 기록해야 한다는 뜻이 있었지만 인연이 없어 이루지 못하였는데, 이제 외람되이 거룩한 명을 받게 되었으므로 이에 순도를 고승전의 첫머리에 두기로 하였다.』

각훈의 해동고승전에 논했다.
『부처의 가르침은 성(性)과 성(相)이 항상 머무른다. 자비로운 대원이 넓고 깊어 삼제(과거·현재·미래)에 통하고 시방에 두루하여 비와 이슬 같은 큰 은혜로써 윤택하게 하고, 번개와 천둥으로 만물을 진동시킨다. (부처님은)

가지 않고도 이르며, 서두르지 않아도 신속하다. 5안으로도 그 얼굴을 볼 수 없고, 4변으로도 그 형상을 논할 수 없다. 그 체는 가고 옴이 없지만, 그 용에 있어서는 생김과 멸함이 있다.

그러므로 우리 석가여래가 도솔천에서 전단향목의 누각을 타고 마야부인의 태에 들어가 주나라 소왕(昭王) 갑인년 4월 초파일에 드디어 오른쪽 옆구리를 열고, 정반왕의 궁에서 태어났다. 그날 밤, 오색의 광명이 태미(太微 ; 별)를 뚫고 들어가 서방에 통하였다. 소왕이 태사 소유(蘇由)에게 그 이유를 물었더니, "큰 성인이 서방에 태어나셨습니다" 하고, 다시 (그 태어남의) 이로움과 해로움을 물으니, "지금은 아무런 영향이 없지만 1천년 후에는 그의 가르침이 이 땅에도 미칠 것입니다"라고 하였다.

(석존은) 처음에는 궁중에 머물며 세속과 같은 생활을 하였다. 42년 갑신년 4월 8일 석존의 나이 30에 성을 넘어 출가하여(다른 여러 책에는 모두 19세에 출가하여 30에 도를 이루었다고 함) 드디어 나무 아래 앉아서 도를 이루었다. 법을 전하여 중생을 이롭게 하는 것이 마치 우담바라가 한 번 피는 것과 같았다.

처음에는 화엄(華嚴)을 설하시고, 다음에 아함·반야·심밀(深密)·법화·열반을 설하시어 근기에 따라 널리 펼치시고, 기량의 모나고 둥긂(方圓)에 맡기었다. 그것은 마치 한 점의 바람이 불면 1만 개의 구멍이 일제히 울려 퍼지는 것 같고, 외로운 달이지만 수많은 강에 두루 나타나는 것과 같았다. 49년 동안 뭇 중생을 제도하여 해탈시켰다. 열자(列子)에 이른바 "서방에 성인이 있다"라고 한 것이 이것이다.

오나라 태제 비(嚭)가 공자에게 물었다.
"부자(공자)께서는 성인이십니까."
"구(丘)는 박식하고 잘 기억하였지만 성인은 아니다."
"삼왕(三王)은 성인입니까?"
"삼왕은 지용을 잘 썼지만 성스러움을 구가 알고 있는 바가 아니다."
"오제(五帝)는 성인입니까?"

"오제는 어짊과 믿음을 잘 썼지만 성스러움이 구의 아는 바가 아니다."

"삼황(三皇)은 성인이라고 할 수 있습니까?"

"삼황은 시대에 맞게 정치를 잘하였지만 성스러움은 구가 아는 바가 아니다."

태재 비가 놀라면서 물었다.

"그러면 누가 성인이라고 할 수 있습니까?"

공자는 안색을 고치면서 대답하였다.

"서방에 성인이 있으니 다스리지 않아도 어지럽지 않고, 말하지 않아도 스스로 믿으며, 교화하지 않아도 스스로 행하니, 넓고 넓어서 백성들이 무어라고 이름을 붙일 수 없다."

고 하였다. [이 글은 사기(史記)에도 보임].

문수보살과 목련존자가 사람들을 교화하기 위하여 중국에 자취를 남긴 것도 이 때이다.

부처님의 나이 79세가 되어 목왕(穆王) 임신년(기원전 940) 2월 15일 쌍림에서 입적하자 흰 무지개 열두 줄기가 며칠 밤이 지나도록 사라지지 않았다. 왕이 태사 호다(扈多)에게 묻자 답했다.

"서방의 큰 성인이 바야흐로 열반에 들었기 때문입니다."

부처님이 열반에 드신 후 아난(阿難) 등이 부처님의 가르침을 결집하여 패엽(경전)에 갖추어 실었다. 경·율·론과 계·정·혜는 이로부터 시작되었다. 그러나 잡화(화엄경)의 영원한 가르침은 규궁(虯宮 ; 용궁)에 숨겨져 있었으며, 삿된 교가 독사처럼 고개를 쳐들고 일어나고, 이단의 무리가 개구리처럼 울어대었다. 그러다가 마명(馬鳴)이 홀연히 세상에 출현하고 또한 진나(陳那)와 호법(護法)도 그것을 외치고 화합하니 삿된 법이 저절로 밀려나고 바른 법이 나타나게 되었으며, 교리가 설해지고 종지가 확고하게 되었다. 그 후 불교는 서역에서 잘 정비되어 장차 동방, 동쪽으로 전해질 기회만 기다리고 있었다.

부처님이 입적한 지 116년, 동천축국의 아육왕이 부처의 사리를 수습하고, 수많은 병사를 시켜 염부제에 두루 8만 4천 보탑을 건립하였으니, 때는 주나라 경왕(敬王) 26년 정미년이었다. 사리탑은 주나라 시대에 성행하였는데, 스물두 왕을 거쳐 진시황 34년에 이르러 전적을 불살라 버리게 하니 아육왕의 보탑도 이로 말미암아 없어지게 되었다.

이 때 사문 이방(室利防) 등 18명의 현자가 불경을 가지고 와서 진나라의 수도인 함양에서 교화를 펼쳤으나 진시황은 따르기는커녕 그들을 모두 붙잡아 옥에 가두어 버렸다. 밤에 수호신인 금강장인(金剛丈人)이 감옥을 부수고 그들을 구출해 가버렸으니 대체로 기연함이 성숙되지 못했기 때문이다.

후한 영평 13년(70)에 이르러 섭마등과 축법란이 한나라의 조정에 와서 위의를 갖추니, 자비로운 구름을 구주에 펼치고 법의 비를 사해에 뿌렸다.
그러나 곽거병전(霍去病傳)에 따르면, "휴도왕(休屠王)이 하늘에 제사 지낼 때 모시는 금인(불상)을 얻었다"고 하니, 즉 불상은 아마도 사막에서 먼저 들어간 듯하다.

또 전한(前漢)의 애제 때 진경(秦景)이 월지국에 사신으로 갔다 돌아올 때 부도(부처)의 가르침을 전하였다. 그러므로 전한은 이미 신앙되고 있었음을 알 수 있으며, 63년이 지난 뒤에 명제(재위 57~75)가 바야흐로 금인에 감응하여 꿈을 꾸었다.

우리 해동은 고구려 해미류왕(재위 371~383) 때 순도가 평양성에 이르고, 계속해서 마라난타가 진(晉)에서 백제에 들어왔으니 곧 침류왕대(재위 384)이다.

이후에 신라 제23대 법흥왕이 임금에 오른 뒤 양나라 대통 원년 정미년(527) 3월 11일에 아도가 일선현(경북 선산)에 이르자, 신도 모래(毛禮)가 숨겨 주었다. 그 때 마침 오나라 사신이 향을 가지고 왔으므로, 아도가 그 향을 사르는 방법을 알려주었다. 이로 인해 왕궁으로 초대되었다. 그러나 그 가르침은 아직 널리 퍼지지 않았다. 사인(舍人 ; 궁중비서) 염촉(厭髑)이 참다운 마음으로 용감히 나라 사람들의 의심을 해결하니, 그(염촉)가 아니었더라면 내가 마땅히 누구의 가르침을 따라야만 했을까. 이로부터 원광(圓光)과 자장(慈藏) 등이 서쪽으로 들어가 법을 전해 받아 돌아오고 윗사람, 아랫사람이 믿고 공경하여 안과 밖으로 받들어 행하여 앞에서 부르면 뒤에서 응하니, 날이 갈수록 달이 갈수록 번성하였다. 드디어 삼한과 우리 성조(고려 태조)께서 옛것을 혁신하고 새로운 것을 정립하게 하여 불교를 더욱 숭상하시어 모든 문화를 지키고 대를 이으면서 제도에 불교를 많이 이용하였다. 문물을 지키고 이어가는 후대의 임금들은 전하여 잃어버리지 않았다.

생각컨대 태조의 4대손인 대각국사가 선왕(宣王) 3년(2년이다) 을축년(1085) 4월에 법을 구하기 위해 배를 타고 동쪽으로 가서 법을 구하였다. 동쪽으로부터 중국에 이르러 백파(百派)와 소승·대승, 돈교·원교의 5교를 도입하여 각각 그 방법을 얻어 다시 제자리로 되돌렸다. 주에서 시작되어 한나라 시대에 여러 갈래로 갈라져 진(晉)과 위(魏)나라 시대에 넓혀지고, 수(隋)와 당(唐)에 넘쳐흘렀으며, 송(宋)나라 시대에 해동에서 깊고 넓어진 것이다. 모두 계산하면 불타가 입멸하신 후 지금 을해년(고려 고종 2년)까지 2,164년이오, 입멸 후 1,014년을 지나 후한에 (불교가) 들어와 지금까지 1,151년이며, 순도가 고구려에 들어온 지 지금까지 844년이 된다. 또한 도는 스스로 넓혀지는 것이 아니라 사람에 의해 전해지는 것이다. 그러므로 유통편(流通篇)을 지어 후세에 보이는 것이다. 생각해 보면 옛 양나라 당나라 송나라의 세 가지 고승전에 따르면 모두 역경(譯經)이 있지만, 우리나라에서는 번역하는 일이 없었기 때문에 이 과(科)를 두지 않았다.』

백족화상 담시(曇始)

스님 담시는 관중(關中 ; 지금의 陝西省)사람이다. 출가한 뒤로 많은 행적이 있었다. 발이 얼굴보다 희고, 흙탕물을 건너도 진흙이 묻거나 젖은 적이 없어서 천하가 모두 "백족(白足)화상"이라 일컬었다.

진(晉) 태원 말년에 경전과 율법 수십 부를 가지고 요동에 와서 교화하였는데, 근기에 맞게 베풀었다. 3승(성문·연각·보살)으로 가르치고, 그 자리에서 계율에 귀의하게 하였다.

양승전(梁僧傳)은 이를 고구려가 불법을 열게 된 시초라고 삼고 있다. 이 때가 바로 광개토왕 5년, 신라 내물왕 41년, 백제 아산왕 5년으로 진(秦)나라 부견이 불경과 불상을 보낸 지 25년이 되는 해였다고 한다.

그 후 4년이 지나고 법현(法顯)이 서쪽 천축으로 들어갔다. 또 2년이 지나라집이 (중국으로) 들어오고, 현고(玄高)법사가 태어났다.

진(晉)나라 의희(405~418) 초에 스님은 다시 관중으로 돌아와 삼보(三輔)에서 불교를 전파하였으니, 장안사람 왕호(王胡)의 숙부가 죽은 지 여러 해 지난 뒤였다. 어느 날 숙부가 홀연히 꿈속에 나타나서, 왕호를 이끌고 지옥을 두루 다니며 여러 인과응보를 보여주었다. 호가 돌아가려고 말씀을 드리니, 숙부가 호에게 말하였다.
"이제 그 인과를 알았으니 백족(白足)스님을 마땅히 받들어 모시고, 백업(선업)을 닦아야만 한다."
하니, 호가 공손하게 받아들였다. 잠에서 깨어나 여러 스님들에게 두루 물어보고서, 오직 담시가 얼굴보다 발이 흰 것을 보고 이에 바로 그를 받들어 섬겼다.

진(晉)나라 말, 흉노 혁련발발(赫連勃勃)이 관중을 습격하여 무수한 사람들을 참살했을 때 스님도 또한 변을 만났으나 칼은 그를 해칠 수 없었다. 그리하여 사문(沙門)을 놓아주어 모두 다 죽지 않았다. 그래서 법사는 산 속에 몰래 숨어서 두타의 밀행(頭陀密行)을 닦았다.

　얼마 지나지 않아 척발도(북위 太武帝)가 다시 장안을 점령하고, 관중과 낙양에서 위엄을 떨쳤다. 이 때 박릉(博陵)에 최호(崔浩)가 있었는데, 좌도(左道)를 조금 익혀 불교를 시기하고 질투하였다. 위보(僞輔 ; 북위의 재상)의 벼슬자리에 앉아 도(燾)의 두터운 신임을 얻게 되자, 이에 천사씨(구겸지)와 함께 도(燾)에게 불교는 세상에 아무런 이익이 없고 백성의 이익을 해치는 것이라 말하며 불교를 없애라고 권하였다. 도가 그 말에 미혹되어 태평 7년에 드디어 불법을 비방하여 없애고 군사를 사방으로 보내서 사찰을 불사르고 노략질하였으며, 모두 불도를 그만두게 하였다. 도망쳐 숨는 자가 있으면 뒤쫓아 가 잡아서 목을 베어 죽이니 국경 안 사방 천지에 다시는 사문이라고는 없었다. 그 때 현고(玄高) 등도 해를 입었다는 말이 본전에 있다.

　스님은 병화가 미치지 않는 곳에 숨어 은둔하여 세상을 보냈다. 마침내 태평 말이 되자, 스님은 도를 교화할 때가 되었음을 알고 곧바로 원단일(元旦日)에 금석(주장자)을 들고 이내 궁궐 문으로 들어갔다.
　유사가 아뢰어 말하였다.
　"발이 흰 도인이 궁문으로 막 들어왔는데, 형상과 거동이 아주 괴이합니다."
　도가 이 말을 듣고 곧바로 용맹한 군사를 시켜 목을 베라 하였는데 다치지 않았다. 그러자 도가 크게 노하여 스스로 날카로운 검을 들어 베었으나 다만 칼날이 닿은 자리에 붉은 줄 같은 흔적만 있을 뿐 몸에는 아무런 이상이 없었다.

　그 때 북쪽 동산에 호랑이를 기르는 우리가 있었는데, 도가 스님을 끌고 가서 호랑이에게 주었으나 호랑이는 모두 잠자코 엎드린 채 감히 접근하지 않았다. 도는 시험 삼아 천사를 우리 가까이로 보냈더니 사나운 호랑이가 갑자기 울부짖으며 이내 잡고 깨물려고 하였다. 이에 도가 곧 불교의 신통은 황로(老道敎)가 미칠 바가 못됨을 알고 곧 스님을 받들어 상전에 오르게 하고, 그 발

앞에 엎드려 절을 하며 잘못과 허물을 뉘우치고 자책하였다.

　그러자 선사는 인과보응은 어긋남이 없음을 설명하고 손바닥을 펴서 명백하게 열어 보이고, 간략하게 신이를 드러냈다. 도가 크게 부끄러워하고 두려워하여 지난 일을 뉘우치고 앞으로 깨끗이 살려고 했으나 재앙과 악이 이미 영글어 마침내 몹시 나쁜 병에 걸렸고, 최호와 구겸지 또한 모진 병에 걸려 드디어 죽게 되었다. 도는 화를 당한 것은 그들이 지은 죄 때문이므로 용서할 수 없다 하여 두 집안을 멸족시키고, 나라 안에 널리 영을 내려 축교(불교)를 회복시키게 하니 종소리와 범패 소리가 사방에서 들렸다. 그 후 손자인 준이 자리를 계승하여 지난 일들을 거울삼아 깊이 경계하여 참된 바람을 크게 여니 귀중한 제도들이 활발히 흥기하게 되었다. 스님은 어디로 갔는지 알 수가 없다.

　찬하여 말하였다.
　"곤강에 불이 일어나서 구슬과 돌이 함께 타고, 서리가 초야에 혹독하니 쑥과 난초가 함께 시들어졌다. 스님의 어려움과 험난함은 진실로 위태로웠으나 비록 나무를 베어 태우고 자취마저 없애더라도 비교할 수가 없을 것이다.

　그러나 때에 따라 숨었다 나타나니, 청산의 흰 구름 걷혔다 끼었다 하는 것과 같았고, 해로운 일을 당했을 때 이지러졌다 차곤 하는 것이 마치 맑은 연못에서 밝은 달을 건져내려는 것과 같았다. 몸을 던져 빠진 사람을 구제하니, 이로 인해 불교가 흥하게 되었다. 보살은 불법을 보호하는 것이 바로 이와 같은 것이다. 그가 상역(桑域 ; 동방)에 와서 눈 먼 중생의 눈을 뜨게 하니, 또한 숙원(宿願)을 따라 이르게 된 것이 아니겠는가."

　이상은 해동고승전의 말씀이다.

바둑강사 도림(道林)

사기(史記)에 이런 기록이 있다.

처음 고구려왕이 은밀하게 백제를 이간질할 수 있는 자를 구했는데, 승려 도림이 응모하여 말하였다.

"신이 비록 무능하나 나라에 보답할 생각이 있습니다. 원하옵건대 대왕께서 사자로 지정해 주십시오."

왕이 기뻐하여 은밀히 그를 보내고자 도림이 죄를 얻고 도망쳐 백제에 들어가는 것으로 꾸몄다.

그 때 백제왕은 장기와 바둑을 좋아하였다. 도림은 왕성을 찾아가 고하였다.

"신이 어렸을 때부터 바둑을 배워 자못 묘하다고 들었습니다."

왕이 초대하여 함께 바둑을 두니 과연 국수(國手)였다. 드디어 상객으로 삼아 우대하고 매우 친근히 하고, 서로 만남이 늦은 것을 한스러워하였다.

도림이 하루는 왕을 모시고 앉아 조용히 말하였다.

"신은 이국 사람인데 임금께서 소원하게 하지 않으시니 사사로운 은혜가 심히 두텁고, 아직 털끝만한 이익도 드린 적이 없으니, 원컨대 한 마디 말을 올리게 해주십시오."

"자세히 말하라."

"대왕의 나라는 사면이 산과 강으로 싸여 있어 자연적으로 험하니, 사방의 이웃나라가 감히 분수에 넘치는 일을 엿보지 못합니다. 위를 받들어 섬김에 게으름이 없으니 왕은 마땅히 숭고한 위세와 부유한 과업으로써 남들이 공경히 여깁니다. 그런데 성곽은 보수하지 않고, 궁실도 수리하지 않았습니다. 선왕의 해골은 노지(露地) 여기저기에 흩어져 있으며, 백성의 오두막은 물에 흘러가 허물어졌습니다. 신이 생각하건대, 이는 대왕이 취할 바가 아닙니다."

왕이 듣고 "알았다"고 하였다.

이에 왕이 나라 사람들을 모두 다 동원하여 많은 흙으로 성을 쌓았다. 또 궁실의 누각과 망루를 세웠는데 웅장하고 화려하지 않음이 없었다. 욱리하(郁 里河)에서 큰 돌을 취하여 관을 지어 아버지 유골을 장사 지냈다. 길을 따라 둑을 세워 사성(蛇城)의 동쪽으로부터 숭산(崇山)의 북쪽에 이르게 하였다. 이 로 말미암아 쌀 곳간이 텅 비어 고갈되고, 인민이 곤궁해져서 나라의 세력이 심히 위태롭게 되었다. 도림이 도망쳐 돌아와서 고구려왕에게 고하니 왕이 기 뻐하며 백제를 정벌하였다.

일연스님이 고구려 불교에 대하여 시를 지었다.

압록강 한 봄에 물풀은 곱고
갈매기는 한가히 졸기만 한다.
문득 저 멀리 노 젓는 소리,
어느 곳 어디선지 길손은 온다.

집을 날려 간 보덕(普德)스님

삼국유사 본기에 이런 기사가 실려 있다.

『고구려 말 무덕(618~626) 정관(627~649) 연간에 나라 사람들이 오두미교(五斗米敎 ; 도교)를 받드니 당 고조(재위 618~626)가 이를 듣고 도사와 천존상(天尊像)을 보냈다. 이에 도덕경을 강설하여 왕과 나라 사람들이 이를 들으니, 이 때가 제27대 영류왕(재위 618~642) 즉위 7년인 무덕 7년 갑신년(624)이었다.

다음 해 사신을 보내 불로(佛老)를 배우고자 하니 당 황제가 허락하였다.

보장왕(재위 642~668)이 즉위함에 이르러, 또 삼교를 일으키고자 하니 이 때 총신 재상 연개소문(淵蓋蘇文)이 왕을 설득하였다.

"유교와 불교가 아울러 치성하나 황관(도교)은 아직 성하지 못하니 특별히 사신을 당에 보내 도교를 구하십시오."

이 때 보덕화상(普德和尙)이 반룡사에 머물고 있었는데, 좌도(도교)가 정도(불교)에 맞서게 되면 나라가 위태로워질 것을 걱정하여 여러 차례 간하였으나 듣지 않았다. 이에 신통력으로 방장을 날려 완산주(지금의 전주) 고대산(고달산)에 머물렀으니 곧 영휘 원년 경술년(650) 6월이었다.(또 본전에는 건봉 2년 정묘 3월3일이라 한다) 얼마 안 되어 고구려가 멸망하였다.

지금의 경복사에 있는 비래방장이 바로 그것이다. 고려 진락공이 지은 시가 당(堂)에 남아 있고 문열공이 전을 지어 세상에 전해지고 있다.

대안(遼나라 道宗의 연호) 8년 신미년(1091)에 우세승통(대각국사 의천)이 고대산 경복사 비래방장에 이르러 보덕성사의 진영에 참례하고 시를 지었다.

열반의 평등한 가르침이

우리 스님으로부터 전수되었네.
애석하다. 방장실을 옮긴 뒤로
동명성왕 옛 나라가 위태로워졌네.

발문에 이르기를, "고구려의 보장왕이 도교에 현혹되어 불법을 폐하므로 성사가 마침내 방장을 옮겨 남쪽 이 산에 이르렀다. 뒤에 어떤 신인이 고구려 마령에 나타나서 사람들에게 말하기를, '너희 나라는 망할 날이 멀지 않았다'고 하였다"라고 했다. 모두 국사의 기록과 같다. 나머지는 본전과 승전에 실려 있다.

보덕에게는 훌륭한 제자 11인이 있었다. 무상화상(無上和尚)은 제자 금취(金趣) 등과 함께 금동사(金洞寺)를 창건하였다.
적멸(寂滅)·의융(義融) 2인은 진구사(珍丘寺)를 창건하였으며,
지수(智藪)는 대승사(大乘寺)를 창건하고,
일승(一乘)은 심정(心正)·대원(大原) 등과 함께 대원사(大原寺)를 창건하고,
수정(水淨)은 유마사(維摩寺)를,
사대(四大)는 계육(契育) 등과 함께 중대사(中臺寺)를 창건하였다.
개원(開原)화상은 개원사(開原寺)를,
명덕(明德)은 연구사(燕口寺)를 창건하였다.
그리고 개심(開心)과 보명(普明) 또한 전기가 있으니 모두 본전과 같다.
찬하여 말한다.

석가모니불의 크나큰 바다는 다함이 없도다.
온 갈래 유교, 도교의 조종(祖宗)이라.
우습다! 고구려왕이 저여(沮洳 ; 습한 곳)에 있어
와룡이 창명(滄溟)으로 옮겨감을 몰랐도다.』

유학승 의연(義淵)과 염탐꾼 덕창(德昌)

　스님 의연(義淵)은 고구려 출신이다. 그의 혈통이나 출생에 관해서는 전혀 알 수가 없다. 스스로 삭발하고 승복을 입었으며, 계율을 잘 지켰다. 지혜와 이해가 깊었고 견문이 넓었으며, 유교와 도교에도 정통하여 당시에 출가자나 재가자들이 모두 귀의하였다. 성품이 부처님의 가르침을 전하는 것을 좋아하여 포교에 뜻을 두었다. 그러나 위없는 법보는 그 빛을 나타내기가 실로 어려웠으며, 또한 연유한 바도 알 수가 없었다.

　이 때 북제 정국사의 법상(法上)스님은 계율을 산과 같이 엄격하게 지키고 지혜가 바다와 같이 밝은 분으로 만물을 인도하고 사람들의 모범이 되었다. 그는 40여 년 동안 불교 도통(都統)이 되어 교단을 통솔하였으며, 그 거느린 승려는 2백만이나 되었다. 문선왕(550~559) 때에는 석전(釋典)을 홍통하여 안팎에 천명하였으니 승려들과 재가 신자들이 모두 믿고 따랐으며, 그의 거룩한 행적은 널리 알려져 명성이 널리 퍼졌다. 그 때 고구려 대승상 왕고덕(王高德)이 불교의 바르고 깊은 믿음으로 대승을 숭상하여 부처님의 가르침을 저 변두리까지 펴고자 하였다. 그러나 그 내력이나 연유, 서쪽에서 동쪽으로 전해진 연대나 임금의 이름을 알지 못하였다. 그러므로 그 사실을 자세히 기록하도록 의연을 배에 태워 업(鄴)으로 보내 아직 몰랐던 것을 알아내게 하였다.

　의연이 물었다.
　"석가모니불이 열반에 든 이후 지금까지 몇 년이 지났는가, 또 천축(인도)에서 몇 년이 지난 후에 중국에 전해지게 되었는가, 처음 전해졌을 때의 황제는 누구였으며 그 때 연호는 무엇이었나, 또 제(齊)나라 가운데 어느 쪽이 먼저 불법을 받아들였으며, 지금까지 몇 년, 몇 왕이 지났는가를 구체적으로 가르쳐 주시기를 바랍니다. 또한 십지경론과 대지도론·지지론(보살지지경)·금강반야경론 등과 같은 논들은 본래 누구의 저술이며, 논을 저술한 인연 동기와 그것과 관련된 신령스럽고 상서로운 유래에 관한 전기가 있는지에 대해 삼가 적어 여쭈오니 부디 의심을 풀어 주십시오."

법상(法上)이 대답하였다.

"부처님은 희주(姬周)의 소왕 24년 갑인년(기원전 1027)에 태어나 19세에 출가하여 30세에 도를 이루었습니다. 목왕 24년 계미년(기원전 908)에 왕은 서방에 성인이 나타났다는 소식을 듣고 곧 서쪽으로 갔으나 끝내 돌아오지 않았습니다. 이것으로 미루어 보아 석가모니 부처님은 앞에서 79세에 열반에 드셨다 하였으므로 성도하신 후 49년 동안 교화하신 것이 되며, 입멸하신 후 지금 제나라 무평 7년 병신년(576)까지 무릇 1465년이 됩니다. 후한 명제 영평(58~75) 때 경전과 불법이 처음으로 (중국에) 들어왔으며, 그 후 위·진(晉)에도 서로 전하였으며, 오나라 왕 손권(재위 222~252) 적오(赤烏 ; 238~250) 연간에 강승회가 오나라에 가서 교법을 널리 폈습니다. 지지론(地持論)은 아승가(阿僧伽) 비구가 미륵보살에게 그 본을 받았으며, 진나라의 안제(396~418) 융안 연간(397~401) 담마참(曇摩讖)이 고장에서 하서왕 저거몽손(401~433)을 위해 마하연론(摩訶衍論)을 번역하였습니다. 마하연론(대지도론)은 용수보살의 저술로서 진(晉)나라 융안년에 구마라집이 장안에 도착하여 요흥(394~416)을 위해 번역하였으며, 십지론과 금강반야경론은 모두 아승가 비구의 동생인 바수반두(波蘇槃豆)가 지은 것으로 위나라 선무제(499~515) 때에 보리류지가 처음으로 번역하였습니다."

이와 같이 법상의 대답은 지적함이 분명하고, 연유가 깊고 넓으므로 지금은 간략히 요점만 들었다.

의연은 그 가르침을 명심하여 사람들을 잘 지도하고 가르칠 수 있게 되었으며, 깊은 이치를 두루 깨달았다. 언변은 유창해지고 이치는 얽힌 고리를 풀 수 있게 되었으며, 지난 날 궁금해 하던 의혹들이 얼음 녹듯이 말끔히 풀렸다. 이제 불법의 심오한 이치가 안개 걷히듯이 환해졌으므로 서쪽에서 지혜의 해를 받아 동쪽에 불법에 근원을 쏟아놓을 수 있게 되었다. 그의 가르침은 매달아 놓은 금처럼 영원하고 꿰어 놓은 보석처럼 무궁하였으므로 이른바 고해를 건너는 나루터요, 법문의 대들보와 같다고 한 말은 오직 우리 스승 의연스님을 두고 한 말이 아니겠는가.

스님은 본국에 돌아와서 부처님의 큰 지혜를 드날리며 많은 미혹한 중생을 이끌었고, 그 이치는 고금을 꿰뚫었으며, 명성은 사방에 널리 퍼졌다. 타고난 자질이 크게 뛰어나고 세상의 도리가 서로 돕지 않았다면 어찌 그와 같은 큰일을 이룰 수 있었겠는가. 그의 생의 마침에 관해서는 아무런 기록도 남아 있지 않음으로 여기에 쓸 수가 없다.

해동고승전에서 찬탄하여 말하였다.

"부처님이 탄생하신 연월은 전기의 여기저기에 나오지만 이치상으로 정리하여 하나로 결정짓기가 어렵다. 그러나 의연은 친히 법상의 가르침을 받고 돌아왔으며, 그의 말이 당나라 법림(法琳)이 지은 변정론(辨正論)에 근거하는 바와 부절을 합한 듯이 꼭 맞으므로 마땅히 의연의 말을 지남(指南)으로 삼아야 할 것이다. 그런데 대유학자 오세문(吳世文)은 옛 문헌을 인용하여 특히 남다른 이론을 제기하며 논쟁하고 있지만, 그 말과 뜻은 장황하고 화려하나 또한 믿을 만한 것이 못된다.

그런데 보장왕 때(642) 스님 덕창(德昌)을 보내 신라로 염탐인을 보내 김춘추가 오는 것을 알고 후히 대접하였다는 기사가 나온다.

사기에 이렇게 말하였다.

『보장왕 27년 봄 당나라 장군 이적(李勣)이 군대를 거느리고 고구려를 치려하였다. 우상 유인궤(劉仁軌)를 요동도 부대총관으로 삼고, 학처준(郝處俊)·김인문(金仁問)을 부장으로 삼았다. 김인문으로 하여금 신라에서 군대를 징발하게 하여 당군과 힘을 합하여 평양성을 한 달여 동안 포위하였다. 고구려왕이 우선 천남산을 보내 수령 98인을 거느리고 백기를 세우고 이적에게 나아가 항복하니 이적이 예로써 이들을 맞아들였다. 그러나 (천)남건은 오히려 성을 굳건히 지키고 자주 병사를 보내 싸웠으나 모두 패하였다.

남건은 군사를 승려 신성에게 맡겼으나 신성은 몰래 첩자를 보내 내응을 약속하였다. 5일이 지난 뒤 성문이 열리니 이적이 병사를 쫓아 북을 두드리며 안으로 들어갔다. 문이 불타고 화염이 사방에서 일어났다. 남건이 사태가 위급하게 돌아가는 것을 알고 스스로 자결하려고 하였으나 죽지 못했다.

　　이적은 보장왕과 왕의 아들 복남(福男)·덕남(德男) 그리고 대신 등 20여 만명을 당나라로 보냈는데 신라의 김인문 등이 따라갔다. 당은 평양에 도호부를 두었는데 설인귀로 도호를 삼았다. 5부 176성 69만여 호를 9도독부 42주 1백 현으로 나누어 모두 도호부에서 총괄하게 하였다.』

　　이것이 고구려 불교의 잘못이다. 신성한 스님들을 간첩, 염탐꾼으로 응용하고 정법을 싫어하고 불로장생이나 요술을 부리는 도교를 숭상하였으니 나라가 망하지 않을 수 있겠는가. 도교에도 자연을 숭배하는 노장학이 있는데, 바른 법은 배우지 않고 사술(邪術)에만 힘을 썼으니-.

일본 불교와 고구려 스님들

1. 혜편(惠便)과 소아마자

제북사문(濟北沙門) 사련(師錬)이 지은 원형석서(元亨釋書)에 이런 말이 있다.

『승려 혜편은 고구려 사람이다. 민달 13년(584) 소아마자가 백제의 미륵 석상을 얻어 석천(石川)의 집 근처에 처음 정사를 지어 안치하였다. 이 때 향 화를 받들어 올릴 자가 없으므로 양인(梁人) 사마달 등을 보내 사방으로 수행 자를 찾았다. 파주(播州)에서 비구인 듯한 사람이 있어 물으니, 이 지방에서는 수행자를 공경할 줄 모르기 때문에 속인들과 섞여 지내고 있을 뿐이라고 대답 했다. 이 사람이 혜편인데 소아마자는 혜편을 스승으로 섬겼다.』

또 농주(濃州) 성덕(成德)사문 사만(師蠻)이 지은 불조고승전에 다음과 같 은 기시가 있다.

『승려 혜편은 고구려 사람이다. 우리의 풍속을 좋아하여 바다를 건너왔다. 이 때 일본이 불법에 어두워 승보(승려)를 공경하지 않으므로 이름을 숨기고 민간에 섞여 지냈다. 민달 13년(584) 가을 7월, 백제의 사신 녹량(鹿梁)이 미 륵석상을 가지고 오니 소아마자가 석천의 집 근처에 정사를 짓고 석상은 전각 안에 안치하기를 원하였다. 이 때 향화를 받들 수행자가 없었으므로 양인 사마 달 등을 보내 수행자를 사방으로 구하였다. 이 때 문득 혜편을 파주 모처에서 모셔왔다. 소씨가 정사에 맞아들여 스승으로 삼고 숭배하였다.

겨울 10월 소씨(蘇氏)는 사마(司馬)의 딸인 선신(善信) 및 선장(禪藏)·혜 선(慧善)을 득도시켰다. 하루는 혜편이 승니를 청하여 대회재(大會齋)를 설치 하였다. 사마달 등이 자리에 앉아 있었는데 홀연히 상(床) 위에서 사리가 나타 났다. 이를 곧 소씨에게 바치니 그 사리의 신이함이 미치지 않는 곳이 없었다.

소아마자는 더욱 그 청정한 신심을 돈독히 하였다.

그 때 백제출신 혜총이 숭준 3년(590) 봄 3월 일본에 공물을 갖고 함께 왔다. 율학에 정통하여 소아마자가 계법을 받았다고 하였다.』

칭찬하여 말하였다.

"씀이 곧 행이고 머무름이 곧 감춤이니 이는 성현의 행이다. 평범하고 어리석은 자가 능히 따라 할 바가 아니다. 혜편이 본래 일본을 교화하고자 하였으나 그 때를 얻지 못하여 초개에 숨어 종신토록 농부나 야인과 더불어 지내고자 하였다. 다행히 소씨의 청을 받고서 최초의 정사(법흥사, 후에 비조사)에 머물렀다."

소지(素志)에 말하기를, "밝은 사리에서 상서로움을 발하였다"고 하였다. 무릇 처음에 쓰고 머무름은 함께 하지 못하여도 행하고 감추는 것은 또한 때를 따르니 이를 논하면 이제(二諦)를 원만히 하고 삼학(三學)을 겸한 사람이라 하였다.

또 일본불교약사에도 이런 말이 있다.

『민달 13년(584) 고구려 사문 혜편은 소아마자의 청에 응하여 선신·선장·혜선 세 비구니를 제도하여 석천정사에서 큰 재회를 베풀었다. 이것이 일본 비구니의 시초이다. 이 때 소아바자는 백제불상 1구를 얻어 전각을 짓고 봉안하였다.』

2. 혜자(慧慈)와 승륭(僧隆)·담징(曇徵)스님

일본서기에 이런 글이 나온다.

『추고 3년(594) 정묘년 5월 고구려 승려 혜자가 (일본에) 귀화하였다. 곧 황태자 구호(성덕태자)가 스승으로 섬겼다. 이 해에 백제 승려 혜총이 왔다. 이 두 승려가 널리 불교를 펴 삼보의 동량이 되었다. …중략… 이 날부터 혜자·혜총 두 승려가 비로소 법흥사에 머물게 되었다. 10년(602) 기축년 윤 10월, 고구려 승려 승륭과 운총이 (일본에) 귀화하였다. 23년 계묘년(625) 11월 고구려 승려 혜자가 본국으로 돌아갔다.』

원형석서에도 그의 기록이 나온다.

『혜자는 고구려 출신 승려이다. 추고 3년 5월에 일본에 들어왔다. 황태자 풍총(성덕태자)이 스승으로 섬겼다. 그는 백제의 승려 혜총과 함께 불법을 널리 폈다. 4년 겨울 법흥사가 이루어지자 혜자와 혜총을 함께 이 절에 머물게 하였다. 22년 본국으로 돌아갔다.』

본조고승전에는 화주(和州) 법흥사 스님으로 나온다.

『승려 혜자는 고구려인이다. 추고 3년 여름 5월에 왔는데 황태자 풍총이 스승으로 섬겼다. 백제의 혜총과 더불어 불법을 널리 펴니 삼보의 동량이 되었다. 4년 겨울 10월에 법흥사가 세워지자 칙명으로 혜자와 혜총을 머물게 하였다. 22년 혜자는 본국으로 돌아갔다. 또 승려 승륭과 운총은 고(구)려 사람으로 추고 10년(601) 겨울 10월에 왔다.』

또 원형석서에 "승려 담징은 추고 18년(610) 3월, 고(구)려국에서 보내온 사람이다. 사문 법정과 함께 왔다. 담징은 유학(外學)을 두루 섭렵하였고, 오경에 능하였으며, 또 기예(技藝)가 있어 연자매를 만들고 그림을 잘 그렸다"고 하였다. 하고 다음과 같이 찬탄하였다.

"돌아가실 때의 자취는 자세하지 않으므로 내가 이와 같이 추정한 것이다. 그리하여 지혜와 자비로 궁실의 옷을 치워 버렸고, 관륵(觀勒)이 처음으로 승계(僧階)의 일을 맡아 얻은 바가 없지 않았다. 오호라. 담혜와 도심(道深)은 이 나라의 등란(騰蘭)이라. 옛 기록이 빠진 것이 안타깝도다."

본조고승전에는 "승려 담징은 추고 18년(610) 봄 3월에 고(구)려에서 보내온 사람으로 유학을 두루 섭렵하고 오경에 능하였다. 또 기예가 있어 연자매를 만들고 그림을 잘 그렸다. 이 때 일본은 아직 그림을 잘 그리지 못하여 담징에게 가르침을 받았다. 이 기사는 화주(和州) 원흥사 사문 혜미전의 끝에 실려 있다."

3. 혜관(慧灌)과 도등(道登)스님

원형석서에 "승려 혜관은 고(구)려국 사람이다. 수나라에 들어가 가상사의 길장(吉藏)에게서 삼론(三論)의 종지를 받았다. 추고 33년 을유년 봄 정월에 본국으로 보내왔다. 원흥사에 머물게 하였는데 그 해 여름 천하에 큰 가뭄이 들자 혜관을 불러 비를 빌게 하였다. 혜관이 푸른 옷을 입고 삼론을 강설하자 즉시 큰 비가 내려 상하가 크게 기뻐하였고, 승정으로 발탁하였다. 뒤에 내주에 정상사(井上寺)를 창건하여 삼론종을 펼쳤다"고 하였다.

칭찬하여 말했다.
"섭마등과 축법란이 한나라에 와서 한나라 사람으로 처음 진승(眞乘)을 얻게 되었다. 그러나 그 도가 두루 섞여 종파의 명칭이 없었다. 구마라집이 관중(陝西省)에 들어온 후 삼론의 종파가 마침내 성행하였고, 제기의 이합이 모두 진정되었다. 우리 흠명천황의 시대에 변방 국가들의 공물이 쇠하지 않아 담혜(曇慧)와 도심(道深)이 함께 찾아오려고 하였다. 이 무렵은 불법이 아직 어두울 때여서 겨우 은밀하게 이끌어내었다. 혜관공(慧灌公)이 이로 인해 삼한 고구려의 빈객으로 무외제파(無畏提婆)의 소리(염불)를 일으켜 여름의 가뭄에 큰비를 천하에 내리게 하여 이 목마른 때에 우물 위로 감로수를 넘치게 하였다."

길장공(吉藏公)을 찾아가 면면히 계보를 이어 나갔다. 오호라, 삼론은 양조(兩朝) 종지의 선두가 되었으니 다름이 있겠는가!

어떤 사람이 말하였다.
"조위(曹魏) 가평(嘉平) 2년(250)에 중인도의 담마가리가 낙양에 이르러 계본(戒本)을 내어놓았으니, 어찌 삼론종을 종파의 시작이라고 하느냐?"라고,
요컨대 위나라 이전에 비구의 출가는 다만 머리를 깎고 삼귀의를 받으면 되었을 뿐이다. 담마가라가 동토(중국)의 불교 의례가 부족함을 보고 처음으로 사분계본을 시행하였으니 갈마법(羯磨法)이 이것이다.

또 사문의 공통 의례는 종파가 형성되는데는 필요하지 않았다. 이런 까닭에

이후 계속 이어지지 못하였다. 당대(唐代)에 이르러 남산종의 도선이 율종을 세우고 멀리 담마가라를 선조로 추앙하였다. 비록 의례법은 위나라에서 흥기하였지만, 종파의 취지는 당나라에서 이루어졌으니 내가 앞서 말한 종파이다.”

본조고승전에 혜관스님에 대하여 다음과 같이 써 있다.

『승려 혜관은 고(구)려인으로 수나라에 들어가 가상사의 길장대사에게서 삼론의 종지를 받았다. 추고 33년(625) 정월 초하루 본국으로 보내와 칙령으로 원흥사에 머물게 하자 공종(空宗)을 열심히 설하였다. 이해 여름 가뭄이 들자 혜관을 불러 비를 빌게 하였다. 혜관이 푸른 옷을 입고 삼론을 강론하자 큰 비가 내려 천황이 크게 기뻐하면서 발탁하여 승정에 임명하였다.

백봉(白鳳) 10년(673) 봄 2월 화주(和州)의 선림사가 낙성되자 혜관을 초청하여 낙성을 축하하는 도사(導師)로 삼았다.

혜관은 또 하내(河內) 지기군에 정상사(井上寺)를 창건하여 본종(삼론종)을 널리 펼쳤다. 나이 90에 입멸하였고, 본조 삼론종의 시조가 되었다.

내가 상주(常州) 녹명(鹿鳴)의 근본사에 이르러 이틀 밤을 묵으며 전각 안을 두루 관람하였는데 혜관 승정의 위패가 있었다. 모서리는 다 썩어 가지만 글자는 찬연히 빛났다. 주지가 말하였다.

“혜관 당시에 개산하였습니다.”

옛 기록을 물으니 없다고 하였다. 짐작컨대 옛날 무뢰명신호(武雷命神護) 경운(景雲) 원년(704)에 녹도를 나와 내량삼립군(柰良三笠郡)에 머물며 서로 사귀기를 좋아하였으므로 여기로 옮겨와 동민(東民)을 교화한 것이 아닌가 생각된다.

찬탄하여 말하였다.

『흠명·추고의 시대에 백제와 고구려에서 보낸 승려들은 대개 제바종(提婆宗)이었으나 종파를 가리지 않았다. 또 무통(無統)과 혜관(慧灌)스님이 와서 처음으로 삼론을 강설하니 상하가 기풍을 우러르고 후세에 이르기까지 서로 이어졌다. 양나라의 법랑(法朗)은 삼론종의 선조로서 흥황사(興皇寺)에 있을 때 푸른 옷을 입고 강단에 올랐으니, 혜관스님이 입은 푸른 옷이 비를 기원하는데 효험이 있었던 일은 이처럼 증거가 있는 것이다.』

보조고승전에 도등스님에 대하여 다음과 같이 쓰고 있다.

『승려 도등의 자세한 행장은 알 수 없다. 추고 말년(627) 고(구)려에서 당나라로 들어가 가상사의 길장대사에게서 삼론의 종지를 전수받았다. 견당사를 따라 일본에 와서 원흥사에 머물며 오로지 공종(空宗)을 강연하여 도소(道昭)와 같은 명성을 얻었다. 효덕천황 대화 원년(645) 가을 8월에 천황이 도등·복량(福亮)·혜운(慧雲) 등 열 명의 스님들을 불러 "여러 사찰의 스님들은 불교를 널리 전파하라"고 하였다.

2년(646) 병오년에 도등과 도소에게 명하여 우치천(宇治川)에 큰 다리를 놓도록 하고, 우사(右史)에게는 석상명(石上銘)을 찬하도록 명하였다.
명에 말했다.
"질펀하게 흐르는 물은 그 빠르기가 화살과 같아 여유로이 지나가는 사람, 말을 멈추어 저자를 이루었네. 건너뛰자니 무겁고 깊어서 사람과 말이 모두 목숨을 잃겠노라. 예부터 지금까지 거스를 줄을 몰랐네. 세상에 석자(釋子)가 있어 이름이 도등으로 산기슭 혜만(慧滿)의 집에서 태어나 대화(大化) 2년 병오년에 이 다리를 세워 사람과 짐승을 건너가게 하였구나. 곧 작은 선행으로 인하여 이 다리를 놓아 피안에 이르리라는 큰 원을 일으켰다네. 법계의 중생이 두루 이 소원 한 가지로 꿈속 공중에서 옛날의 인연을 이끌어 주었노라."

백치(白稚) 원년(650) 장호국의 관리 초벽연추경(艸壁連醜經)이 흰 꿩을 바쳤다. 도등이 아뢰기를, "옛날 고(구)려 왕이 절을 창건하기 위해 터를 고르다가 흰 사슴을 보았습니다. 마침내 그 자리에 백록원사(白鹿園寺)를 지으니 불법이 크게 일어났고, 또 흰 참새가 전장에 보이니 모두가 상서로운 일이라 하였습니다."
황제의 기원은 여기서 유래하였다. …하략…』

4. 도현(道顯)과 행선(行善)스님

본조고승전에 이렇게 써졌다.

『승려 도현은 고(구)려 사람이다. 몹시 가난하여 천한 일을 하며 살았는데 일본의 군신이 불법을 숭신한다는 말을 듣고 공선(貢船)을 타고 따라왔다. 임금이 대안사에 머물게 하였다. 불법을 가르치는 여가 시간에 일본세기(日本世紀) 약간 권을 찬술하였다. 천지 원년(662) 3월에 당나라와 신라인이 고(구)려를 정벌하자, 고(구)려 왕이 우리나라에 도움을 청하였고, 조정에서는 징병하여 해외에 파병하였다.

스님 행선은 성이 견부(堅部)씨이나 어디 사람인지 기록이 없다. 뜻을 불법에 두어 험난 고난을 꺼리지 않았다. 오랫동안 고(구)려에서 학문을 익히고 법을 구하다가 양로 2년(718)에 배를 타고 돌아왔다. 군신이 그를 신뢰하였다.

5년 여름 임금이 말하였다.

"사문 행선은 책을 짊어지고 만리타국에서 두루 유학하여 이미 7대가 지났다. 널리 수련을 쌓았으니 천하의 이르는 사원마다 모두 그를 공양으로 맞으라."

행선이 고(구)려에 있을 때 이웃 마을에 가다가 갑자기 큰 물을 만났다. 다리는 무너지고 배도 없었다. 혼자 다리 입구에 서서 조용히 관음염불을 외니 금방 한 늙은이가 배를 저어 와 행선을 강 너머로 건네주었다. 행선이 감사의 말을 하려고 하니 늙은이와 배가 모두 사라졌다. 이에 대사의 응현임을 깨닫고 서원을 세워 대사의 상을 조각하여 주야로 공경하였다. 그러므로 저 나라(고구려)에서는 행선을 '하변보살(河邊菩薩)이라고 하였다. 일본에 돌아올 때 그 상을 안고 와서 흥복사에 봉안하니 모든 사람이 우러러 공경하였다. 하루는 그 상이 홀연히 자취를 감추었고, 행선 역시 어디로 갔는지 모르게 시적(示寂)하였다고 한다.』

제2편

백제 스님들

제2편
백제 스님들

마한 50여개의 부족국가들이 작은 나라로 발전하였으나 고구려의 팽창정책에 쫓겨 수도를 한성에서 웅진성(현 공주), 사비성(부여)으로 두번씩 옮겼으나 나당연합군에 의해서 660년 멸망하였다.

마라난타의 전법에 의하여 특히 수행불교가 발전하였으나 이름난 사람들이 일본으로 많이 건너가 백제불교 자체에는 대성을 이루지 못했다.

1. 온조왕(BC18~AD28
2. 다루왕(28~77)
3. 가루왕(77~128)
4. 개루왕(128~166)
5. 초고왕(166~214)
6. 구수왕(214~234)
7. 사반왕(234~244)
8. 고이왕(244~286)
9. 책계왕(286~298)
10. 분서왕(298~304)
11. 비유왕(304~344)
12. 계왕(344~346)
13. 근초고왕(346~375)
14. 근구수왕(375~384)
15. 침류왕(384~385)
16. 진사왕(385~392)
17. 아신왕(392~405)
18. 진지왕(405~420)
19. 구이신왕(420~427)
20. 비류왕(427~455)
21. 개루왕(455~475)
22. 문주왕(475~477)
23. 삼근왕(477~479)
24. 동성왕(479~501)
25. 무령왕(501~523)
26. 성왕(523~554)
27. 위덕왕(554~598)
28. 혜왕(598~599)
29. 법왕(599~600)
30. 무왕(600~641)
31. 의자왕(641~660)

백제불교시조 마라난타(摩羅難陀)

　마라난타는 인도의 스님이다. 신이와 감통은 헤아릴 수 없었으며, 여기저기 돌아다니기로 뜻을 두어 한곳에 머무르지 않았다. 옛 기록에 살펴보면, 그는 인도의 간다라지방 파키스탄에서 중국으로 들어왔다. 용품들과 불상을 전하고, 향의 연기를 증험하여 사람들을 불러 모았다. 위험한 고비와 어려운 일을 겪었지만, 인연이 닿는 곳이면 아무리 먼 곳이라도 가지 않는 곳이 없었다.

　그는 백제 제15대 침류왕 즉위 원년(384) 9월에 중국 진(晋)나라에서 들어왔다. 백제왕은 직접 교외까지 나아가 맞이 하였으며 궁중에 모셔 경건히 받들고 공양하면서 설법을 들었다. 윗사람들은 좋아하고 아랫사람들은 교화를 받아 나라에서는 불사를 크게 일으켜 모두 함께 받들어 불법을 행하였다. 이리하여 불교는 마치 파발을 두어 왕명을 전하는 것처럼 빠르게 온 나라에 퍼졌다.

　침류왕 2년(385) 봄, 왕이 한산(漢山)에 절을 창건하고 승려 10명을 출가시키니 이는 왕이 마라난타법사를 존경한 까닭이다. 이로써 백제는 고구려 다음으로 불교를 일으키게 되었다. 거슬러 계산해 보면 이 때는 중인도의 가섭마등이 후한에 들어온 지 280여년이 되는 해이다.

　기로기(耆老記)에 말했다.
　"고구려의 시조 주몽(朱蒙)은 고구려 여성과 결혼하여 두 아들을 낳았는데, 이름은 피류(避流 ; 弗流)와 은조(恩祖)라 하였다. 두 사람은 뜻을 같이하여 남쪽으로 내려가 한산에 이르러 나라를 세웠다."
　지금의 광주(廣州)가 그 곳이다. 본래 1백 가구를 거느리고 강을 건너왔으므로 백제라 부르게 되었으며, 그 후 공주와 부여로 옮겨 전후 차례로 수도를 세웠다.

삼한의 동남쪽 모퉁이의 바다에 왜국(倭國), 즉 일본이 있었고 왜국의 동북쪽에 모인국(毛人國)이 있었으며, 모인국 동북쪽에 문신국(文身國)이 있었다. 문신국의 동쪽 2천여 리쯤에 대한국(大漢國)이 있었고, 그 나라 동쪽 2만 리에 부상국(扶桑國)이 있었다. 송대(宋代)에 인도 승려 5명이 두루 돌아다니다 이곳에 이르러 처음으로 불교를 전하였다. 그 나라들은 모두 바다 가운데에 있었는데, 일본국의 승려만이 가끔 바다를 건너 삼한으로 왔을 뿐, 그 밖의 나라에 대해서는 자세히 알 수가 없다.

삼한이란 마한(馬韓)·진한(辰韓)·변한(卞韓)을 말한다. 보장경(寶藏經)에는 "동북방에는 진단(震旦) 혹은 지나(支那)라고 부르는 나라가 있는데, 여기에서는 다사유(多思惟)라고 한다. 다사유란 일찍이 그 나라 사람들이 생각을 많이 하기 때문이니, 즉 대당국(大唐國)이라 한다"라고 하였다. 그러므로 삼한은 염부제의 동북쪽에 있는 것이지 바다 가운데 있는 섬이 아니며, 부처님이 열반하신 후 6백여년 만에 일어났다. 삼한에서는 실리모달리(室梨母怛梨)라고 부르는 성주산(聖主山 ; 三印山)이 있으며, 험준한 봉우리가 높이 솟아올라 있다. 그 곳에는 관세음보살의 궁전이 산 정상에 있으니 월악(月岳)이라 한다. 이곳 성주에 대해서는 더 이상 자세히 쓰기 어렵다. 그리고 백제는 곧 마한을 말한다.

송고승전에는 "마라난타 스님은 여환삼매(如幻三昧)를 얻어 물에 들어가도 젖지 않고 불에 들어가도 타지 않았으며, 금이나 돌을 변화시키는 등 그 변화가 무궁하였다"라고 하였다. 이것은 당의 건중 연간(780~783)에 일어난 일로 연대가 서로 차이가 있어 같지 않은 걸 보면 아마도 한 사람의 기록이 아닌 것 같다.

해동고승전에 찬탄하여 말한다.
"세상의 서민들은 일반적으로 성품이 무지하고 완고하여 왕의 명령을 거역하기도 하고 나라법을 따르지 않을 때도 있다. 그러나 들어보지 못했던 일을 듣고, 보지 못했던 일을 보게 되면 그들은 곧 마음을 고쳐 선한 행동을 하고 진실을 알게 되는데 이것은 좋은 근기를 따르기 때문이다. 전하는 말에 의하면

'무언가를 말했을 때, 그것이 좋은 말이라면 천리 밖의 먼곳에 있는 사람까지도 그 말에 감동하여 호응한다' 하였으니, 어찌 이것을 두고 한 말이 아니겠는가! 그러나 사람들의 능력에 알맞게 가르치기 위해서는 반드시 그 시기를 잘 맞추는 것이 중요하다. 그러기에 일은 옛 사람의 절반만 하고도 공은 반드시 갑절을 이루었던 것이다."

일연스님이 찬탄한 노래를 불렀다.

천운(天運)이 창조될 시기에는
대개 솜씨 부리기가 어려운데
늙은이는 스스로 노래와 춤으로
곁 사람을 이끌어 눈뜨게 하였도다.

청정율사 겸익(謙益)

미륵불광사 사적(彌勒佛光寺事蹟)에 말했다.

"백제 성왕 4년(526) 병오년 사문 겸익(謙益)은 마음에 맹세하고 계율을 구하고자 바다를 건너 중인도의 상가나대율사(常伽那大律寺)에 이르렀다.

5년 동안 범문을 배우고 천축의 말에 환희 통하였으며, 율부를 깊이 전공하여 계체(戒體)를 장엄하였다.

그리하여 인도 승 배달다 삼장과 함께 범본 아비담장(阿毘曇藏)과 5부 율문을 가지고 귀국하였다.

백제왕은 우보(羽葆 ; 의식용 해 가리개)와 고취(鼓吹 ; 풍악)로써 교외에서 맞이하여 흥륜사(興輪寺)에 머물게 하였다. 국내의 명승 28인을 모아 겸익법사와 같이 율부 72권을 번역하게 하였으니, 이것이 백제 율종의 비조이다.

이에 담욱·혜인 두 법사가 율부의 소(疏) 36권을 저술하여 왕에게 바쳤다.
왕은 비담(毘曇)과 신율(新律)의 서문을 지어 태요전(台耀殿)에 받들어 간직하였다. 왕은 장차 새겨서(剞劂) 널리 펴고자 하였으나 얼마 안 있어 붕어(崩御)하였다."

일본불교와 백제 스님들

일본서기에 이런 글이 있다.

"흠명천황(欽明天皇) 13년 겨울 10월에 백제의 성명왕이 서부 희씨(姬氏), 달솔(達率) 사치계(斯致契) 등을 통해 금동석가상 1구와 미륵석불 및 번개(幡蓋), 경론 등을 약간 권을 보냈다. 그러나 군신들은 믿지 않고 받아들이려고 하지 않았다.

소아도목(蘇我稻目) 숙녜(宿禰)가 이를 존경하자 그에게 내려주니 석천(石川)의 집에 불전을 짓고 이를 안치하여 3명의 비구니와 1명의 승려로 공양하게 하였다. 소아마자(蘇我馬子), 사마달등(司馬達等)이 모두 부처를 숭상하니 이는 불교 사원 도량의 시초이다."

또 수경기(水鏡記)에 말했다.

"계체천황(繼體天皇) 때에 한인이 불상 등을 가져와 숭상하였다"고 하고, 또 일본통증(日本通證)에 "계체 13년 사마달 등이 한(韓)에서부터 내조하였다" 하였다.

이와 같이 양쪽 말을 합하여 살펴보건대, 저 수경기에서 말하는 한인이란 아마도 사마달등을 두고 하는 말인 것 같다. 그러므로 흠명시대 이전 일찍이 일본에 불교가 전해진 자취가 있었음을 알 수 있다.

1. 담혜(曇慧)스님과 일라(日羅)스님

스님 담혜는 백제 사람으로 일찍이 당에 들어가 큰 역할을 하였다. 대・소승을 섭렵하고 교화에 뜻을 두었다. 저 나라(백제를 가리킴)에서 이를 듣고, 바야흐로 불법을 숭상하였다. 흠명 15년 봄 2월 담혜와 함께 도심이 조공하러 왔다.

정사를 세우게 하여 그 곳에 머무르니 이것이 본국에 사문이 있게 된 시초이다. 다만 사민들이 아직 삼보에 귀의해야 할 까닭을 알지 못했으며, 때와 근기를 조화시키기 어려웠다. 담혜의 종승(宗乘)이 서술되지 않았으며, 국사(國史)에 또한 그의 임종을 기록하지 않았다.

본조고승전에 칭찬하여 말했다.

"담혜, 도심 두 대사는 외국에서 선택되어 보내져 왔다. 교화가 뚜렷하지 못하니 어느 종인지 알지 못한다. 나는 발마제바(跋摩提婆)의 종에서 나오지 않았나 하고 생각한다. 나집이 관중에 들어와 삼론과 성실을 크게 일으켰다. 당이전부터 여러 선사가 두 논(二論)을 배워 숭상하니 이로써 그 법이 일찍이 삼한에 전해졌다. 연력 15년에는 관부에서 성실론을 삼론에 덧붙여 칭하니, 두 대사는 공종(空宗)이 된다. 밝도다. 또한 이 방면의 등란(騰蘭)이 되었다. 그래서 이 편을 첫머리에 두었다."

또 본조고승전에 『승려 일라는 백제 사람이니 신통하고 기이함이 헤아릴 수 없었으며, 내·외전에 정통하고 박식하여 명성이 우리나라(일본)에 알려지게 되었다. 민달제(敏達帝)가 그것을 듣고 기압승(紀押勝)을 파견하여 일라를 초청하였다. (백제) 국왕이 재주를 아껴 초청을 허락하지 않았다. 다시 길비우도(吉備羽島)로 하여금 (요청을) 독려하게 하였다. 왕이 두려워 명을 따랐다.

12년(백제 위덕왕 29년 계묘) 여름, (일라가) 우도(羽島)를 따라 왔다. 왕은 관사에 머물게 하고 은덕을 베풀었으며, 일라는 전(殿)에 올라 물음에 답하였다. 성덕태자(聖德太子)가 미복(微服)을 하고 관사에 이르렀는데 일라가 (태자를) 가리켜 말하기를, "신성한 사람이다"라고 하고 땅에 무릎 꿇고 재배하였다. (일라가) 반게(半偈)를 설하여 말하였다.

"동방의 속산국(粟散國) 일본에 등불을 전하는 구세관세음보살(救世觀世音菩薩)에게 공경하고 예배합니다."

곧 (일라의)의 몸에서 빛이 나왔고, 태자의 미간(眉間)에서도 빛이 나왔으며 밤새 이야기하였다. 태자가 말했다.

"그대의 목숨은 오래지 않아 다합니다."

일라가 후에 섭진(攝津)의 검미산(劍尾山)을 여니(開山), 얼마 되지 않아 신라 사람이 그를 찔러 죽였다. 태자가 말하였다.

"일라는 성인이다. 내가 남악(南岳)에 있을 때 그는 제자였는데 항상 해와 하늘에 절을 한 까닭에 몸에 광채가 나는 것이다."

내가 검미산 주승을 만나 일라의 옛일을 물었지만, "연대가 오래되어 탑패(塔牌)가 남아 있지 않으며, 사지(寺誌) 또한 없다"고 하였다. 그러나 마을 사람들이 전하기를, 처음으로 불법의 기틀을 열었던 사람은 일라상인이라고 하였다. 대체로 기(記)와 전(傳)을 찬한 자는 진속(眞俗)을 가리지 않고 두 부분을 모두 적었다. 그러므로 후세에 혹 속인이라 하였는데, 무릇 몸에서 빛을 내뿜는 것이 어찌 속인이 할 수 있겠으며, 그가 사문임에 어찌 의심이 있겠는가. 태자가 친히 성인이라 하였으니 설사 사문이 아니다 하더라도 실로 이것은 교화를 위하여 방편으로 몸을 나툰(化權) 것일 것이다.』

2. 선신(善信)·선장(禪藏)·혜선(慧善) 비구니 스님들

원형석서에 말했다.

"선신니(善信尼)는 사마달등(司摩達等)의 딸이다. 민달 13년 혜편(慧便 ; 惠便)을 따라 출가하였는데, 두 여자와 함께 머리를 깎았다. 첫째 선장(禪藏)은 양(梁) 야선(夜善)의 딸이고, 둘째 혜선(慧善)은 금직(錦織)의 딸이다. 대신 소아마자가 정사를 지어 세 비구니를 맞아들였다.

용명 2년(587) 신(信)이 소마자에게 말했다.

"출가한 사람은 계로써 근본을 삼는 것이니, 원컨대 백제에 가서 계학을 배우기를 원합니다."

숭준(崇峻) 원년(588) 소마자는 신 등을 백제 사신에 딸려 법을 구하러 보냈다. 3년 봄에 신 등 세 비구니가 백제로부터 돌아와서 앵정사(櫻井寺)에 머물렀다.

3. 풍국(豊國)스님과 관륵(觀勒)스님

일본서기에 이런 말이 있다.

『용명 2년(587) 4월 병자, 천황이 병을 얻어 궁궐로 돌아오니 뭇 신하들이 모셨다. 천황이 뭇 신하들을 불러 말하였다.

"짐은 삼보에 귀의할 생각이니 경 등은 그것을 의논하라."

뭇 신하들이 조정에 들어와 의논하였다. 물부 수옥대련(物部守屋大連)과 중신 승해련(中臣勝海連)이 뜻을 어겨 의논해 말하였다.

"어찌 나라의 신(神)을 등지고 다른 신을 공경하겠는가. 예로부터 이와 같은 논의를 한 일이 없었다."

소아마자 숙녜(宿禰) 대신이 말했다.

"가히 명령에 따라 받들고 도와야 합니다. 어찌 다른 계교를 낼 수 있겠습니까?"

이에 황제황자가 풍국법사(이름은 빠짐)를 이끌어 안에 들이니, 물부수옥대련이 눈을 부릅뜨며 크게 노하였다.』

일본영이기고증(日本靈異記考證) 상에 "풍국은 대개 한국을 말한 것이요, 풍전과 풍후를 배척한 것이 아니다. 오히려 충애기(仲哀紀)에는 한국을 보국(寶國)이라 하였고, 신공기(神功紀)에는 재보국(財寶國), 재국(財國), 금은지국(金銀之國)이라고 하였다. 또 응신기(應神紀)에는 금은번국(金銀藩國)이라 하였고, 신대기(神代紀)에도 한국에는 금은이 있다"고 하였다.

용명 2년(587)의 기록에 황제황자가 풍국법사를 내전으로 끌어들였다는 것은 역시 한국의 승려를 말한 것이다.

본조고승전에 백제국 사문(沙門) 풍국전(豊國傳)이 있다.

『승려 풍국은 백제인이다. 역사에서 그의 이름을 알지 못하므로 지방 이름인 풍국(豊國)으로 불렸다. 나면서부터 자질이 뛰어났고 (일본의) 기풍을 흠모하여 찾아왔다.

이 때 일본은 불법이 아직 두루 퍼지지 않아 풍후(豊後)의 민간에 머물고 있었다. 용명 2년(587) 여름 4월, 천황이 병이 들어 시신(侍臣)을 불러 일렀다.

"나는 삼보에 귀의할 생각이니 경들은 의논해보라."

수옥(守屋)과 승해(勝海)가 아뢰었다.

"선황 이래로 이러한 논의는 없었는데, 어찌 우리나라의 신을 배반하고 이국의 부처를 받들려 하십니까?"

이에 천황의 아우인 혈수왕자(穴穗王子)가 풍국법사의 명성을 듣고 궁궐에 들어와 설법해 주기를 청하는 조서를 내렸다. 성덕태자가 섭(攝;攝津 지방)의 구악(駒嶽)에 중산사(中山寺)를 건립하여 낙성하는 날 풍국법사를 초청하여 공양존사(供養尊師)로 삼았다가 후에 주지로 임명하였다.』

일본서기에 "추고 10년(602) 10월에 백제 승려 관륵이 와서 역본과 천문지리서, 그리고 둔갑, 방술의 책을 바쳤다. 이 때 서생 3,4인을 가려 뽑아 관륵에게 배우게 하였는데 양호사(陽胡史)·조옥진(祖玉陳)은 역법을 익히고, 대우촌주(大友村主) 고총(高聰)은 천문·둔갑을 배웠으며, 산배신일립(山背臣日立)은 방술을 배워 모두 학업을 이루었다"고 하였다.

원형석서에서는 관륵스님에 대하여 이렇게 썼다.

『승려 관륵은 백제인으로 추고 10년 10월에 (백제에서) 조공하러 왔는데 학식이 있었다. 역본과 천문 지리, 방숙의 서책을 바쳤다.

태자 이총(耳聰)이 "내가 형산(衡山)에 있을 때 관륵은 내 제자였다. 성수(星宿)의 도수와 산하의 이해에 대한 일을 좋아하였다. 내가 그 기예와 방술을 섭렵하여 불교에 뒤섞는 것을 꾸짖었으나 일찍이 그만두지 않았으며, 나를 따라와서 또 성력을 말하고 있구나" 하였다."

32년(624) 4월 조부를 살해한 사문이 있어 조정에서 처음으로 승정을 설치하여 승니를 단속하게 하였는데, 관륵이 선발되어 승정이 되었다.

또 본조고승전에도 이 같은 기록이 있다.

『승려 관륵은 백제국 사람이다. 삼론을 연구하였고, 의학에도 두루 통달하였다. 추고 10년 겨울 10월, 선발되어 일본에 왔다. 원흥사에 머물게 하고 뛰어난 인재를 뽑아 관륵으로부터 학문을 익히도록 하였다. 태자 풍총이 말했다.

"내가 형산에 있을 때 관륵은 내 제자로서 천문 지리학을 좋아하였다. 내가 그 기예와 방술을 섭렵하여 불교에 섞는 것을 꾸짖었으나 일찍이 그만두지 않았다. 또 나를 따라와 성력을 말하였다."』

갑신년에 조부를 살해한 비구가 있었다. 천황이 군신들에게 조칙을 내렸다.

"대저 사문은 삼보에 귀의·공경하고, 계법을 잘 따라야 하는데, 어찌 이러한 악행을 저지르고도 부끄러움과 삼가함이 없는가! 내가 심히 부끄럽도다. 범죄를 저지른 승려를 모두 체포하여 형벌에 처하라."

이에 각 절에 조서를 내려 악행 비구를 색출하니, 한 때 많은 승니들이 의심을 받았다. 관륵이 천황에게 표(表)를 올려 아뢰었다.

"불법이 동한(東漢)에 이르기까지 3백 년이 걸렸고, 백제에 전한 지 이미 백년입니다. 백제의 선왕(聖王)이 일본 천황의 밝고 총명함을 듣고 불상과 경론을 바친 지 백 년이 되지 않았습니다. 승니들이 법(法)과 율(律)을 익히지 않은 것이 대역죄를 지은 이유입니다. 지금 황제의 제도를 듣고 두려워 어찌할 바를 모르겠으나 엎드려 바라건대 대역죄를 지은 자를 제외하고 그 나머지는 모두 사면하여 죄를 묻지 마옵소서. 이것이 헌장(憲章)을 바르게 하고 어진 정치가 퍼지게 하는 일입니다."

천황이 다시 조칙을 내렸다.

"도인(道人 ; 승려)이 법을 어기면 어떻게 세속을 가르치는가. 지금부터 마땅히 승정(僧正)과 승도(僧都)를 설치하여 승니를 단속하라."

그래서 관륵을 승정에, 고구려의 덕적(德積)을 승도에 임명하였다. 이것이 일본 승려의 기강을 세운 최초의 일이다.

찬탄하여 말하였다.

"옛날 진(秦)나라 때 승니의 무리가 많아 때로 과실이 생기기도 했다. 요흥이 하서하여 승략(僧䂮)에게 승정을 맡기고 승천(僧遷)을 열중(悅衆)으로 삼아 퇴락의 실마리를 없애도록 하였다. 우리 추고 천황께서 관록을 공적으로 등용하고 법과 율로써 바로잡으니, 나라와 시대는 달라도 제왕의 제도는 한가지라 훈지(나팔과 피리)처럼 서로 잘 화합하도다. 대개 나라에 호법이 있은 후에야 곳곳에 잇달아 빼어난 승려가 있는 것이니, 불법의 감응인들 어찌 이 세상에, 이 나라에 그러하지 않을 수 있겠는가!"

4. 혜미(慧彌)스님과 의각(義覺)스님

원형석서에 "승려 혜미는 백제인으로 추고 17년(609) 4월에 오국(吳國)으로 가다가 그 배가 표류하여 비후주(肥後州)에 이르렀다. 주의관리가 태재부(太宰府)에 고하니 부에서 듣고는 표류한 사람을 본국으로 보내라는 칙령을 내렸다. 이 때 혜미와 사문 도흔(道欣) 등은 일본을 흠모하여 표를 올려 머물기를 청하니 조칙을 내려 원흥사에 살게 하였다."

본조고승전에는 다음과 같이 말하고 있다.

『승려 혜미는 백제인으로 고향 사람들과 함께 오나라에 가다가 배가 풍랑을 만나 추고 17년 여름 4월에 비후주의 위북진(葦北津)에 당도하였다. 태재부가 이를 듣고 조서로 본주에 보내려 하니, 당시 혜미와 도흔 두 사람은 일본을 흠모하여 표를 올려 머물기를 청하였으므로 조칙을 내려 원흥사에 살게 하였다.』

또 의각스님에 대해서는 원형석서에 이런 글이 있다.

『승려 의각은 백제국 사람이다. 일본이 백제를 정벌하고 (돌아올 때) 군사와 함께 왔다. 신장이 7척으로 널리 불교를 탐구하면서 난파의 백제사에 거주하였다. 어느날 저녁에 마하반야심경을 독송하는데, 같은 절에 있던 혜의(慧義)가 한밤 중에 의각의 방이 비쳐 환하게 빛나는 것을 보았다. 혜의는 괴이하게 여겨 창틈으로 엿보니 의각이 경을 독송하는데 입에서 빛이 나왔다. 다음 날 아침 혜의가 대중에게 말하니, 대중이 크게 경탄하였다. 의각이 대중들에게 말하였다.

"내가 눈을 감고 송경을 백여 차례 한 후 눈을 떠 방안을 보니, 네 벽이 텅 비어 있어 마당 바깥도 훤히 보였소. 일어나 만져 보니 방의 창문은 모두 닫혀 있었소. 돌아와 앉아 송경하는데 먼저와 같이 텅 비어 보였소. 이는 불법(般若)의 불가사의한 힘인줄 압니다."

이 일은 제나라 명제(의자왕) 때의 일이다.

또 본조고승전에도 이런 글이 있다.

"승려 의각은 백제국 사람이다. 일본이 백제를 정벌할 때 군사와 함께 왔다. 난파의 백제사에 머물게 하였는데, 의각은 신장이 7척으로 불교를 널리 공부하였다. 반야심경을 지녔는데 같은 절에 있는 혜의도 반야심경을 지녔다. 같은 절에 있던 혜의가 한밤중에 의각의 방 안에서 빛이 비쳐 밝은 것을 보고 창틈으로 가만히 엿보았다. 의각이 앉아 송경을 하는데 입에서 빛이 나왔다. 혜의는 크게 놀라 두려워하였다. 다음 날 아침 (혜의가) 대중에게 말하니 의각이 대중들을 향해 말했다.

"내가 어제 저녁에 눈을 감고 반야심경을 백여 번 읽는데, 눈을 뜨고 방안을 보니 네 벽이 텅 비어 있어 마당 바깥도 훤히 보였소. 나는 드문 일이라 생각하고는 일어나 만져 보니, 벽 창문은 모두 잠겨 있었소. 돌아와 앉아 송경하니 아까처럼 비어 보였소. 이는 불법(般若)의 불가사의하고 오묘한 작용일 것입니다."

그리하여 대중들 모두가 더욱 정진하였다.

찬탄하여 말했다.

"정혜(定慧)의 균등은 번뇌를 끊어 제거하고, 너와 물체가 하나로 되는 것이니 어떤 막힘이 있겠는가. 보살 나한이 삼천세계를 왕래하는 것은 다른 데 있는 것이 아니라 모두 여기서 비롯되는 것이다. 의각이 텅 빔을 본 것은 거의 성인의 경지에 오른 것이로다."

5. 도장(道藏)스님과 도녕(道寧)스님

일본서기에 "천무(天武) 12년(684) 7월에 이달부터 8월까지 가뭄이 들자, 백제 승려 도장이 기우제를 지내 비가 내렸다. 14년 10월 병자년(686) 백제의 상휘(常輝)를 30호에 봉했는데, 이 스님은 백 세였다. 경진년(740)에 백제 승려 법장과 우바새 익전금종(益田金鍾)을 미농에 보내 백출을 달이게 하고, 이로 인해 면포를 하사하였다"고 하였다.

또 속일본기에 『양로(養老) 5년(721) 6월 무술년에 조칙을 내렸다.
"백제 사문 도장은 참으로 법문의 영수(領袖)요, 석도(불교)의 동량이다. 나이 여든 살을 넘어 기력이 쇠약해졌는데 속백을 베풀지 않는다면 어찌 늙은 이를 봉양하는 정이라 하겠느냐. 마땅히 맡은 관청에서 사시로 물건을 베풀어라. 명주 5필, 솜 10둔, 베 20단으로 하라"고 하였다.』

또 원형석서에 "승려 도장은 백제 사람이다. 지통(持統) 2년(684) 7월에 가물어서 그를 불러 비를 빌게 하니, 아침이 채 가기 전에 비가 천하를 두루 적셨다. 양로 5년에 천황이 '사문 도장은 법문의 영수요, 석가의 동량(棟樑)이다'하고 매우 후하게 대우하였는데, 나이 여든을 넘어 입멸하였다"라고 하였다.

본조고승전에도 "승려 도장은 백제국 사람인데 불법에 널리 정통하였다. 백봉 연중(백제 말경)에 일본을 구경하러 왔는데, 지통 2년 가을 7월에 날이 가물어 그를 불러 비를 빌게 하였다. 아침이 채 가시기 전에 천하를 두루 적시니, 천황은 법의 영험이 빠름을 귀히 여겨 많은 물건을 내렸다. 양로 5년 6월 초하루에 천황은 '사문 도장은 석가의 동량이요, 법문의 영수이다. 나이 여든을 넘어 기력이 쇠약해졌는데, 만약 면백을 베풀어 주지 아니하면 무엇으로 늙은이의 뜻을 편안하게 하겠느냐. 유사는 사시로 그를 공양하라'라고 하였다."

6. 다산·원각·원세·방제 스님

대장경(大藏經)의 신주(神呪)를 외워서 오로지 중생 제도를 일삼았다. 마땅히 죽을 사람도 영험을 받아 소생하니 병자가 문에 가득 찼으며, 기이한 일도 매우 많았다. 일찍이 고개 위에서 높은 석장(錫杖) 둘을 갖고 두 개를 번갈아 사용하였는데, 교묘하게 쓰는 일이 없이 마치 나무를 땅에 박아 놓은 것 같았다. 태황후가 그를 존중하여 공양하였는데, 그것은 곧 수행의 공덕이었다. 홀로 꽃다운 이름을 남겼으며, 자비의 덕으로 오래오래 사랑받고 존경받았다.

승려 원각은 처음에 삼정(三井)으로 들어가 상조(常照)에게 교법을 배우고, 후에 남경 복상(菖上)에 머물러 있으면서 고궁사(高宮寺) 원세에게 사사하였다. 원세는 백제국의 사범(師範)이니 해법(解法)과 수행을 겸비하였다.

원각을 옳다 여겨 자리를 물려주었는데, 원각은 꺼려하는 것이 없어 계행을 지키지 아니하고 오신채도 꺼리지 않고 먹었으며, 아침에 마을로 내려가면 캄캄해서야 방으로 돌아오기를 예사로 하였다. 한 우바새가 스승 앞에서 그의 결점을 탓하니까, 원세는 아무 말 말라고 하였다. 우바새가 밤에 몰래 방에 가서 벽을 뚫고 엿보니, 방 안에 빛이 환하게 빛나고 있었다. 깜짝 놀라 스승에게 아뢰니, 원세는 "그럴 것이다. 네가 내 말을 믿지 아니하니 어쩔 수 없구나"라고 하였다. 원각이 갑자기 목숨이 다하니 원세는 화장할 것을 명하였다. 우바새가 무슨 일이 있어서 강주(江州)에 갔더니, 어떤 사람이 말하기를 원각스님이 여기 계시다고 하기에 곧 가서 보니 정말 원각이었다. 우바새가 보고 말하기를, "요즈음 뵙지 못하였습니다. 사모하는 생각이 끊일 때가 없었습니다. 기거(起居)가 편안하십니까?"라고 하였다. 마땅히 대성(大聖)의 변화였음을 알았던 것이다.

찬하여 말한다. 고덕(古德)이 무덤에 묻힌 후에 온몸이 빠져나오는 것은 혹 있는 일이나, 세간에서는 기이한 일이다. 원각스님과 같이 화장하여 남은 것이 없는데도 신체가 의연(依然)하여 다른 지방에 유화한 것은 일찍이 들어본 적이 없으니, 기이한 일 중에 기이한 일이다. 권화(權化)가 아니고서야 어찌 이러한 기묘한 일이 일어날 수 있겠는가.

승려 방제는 백제국 사람이다. 본국의 이웃나라에 병란이 있을 때에 비후(備後)의 삼곡군주(三谷郡主)가 명을 받들어 백제를 구원하게 되었는데, 서원을 일으키기를, '만약 군공(軍功)을 얻으면 절을 짓겠다'라고 하였다. 공을 이루고 개선한 그는 많은 절을 짓고 불상을 만들기 위해 방제에게 예를 표하고 서울로 가서 금단(金丹) 등 채구(彩具)를 구해 오도록 하였다.

돌아오는 길에 배를 사 가지고 난파진(難波津)에 이르렀는데, 큰 거북을 파는 사람이 있어 세 마리를 사서 놓아 주었다. 배가 비전(備前)의 골도(骨島)를 지날 무렵이던 밤 삼경에 뱃사공이 재화에 욕심을 내 서로 모의하여 방제를 바다에 던져 버렸다. 그런데 갑자기 거북 세 마리가 나타나 방제를 업고 해변으로 올라갔다. 어떤 사람이 금단(金丹) 등 채구를 사 가지고 군주(郡主)의 집에 와 있었다. 방제가 돌아와서 자세히 보니, 그는 곧 그 뱃사공이었다. 뱃사공은 방제를 보자 황공하여 머리를 조아리고 장물을 도로 내놓았다. 방제는 단월(檀越)에게 말하여 그의 목숨을 살려주기를 빌었다. 방제는 뒤에 바닷가에 살면서 항상 오가는 사람들을 교화하다가 나이 여든이 넘어서 세상을 떠났다.

〈본조고승전〉

얻어 온 밥을 이웃에 나누어주니
배고픈 이 허기를 면하고 정신을 차렸네.
알고 보니 허기진 인생
먹고 사는 것만이 전부가 아님을 깨달았도다.

〈활안〉

제3편

신라 스님들

제3편

신라 스님들

　신라는 BC 57년 박혁거세로부터 56대 경순왕(935)에 이르기까지 장장 992년 간 단일국가로 존속한 나라이다.

　시작은 경상북도 일원에 불과하였으나 차차 김해왕국과 합하고, 아도화상의 기복불교로 시작하였으나. 자장의 율과 의상의 경, 원효의 화쟁정신에 의하여 삼국을 통일하였다.

　1. 혁거세왕(BC57~4)　　20. 자비왕(458~478)　　39. 소성왕(798~800)
　2. 남해왕(BC4~AD24)　　21. 소지왕(471~500)　　40. 애강왕(800~809)
　3. 유리왕(24~57)　　　　22. 지증왕(500~514)　　41. 헌덕왕(809~826)
　4. 탈해왕(57~80)　　　　23. 법흥왕(514~540)　　42. 흥덕왕(826~836)
　5. 파사왕(80~112)　　　24. 진흥왕(540~576)　　43. 희강왕(836~838)
　6. 지마왕(112~134)　　　25. 진지왕(576~579)　　44. 민애왕(838~838)
　7. 일성왕(134~154)　　　26. 진평왕(579~632)　　45. 신무왕(838~839)
　8. 아달라왕(154~184)　　27. 善덕왕(632~647)　　46. 문성왕(839~857)
　9. 벌휴왕(184~196)　　　28. 진덕왕(647~654)　　47. 헌안왕(857~861)
　10. 갈문왕(196~230)　　　29. 무열왕(654~661)　　48. 경문왕(861~875)
　11. 조분왕(230~247)　　　30. 문무왕(661~681)　　49. 헌강왕(875~886)
　12. 점해왕(241~261)　　　31. 신문왕(681~692)　　50. 정강왕(886~887)
　13. 미추왕(261~284)　　　32. 효소왕(692~702)　　51. 진성왕(887~897)
　14. 위례왕(284~298)　　　33. 성덕왕(702~737)　　52. 효공왕(897~912)
　15. 기림왕(298~310)　　　34. 효성왕(737~742)　　53. 신덕왕(912~917)
　16. 걸해왕(310~356)　　　35. 경덕왕(742~765)　　54. 경명왕(917~924)
　17. 내물왕(356~402)　　　36. 혜공왕(765~780)　　55. 경애왕(924~927)
　18. 실성왕(402~417)　　　37. 宣덕왕(780~785)　　56. 경순왕(927~935)
　19. 눌지왕(417~458)　　　38. 원성왕(785~798)

신라불교의 시조 아도(阿道)스님

스님 아도는 본래 천축 사람이라고도 하며, 혹 오나라에서 왔다고도 하고, 혹 고구려에서 위나라로 들어갔다가 이후에 신라로 돌아왔다고 하는데, 어느 것이 옳은지 모르겠다. 풍모와 거동이 특이하며 신령스런 변화가 더욱 기이하였다. 항상 돌아다니며 교화하는 것을 의무로 삼았다. 매번 강의를 시작할 때는 하늘에서 묘한 꽃비가 내렸다.

처음 신라 눌지왕 시대에 흑호자라는 사람이 있었는데, 고구려로부터 일선군에 이르렀다. 교화를 펴는 인연이 있었으니, 고을 사람 모례가 집 가운데 굴을 파서 방을 만들어 모셨다. 그 때 양나라에서 사신을 보내 의복과 향 등의 물건을 보냈는데, 임금과 신하들은 향의 이름과 그 사용하는 바를 알지 못하였다. 이에 관리에게 향을 가지고 안팎으로 두루 묻게 하였다. 호자가 그것을 보고 그 이름을 일러주면서 말하였다

"이것을 태우면 향기가 아름답고 정성을 들이면 신성에 통할 수 있습니다. 이른바, 신성이란 것은 삼보를 말하는데, 첫째는 불타이고 둘째는 달마이며 셋째는 승가입니다. 만약 이것을 태워 발원하면 반드시 신성의 응답이 있을 것입니다."

그 때 왕의 딸이 병이 위독하여 왕이 호자로 하여금 향을 태우게 하고 서원을 올리자 곧 나으니, 왕이 크게 기뻐하며 선물을 아주 후하게 주었다. 호자가 (궁중에서) 나와서 모례를 보자 얻은 물건을 주어 그 덕에 보답하면서 말하기를, "저는 돌아갈 곳이 있습니다"하며 하직을 청하고는 갑자기 사라져 버려 간 곳을 알지 못하였다.

비처왕 때 아도 화상이라는 사람이 시자 셋과 더불어 또한 모례의 집에 와서

머물렀는데, 그 용모가 호자와 비슷하였다. 몇 년을 머물렀는데 병들지 않고 죽었다. 그 시자 세 명은 머물면서 경전과 율법을 독송하였는데, 이따금 믿고 받들어 행하는 자가 있었다.

그러나 옛 기록에 살펴보면, "양나라 대통 원년 3월 11일에 아도가 일선군에 들어오니 천지가 진동하였다. 스님의 왼손에는 금 고리가 달린 주장자를 짚고, 오른손에는 옥 발우를 들고 있었다. 몸에는 누더기 옷을 입고 입으로는 화전(불경)을 암송하였다.

처음 신도 모례의 집에 이르자 모례가 나와 보고 깜짝 놀라며 말하였다.
"지난날에 고구려 스님 정방(正方)이 우리나라에 들어왔을 때 임금과 신하가 괴상히 여기고 상서롭지 못하다고 하여 의논하여 그를 죽였다. 또한 멸구자(滅垢玼)라는 이가 그의 뒤를 따라 다시 왔을 때도 먼저와 같이 죽여 버렸는데, 당신은 더구나 무엇을 구하고자 왔는가. 마땅히 빨리 안으로 들어가 이웃사람의 눈에 띄지 않게 하십시오."
하면서 밀실에 두고는 공양하기를 게을리 하지 않았다.

마침 오나라의 사신이 있어 오향(五香)을 원종왕(법흥왕)에게 헌납하니 왕이 쓰이는 바를 알지 못하여 나라 안에 돌아다니며 물어보게 하였다. 사자(使者)가 법사에게 이르러 물으니, "불에 태워 부처에게 공양하는 것이다"라고 하니, 그 사자와 함께 법사와 서울에 이르러 왕을 만나게 하였다. 왕이 이로 인하여 부처와 승려는 가히 공경해야 되는 것을 알고 칙령으로 널리 펴 행할 것을 허가하였다.

또 고득상(高得相)의 시사(詩史)에 의하면, "양나라에서 원표라는 사신을 시켜서 침단(沈檀) 및 불경과 불상을 보내왔는데, 그 쓰이는 바를 알지 못하여 사방에 물어보다가 아도를 만나 그 사용법을 알게 되었다" 하였으며, 주(註)에 "아도는 두 번이나 참해(斬害)를 당할 뻔했으나 죽지 않고 모례의 집에 숨었다" 하니, 곧 양나라와 오나라 어느 쪽 사신인지 자세히 알 수 없다. 또 아도의 종적이 혹 호자와 많이 닮음은 어찌된 일인가. 그러나 영평으로부터 대통에 이르기까지 무릇 4백여 년이고, 고구려에서 불법이 흥한 것은 이미 150여 년이며, 백제는 이미 불교를 행한 지 140여 년이 되었다.

또 해동고승전에 다음과 같은 말씀이 나온다.

"스님은 이에 어머니의 말씀을 받들어 본국을 떠나 신라 왕궁의 서쪽 마을 (지금의 엄장사 터)에 와서 살았다. 때는 미추왕 즉위 2년 계미년(263)이다. 법사가 불교의 가르침을 행하길 청하자 전에 보지 못한 것이라 하여 괴이하다 여겼고, 마침내 그를 죽이려는 자가 있었다. 그래서 속촌(續村) 모록의 집에 물러가 은둔하였는데, 지금의 선주(善州)가 그 곳이다.

해를 피해 산 지 3년이 지났는데 성국궁주가 병이 들어 낫지 않으므로 관리를 사방에 보내 치료할 수 있는 사람을 구하였다. 스님이 그 구함에 응하여 대궐에 나아가 그 병을 고치게 되었다. 왕이 크게 기뻐하여 그에게 원하는 바를 물으니, '다만 천경림(天鏡林)에 절을 창건하신다면 제 소원은 그것으로 족합니다' 하니, 왕이 그것을 허락하였다. 그러나 세상이 둔하고 백성이 고루하여 불교에 귀의시킬 수 없었다. 이에 스님은 초가집을 절을 삼았더니, 그 뒤 7년이 되어서야 승려가 되고자 하는 자가 찾아와서 귀의해 법을 받았다.

모록의 여동생 이름은 사시(史侍)인데, 또한 귀의하고 비구니가 되었다. 이에 삼천기에 절을 세우고 영흥사(永興寺)라 하고서 그 곳에 의지해 머물렀다. 미추왕이 붕어한 후에, 그 다음 왕 또한 불교를 공경하지 않고 장차 그것을 폐하려고 하였다. 법사가 속촌(續村)으로 돌아가 스스로 무덤을 만들고 그 안에 들어가 문을 닫고 시적(示寂)하였다. 이로 인하여 불교가 사로(신라)에 행해지지 못하였다. 그 후 2백여 년이 지난 뒤 원종(原宗)이 과연 불교를 일으켰으니, 모두 고도녕이 말한 바와 같았다."

미추왕으로부터 법흥왕에 이르기까지 무릇 11명의 왕이 있었다. 아도가 출현한 연대의 전후가 이와 같이 차이가 있으나 모두 다 옛 글에 의한 것이니, 취하고 버릴 수가 없다. 그러나 만약 미추왕 때에 이미 불교를 널리 선양함이 있었다면 아도는 순도와 같은 시대 사람인 것이 분명하다. 불교는 그 중간에 폐하였다가 양 대통에 이르러 비로소 일어나게 되었으므로, 흑호자(黑胡子)와 원표(元表) 등을 아울러 끌어내어 본 것이다.

찬하여 말하였다.
상교(像敎)가 점차 동쪽으로 옮겨지자 믿음과 헐뜯음이 번갈아 일어났지만, 시작을 밝게 연 사람이 대대로 있으니 아도와 흑호자 같은 이들은 모두 형상 없는 법신으로 숨었다 나타남을 자유로이 하였다. 혹 앞서고, 혹 뒤서며 같은 듯하면서 서로 다르니 마치 바람을 잡고 그림자를 묶거나 자취를 붙잡아 고정시킬 수 없는 것과 같았다. 다만 그 먼저 옳음을 시험한 후에야 행함을 열었고, 처음에는 해로움을 피해 도망갔지만 마침내 공을 이루었으니, 진(秦)나라의 이방(利方)이나 한(漢)나라의 마등(摩騰)인들 또한 이보다 더하다 하겠는가. 주역에 "그릇을 감추어 때를 기다려라!"라고 하였는데, 아도를 일컬음이다.

박인량(朴寅亮)의 수이전(殊異傳)에 이런 말이 있다.
"스님의 아버지는 위나라 사람 굴마(崛摩)이고 어머니는 고도녕(高道寧)으로 고(구)려 사람이다. 굴마는 사신으로 고(구)려에 왔다가 사사로이 정을 통하고 위나라로 돌아갔다. 도녕이 이로 인하여 아도를 낳았다. 스님은 5세가 되자 남다른 모습이 있었다. 어머니가 이르기를, '아버지가 없는 자식이니 승려가 되는 것만 같지 못하다" 하므로, 법사의 가르침에 따라 그날 바로 머리를 깎았다. 16세 때에 위나라에 들어가 굴마를 뵙고, 마침내 현창(玄彰)화상에게 가르침을 받았다. 19세에 수업을 마치고 어머니에게 돌아오니 어머니가 깨우쳐 말하기를, "이 나라는 기연(機緣)이 아직 익지 않아서 불법을 행하기 어렵다. 저 신라는 지금 비록 성교(불교)가 없으나 3천여 개월 뒤에는 법을 보호할 밝은 명왕이 나라를 다스려 크게 불사를 일으킬 것이다. 또 그 나라 수도에는 법이 머무르는 곳이 일곱 군데 있다.

첫째는 금교의 천경림(지금의 흥륜사 터)이고,
둘째는 삼천기(지금의 영흥사 터)이고,
셋째는 용궁의 남쪽(지금의 황룡사 터)이고,
넷째는 용궁의 북쪽(지금의 분황사 터)이고,

다섯째는 신유림(지금의 천왕사 터)이고,
여섯째는 사천의 하류(지금의 영묘사 터)이며,
일곱째는 서청(壻請)의 밭(지금의 담엄사 터)이다.

이런 곳들은 불법이 멸하지 않을 것이니 전겁(前劫) 때에 가람의 터였다. 네가 마땅히 저 땅에 돌아가 처음으로 현묘한 뜻을 전하여 승려의 시조가 될 것이니 또한 아름답지 않겠는가” 하였다.

일연스님이 아도를 기렸다.

금교(金橋)에 눈이와서 해동되지 않으니
계림(鷄林)의 봄빛이 돌지 않았다.
어여쁜 청제(靑帝 ; 봄)는 생각 많으나
털보네(毛郎) 집 매화꽃 먼저 피웠어라.

법흥왕 법공(法空)

승려 법공(法空)은 신라 제23대 법흥왕이다. 이름은 원종이고 지증왕(智證王)의 원자(元子)이며 어머니는 연제(延帝) 부인이다. 신장이 7척이고 너그럽고 후덕하며 남을 아끼니 신령스럽고 거룩하여 모든 백성이 밝게 믿었다.

3년에 용이 양정(楊井)에서 나타났고 4년에 병부를 처음 설치하였으며, 7년에 율령을 반포하고 처음으로 백관들의 공복을 제정하여 주자(朱紫 ; 복색)의 순서를 정하였다.

왕위에 오른 뒤로 항상 불법을 진흥시키고자 하였는데 뭇 신하들이 이러저러한 말이 많았으므로 왕이 (그것을 일으키는 것이) 어려웠다. 그러나 아도의 지극한 바람을 생각하여 곧 뭇 신하들을 불러 물었다.

"성조 미추왕은 아도와 함께 불교를 처음으로 펼치려 하셨지만 커다란 공을 다 이루지 못하고 돌아가셨다. 부처님의 묘한 교화가 막혀서 행해지지 않으니 짐이 심히 슬프게 생각한다. 마땅히 가람을 크게 세우고 다시 불상을 조성하여 선왕의 공적을 따라 좇으려 하는데 그대 경들은 어떻게 생각하는가?"

대신 공알 등이 간하여 말하였다.
"최근에 흉년이 들어 백성들의 생활이 불안하고 더욱이 이웃나라 병사들이 국경을 침범하여 군사들이(旅 ; 5백 명을 1隊로 하는 軍制) 휴식하지 못하니 어느 겨를에 힘든 백성들에게 부역을 시켜 쓸데없는 집을 짓겠습니까?"

왕은 좌우(신하들)의 믿음이 없음을 근심하여 탄식해 말하였다.
"과인이 부덕하여 외람되이 왕위를 이어받으니 음양이 고르지 못하고 백성이 편안하지 못하다. 그러므로 신하도 거스르고 따르지 않으니 누가 능히 묘법의 방편으로써 어리석은 사람들을 깨우치겠는가?"

오래도록 대답하는 이가 없었다.

16년에 이르러 내사사인 박염촉(朴厭蜀 ; 이차돈)이 있었는데, 나이는 26세로(삼국유사에는 22세) 정직한 사람이었다. 마음가짐이 성실하고 깊어서 의로운 것을 보면 용기를 떨쳤다. 왕의 커다란 바람을 돕고자 하여 은밀히 아뢰었다.

"폐하께서 만약 불교를 일으키고자 하신다면, 신은 청컨대 거짓으로 왕의 명령이라 하여 유사에게 전하되, '왕이 불사를 일으키려 하신다'고 하겠습니다. 이와 같이 하면 뭇 신하들이 반드시 간할 것이니, 즉시 칙령을 내려 말하기를, '짐은 이런 명령이 없었는데, 누가 거짓으로 명령을 꾸며대었는가?'라고 하십시오. 저들이 마땅히 신의 죄를 탄핵할 것입니다. 만약 왕께서 그 신하들의 아룀이 옳다고 하신다면 저들은 마땅히 복종할 것입니다."

왕이 말했다.

"저들이 이미 완고하고 오만하니 비록 경을 죽인다 하더라도 어찌 복종하겠는가?"

"대성의 가르침은 천신이 받드는 바이니, 만약 소신을 베시면 마땅히 천지의 이변이 있을 터이고, 과연 이변이 있으면 누가 감히 오만하게 거스르겠습니까?"

"본래 이로움을 일으키고 해로움을 제거하고자 하는데, 도리어 충신을 해한다면 어찌 슬픈 일이 아니겠는가?"

"살신성인입니다. 신하의 큰 절개이거늘 하물며 불법이 영원히 빛나고 왕조의 영원함을 도모하고자 한다면, 죽는 날이 곧 태어나는 해가 될 것입니다."

왕이 크게 감탄하여 말하였다.

"그대는 포의(布衣)를 입었으나 뜻은 비단을 품었구나."

이에 염촉과 함께 큰 서원을 깊게 맺었다. 드디어 그 뜻을 전하여 말하였다.

"천경림(天鏡林)에 절을 창건할 것이니 집사자는 칙령을 받들고 일을 일으켜라."

조정의 신하들이 드디어 과연 왕의 면전에서 그 일에 관하여 쟁론을 벌였다. 왕이 말하였다.

"짐은 명령을 내리지 않았다."

염촉이 이에 당당하게 말하였다.

"신이 진실로 그렇게 하였습니다. 만약 불법을 행하면 온 나라가 크게 편안하고, 진실로 경제에 유익하다면 비록 국가의 명령을 어겼다 한들 무슨 죄가 있겠습니까?"

이에 여러 신하들을 모아 이 일에 대해 물었다.

"지금 승려의 무리를 보게 되면 아이 머리에 누더기 옷을 입고 의론은 기괴하니 일상적인 도가 아닙니다. 만약 갑자기 그 말을 따르면 아마도 후회가 있을 것입니다. 신 등이 비록 죽을 죄이지만, 감히 칙령을 받들지 못하겠습니다"

염촉이 분연히 말하였다.

"이제 여러 신하들의 말은 옳지 않습니다. 무릇 비상한 사람이 있은 다음에 비상한 일이 있는 것입니다. 제가 불교의 깊고 깊음을 듣고 행하지 않을 수 없습니다. 제비와 참새가 어찌 기러기나 고니의 뜻을 알겠습니까?"

왕이 말하였다.

"대중의 말은 완강하여 거절할 수 없다. 네가 홀로 다른 말을 하는데, 능히 양쪽 말을 따를 수는 없는 것이다."

드디어 형리에게 목을 베라 하였다. 염촉이 하늘에 맹세하여 말하였다.

"제가 법을 위해 형벌에 나아가 자못 의리와 이익을 일으키겠습니다. 부처님이 만약 신통하다면 제가 죽음에 마땅히 특별한 일이 있을 것입니다."

마침내 목을 베자 그 머리가 날아가 금강산 꼭대기에 이르러 떨어졌다. (장차 이곳에 刺楸寺를 건립하였다) (목이) 끊어진 자리에서는 흰 젖이 높이 수십 장이나 솟아올랐다. 햇빛은 어두워지고 하늘에서는 아름다운 꽃이 내렸으며, 땅은 크게 진동하였다. 임금과 신하, 백성들 모두 위로는 하늘의 변괴를 두려워하고, 아래로는 사인의 법을 존중하여 목숨을 잃을 것을 슬퍼하며 서로 바라보고 슬피 울었다. 그리고는 시신을 받들고 금강산에 장사지내고 예배하였다. 이 때 임금과 신하가 맹세하며 말하였다.

"지금부터 부처님을 받들고 승려에게 귀의하겠습니다. 이 맹세를 어긴다면 밝은 신령은 우리를 죽이소서."

왕이 말하였다.

"대성인은 천백 년 만에 응하고, 인(仁)은 상서로움을 발하고, 의리는 상서로움을 움직이니, 천지에 응하지 못하는 것이 없고 해와 달에까지 뻗쳤으며, 귀신도 감동시킨다고 하였으니, 하물며 사람이 감동하지 않겠는가. 무릇 스스로 도를 믿으면 천지도 응하지 않을 수가 없다. 그러나 공(功)은 이룩함을 귀히 여기고 업적은 넓힘을 귀히 여긴다. 그러므로 진실로 큰 원이 있으면 태산이 기러기 털보다 가볍게 된다. 장하다! 그 죽음으로 얻은 바가 있도다."

이 해에 살생을 금하는 명령을 내렸다.

21년(534) 천경림(天鏡林)을 벌목하고 정사를 세우고자 땅을 닦다가 초석과 감(龕;龕室, 사당 안에 신주를 모시는 欌, 혹은 불탑 밑에 만드는 작은 방) 및 계단을 발견하였으니 과연 옛날에 초제(招提;사찰)의 오래된 터였다. 대들보로 쓴 제목은 모두 이 숲에서 나왔다. 공사를 다 마치자 왕은 왕위를 사양하고 승려가 되어 법공(法空)이라 이름을 고치고 삼의(大衣·七條衣·五條衣)·와발(진흙으로 만든 발우)을 헤아렸으니 뜻과 행은 고매하고 원대하며 일체 자비를 가졌다. 그리고 절을 대왕흥륜사(大王興輪寺)라고 하였으니 대왕이 머물렀던 까닭이다.

이것이 신라가 절을 창건하게 된 시초이다. 왕비 또한 부처를 받들고 비구니가 되어 영흥사에 머물렀다. 이로부터 불사를 열어 일으켰으므로 왕의 시호를 법흥이라 하니, 헛된 찬사가 아니었다. 그 후 매번 염촉의 기일을 맞아 흥륜사에서 법회를 베풀어 그의 지난날을 추모하였다.

태종왕 때에 이르러 재상 김양도(金良圖)가 서방정토를 신앙하여 두 딸 화보(花寶)와 연보(蓮寶)를 바쳐 이 절의 종이 되게 하였다. 또 역신 모척(毛尺)의 친척들로 노비를 보충하였다. 그러므로 구리(銅字 돌림)와 주석(錫字 돌림)의 두 부류가 지금까지 일을 맡고 있다.

내(覺訓)가 동도를 유람하여 금강산 마루에 올라 외로운 묘분과 작은 비석을 보니 슬픔을 스스로 그칠 수가 없었다. 이 날 산 사람들이 모여 밥을 먹었는데 그 까닭을 물으니, 오늘이 사인(이차돈)의 제삿날이라고 하였다. 또한 떠남이 오래일수록 사모함이 더욱 깊다고 하겠다. 아도의 비에 의하면, 법흥왕은 출가하여 법명은 법운(法雲)이고 자는 법공(法空)이라고 되어 있다. 이제 국사 및 수이전 두 전에 의하여 두 개의 전기로 나누었으니, 옛 것을 좋아하는 이들은 자세히 살펴보기를 바란다.

　　찬하여 말한다.
　　"대저 나라의 임금이 아랫사람과 더불어 일을 일으킴에 있어서는 이루어 놓은 일을 지킬 수는 있어도 생각하여 일을 시작하기는 가히 어렵다. 더구나 때에 이롭고 불리함과 믿음과 믿지 못함이 얽혀 있음에 있어서랴. 원종(법흥왕)이 비록 불법을 시작하고 일으키려 하였으나, 진실로 아침에 명령하여 저녁에 실행하기는 어려웠다. 그러나 본원력(本願力)을 계승하고 지위가 숭고한 자리에 있으며, 또한 현명한 신하의 이끌고 북돋움에 힘입어 능히 아름다운 이로움으로 천하를 이롭게 하여 마침내 한 명제와 함께 수레에 타게 되었다고 하겠다. 위대하도다. 무릇 어떤 말로도 양 무제와 비교해서는 안된다. 왜냐하면 무제는 임금으로서 대동사의 노비가 되었으므로, 황제로서 위신을 땅에 떨어뜨렸지만 법흥왕은 이미 양위하여 진실로 그 후사를 튼튼히 해놓고 스스로 사문이 되었으니 어찌 비교할 수 있겠는가. 경전에서 이른바 법흥왕과 염촉이 몸은 다르나 마음은 같다는 것을 증명하는 것이다. 왕이 미혹한 구름을 쓸어버리고 본성이 공한 부처님의 지혜의 빛을 발하면서 그것을 품고 날아갈 수 있었던 것은 오직 염촉의 순교의 힘이었다.

유학승 각덕(覺德)

승려 각덕(覺德)은 신라인으로 총명하고 박식하여 범부인지 성인인지 (그의 경지를) 헤아리지 못하였다. 신라는 이미 불교를 받들어 행했으므로 사람들이 다투듯 귀의하여 믿었다. 법사는 통달한 지혜로써 세상 사람들을 교화할 수 있다는 것을 알고 말하기를, "높은 곳으로 옮겨가자면 반드시 깊은 골짜기에서 벗어나야 하는 법이니, 도를 배우려면 힘써 스승을 구해야 한다. 만약 안일하게 머물고 느리게 수행한다면, 이것은 부처님 제자가 은혜를 갚는 본래 뜻이 아니다"라고 하고는, 곧바로 배를 타고 양(梁)나라에 들어가 법을 구하는 선봉이 되었다. 다만 이것이 어느 해인지는 모르지만, 이것이 신라인이 (법을 구하러 중국으로) 들어가 배우는 시초가 되었다.

드디어 두루 다니면서 밝은 스승을 섬기며 가르침을 이어 받으니, 마치 눈자위를 가린 막을 벗긴 듯하고, 귀에 낀 귀지를 파낸 듯하였다. 시작이 있고 끝이 있었으며, 거칠지도 태만하지도 않았으며, 덕은 높고 행은 뛰어나 도덕과 인망이 더욱 높아졌다. 보물을 캐는 것은 단지 혼자만 쓰려고 한 것이 아니니 마땅히 고국으로 돌아가 가난한 사람들을 널리 구제해야겠다고 하여, 이에 진흥왕 10년, 양의 사신과 함께 불사리를 싣고 본국으로 돌아왔다. 왕은 급히 담당 관리에게 명하여 백관을 보내 예의를 갖추고 흥륜사 앞길에서 맞이하게 하였으니, 이것 역시 사리를 모셔온 시초이다.

옛날에 강승회가 오나라에 가서 이레 동안 구하고 찾아 드디어 신기한 영험을 만났으나, 스님은 당시 왕이 이미 불교를 믿고 있었던 때라 상국(양나라)의 중요한 임무를 띤 사신을 따라 본국으로 돌아옴에 어떤 어려움이 없었다. 또한 법수로써 널리 신라를 두루 적셔 게으른 사람들을 바로 세워 모두 (중국으로 법을 구하러) 가고자 하는 뜻을 세우게 하였으니, 그 공적과 이익이 어찌 말로다 할 수 있으리오.

  이후 26년에 진(陳)나라에서 사신 유사(劉思)와 입학승 명관(明觀)을 보내
면서 불교 경론을 보내왔는데, 무려 2천 7백여 권이나 되었다. 처음 신라가
불법으로 교화를 펼쳐 나가던 때여서 경전과 불상이 많이 모자랐는데, 이 때에
제대로 다 갖추게 된 것이다. 두 스님이 세상을 떠난 일에 대해서는 모두 자세
히 알려져 있지 않다.

  법흥왕을 찬탄한 노래
  성인의 지혜는 만세를 위하니
  구구한 여론은 보잘 것 없다.
  법륜이 금륜(왕)을 쫓아 구르니
  태평성세가 불교로 인해 이루어지도다.

〈일연〉

귀순자 혜량(慧亮)스님

신라는 장수 거칠부(居柒夫) 등을 파견하여 고구려를 공격, 열개의 군(郡)을 빼앗았다. 거칠부는 내물왕의 5세손으로 어려서부터 원대한 뜻을 품고 있었다. 처음에는 승려가 되어 고구려의 강약을 정탐하러 국경을 넘었다가 혜량법사가 법당을 열고 경을 설한다는 말을 듣고 드디어 나아가 청강하였다.

어느 날 혜량법사가 물었다.
"너는 어디서 왔느냐?"
"신라인입니다."
혜량법사가 손을 잡고 은밀히 말하였다.
"나는 사람을 많이 보았는데, 너의 용모를 보니 결코 평범한 사람이 아니다. 아마 다른 마음을 가졌겠지?"
"저는 변방에서 태어나 아직 불도의 진리를 듣지 못하다가 법사님의 덕망과 명성을 듣고 가르침을 받고자 달려 왔으니, 법사님께서는 거절하지 말아주십시오."
"노승은 불민(不敏)한데도 그대를 능히 알아볼 수 있었다. 비록 이 나라가 작지만 사람을 알아보는 자가 없다고 할 수 없다. 그대가 잡힐까 염려되니 빨리 돌아가는 것이 좋을 듯하다."

거칠부가 돌아가려 할 때 혜량법사가 말했다.
"그대는 제비 턱에 매의 눈을 가졌는지라, 반드시 장수가 될 것이다. 훗날 군사를 거느리고 오거든 나를 해치지 말라."
"만일 법사님의 말씀대로 된다면 법사님과 더불어 즐거워하지 않는다면 저 밝은 해가 있을 수 있겠습니까?"
드디어 환국하여 벼슬이 파진찬(波珍飡)에 이르렀다.
이 때에 이르러 왕이 거칠부 및 대각찬 구진(仇珍) 등 여덟 장군에게 명하여 백제병과 함께 고구려를 침공하게 하였다. 백제가 먼저 평양을 공격하여 격파하였다. 거칠부 등은 승리의 기세를 타고 죽령 바깥, 고현(高峴) 이내의 10군을 취하였다. 이 때 혜량법사의 무리를 길가 왼편에서 만나니 거칠부가 말하길,

"전날 법사의 은혜를 입어 생명을 보전할 수 있었습니다. 지금 어떻게 보은하여야 할 지를 모르겠습니다."

"지금 우리나라의 정치가 어지러워 멸망할 날이 얼마남지 않았다."

거칠부가 그를 모시고 돌아가 왕을 만났다.

   이차돈 찬양의 노래
의에 죽고 생을 버림도 놀라운 일이거니
하늘꽃 흰 젖은 더욱 다정하다.
어느덧 한 칼에 몸은 죽었으나
각 절의 종소리는 서울을 뒤흔든다.

〈일연〉

구법승 지명(智明)

승려 지명은 신라 사람이다. 신통과 지혜가 있었고 깨달음이 뛰어났으며, 행하고 그침이 법도에 맞았다. 안으로 밀행을 쌓고 다른 사람의 덕을 찬양하며 굽은 것은 끌어당겨 자기에게로 향하고 곧은 것은 베풀어 다른 이에게 주었다. 엄숙하고 온화하며 뜻이 높고 뛰어나 그 행동이 가히 볼 만하였다.

천축에서 해동으로 불법이 전해질 때 처음에는 크게 성하지 못하였다. 뛰어난 사람들이 간간히 출현하여 힘을 떨쳐 활동하였다. 혹 스스로 깨달아 능력을 발휘하였으며, 혹은 멀리 구하여 유학을 떠났다. 신의(新醫)가 구의(舊醫)를 가리고 비로소 옳고 그름을 나누었으며, 구윤(舊尹)이 신윤(新尹)에게 고하여 스승과 제자가 서로 주고받았다. 이에 서쪽으로 중국에 들어가 충분히 참구하고 오는 자가 발길을 이어 일어나자, 스님은 세상에 뛰어난 재능으로 진평왕 7년(585) 가을 7월에 도를 묻기 위해 진(陳)에 들어가 법을 구하였다. 바다와 육지를 구름처럼 자유로이 노닐고, 서에서 동으로 다니며, 진실로 도가 있고 명망있는 사람을 찾아 모든 것을 물었으니 마치 나무가 먹줄을 따르는 것과 같으며, 금이 그릇을 이루는 것과 같았다. 표현히 한 번 떠나 홀연히 10년을 지내니 배움은 이미 진수를 얻었으므로 전등하고자 하는 마음이 간절하였다.

진평왕 24년(602) 9월, 입조사를 따라 본국에 돌아오니 왕이 그 모습을 흠앙하였으며, 계율을 추앙하고 존중하여 이를 기려 대덕으로 삼고 가까이 오기를 권하였다. 지명스님은 그 기상이 산으로 말하면 숭산과 화산 같았으며, 도량은 바다를 머금었으며, 지혜의 달로써 비추고 덕행의 바람으로써 떨치니, 승려와 속인(緇素)들의 규범이 되고 교훈이 되었다. 후에 대대덕이 되어 우뚝이 높은 자리에 있었으나 마친 곳을 알 수 없다.

처음 스님이 진(陳)에 들어간 후, 5년째에 원광법사가 진에 들어가고, 그 8년 후에 담육이 수(隋)에 들어갔다가 그 7년 후에 입조사(入朝使) 혜문(惠文)을 따라 함께 돌아왔다. 담육과 지명(智明) 두 분 다 고덕(高德)으로 이름을 당대에 드날리고, 훌륭한 재능은 진실로 서로 높고 낮음이 없었다.

〈해동고승전〉

보덕스님을 기리는 글
열반의 보편 평등한 가르침은
우리 스승으로부터 전수 되었으나
애석하다. 승방을 날려 온 후
동명왕의 고국이 위태롭게 되었으니.

도참승 안함(安含)

해동고승전에 말했다.

『승려 안함(安含)은 속성이 김씨이고 시부(詩賦) 이찬(伊湌)의 손자이다. 나면서부터 도리를 깨달았고 성품이 맑고 허심탄회하였다. 의지가 굳고 깊으며 아름다운 도량은 그 깊이를 헤아릴 수가 없었다. 일찍부터 자유롭게 세상을 두루 돌아다니는 것에 뜻을 두어 풍속을 살피며 널리 교화하였다. 진평왕 22년 (600)에 고승 혜숙(惠宿)과 도반이 되기를 약속하고 뗏목을 타고 이포진(泥浦津)으로 가는 도중 섭도(涉島) 아래를 지니다가 갑자기 풍랑을 만나 (뗏목을) 되돌려서 물가에 대었다.

이듬해(601)에 (임금이) 교지를 내려 법기를 이룰만한 자를 뽑아 입조하여 학문을 닦게 하고자 하였다. 마침내 법사가 명을 받들어 가게 되었다. 이에 신라 사신과 동행하여 배를 타고 바다를 건너 멀리 중국의 조정으로 갔다.

천왕이 불러 친히 보고 크게 기뻐하며 칙명으로 대흥성사(大興聖寺)에 머물게 하였다. (스님은) 단시일 내에 깊은 뜻을 환히 깨달았다. 그 뒤 27년(605)에 우전(于闐)의 사문 비마라진제와 사문 농가타 등과 본국으로 돌아왔으니, 서역의 호승(胡僧)이 직접 계림으로 온 것은 대개 이 때부터였다.

최치원이 지은 의상전에 말하기를, "의상은 진평왕 건복 42년(625)에 태어났다. 이 해에 동방의 성인 안홍(安弘)법사가 서역의 세 명의 삼장과 중국 승려 두 사람과 함께 당에서 돌아왔다"라고 하였다.

주석하여 말하기를, "북천축 오장국(烏萇國)의 비마라진제의 나이는 44세, 농가타의 나이는 46세, 마두라국의 불타승가의 나이는 46세인데, 52개국을 거쳐서 비로소 한나라 국토에 도착하였다.

드디어 해동(신라)으로 와서 황룡사에 머무르며 전단향화성광모녀경을 번역해 내니, 신라 승려 담화가 받아 적었다. 얼마 지나지 않아 중국의 승려들이 왕에게 표를 올려 중국에 돌려보내 주기를 간청하니, 왕이 이를 허락하여 돌려보냈다"고 하였으니, 그 안홍은 아마 이 안함화상일 것이다.』

　또 신라본기에 따르면, "진흥왕 37년(576) 안홍이 진(陳)에 들어가 법을 구하고 호승 비마라 등 두 사람과 함께 돌아와서 능가경(楞伽經)·승만경(勝鬘經) 및 부처님 사리를 바쳤다"고 한다.

　진흥왕 말년에서 진평왕의 건복 연간까지는 거의 50년의 간격이 있는데, 어찌 삼장이 온 전후가 이와 같은가? 어쩌면 안함과 안홍은 실제로 두 사람이었는지도 모른다. 그러나 동행한 삼장이 다르지 않고, 그 이름도 다르지 않으므로 여기에서 합하여 전기를 만든 것이다. 또 서역의 삼장이 가고 머무르고 마친 바에 대해서는 자세히 알 수 없다.

　안함화상은 본국으로 돌아온 뒤 참서 1권을 지었다. 이것은 다 생각지도 못했던 일들을 예언한 것으로 똑똑히 눈으로 본 것처럼 조금도 어긋남이 없었다.

　선덕왕 9년(640) 9월23일, 만선도량에서 입적하니 향년 62세였다. 그 달에 나라의 사신이 중국에서 돌아오다가 우연히 법사를 만나니 그는 푸른 물결 위에 자리를 펴고 앉아 가더라고 하였다. 이것은 참으로 이른바 공중으로 날아오르는 것을 마치 계단 오르듯 하고, 물 위에 앉는 것을 마치 땅 위를 다니듯 했음을 보이는 것이다.

　한림(翰林)인 설모(薛某)라고 하는 자가 왕명을 받들어 비명을 지었다. 그 비명에 말하기를, "왕후(선덕여왕)는 도리천에 묻혔으며 천왕사가 건립되었다. 괴상한 새가 밤에 우니 새벽녘에 군사들이 모두 죽었다. 왕자 김인문은 바다를 건너 중국 조정에 들어가 임금을 뵙고 5년이 지난 뒤 30세에 돌아오니, 뜨고 잠기는 세월의 흐름을 누가 어찌 면하겠는가? 안함스님은 나이 62세에 만선도량에서 목숨을 마쳤다. 사신이 바닷길로 돌아오다가 스님을 만나니, 물 위에 단정히 앉아 서쪽을 향해 가더라"고 하였다.

세속오계를 만든 원광(圓光)

당 속고증전 13권에 신라 황룡사 석원광전(釋圓光傳)이 실려 있다.

『그의 속성은 박씨(朴氏)이다. 본래 변한·진한·마한의 삼한이 있었는데 원광은 진한 사람이다. 집안 대대로 해동에서 살았는데, 조상의 풍습이 길게 이어온 까닭으로 신기(神器)가 넓고 컸다. 그를 좋아하고 도학과 유학을 섭렵하였으며, 제자·사서를 공부하여 문명을 삼한에 떨쳤다. 그러나 폭넓고 풍부한 지식이 중국에 미치지 못함을 부끄럽게 여겨 드디어 나이 25세에 어버이와 친구의 사랑을 떠나 분발하여 배를 타고 금릉에 나아갔다.

당시는 진(陳)의 시대로 문명의 나라로 일컬어졌기 때문에 이전에 의심났던 것을 질문하고 도를 물어 그 이치를 해득하였다. 처음에는 장엄사 민공의 제자의 강의를 들었는데, 본래 세간의 전적을 잘 알아 궁리가 신통하다고 여겼으나 석종(불법)의 강론을 듣고는 자신이 도리어 썩은 초개(草芥)와 같이 여겨졌다. 헛되이 명교(유교)를 찾아 생애를 보낼 것을 두려워하여 진왕(陳王)에게 계를 올려 불법에 귀의할 것을 청하였다. 칙서로 허락하니 이에 비로소 머리를 깎고 구족계를 받아 두루 강사를 돌아다니면서 좋은 도리를 다하고 미묘한 말로 해득하여 세월을 허비하지 않았다. 그리하여 성실(成實)·열반(涅槃)을 얻어 마음속에 간직하고, 삼장석론을 두루 열람하였다.

마지막으로 또 오나라의 호구산에 들어가 선정 수행을 계속하고 각관(覺觀)을 잊지 않으니, 마음을 쉬려고 하는 자들이 임천(林泉)으로 구름처럼 모여들었다. 아울러 4아함을 섭렵하고 팔정으로 흘러들게 하고, 선을 밝혀 쉽게 헤아리게 하였고, 간결하고 직접적인 것은 어지러움이 없어 깊이 마음먹었던 바에 부합하였다.

마침내 일생을 이곳에서 마칠 생각을 가져 즉시 인간세상의 일을 끊고 성지를 유람하면서 생각을 세상 밖에 두고 속세를 버리려고 하였다. 그 때 한 신사(信士)가 산 아래 살고 있었는데 원광에게 나와서 불법을 강의해 달라고 요청하였다. 원광이 굳이 사양하고 허락하지 않았으나 괴로울 정도로 맞이하려 하였으므로 드디어 그의 뜻에 따르기로 하였다. 처음에는 성실론을 강의하고 나중에는 반야경을 강의하였다. 그의 해석이 모두 훌륭하고 통철하여 좋은 소문이 곳곳에 알려졌다. 아울러 수사(修辭)로 글의 뜻을 풀어내니, 듣는 자들이 기뻐하면서 마음속에 간직하였다. 이 때부터 옛 경전에 따라 개화함을 맡으니 법륜이 한 번 움직일 때마다 문득 강호를 경주시켰다. 비록 이것이 이국땅에서 이루어진 포교였지만 일단 도에 젖으면 싫어하거나 틈이 생기는 일이 없어지는 법이다. 그의 명성이 널리 퍼져 중국의 남방까지 알려지자 험한 길을 헤치며 바랑을 지고 배우러 오는 자가 연이어져 물고기 비늘처럼 잇달았다.

이 때는 마침 수 임금이 천하를 다스렸으며 그 위엄이 남국에까지 이르러 진(陳)의 운수가 다하게 되었다. (수의) 군사가 양도(지금의 南京)에 들어오자 (원광은) 난병(亂兵)에게 잡혀 장차 형륙을 당할 참이었다. 수나라 대주장이 사탑이 불에 타는 것을 멀리서 바라보고 끄려고 달려갔는데, 불에 탄 흔적은 없고 원광이 탑 앞에 묶인 채 곧 죽게 될 참이었다. 이를 기이하게 여겨 즉시 풀어 석방시켰는데, 위기에 직면하여 영험을 나타낸 것이 이와 같았다.

원광의 학문이 오월에 통하였으나 다시 주진(周秦)의 교화를 보고자 하여 개황(隋文帝의 연호) 9년(589)에 장안으로 유람을 왔다. 불법이 처음 (수에) 전파되어 만나는 시기로 섭론이 비로소 일어나자 문언을 받듦으로써 미묘한 실마리를 진작시키도록 하였으며, 또 지혜로운 해석으로 명예를 장안에 드날렸다. 공적이 이루어지자 도를 동쪽에 전하려 하니, 멀리 신라에서 이 소문을 듣고 자주 (수 임금에게) 계를 올려 송환을 거듭 청하였다. 이에 칙명으로 후하게 위로하고 고향으로 돌려보냈다.

원광이 수십 년 만에 돌아오니, 모두가 서로 기뻐하고 신라 왕 김씨(진평왕)가 만나보고는 공경하며 추앙하기를 성인처럼 하였다. 원광의 성품은 겸허

하고 정이 많아 모든 사람을 사랑했으며, 말할 때 항상 웃음을 짓고 노여움을 나타내지 않았다. 외교 문서와 황제에게 올리는 글, 왕래하는 국서가 모두 그의 마음속에서 나왔다. 온 나라가 받들고 원광에게 모두 다스리는 방법을 위임하여 도법으로 교화하는 방법을 물었다. 실제로 화려한 옷을 차려 입은 고위 관리는 아니지만 마음은 나라를 함께 다스리는 것과 같아 기회를 틈타 교훈을 삼아 오늘에 이르기까지 모범을 남겼다.

나이가 차차 많아지자 수레를 타고 대궐로 들어가는 배려를 받았고, 의복·약식(藥食)을 왕이 스스로 마련하고 (다른 이가) 보좌하여 거드는 것을 허락하지 않으며 복을 닦는 것을 오로지 하고자 하였으니, 그 감동하고 존경하는 것이 이와 같았다.

입적하기 전에 왕이 친히 위로하고 유법(遺法)과 백성의 구제책을 물으니, 그는 상서로운 징조가 될 만한 일을 말했으며, 공덕이 나라 구석구석까지 미쳤다. 건복(建福) 58년 몸이 조금 불편해지는 것을 느끼다가 7일이 지나 맑고 간절한 계(誡)를 남기고 머물던 황룡사 안에 단정히 앉아 임종하니, 세수는 99세였고 당 정관 4년(630)의 일이었다. 임종할 때 절의 동북쪽 틈새에서 음악 소리가 울리고 이상한 향기가 절에 가득 차 승려와 신도들이 모두 슬퍼하면서도 한편으로는 경사로 여겼는데, 그의 영감인 줄 안 탓이다. 드디어 교외에 장사 지냈는데, 나라에서 의식과 장례 도구를 내린 것이 왕의 장례와 같았다.

그 후 어떤 속세 사람이 죽은 태아를 낳았는데, 속담에 이르기를 "유복한 사람 무덤 옆에 묻으면 자손이 끊이지 않는다"고 하므로 몰래 원광의 무덤 옆에 매장하였다. 그러자 그날로 죽은 태아에게 벼락이 떨어져 무덤 밖으로 내치니 이로부터 불경스러운 마음을 품은 자들은 모두 숭앙하게 되었다.

그의 제자 중에 원안(圓安)이라는 사람이 있었는데, 지혜롭고 근기가 총명하여 성품이 유람을 좋아하여 그윽한 도를 찾으면서 스승을 흠모하였다. 그러다가 드디어 북쪽으로 환도에 갔다가 동쪽으로 불내(不耐)를 구경하였으며, 또 서쪽으로 연(燕)·위(魏)를 지나 황제가 있는 경사에 이르렀다. 여러 지방의 풍속에 두루 통하고 많은 경론을 찾아 중요한 내용을 섭렵하였으며 상세한 뜻에까지 환히 통하였다. 만년에는 심학(禪法)으로 귀의하였는데, 세속에 있을 대보다 남긴 자취가 훨씬 높았다.

처음 수도(長安)에 머물고 있을 때에도 도가 깨끗하다는 것이 알려지자 특진 소우(蕭瑀)가 (왕에게) 남전(藍田)에 지은 진량사(津梁寺)에 살도록 요청하고 사사(四事)를 공급하여 육사를 변함이 없도록 하였다.』

원안이 일찍이 원광에 대하여 다음과 같이 서술하였다.
"신라의 왕이 병이 들었는데 의원이 치료해도 낫지 않자 원광에게 입궁하기를 청하여 별성에 있게 하였다. 밤이면 두 차례 심오한 법을 설하고 계(戒)를 주어 참회하게 하니 왕이 크게 신봉하였다. 한 번은 초저녁에 왕이 원광의 머리를 보았는데 금빛이 찬란하고 일륜 같은 형상이 몸을 따라다녔다. 왕뿐만 아니라 왕후 및 궁녀들도 함께 보았다. 이로 말미암아 더욱 승심(勝心)을 내 병실에 머물러 있게 하니, 오래지 않아 씻은 듯이 병이 나았다. 원광은 진한과 마한 안에서 정법을 널리 펴고 매년 두 차례의 강론을 통해 후학을 가르치고, 시주 받은 것은 모두 절을 짓는데 충당하게 하여 남은 것이라고는 오직 의복과 식기뿐이었다."

『신라 진평왕 22년(600) 고승 원광이 수나라에서 돌아오자 사량부 사람 귀산(貴山)과 추항(箒項)이 와서 청했다.
"저희들이 세속선비로 아는바가 없으니 평생 경계할 만한 글귀를 주십시오."
"불교에 보살계가 있으나 너희들이 부모를 모시고 지키기는 어려우니 세속 5계를 주리라.
첫째는 임금을 충성으로 섬기고,
둘째는 부모를 효도로써 섬기며,
셋째는 벗을 신의로써 사귀고,
넷째는 싸움터에 나아가 물러서지 말라.
다섯째는 살생을 가려서 하라."
"다섯째의 이치를 잘 알지 못하겠습니다."

"첫째는 때를 가리는 것이니, 봄·여름에는 재일에 살생하지 말고,

둘째는 가축을 함부로 죽이지 않는 것이니, 소와 말 닭과 개다.

셋째는 미물을 함부로 죽이지 않는 것이니, 고기가 한 점도 되지 않는 것은 먹어보았자 별 도움이 되지 않기 때문이다.

또 죽일 수 있는 것도 꼭 사용할 만큼 하되 장난삼아 하거나 호기심으로 죽여서는 안 된다."

그 후 백제가 신라를 침범하자 장군 건품과 무은을 보내 물리치게 하였는데, 무은이 복병에 의해 말에서 떨어지자 소감 귀산과 추항이 임전무퇴를 생각하고 무은에게 말을 주어 도망치게 하고 적진에 들어가 끝까지 싸우다가 죽었다.

이로 인해 전쟁은 승리로 끝났으나 두 화랑이 죽었으므로 무은이 나라에 고하여 왕이 여러 신하들과 아나의 들판에 나아가 통곡하고 국장으로 장사를 치렀다.』

그 후 태종 무열왕 8세손 김흠운이 백제를 정발하다 전사하니 승려 전밀(轉密)과 실제사 스님 도옥이 이름을 취도(驟徒)를 고쳐 종군하여 전사하였고 태종왕 6년 장춘과 파랑도 그리하여 장의사(莊義寺)를 지어 그들의 넋을 기렸다.

진흥왕 법운(法雲)

승려 법운은 속명이 삼맥종이고 시호는 진흥(眞興)이다. 법흥왕의 아우인 갈문왕의 아들이며, 어머니는 김씨이다. 일곱 살이 되던 해 즉위하였다. 성품이 매우 너그럽고 인자하였다. 정사를 공경히 다스려 (백성들의) 신뢰를 받았으며 착한 일을 들으면 깜짝 놀란 듯이 행하며, 악한 일을 없애는데 가장 힘썼다.

7년 흥륜사가 완성되었다. 사람들이 출가하여 승니가 되는 것을 허락하였다. 8년 대아찬 거칠부 등에게 명하여 널리 문사(文史)를 모아 국사를 편찬하게 하였다. 10년 양(梁)나라에서 입학승 각덕과 함께 사신을 파견하여 불사리를 보내왔다. 왕은 군신들로 하여금 흥륜사 앞길에서 맞이하게 하였다.

14년 담당 관리에게 명하여 월성(月城)의 동쪽에 신궁을 축성하게 하였는데, 황룡이 그 땅에서 나타났다. 왕은 이를 의아하게 생각하여 절로 고치게 하고 황룡사라 불렀다. 26년 진(陳)나라에서 사신 유사(劉思) 및 승려 명관(明觀)을 파견하여 불교 경론 7백여 권을 보내왔다. 27년 기원사와 실제사 두 절이 세워졌으며 황룡사 또한 공사가 끝났다. 33년 10월 전사한 군졸들을 위해 외사(外寺)에서 팔관재회를 7일 동안 베풀었다. 35년 황룡사 장륙상을 주조하였다. 혹 전하는 바에 의하면 아육왕이 배에다 황금을 실어 띄워 보낸 것이 사포(絲浦)에 와 닿자 이를 옮겨 들여와 주조하였다고 한다.

이 이야기는 '자장전(慈藏傳)'에 있다. 36년 장륙상이 눈물을 흘렸는데 발뒤꿈치까지 흘렀다고 한다.

37년 처음으로 원화(原花)를 받들어 선랑(仙郎)으로 삼았다. 처음에 임금이나 신하들은 인재를 알지 못했으므로 근심하였는데, 많은 사람들을 무리 지어 노닐게 하여 그 행실을 관찰하여서 천거해 쓰게 하였다. 드디어 미녀 두 사람을 가려내니 남무(南無)와 준정(俊貞)이었다. 무리 3백여 인이 모였다. 두 여인이 서로 아름다움을 다투다가 준정이 남무를 유인하여 억지로 술을 권해 취하게 한 후 강에다 밀어 넣어 죽게 하였으니 무리들은 화합을 잃고 흩어져 버렸다. 그 후 미모의 남자들을 모아 분을 바르고 장식하게 하여 화랑으로 받드니 곧 많은 무리들이 운집하였다. 혹은 서로 도의를 연마하고 혹은 서로 노래와 춤으로 기뻐하며 즐겨 산수에 노닐어 아무리 멀어도 가보지 않은 데가 없었다. 이로 인해 사람들의 올바름을 알아 그 중에서 좋은 자를 택하여 조정에 추천하였다.

그러므로 김대문의 화랑세기(花郎世紀)에 이르기를, "어진 재상과 충신들이 이를 좇아 나오고 어진 장수와 용감한 병사들이 이로 말미암아 배출되었다"고 하고, 최치원이 지은 난랑비서에 말하기를, "나라에 현묘한 도가 있으니 곧 풍류(風流)라 한다. 실로 유·불·도 삼교(三敎)를 포함하고 있어 모든 중생들을 교화시킬 수 있다. 또한 들어와서는 집안어른에게 효도하고 나가서는 임금에게 충성하니 이는 노나라 사구(魯司寇 ; 孔子)의 뜻이요, 무위의 일에 처하여 말이 필요없는 가르침을 행하니 주나라 주사(周柱史 ; 老子)의 가르침이요, 모든 악한 일을 짓지 않고 모든 착한 일을 봉행하는 것은 축건(竺乾 ; 석가) 태자의 교화이다"라고 하였다.

또 당 영호징(슈狐澄)이 지은 신라국기에 이르기를, "귀인의 자재 중 아름다운 자를 택해 분을 바르고 단장시켜 그들을 받들어 화랑이라 하고, 나라 사람들이 모두 받들어 섬겼다. 이것은 대개 왕이 백성들을 교화하는 방편이었다. 처음에 선택된 원랑(原郎)으로부터 나말에 이르기까지 무릇 2백여 인이나 되었는데, 그중 사선(四仙)이 가장 어질었으니 저 세기 중에 설한 바와 같다"라고 하였다. 왕은 어린 나이에 즉위하여 일심으로 불교를 받들었다. 말년에 이르러 머리를 깎고 승려가 되어 법복을 입고 스스로 법운이라 불렀다. 금계를 수지하여 3업을 청정히 하였으며, 마침내 세상을 마치었다. 왕이 돌아가시자 나라 사람들이 애공사(哀公寺) 북쪽 봉우리에 안장하였다. 이 해 안함법사(安含法師)가 수(隋)로부터 도착하였다. 안함전에서 이를 말하고 있다.

해동고승전에 찬탄하였다.

"풍속이 사람들에게 미치는 바는 매우 크다. 왕이 당시의 풍속을 바꾸고자 함에 마치 물을 아래로 흘려보내는 것과 같았으니 그 성대(洊市然)함을 누가 막을 수 있겠는가? 처음에 진흥왕이 불법을 숭상하여 화랑의 풍류(游)를 베푸니 나라 사람들이 기꺼이 본받아 따라 하였는데, 마치 보배곳간으로 달려가듯 봄의 누각(春臺)에 올라가는 듯하였다. 그 귀추를 요약하면 선하고 의로운 데로 (사람들을) 옮겨서 점차 대도(大道)를 넓혀 가는데 있을 따름이다. 저 한의 애제는 부질없이 여색을 즐겼기 때문에 반고가 이르기를, '부드럽고 완곡한 것이 사람의 뜻을 기울게 함은 여인들뿐만 아니라 남색도 또한 그러하다'라고 하였다. 이것을 평하여 (화랑의 이야기와) 같다고 말할 수는 없다."

상현이 말한다. 『신라의 화랑은 곧 국선(國仙)이라 하였으니, 그들이 얼마나 존경받았는지를 알 수 있으리라. 지금 조선인의 서남지방 방언에 몸 파는 아낙네를 '화랑녀(花郎女)'라 하고, 귀신에게 제사 지내는 무당을 '화랑아(花郎兒)'라고 부르는데, 모두 지극히 천하고 수치스런 이름이다. 그 어원을 궁구해 보면 신라에서 전해 내려온 준정(俊貞)이 사람들을 즐겁게 하고, 원화(原花)가 무리를 모이게 한 일이 부끄럽게 여길 만한 행동이었기 때문에 이를 천하게 여긴 것이다. 이름은 서로 비슷하나 실제로는 서로 반대되는 것이 어찌 이처럼 차이가 있을 수 있는가?

근세 경성에 일찍이 이른 네 곳에 외입장(外入場)이라고 하는 것이 있었으니, 대전별감과 금부라 대궁청직을 말한다. 혹 아름다운 기생을 (차지하려고) 다투어 몽둥이를 세우고 싸우는 것(세속 따라 편전이라 하였다)을 일러 외입장투(外入場鬪)라고 하며, 혹 아름다운 동자 때문에 다리로 싸우는 법이니, 일러 택기연투(擇其緣鬪)라고 한다. 요컨대 다 의협을 숭상하고 호걸을 양성하는 것이다. 일종의 습속에 따른 것이니, 비록 그와 같이 예대(隸儓 ; 하인이나 죄인들) 사회의 풍류이며 탕자와굴(蕩子窩窟)의 행위이나 종말에는 이렇게 좋지 않은 것으로 흘러 잘못 들어갔으니, 신라의 화랑과 같은 때의 말이라 할 수는 없다.』

미륵선화와 진자사

신라 제24대 진흥왕의 성은 김씨요, 이름은 삼맥종(彡麥宗), 또는 심맥종(深麥宗)이라고도 한다. 양나라 무제 대통 6년 경신(450)에 왕위에 올랐다. 왕은 큰 아버지 법흥왕(法興王)의 뜻을 사모해서, 한결같이 불교를 받들어 널리 절을 세우고 많은 사람들에게 허가해서 중이 되게 하였다.

또 천성이 멋스러워 신선을 크게 숭상하여, 민가의 아름다운 처녀를 가려서 원화(原花)로 삼았다. 그것은 무리를 모아 그 중에서 인물을 선발하고, 또 그들에게 효제(孝悌) 충심을 가르치려 함이었으니, 또한 나라를 다스리는 대요(大要)이었다.

이에 남모(南毛) 낭자와 교정(姣貞) 낭자의 두 원화(原花)를 뽑으니, 모여든 무리가 3, 4백 명이나 되었다. 교정은 남모를 질투하여 술자리를 베풀어 남모에게 술을 먹여 취하게 한 후에 몰래 복천으로 메고 가서 돌을 들어 묻어서 죽였다. 그 무리들은 남모가 간 곳을 알지 못해 슬피 울면서 헤어졌다.

그 음모를 아는 사람이 있어 노래를 지어 거리의 소동(小童)들을 꾀어 부르게 했다. 남모의 무리들은 노래소리를 듣고 남모의 시체를 북천 속에서 찾아내고는 이에 교정을 죽였다.
이에 대왕은 영을 내려 원화를 폐지시켰다.

그 후 여러 해 만에 왕은 또 나라를 흥하게 하려면 반드시 풍월도(風月道)를 먼저 일으켜야 된다고 생각하여, 양가의 덕행 있는 사내를 뽑아 그 명칭을 고쳐 화랑이라 했다.

처음으로 설원랑(薛原郎)을 받들어 국선(國仙)으로 삼으니, 이것이 화랑 국선의 시초다. 그래서 비(碑；기념비)를 명주(溟洲；강릉)에 세웠다. 이 때부터 사람에게 악을 고쳐 선으로 옮겨 하고, 윗사람을 공경하고 아랫사람에게 순하게 하니, 5상(常；인·의·예·지·신), 6예(藝；예·악·사·어·서·수), 3사(師；대사·태부·태보), 6정(正；聖·良·忠·智·貞·直·臣)이 왕의 시대에 널리 행하여졌다.

진지왕 때에 와서 흥륜사의 중 진자(眞慈)가 언제나 당(堂)의 주(主) 미륵상(彌勒像) 앞에 나아가 소원을 빌면서 맹세했다.

"우리 부처님께서는 화랑으로 화신(化身)하셔서 이 세상에 나타나시어 제가 늘 부처님의 얼굴을 뵈옵고 곁에서 시중하도록 하여 주십시오."

그 정성스럽고 지극한 기원의 심정이 날로 더욱 독실하더니 어느날 밤 꿈에 한 중이 그에게 말했다.

"네가 웅천(熊川；공주) 수원사(水源寺)에 가면 미륵선화를 뵐 수 있을 것이다."

진자(眞慈)는 꿈을 깨어 놀라고 기뻐서 그 절을 찾아 열흘 길을 걸어갔는데, 걸음마다 한 번씩 절하면서 그 절에 이르렀다.

절 문밖에 한 소년이 있는데 체구가 풍만하고 섬세함이 잘 조화되어 있었다. 어여쁜 눈매와 입맵씨로 그를 맞이해서 작은 문으로 인도하여 객실로 모셨다. 진자는 올라가 읍하면서 말했다.

"그대가 평소에 나를 모르는데 어찌 나를 대접함이 이렇게 은근하냐?"

"나도 또한 서울 사람입니다. 스님이 먼 곳에서 오심을 보고 위로했을 뿐입니다."

그는 갑작스레 문밖으로 나갔는데 그 간 곳을 알 수 없었다. 진자는 그저 우연한 일일 뿐이라 하여, 그다지 이상하게 여기지 않고 다만 절의 중들에게 지난밤 꿈과 자기의 온 뜻만 이야기하고는 또 말했다.

"잠시 말석에서 미륵선화를 기다리고 싶은데 어떻겠소?"

절의 스님들은 그의 심정이 흔들리고 있음을 깔보면서도 그의 태도가 근실하고 근신함을 보고 말했다.

"여기서 남쪽으로 가면 천산(千山)이 있는데, 예전부터 현인과 철인이 숨어 살고 있어 명감(冥感)이 많다고 하오. 어찌 그 곳으로 가지 않소?"

진자는 그 말대로 그 산 아래에 이르니, 산신령이 노인으로 변하여 그를 나와 맞이하면서 말했다.

"여기 와서 무엇을 하려느냐?"

"미륵 선화를 뵙고 싶을 뿐입니다."

"지난번 수원사 문밖에서 이미 미륵 선화를 뵈었는데, 다시 와서 무엇을 구하느냐?"

진자는 그 말을 듣고 곧 놀라면서 빨리 본 절로 돌아왔다. 그런지 한 달 후에 진지왕이 그 소식을 듣고 진자를 불러 그 이유를 물었다.

"낭이 스스로 서울 사람이라 했으니, 성인이 거짓말을 하지 않았을 것인데 어찌 성 안에서 찾아보지 않느냐?"

진자는 왕의 뜻을 받들어 그의 무리를 모아 여염에 두루 다니면서 찾았더니 한 소년이 있었다. 화장을 단정히 하고 미목(眉目)이 수려한데, 영묘사(靈妙寺) 동북쪽 길가 나무 밑에서 이리저리 거닐면서 놀고 있었다. 진자는 그와 마주치자 놀라면서 말했다.

"이 분이 미륵선화다."

이에 그에게 나아가서 물었다.

"낭(郎)의 집은 어디 있으며, 성씨는 무엇인지 듣고 싶습니다."

낭은 답했다.

"내 이름은 미시(未尸)입니다. 어릴 때 부모님이 다 세상을 떠났으므로 성은 무엇인지 알지 못합니다."

이에 그를 가마에 태워 가지고 들어와서 왕에게 뵈니, 왕은 그를 존경하고 사랑하여 받들어 국선으로 삼았다. 그는 자제(子弟 ; 화랑도)들을 화목하게 했으며, 예의와 풍교(風敎)가 보통 사람과는 다른 점이 있었다. 그의 풍류(風

流)가 세상에 빛남이 거의 7년이나 되더니 문득 간 곳이 없어졌다. 진자는 그를 슬퍼하고 생각함이 매우 심했다.

그러나 미시랑의 자비스런 혜택을 많이 입고 맑은 덕화(德化)를 친히 접했으므로 잘못을 뉘우치고 고칠 수 있었다. 그(진자)는 정성껏 도를 닦았는데, 만년에는 또한 세상을 마친 곳을 알 수 없다.

설명하는 이는 말했다.
"미(未)는 미(彌)와 그 음이 서로 가깝고, 시(尸)는 역(力)과 그 자형(字形)이 서로 비슷하므로, 그것의 근사함을 취하여 바꾸어 부르기도 한 것이다. 부처님이 다만 진자의 정성에 감동된 것만은 아니다. 아마 이 땅에 인연이 있으므로 종종 나타났던 것이다.

지금도 나라 사람들이 신선을 일컬어 미륵선화라 하고, 남에게 매계(媒係)하는 이를 미시(未尸)라고 하니 모두 진자의 유풍(遺風)이다. 노방수(路傍樹)를 지금까지도 견랑(見郎)이라 하고, 또 우리말로는 사여수(似如樹 ; 부ⓡ나무, 곧 見樹, 印如樹라고도 쓴다)라고 한다.

기린다.
선화를 찾아 걸음마다 그 모습을 우러러,
곳곳마다 재배함이 한결같았다.
문득 봄이 되돌아가고 찾을 곳 영영 없으니,
그 누가 알았으랴. 상림원(上林園)의 일시춘(一時春)을.

밀본법사(密本法師) 법척(法惕)

　선덕왕 덕만이 병에 걸려 오랫동안 낫지 않자 흥륜사의 승려 법척(法惕)이 조서를 받들어 병을 돌보았으나 오래도록 효험이 없었다. 이 때 밀본법사가 덕행으로 나라에 알려져 있어 신하들이 법척을 대신하기를 청하니, 왕이 조서를 내려 대궐내로 불러들였다. 밀본이 침실 밖에 있으면서 약사경을 다 읽자마자, 가지고 있던 육환장(六環杖)이 침실 안으로 날아 들어가 늙은 여우 한 마리와 법척을 찔러 뜰 아래로 내던지니 왕의 병이 이내 나았다. 이 때 밀본의 정수리에 오색 신광(神光)이 빛나 보는 사람들이 모두 놀랐다.

　또 승상 김양도(金良圖)는 어렸을 때 갑자기 입이 얼어붙고 몸이 뻣뻣하여 말을 못하고 몸을 쓰지 못하였다. 김양도가 보니 매양 큰 귀신 하나가 작은 귀신 여럿을 거느리고 와서 집안의 모든 음식을 씹어 맛을 보는데, 무당이 와서 제사를 지내면 여러 귀신이 모여 다투어 모욕을 하였다. 김양도가 물러가게 하려고 했으나 입을 열어 말을 할 수가 없었다. 이에 그의 부친이 법류사(法流寺)의 이름을 알 수 없는 승려를 청하여 경을 외게 하였는데, 큰 귀신이 작은 귀신에게 명하여 그 승려의 머리를 철퇴로 쳐서 땅에 넘어뜨리니 피를 토하고 죽어버렸다.

　며칠 뒤 사람을 보내 밀본을 불러오게 하였는데, 심부름 갔던 사람이 돌아와 말하기를, "법사가 청을 받아들여 곧 올 것입니다"라고 하니, 귀신들이 듣고는 모두 얼굴색이 변하였다. 작은 귀신이 말하기를, "법사가 오면 불리할 것이니 피하는 것이 좋겠습니다"라고 하였으나, 큰 귀신은 오만하게 태연히 말하기를, "어떻게 해칠 수 있겠는가"라고 하였다. 얼마 후 사방에서 대력신(大力神)이 모두 금속 갑옷과 긴 창으로 무장하고 와서는 여러 귀신을 붙잡아 갔다. 그런 다음에는 수 없이 많은 천신(天神)들이 둘러서서 기다리니, 잠시 후에 밀본이 왔다. 밀본이 경을 펴기도 전에 김양도의 병이 나아서 말을 하고 몸이 풀렸으므로 사건의 경위를 모두 말하였다. 김양도가 이를 계기로 불교를 독실하게 믿어 일생 동안 게으르지 않았고, 흥륜사 금당(金堂)의 주불인 미타존상과 좌우의 보살상을 빚었으며, 아울러 당에는 금색으로 벽화를 가득 그렸다.

밀본은 일찍이 금곡사(金谷寺)에 머물렀던 적이 있다. 또 김유신(金庾信)이 어떤 늙은 거사와 친하게 사귀었는데, 세상 사람들은 그가 누군지를 알지 못하였다. 그 때 공(公)의 친척인 수천(秀天)이 오랫동안 나쁜 병을 앓고 있었으므로, 공이 거사를 보내 진단하도록 하였다. 그 때 마침 수천의 친구 가운데 인혜법사란 이가 있어 중악(中岳)에서 찾아왔다가 거사를 보고는 모욕을 주며 말하기를, "그대의 형상을 보니 간사한 사람인데, 어떻게 남의 병을 고치겠소?"라고 하였다. 거사가 말하기를, "나는 김 공의 명을 받고 마지못해 왔소"라고 하니, 인혜가 말하기를, "그대는 나의 신통력을 보시오" 하고는 향료를 받들어 향을 피우고 주문을 외웠다. 이윽고 오색구름이 인혜의 정수리를 둘러싸고 천화(天花)가 흩어져 내리니 거사가 말하기를, "화상의 신통력은 불가사의합니다. 제게 역시 하찮은 기술이 있으니 시험해 보기를 청합니다. 원컨대 법사께서는 잠깐 제 앞에 서 계십시오" 하였다. 인혜가 그 말대로 따르니 거사가 손가락을 튕겨 소리를 냈다. 인혜는 넘어져 공중으로 한 길 남짓이나 올라갔다가 얼마 후 서서히 거꾸로 떨어져 머리가 땅에 말뚝처럼 박혀 버렸는데, 곁에 있던 사람이 밀고 잡아당겨도 꿈쩍하지 않았다. 거사가 그 곳을 떠났는데도 인혜는 여전히 거꾸로 박힌 채 밤을 세워야했다. 이튿날 수천이 김 공에게 사람을 보내자 김 공이 거사를 풀어주도록 했다. 인혜가 다시 재주 자랑을 하지 않았다.
찬하여 말한다.

홍색, 자색이 분분히 주색에 섞이니,
아, 고기눈(魚目)이 우부(愚夫)를 속였구나.
거사가 손가락을 가벼이 튕기지 않았더라면
상자 속에 옥을 닮은 돌(珷玞)을 얼마나 쌓아 두었으랴!

대국통 자장율사(慈藏律師)

　대덕 자장은 김씨로 본래 진한 진골 소판(3급의 벼슬 이름) 무림(茂林)의 아들이다. 그의 아버지는 중요한 관직을 지냈으나, 후사가 끊기고 없어서 이에 삼보에 마음을 귀의하여 천부관음을 조성하고 자식 하나 낳기를 희망하여 빌었다. 기도하며 말하였다.

　"만약 아들을 낳으면 시주하여 법해의 진량으로 삼겠다."

　그의 어머니가 홀연히 별이 떨어져 품으로 들어오는 꿈을 꾸고 태기가 있었는데, 아이가 태어난 날이 석존과 같은 날이었으므로 이름을 선종랑이라 했다. 정신과 뜻이 맑고 슬기로웠으며, 세속의 풍취에 물들지 않았다.

　일찍이 부모를 여의고 세속의 시끄러움을 싫어하여 아내와 자식을 버리고, 밭과 정원을 희사하여 원녕사(元寧寺)를 지었다. 홀로 깊고 험한 곳에 살며 이리와 호랑이도 피하지 않았다. 고골관(枯骨觀)을 수행하다가 조금이라도 피곤하면 작은 방을 만들어 가시울타리로 둘러막고 그 가운데 나체로 앉아 움직이기라도 하면 찔리도록 했고, 머리는 대들보에 매달아 혼매함을 없애도록 했다.

　마침 태보(台輔)의 자리가 비어 있어 문벌(門閥)로 보아 (그가) 합당하다고 의논하여 여러 차례 불렀으나 부임하지 않았다. 왕이 이에 칙령을 내려 말하였다.

　"나오지 않으면 목을 베어라."

　자장이 그 말을 듣고 말하였다.

　"내가 차라리 하루 동안 계(戒)를 지키다 죽을지언정 파계하고 백년을 살기를 원치 않는다."

　이 말을 듣고 왕은 허락하는 명을 내렸다. 이에 바위 사이에 깊이 은거하였으므로 약식을 가져다주는 이가 없었다. 그 때 기이한 새가 있어 과일을 물어와 바치니 손을 내어 받아먹었다. 꿈에 천인(天人)이 와서 오계(五戒)를 주어 비로소 굴속을 나왔더니, 향읍의 사녀들이 다투어 와서 계를 받았다.

자장이 스스로 변방에 태어난 것을 탄식하여 서쪽(중국)으로 건너가 크게 교화하기를 원했다. 그래서 인평 3년 병신년(636)에 제자 승려 실(實) 등 10여 명의 무리와 더불어 칙령을 받아 서쪽으로 당에 들어가 청량산에 참배하니, 산에는 만수대성(문수보살을 가리킴)의 소상이 있었다. 그 나라에서 서로 전하기를, 제석천이 장인을 거느리고 내려와서 조각하였다고 하였다. 자장이 상 앞에 기도하며 명상을 하는데, 꿈에 상(像)이 이마를 어루만지면서 범게(梵偈)를 주었지만 깨어나서도 알지 못하였다. 아침에 이르러 어떤 기이한 승려가 와서 해석해 주고 또 말하기를,

"비록 만 가지 교를 배웠으나 이 글보다 나은 것이 없다."

라고 하며, 가사와 사리 등을 주고서 사라졌다.

자장이 이미 만수대성의 기별을 받았음을 알고 이에 북대를 내려와 태화지를 거쳐 경사에 들어갔다. (당의) 태종이 칙사를 보내 위로하고 승광별에 받들어 모시고 은총을 자주 후하게 베풀었다. 자장이 그 번거로운 것을 싫어하여 계표를 바치고 종남산 운제사의 동쪽으로 들어가서 바위에 기대어 집을 짓고 3년 동안 기거하였다. 사람과 귀신들이 계를 받았고, 영험의 응함이 날이 갈수록 더했으나, 말이 번거로워 기록하지 않는다. 얼마 후 다시 경사에 들어가 또 칙령으로 위로를 받았고, 비단 2백 필과 옷 만드는 비용을 하사받았다.

정관 17년 계묘년(643) 본국의 선덕왕이 표를 올려 (자장을) 돌려보낼 것을 청하였더니 조령으로 허락하였다. 궁궐에 불러들여와 비단 1령 잡채 5백 단을 하사하고, 동궁(태자)도 역시 2백단과 또 많은 예물을 하사하였다. 자장이 본조(신라)의 경전과 불상이 충분하지 못하다 하여, 장경 1부 및 여러 번당·화개 등 복리되는 것들을 청하여 모두 싣고 왔다.

(자장이) 돌아오니 온 나라가 환영하고 분황사에 머무르라고 명하여 하사함과 모심이 풍족하고 두터웠다. 어느 해 여름 궁중으로 청하여 대승론을 강의하고, 또 황룡사에서 보살계본을 7일 낮 7일 밤을 강연하는데, 하늘에서 단비가

내리고 운무가 자욱하게 강당을 덮으니, 사방청풍이 모두 그 기이함에 탄복하였다.

조정에서 의논해 말하였다.

"불교가 동쪽으로 옮겨온 지 비록 오래되었으나 주지를 받드는 법이 결여되었으니, 무릇 총괄하여 다스리지 않는다면 고요하고 맑아질 수 없을 것이다."

하고, 자장에게 칙령을 내려 대국통으로 삼아 무릇 승니의 일체 규율을 모두 승통에게 위임하여 주관하도록 하였다. 자장은 이런 좋은 기회를 만나자 용기를 발휘하여 (불법을) 널리 통하게 하였다. 승니 5부로 하여금 각각 옛 학문을 증강하게 하고 보름마다 계를 설하였으며, 겨울과 봄에 총시를 치러 지계와 범계를 알게 하였고, 직원을 두어 그것을 관장, 유지하게 하였다. 또 순사(巡使)를 보내 서울 밖의 사찰들을 두루 점검하여 승려의 괴실을 경계하게 하고, 불경과 불상을 엄히 관리하는 것을 항식(恒式)으로 삼았으니 일대에 불법을 지킴이 이에 흥성하여 마치 부자(공자)께서 위(衛)에서 노(魯)로 돌아와 악(樂)을 바로잡아 아(雅)·송(頌)이 각각 마땅함을 얻게 한 것과 같았다.

이 때 나라 안 사람들이 계를 받고 부처를 받드니 열집에 여덟 아홉은 출가할 것을 원하였다. 세월이 흘러서 이에 통도사를 창건하고 계단을 쌓으니, 사방에서 오는 자를 득도시켰다. 또 태어난 인연이 있는 마을의 집을 원녕사(元寧寺)로 개축하여 낙성회를 개설하고, 잡화(화엄경) 1만 게를 강론하니 52녀가 감응하여 몸을 나타내 증청하였다. 문인으로 하여금 그들의 숫자만큼 나무를 심게 하여 그 이적을 정표하게 하고 '지식수(知識樹)'라고 불렀다.

(자장은) 일찍이 나라의 복장이 중국의 제후국과 같지 않다고 하여 조정에 건의하니 모두 좋다고 받아들였다. 이에 진덕왕 3년 기유년(649)에 비로소 중국 조정의 의관을 입었다. 다음 해 경술년에 또 정삭(正朔)을 받들고, 처음으로 영휘(永徽)라는 연호를 시행하였다. 이후 매번 중국에 조근할 때마다 번국 가운데 윗자리에 앉게 되니 자장의 공로이다.

만년에 서울을 떠나 강릉군에 수다사(水多寺)를 창건하고 머물렀다. 지난 날 중국 북대에서 본 것과 똑같은 형상을 한 스님이 나타나 말하였다.

"내일 그대를 대송정(大松汀)에서 만나겠다."

놀라 일어나 일찍이 송정(松汀)에 가 이르니, 과연 문수보살이 와서 감응하므로 법의 요채를 자문하였다. 이에 말하였다.

"태백 갈반지에서 다시 기약한다."

그리고 곧 사라져 나타나지 않았다.

자장이 태백산에 가서 그를 찾으니 큰 구렁이가 나무 아래 꽈리를 틀고 있는 것을 보았다. 시자에게 일러 말하였다.

"이곳이 이른 바 갈반지이다."

이에 석남원(지금의 정암사)을 창건하고, 성인이 강림하기를 기다렸다. 어떤 늙은 거사가 남루한 방포를 입고 칡으로 엮은 삼태기에 죽은 강아지를 담아 메고 와서 시자에게 말하였다.

"자장을 보려고 왔다."

문인이 말하였다.

"큰스님을 모신 이래로 우리 스승의 휘를 함부로 부르는 자를 보지 못하였다. 너는 어떤 자인데 이처럼 미친 소리를 하느냐?"

거사가 말하였다.

"다만 너의 스승에게 고하여라."

드디어 들어가 고하였다. 자장도 이것을 깨닫지 못하고 말하기를,

"미친 사람일 것이다."

하여 문인이 나가 그를 꾸짖어 쫓아내니 거사가 말하였다.

"돌아가자, 돌아가자, 아상이 있는 사람이 어찌 나를 알아볼 수 있겠느냐."

하며 곧 삼태기를 뒤집어 터니, 강아지가 사자보좌로 변하고 보좌에 올라타 빛을 발하며 가버렸다. 자장이 그 말을 듣고 바야흐로 위의를 갖추고 빛을 찾아 남령에 좇아 올라갔으나 이미 묘연하여 찾지 못하였다. 마침내 그 곳에서 쓰러져 입적하자 다비하여 석혈(石穴) 가운데 뼈를 안장하였다.

무릇 자장이 세운 사탑은 10여 군데나 되는데, 매번 하나를 지을 때마다 반드시 신기한 상서로움이 있었다. 그러므로 공양하려는 사람들이 저자를 이루어

며칠도 되지 않아 불사가 완성되곤 했다. 자장의 도구, 베와 버선, 태화지의 용이 바친 목압침(木鴨枕), 석존의 유의(由衣) 등은 모두 통도사에 있다. 또 헌양현(지금의 彦陽)에 압유사(鴨遊寺)가 있는데, 침압(枕鴨)이 일찍이 이곳에서 기이하게 나타났기 때문에 이름을 붙인 것이다. 또 원승(圓勝)이란 승려가 있었는데, 자장보다 먼저 유학하였다가 함께 고향으로 돌아와 율부를 널리 펴는데 조력하였다.

찬하여 말한다.

일찍이 청량산에 갔다가 꿈을 깨고 돌아왔다.
7편(7종계) 3취(攝律儀戒・攝善法戒・攝衆生戒) 일시에 열었다.
검고 흰 옷(緇素)이 부끄럽다 여겨,
동국의 의관을 상국(중국)과 같게 하였다.

〈삼국유사 해동불조원류〉

도선이 찬한 속고승전(續高僧傳)에서도 자장율사를 극구 칭찬하였다.

승려 자장은 성이 김씨요 신라 사람이다. 그의 선조는 삼한의 후예로 중고(中古) 시절의 진한・마한・변한은 그 부족을 거느리고 각각 우두머리를 두었다. 양(梁)의 공직도(貢職圖)에 의거하면, 그 신라국은 위(魏)에서는 사로(斯盧)라고 하였고, 송나라에서는 신라라고 했으나 본래 동이(東夷) 진한(辰韓)의 나라이다.

자장의 아버지 이름은 무림(武林)이고 벼슬이 소판이(蘇判異)에 이르렀다. 이미 고위직을 누렸지만 뒤를 이를 자손이 없어 깊은 근심에 잠겨 있었다. 평소 부처님의 진리를 우러러 보았기에 (부처님의) 가호를 구하였다. 널리 스님들을 초청하고 크게 재물을 희사하면서 불법에 귀의하여 천부관음(千部觀音)을 조성하였고, 자식을 하나 낳기만을 희구했다. 나중에 아이가 성장하면 도심(道心)을 일으켜 뭇 중생을 제도하게 해달라고 기원하였다. 어둠 속에 상서로운 감응이 나타나서 별이 떨어져 품속에 들어오는 꿈을 꾸고는 곧 임신을 하였다. 4월 8일 좋은 일진(良辰)을 타고 탄생하여 도속(道俗)이 모두 경축하는 마음을 품었으니 드물게 있는 상서로움이었다. 나이가 소학(小學)을 넘어가면서 정신과 뜻이 맑고 향기로웠고, 홀로 변치 않는 마음을 발하였다. 세상의 수많은 사적(史籍)을 두루 편람하였다. 품은 뜻은 끝이 없었고 세속의 정취에 물들지 않았다.

마침 어버이가 모두 돌아가시자 세상의 영화를 싫어하고, 무상함을 깊이 체득하여 마침내 공적(空寂 ; 佛門)에 귀의하였다. 이에 아내와 자식을 버리고 집과 전원(田園)을 내놓아 (재물이) 따르면 모름지기 문득 주어서 자비와 공경의 보시업을 행하였다. 혈혈단신으로 산 속에 투신하여 거친 옷을 입고 짚신을 신으며 남은 옷이 다할 때까지 사용하였다. 마침내 험준한 곳에 올라 홀로 고요히 선을 행하며 호랑이도 피하지 않았다. 항상 어렵게 베푸는 것을 생각하여 때때로 간혹 피곤하고 졸리며, 심행(心行)이 미약해지려고 하면 드디어 산에 지어 놓는 집에 머물며 주위를 가시울타리로 두르고 벌거벗은 몸으로 곧게 앉아 조금만 움직여도 살을 찌르도록 하였다. 또한 머리카락을 대들보에 매달아 혼미한 정신을 일깨우도록 하였다. 백골관(白骨觀)을 수행하여 밝은 이익(明利)과 고요한 행(冥行)이 드러나도록 오롯이 하였다.

명성이 널리 퍼지자 (조정에서는) 재상의 지위를 내려 자주 불렀지만 나아가지 않았다. 왕이 크게 노하여 칙사를 산으로 보내서 칼로 베어 죽이려 하였다. 그러자 자장이 말하였다.

"나는 차라리 하루 동안 계를 지키다가 죽을지언정 일생을 파계(破戒)하면서 살기를 원치 않는다."

시자가 이를 보고 감히 베지 못하고 이 사실을 위에 보고하였다. 이에 왕이 부끄러워하면서 감복하여 그를 놓아 주고 출가하여 도를 닦도록 하였다.

그러자 그는 다시 깊이 숨어 외부와 왕래를 끊었다. 양식은 물론 궁핍하였지만 죽음을 운명으로 여기자 문득 감응이 일어났다. 기이한 새들이 여러 가지 과일을 물고 와서 손에 앉아 과일을 내주고 새들도 자장의 손바닥에 자리 잡고 함께 먹었다. 때가 되면 꼭 그렇게 하여 조금도 시간을 어기는 일이 없었다. 이는 행(行)이 현징(玄徵)에 감응한 것으로 그와 짝할 사람은 거의 없을 것이다. 그러면서 늘 슬픈 생각을 품고 중생들을 자애(慈哀)하여 어떤 방편으로 그들을 생사의 윤회에서 벗어나게 해줄 것인가를 생각하였다.

마침내 꿈 속에서 천사(天使)가 나타나 고하였다.

"그대는 그윽이 숨어 있으면서 어떤 이익을 원하는가?"

"오직 중생들에게 이익을 주고자 합니다."

곧 자장에게 5계를 내려주고 나서 말하였다.

"이 5계로써 중생에게 이익을 줄 수 있을 것이다."

하고 다시 자장에게 말하였다.

"나는 도리천(忉利天)에서 왔으며 일부러 그대에게 계를 내려주기 위해 온 것이다."

이렇게 말한 뒤 허공으로 치솟아 사라졌다. 이에 그는 산에서 나왔는데 한 달 동안 나라 안의 남녀노소 모두에게 5계를 주었다.

또 그는 다시 깊이 생각한 뒤에 말하였다.

"변두리 땅에 태어났으니 이곳에 불법이 아직 일어나지 않아 눈으로 경험하지 않고서는 승봉(承奉)할 길이 없다."

하고 곧 본국의 왕에게 이 뜻을 아뢰고 서쪽으로 가서 큰 교화를 보고 오겠다고 하였다. 그리하여 정관 12년(638) 문인인 승려 실(實) 등 10여 명을 거느리고 동쪽나라를 떠나 (중국의) 절에 이르렀다.

그 곳에서 황제의 위무(慰撫)를 받고 승광별원(勝光別院)에 거처하면서 후한 예우와 남다른 공양을 받았다. 그 곳에 인물이 많이 모여들고 재물이 쌓이게 되자, 곧 밖에서 도둑이 들어왔다. 그런데 도둑이 물건을 가져가려 할 때 마음이 떨리고 자기도 모르게 놀라 돌아와 잘못을 자백하였다. 이에 곧 그에게 계를 내려주었다.

또 태어나면서부터 앞을 보지 못하던 사람이 있었는데, 자장을 찾아와 참회를 한 후 돌아가 눈을 뜰 수 있었다. 이러한 상서로운 감응으로 말미암아 그로부터 계를 받는 사람이 하루에도 천 명을 헤아리게 되었다. 그는 성품이 고요한 곳에 머무는 것을 즐겼다. 이 뜻을 황제에게 아뢰고 입산하여 종남산(終南山) 운제사(雲際寺)의 동쪽 까마득한 절벽 위에 방을 마련하고 그 곳에서 거처하였다. 아침저녁으로 사람과 귀신이 계에 귀의하기 위해 다시 모여들었다.

당시 소진(少疹 ; 홍역)에 감염된 사람에게 부처의 계율을 보여주고 아픈 곳을 어루만져 주니 곧 발진이 없어지고 병이 치유되었다. 그는 3년 동안 항상 산에 있다가 곧 신라를 섬기려고 운제사에서 내려왔다. 그 때 큰 귀신이 나났는데 그 수가 헤아릴 수 없이 많았다. 귀신들은 갑옷을 입고 무기를 들고 있었는데, 자장에게 이렇게 말하였다.
"이 금가마를 가지고 자장스님을 모시러 마중 나왔습니다."

이 때 다시 다른 큰 신장이 나타나 그 귀신과 맞서 싸우면서 마중 나오도록 허락하지 않았다. 이 때 자장은 골짜기를 자욱하게 메운 고약한 냄새를 맡고 곧 승상(繩床)에 나아가 결별(訣別)을 통고하였는데, 그의 제자 한 명도 또 귀신에게 맞아 다리가 부러져 죽었다가 되살아났다. 이에 자장은 곧 모든 옷과 재물을 희사하여 승단(僧團) 대덕들에게 보시를 하였더니, 다시 두루 몸과 마음에 향기가 가득하게 풍겨 나왔다. 이 때 신장이 자장에게 말하였다.
"지금 죽지 않았으니 80여 세까지 살게 될 것이오."

이윽고 서울로 들어가니 황제가 그 노고를 위로하면서 비단 2백 필을 하사하여 의복을 만드는데 충당하도록 하였다. 정관 17년(643) 본국에서 돌아오기를 요청하니 황제에게 계(啓)를 올려 허락을 받았다. 황제는 자장을 이끌고 궁중으로 들어가 납의(衲衣) 한 벌과 갖가지 채색 비단 5백단을 하사하였고, 황태자도 2백 단을 하사하였다. 이에 황제는 홍복사(弘福寺)에서 나라를 위한 대제(大齋)를 마련하고 대덕법회를 열었으며, 아울러 여덟 사람을 출가시켰다. 또 태상(太常 ; 종묘 등의 제사를 맡은 벼슬)에게 명령하여 9부에서 공양을 올리게 하였다. 이 때 자장은 본국의 경전과 불상이 보잘 것이 없고 완전하지 못하다고 하여 마침내 장경(藏經) 1부와 여러 미묘한 불상, 번당과 화개 등을 얻었다. 모두 복리(福利)가 될 만한 것들이었으며, 이것들을 가지고 본국으로 돌아갔다.

고향에 도착하자 온 나라가 그를 환영하였고, 이제 일대의 불법의 뚜렷하게 일어나게 되었다. 왕은 자장이 대국에서 크게 존경받았고, 정교(正敎)를 널리 지닌 스님이므로 그가 잘 다스리지(綱理) 않으면 바로잡을 길이 없다 하여 마침내 자장을 대국통(大國統)으로 삼고 왕분사(王芬寺 ; 분황사의 오류임)에 주석하게 하였다. 이 절은 곧 왕이 지은 절이었다. 그 후 다시 따로 절을 세우고 특별히 열 사람을 출가시켜 항상 자장스님을 모시고 시중을 들게 하였다.

또한 궁궐에 들어오기를 청했는데, 어느 여름 날 섭대승론(攝大乘論)을 강설하였고, 또 황룡사에서 보살계본(菩薩戒本)을 강의하였다. 7일 동안 밤낮으로 하늘에서 감로가 내리고 구름과 안개가 갑자기 자욱해지더니 강당을 덮었다. 사부대중이 탄복했으며, 그의 명성과 덕망이 더욱 널리 퍼졌다. 강의를 마치는(散席) 날이 되자, 그로부터 계를 받으려는 사람들이 구름같이 몰려들었다. 이로 인하여 엄격한 가르침에 힘쓰게 된 사람이 열 집 가운데 아홉이나 되었다. 자장은 이런 좋은 기회를 얻자 용기가 생겼다. (자장은) 가지고 있는 의복과 재물을 모두 계단(戒壇)에 충당하도록 희사하였고, 오직 두타(頭陀)의 행을 받들었다. 사찰(蘭若)의 업(業)을 총괄하는 것은 신라(靑丘)를 바르게 하는 일이었다.

불법이 동쪽에 온 지 백 년이 되었지만, (불법을) 주지(住持)하고 수봉(修奉)하는 데에 이르러서는 모자라는 점이 있었으므로 마침내 여러 재상들과 상세하게 기율(紀律)을 바로잡을 것을 논하였다. 이 때 왕이 따르고 상하가 논의하여 일체의 불법과 규범을 모두 승통에게 위임하기로 결정을 내렸다. 자장은 승니 등 오부대중(五部大衆)에게 각각 구습을 더 익히게 하고 다시 강관(綱管 ; 규율을 바로잡는 主管)을 두어 감찰 유지하게 하였다. 보름마다 계를 설하여 율에 근거하여 참회하고 악을 제거하게 하였다. 봄과 겨울에는 그들을 모아 시험을 치러 지계와 범계를 알도록 하였다. 또한 순사(巡使)를 두어 여러 절을 두루 돌아다니며 훈계 격려하고 설법하면서 불상을 엄격하게 관리하게 하였다. 대중, 일, 경영을 다스리게 하여 이를 확정시켜 불변의 도로 삼았다. 이에 근거하여 말한다면 바로 이 자장스님을 호법보살(護法菩薩)이라 일컬을 수 있을 것이다.

그는 또 다른 사탑 10여 곳을 조성하였는데 한 곳을 지을 때마다 온 나라가 함께 숭앙하였다. 자장은 이에 "만약 내가 지은 절에 영험이 있다면 기적이 나타날 지어다"라고 발원하자 문득 감응이 일어나 두건과 발우에 사리가 나타났다. 대중들이 기뻐하며 보시하니 그 쌓이는 재보가 산더미 같았다. 이어 계를 받았으며, 이로써 선을 행하는 사람이 드디어 널리 퍼지게 되었다.

또한 그는 관습과 풍속, 복장이 중국과 다른 점이 있다 하여 이를 고쳐야 한다고 하였고, 오직 정삭(正朔)을 숭배하였으니, 어찌 의리에 두 마음이 있을 수 있겠느냐고 하였다. 그리하여 이 일을 상량하니 온 나라가 이를 완수하여 변방의 복장을 고치고 오로지 당의 의례에 따랐다. 그런 까닭에 해마다 여러 속국들이 모여 조공을 드릴 때 자리가 앞 순서에 있게 되었다. 또한 관리를 임명하고 놀이를 하는 것도 모두 중국과 같게 하였다. 이 사실을 근거로 헤아려 본다면 고금을 통하여 그 예를 찾기 어렵다. 그는 여러 경전과 계율의 소(疏) 10여 권을 지었으며, 관행법(觀行法) 한 권을 세상에 내놓으니 널리 그의 나라에서 유통되었다.

보장왕의 신도(信道)를 평함
불교는 넓고 커 한이 없는 바다
냇물 같은 유교·도교 다 받아들인다.
가소롭다. 고구려왕은 웅덩이에 한계를 쳤으니
누운 봉이 바다로 옮아감을 알지 못했는가 보다.

〈일연〉

왕화상 혜통스님

스님 혜통의 씨족은 자세하지 않다. 야인으로 있을 때 집은 남산 서쪽 기슭의 은천동 어귀에 있었다(지금의 南澗寺 동쪽 마을). 하루는 집의 동쪽 시내에서 놀다가 수달 한 마리를 잡아 죽여 뼈를 동산 가운데 버렸는데 다음 날 아침에 그 뼈가 없어졌다. 핏자국을 따라 찾아가보니 그 뼈가 살던 굴로 돌아가 다섯 마리의 새끼를 안고 웅크리고 있었다. 낭이 이 모습을 보고 한참을 놀라고 감탄하며 머뭇거리다가 마침내 출가하여 이름을 혜통으로 바꿨다.

당에 들어가 무외삼장을 배알하고 배우기를 청하니 삼장이 이르기를, "변방사람(신라사람)이 어찌 법기가 되겠느냐?"라고 하며 결국 가르침을 주지 않았다. 혜통은 쉽사리 물러서지 않고 3년 동안 부지런히 섬겼지만 그래도 허락하지 않았다. 이에 혜통은 의분심이 생겨 마당에 서서 화로를 머리에 이자 이내 정수리가 갈라지면서 우레와 같은 소리가 났다. 삼장이 이 소리를 듣고 와 보더니 화로를 치우고 갈라진 곳을 어루만지며 신주(神呪)를 염송하였다. 상처가 전과 같이 아물었으나 "왕(王)'자와 같은 흔적이 있어 이로 인해 왕화상(王和尙)이라고 불렀다. (삼장이) 법기(法器)가 큰 것을 알고 인결(印訣)을 전해주었다.

이 때 당의 공주가 병이 들어 고종이 삼장에게 치료해 줄 것을 청하니, 자기 대신 혜통을 천거하였다. 혜통이 가르침을 받고 별도의 처소에서 흰 콩 한 말을 은그릇에 넣고 주문을 외우니 흰 콩이 흰 갑옷을 입은 신병으로 변하여 (병마를) 쫓아내려 했으나 이기지 못하였다. 다시 검은 콩 한 말을 금그릇에 넣고 주문을 외웠더니 검은 갑옷을 입은 신병으로 변하였다. 흑과 백의 신병이 함께 (병마를) 쫓아내니, 갑자기 교룡(蛟龍)이 도망쳐 나갔고 질병이 드디어 나았다.

용은 혜통이 자기를 쫓아낸 것을 원망하며 본국 문잉림(文仍林)에 돌아가 인명을 크게 해쳤고, 더욱 독을 품었다. 이 때 정공(鄭恭)이 당에 사신으로 왔다가 혜통을 보고 말하였다.

"스님이 내쫓은 독룡이 본국으로 돌아와 해가 더욱 심합니다. 속히 가서 없애 주십시오."

이에 정공과 함께 인덕 2년(665) 을축년에 본국으로 돌아와 다시 (독룡을) 몰아내었다.

그러자 독룡은 또 정공을 원망하면서 이번에는 버드나무에 의탁하여 정씨의 집 문밖에 서 있었다. 정공은 이를 알지 못하고 다만 그 나무가 무성해진 것을 보고 매우 사랑하였다. 신문왕이 죽고 효소왕이 즉위하여 산릉(왕릉)을 닦아 장사 지내는 길을 만드는데, 정공의 버드나무가 길을 막아 유사(有司)가 베어 내려 하였다. 정공이 화를 내며, "정녕 내 목을 벨지언정 이 나무는 베지 못한다"고 하였다. 유사가 들은 대로 아뢰었다. 왕은 크게 노하며 사구(司寇 ; 형벌을 맡은 관리)에게 명하였다.

"정공이 왕화상의 신술(神術)을 믿고 불손한 일을 도모하려 하는구나. 왕명을 업신여기고 거역하며 자기 목을 자르라 하였으니 마땅히 원하는 대로 해주리라."

이에 주살하고 그 집을 묻어 버렸다.

조정에서 의논하였다.

"왕화상은 정공과 매우 두터운 관계이므로 반드시 정공의 죽인 일을 의심할 것입니다. 그를 먼저 없애야 할 것입니다."

이에 병사를 풀어 잡아오도록 하였다. 혜통은 왕망사에 있었는데 병사들이 달려오는 것을 보고, 지붕에 올라가 사기로 만든 병과 붉은 먹을 찍은 붓을 들고 소리쳤다.

"내가 하는 것을 보아라."

이윽고 병목에 줄 하나를 긋고 말하였다.

"너희들은 각각 자기의 목을 보아라."

바라보니 모두 붉은 줄이 그어져 있었다. 서로 보고 경악하고 있는데, 다시 외쳤다.

"만약에 병목을 자르면 마땅히 너희들 목도 잘릴 것이다. 어떻게 하겠느냐?"

군사들은 황급히 달아나 붉은 줄이 그어진 목을 왕에게 보였다. 왕이 말했다.

"화상의 신통력을 어찌 사람의 힘으로 막겠느냐?"

하며 이내 그만두었다.

왕의 딸이 갑자기 병에 걸렸다. 혜통을 불러 치료하게 했더니 병이 나았다. 왕은 크게 기뻐하였다. 그러자 혜통은 말하였다.

"정공은 독룡의 해를 입어 억울하게 나라의 형벌을 받았습니다."

왕은 이 말을 듣고 마음으로 뉘우쳐서 정공의 처자들을 방면해 주고, 혜통을 국사로 임명하였다.

독룡은 정공에게 원한을 갚고 나서 기장산으로 갔다. 거기서 웅신이 되어 악독함이 극심해 백성들이 매우 괴로워하였다. 혜통이 산중에 가서 용을 타이르고 불살생계를 주었더니 웅신의 신해(神害)가 그 때서야 그쳤다.

한 번은 신문왕이 등창이 나서 혜통에게 치료해 주기를 청하였는데, 혜통이 와서 주문을 외니 곧 나았다. 그리고 말하였다.

"폐하께서는 전생에 재상의 신분으로 장인(良民) 신충을 잘못 판결하여 종으로 삼았으므로 원한을 품어 두고두고 보복하는 것입니다. 지금의 이 몹쓸 종기도 또한 신충의 탓입니다. 마땅히 신충을 위하여 절을 짓고 그의 명복을 빌어 원한을 풀어 주어야 할 것입니다."

하여 왕이 그 말을 매우 옳게 여겨 절을 세우고 신충봉성사(信忠奉聖寺)라고 불렀다.

절이 낙성되자 공중에서 외쳤다.

"왕이 절을 지어 주었기 때문에 괴로움에서 벗어나 하늘에 태어나게 되었다. 이제 원한이 풀렸노라!"

그 외침 소리가 나던 곳에 절원당(折怨堂)을 세우니, 그 당과 절이 지금도 남아 있다. 이보다 앞서 밀본 뒤에 명랑이라는 고승이 있었는데, 용궁에 들어가 신인(神印 ; 범어로는 文豆婁라고 하는데 여기에서는 신인이라고 하였다)을 얻어서 처음으로 신유림(지금의 천왕사)을 창건하고 여러 번 이웃 나라의 침범을 기도로써 물리쳤다.

이제 (혜통)화상이 무외삼장의 골수를 전해 온 세상을 두루 다니면서 사람을 구원하고 만물을 교화시켰다. 또 숙명의 밝은 지혜로 절을 세우고 원한을 풀어 주니 밀교의 교풍이 이 때 크게 떨쳤다. 천마의 총지암(總持嵒)과 모악의 주석원(呪錫院) 등이 모두 여기에서 갈려 나온 것이다. 어떤 사람은 말하기를 혜통의 속명은 존승각간(尊勝角干)이라고 한다. 각간은 신라의 재상급인 높은 자리인데 혜통이 그런 벼슬을 지낸 이력은 듣지 못하였다. 또 어떤 사람이 말하기를, 늑대를 쏘아 잡았다고 하는데 모두 자세하지 않다.

찬하여 말한다.

산 복숭아 개울 살구 울타리에 비껴 비치는데,
오솔길에 봄이 깊어 양쪽 언덕이 꽃밭이네.
혜통법사가 한가로이 수달을 잡은 덕분에
마룡을 모조리 서울 밖으로 멀리 보냈네.

원효대사(元曉大師)와 대안법사(大安法師)

성사 원효의 속성은 설씨이고, 조부는 잉피공 또는 적대공이라고도 한다. 지금 적대 연못 옆에 잉피공의 묘가 있다. 아버지는 담날내말(談㮈乃末)이다. 원효는 처음에 압량군 남쪽 불지촌 북쪽 밤나무골 사라수 아래에서 태어났으니, 불지촌은 혹 발지촌(불등을촌)이라고도 한다.

사라수라는 것을 세간에서 말하기를, "법사의 집이 본래 이 골짜기 서남쪽에 있었다. 모친이 이미 임신하여 달이 찼는데, 마침 이 골짜기의 밤나무 아래를 지나다가 갑자기 해산하게 되었다. 황급해서 집에 돌아가지도 못하고 남편의 옷을 나무에 걸어놓고 그 안에 산실을 만들었으므로 그 나무를 사라수라고 한다. 그 나무의 열매 또한 보통의 것과 달라서 지금까지도 사라율이라고 한다"라고 하였다.

예로부터 전해 오기를, 옛날에 어떤 절의 주지가 절의 노비 한 사람에게 저녁 끼니로 밤 두 알씩을 주자 노비가 이를 불평하여 관리에게 송사하였다. 관리가 괴이하게 여겨 밤을 가져다가 조사하니 밤 한 알이 발우 하나에 가득 차므로 도리어 한 알씩만 주라고 판결하였기 때문에 밤나무골이라 부르게 되었다고 한다. 법사가 출가하고서 그 집을 희사하여 절을 만드니, 그 이름이 초개(初開)이다. 나무 옆에 절을 세우고 사라사라고 하였다.

법사의 행장에 이르기를, "경사 사람이다" 하였으나 이것은 돌아가신 할아버지를 따른 것이다. 당승전에는 "본래 하상주 사람이다"라고 하였다. 인덕 2년 간의(664~665) 기록에 의하면 문무왕이 상주의 하주의 땅을 나누어 삽량주(歃良州)를 설치하니, 곧 하주가 현재의 창녕군이다. 압량군은 본래 하주의 속현이며, 상주(上州)는 현재의 상주(尙州)이고 상주(湘州)라고도 한다. 불지촌은 현재의 자인현에 속하니 곧 압량에서 나누어진 것이다.

법사의 아이 때의 이름은 서당(誓幢)이며 아우의 이름은 신당(新幢)이다. 처음에 모친이 유성(流星)이 품에 들어오는 꿈을 꾸고 임신하였다. 출산하게 되자 오색구름이 땅을 덮었으니, 진평왕 39년(617) 대업 13년 정축년이다. 태어나면서부터 영리하여 스승을 좇지 않고 배웠는데, 사방으로 구름처럼 떠돈 시말과 불법을 널리 편 성대한 자취는 당승전과 행장에 모두 실려 있으므로 여기 다 싣지 못하므로 오직 향전에 실린 한두 가지 특이한 일만 기록한다.

법사가 어느 날 일찍이 춘의(春意)가 동하여 거리에서 노래하기를, "누가 나에게 자루 없는 도끼를 빌려준다면 나는 하늘을 받칠 기둥을 찍으리라"라고 하자, 사람들이 다 깨닫지 못하였다. 이 때 태종(太宗)이 이를 듣고 말하였다. "이 법사가 자못 귀한 부인을 얻어서 현명한 아이를 낳고자 하는구나. 나라에 크게 어진 이가 있으면 이익이 막대할 것이다."

이 때 요석궁에 과부가 된 공주가 있었는데, (왕은) 궁의 관리를 시켜 원효를 찾아 궁에 들이게 하였다. 궁리가 명령을 받들어 원효를 찾으니 그는 이미 남산에서 내려와 문천교(沙川)를 지나고 있었다. 원효는 궁의 관리를 만나자 일부러 물에 빠져서 옷을 적셨다. 궁의 관리가 원효를 궁에 데리고 가서 옷을 볕에 말리고 그 곳에서 유숙하게 되었다. 공주는 과연 태기가 있어서 설총(薛聰)을 낳았다.

설총은 나면서부터 지혜롭고 영민하여 경서와 역사에 널리 통달하니, 신라 10현(賢) 중의 한 사람이다. 중국과 신라의 풍속과 물건 이름을 방음(方音)으로 써서 중국과 신라의 속물명(俗物名)을 통화하고, 육경(詩·書·易·禮·樂·春秋)과 문학에 토를 달고 풀이했으며, 지금도 신라에서 명경(明經)을 업으로 하는 사람이 전수해서 끊이지 않는다.

원효는 이미 계를 지키지 않고 설총을 낳은 후로는 속인의 옷으로 바꾸어 입고 스스로 복성거사(卜姓居士)라고 하였다. 그는 우연히 광대들이 가지고 노는 큰 박을 얻었는데, 그 모양이 괴이하였으므로 그 모양을 따라서 도구를 만들었다. 화엄경에 말한 "일체의 무애인은 한길로 생사를 벗어난다(一切無碍人 一道出生死)"는 문구를 따서 이름을 무애(無碍)라 하고 노래를 지어 세상에 유포하였다.

일찍이 이 도구를 가지고 여러 마을을 돌아다니면서 노래하고 춤추며 교화시키고 읊다가 돌아왔다. 그래서 가난하고 무지한 무리들까지도 모두 부처의 이름을 알고 나무의 칭호를 부를 수 있게 되었으니, 원효의 교화야말로 참으로 크다고 할 것이다.

그가 태어난 마을 이름을 불지촌, 절 이름을 초개사라 하고 스스로 원효라한 것은 대개 불일(佛日)을 처음으로 빛나게 하였다는 뜻일 것이다. 원효의 이름도 역시 방언이니 당시 사람들은 모두 향언으로 "새벽(始旦)"이라고 하였다.

그는 일찍이 분황사에 머물면서 화엄경소를 지었는데, 제4 십회향품에 이르러 마침내 붓을 꺾었다. 또한 일찍이 부름에 응해 몸을 백송(白松)으로 나누었기 때문에 모든 사람들이 그를 위계의 초지(初地)에 들었다고 말하였다. 또한 바다용의 인도로 거리에서 조서를 받고 삼매경소(三昧經疏)를 지었는데, 붓과 벼루를 소의 두 뿔 사이에 놓았으므로 각승(角乘)이라 하였다.

이것은 또한 본각(本覺)·시각(始覺)의 숨은 뜻을 나타낸 것이다. 대안법사가 헤치고 와서 종이를 붙였는데, 또한 음을 알고 화답하여 부른 것이다.

그가 세상을 떠나자 아들 설총이 그 유해를 잘게 부수어 진용(眞容)을 소상(塑像)으로 만들어 분황사에 모시고 부모를 잃은 슬픔의 뜻을 경모하여 표하였는데, 설총이 그 때 옆에서 예배하자 소상이 갑자기 돌아다보아 지금까지도 돌아다본 채 있다. 일찍이 원효가 살던 혈사(穴寺) 옆에 설총이 살던 집터가 있다고 한다.
찬하여 말한다.
각승(角乘)은 처음으로 삼매경의 축(軸)을 열었고,

무호(舞壺)는 마침내 온 거리의 풍습이 되었네.
달 밝은 요석궁에 봄 잠을 자고 가니
문 닫힌 분황사, 돌아다보는 그림자 쓸쓸하네.

〈삼국유사〉

찬영이 쓴 송고승전에 실린 당신라국황룡사원효전(唐新羅國黃龍寺元曉傳)에
서도 다음과 같이 말하였다.

『승려 원효는 성은 설씨요 동해 상주 사람이다. 어린 나이에 불법에 입문하
였다. 스승을 따라 가르침을 받았으나 다니는 곳에 일정함이 없었다. 의(義)의
세계에 용감하게 나아가고 문진(文陣)에 능통하여 저곳(신라)에서 이르기를 만
인을 겨룰 만하다 하였으니 오묘한 이치와 입신(入神)의 경지가 이와 같았다.

일찍이 의상법사와 함께 현장 삼장의 자은지문(慈恩之門)을 사모하여 입당하
려 하였으나 그 인연이 어긋났다. (입당하고자 하는) 마음을 접고 여기저기 떠
돌아 다녔다. 얼마 안 되어 말하거나 하는 짓이 인륜에 어긋나고 난폭하였다.
보이는 행적마다 어긋나고 거칠었으며, 거사들과 함께 술집과 창가에 출입하
니, 지공(誌公)이 쇠칼과 철 석장을 잡고 있던 것과 같았다. 소(疏)를 지어서
잡화(화엄경)을 강하기도 하고, 사당에서 거문고를 타면서 즐기기도 하고, 혹
은 여염집에 머물러 묵고, 혹은 산수에서 좌선하니 계기에 따라 마음대로 하는
데 일정한 규범이 없었다. 이 때에 국왕은 백고좌인왕경대회를 개설하고 석학
과 대덕을 두루 찾았다. 고향에서 명망 있는 자로써 (원효를) 천거하여 나아가
게 하였으나 여러 대덕이 사람됨을 미워하고, 왕에게 참소하여 받아들이지 못
하게 하니 어디에도 거처할 곳이 없었다.

왕의 부인이 머리에 부스럼이 생겼으나 의사의 효험이 없었다. 왕과 왕자,
신하들이 산천과 영사(靈祠)에 기도를 드리는데 가지 않은 곳이 없었다. 어떤
무당이 말하기를, "다른 나라에 사람을 보내 약을 구하여 오면 병이 나을 것입
니다"라고 하였다. 왕은 이에 사인을 뽑아 바다를 건너 당나라로 보내 그 의술
을 찾게 하였다. 큰 바다 가운데서 홀연히 한 노인이 물결을 박차고 나와 배

위로 올라 사인을 맞이하여 바닷속으로 들어갔다.

　궁전의 장엄하고 화려한 모습을 보이고 검해(鈐海)라는 이름의 용왕에게 알현시켰다. 사인에게 말하였다.

　"너희 나라의 부인(왕후)은 청제(靑帝)의 셋째 딸이다. 우리 용궁에는 예로부터 금강삼매경이 있는데, 이는 이각(二覺)과 원통(圓通)의 보살행을 보여주는 것이다. 지금 부인의 병에 의탁하여, 증상연(增上緣)을 삼아, 이 경을 부쳐서 그대 나라에 내놓아 유포하고자 할 따름이다."

　이에 한 30장(紙)쯤 되는 뒤섞이고 흩어진 경을 사인에게 주면서 다시 말하였다.

　"이 경이 바다를 건너다가 마구니의 장난에 걸릴까 두렵다."

　용왕은 칼로써 사인의 장딴지를 찢고는 그 속에 (경을) 넣어 밀랍 종이로 봉하고 약을 바르니 장딴지가 예전과 같았다.

　용왕이 말하였다.

　"대안성자로 하여금 (흩어진 경전의) 차례를 바로잡아 꿰매게 하고, 원효법사를 청하여 소를 짓게 하고 강석하게 하면 부인의 병은 틀림없이 나을 것이다. 가령 설산의 아가타약의 효력일지라도 이에 미치지 못할 것이다."

　(사인이) 용왕의 전송을 받아 바다 위에 나와서 드디어 배를 타고 귀국하였다. 이 때의 일을 왕이 듣고 기뻐하였다. 이에 먼저 대안성자를 불러 (경의) 차례에 따라 묶게 하였다. 대안성자는 헤아릴 수 없는 인물이었다. 형태와 차림새가 특이하고, 항상 장터에 머물면서 동발(銅鉢)을 치며,

　"대안(大安), 대안(大安)."

　이라고 외쳤으므로 그를 (대안이라) 불렀다. 왕이 대안에게 명하니, 대안은 말하였다.

　"경전만 가져오시오. 왕의 궁궐에 들어가기를 원하지 않소."

　그리하여 그 경전을 대안에게 보내자 대안은 가져온 경을 배열하여 8품으로 만들었는데, 모두 부처님의 뜻에 부합되었다. 대안이 말했다.

　"빨리 원효에게 가져다 주어 강석하게 하시오. 다른 사람은 안됩니다."

　원효가 그 경을 받은 것은 바로 고향인 상주(湘州)에 있을 때였다. (원효가)

사인에게 말하였다.

"이 경은 본각(本覺)과 시각(始覺)의 2각으로 종지를 삼고 있습니다. 나를 위하여 각승(뿔난 소)를 마련하고 책상을 (소의) 양 뿔 사이에 두고, 붓과 벼루를 놓아 주십시오."

처음부터 끝까지 소가 끄는 수레에 타고 소(疏)를 지어 5권으로 완성하였다.

왕이 날을 정하여 황룡사에서 알기 쉽게 설명하기를 청하였다. 이 때 경박한 무리가 있어 새로 지은 소를 훔쳐가 버렸다. 이 일을 왕에게 알리고 사흘은 연기하여 다시 3권으로 써서 완성하니, 이를 약소(略疏)라고 불렀다.

왕과 신하, 승려와 속인에 이르기까지 법당을 구름처럼 에워싸자 원효가 이에 금강삼매경론을 밝혀 말하니 위의가 있었고 얽힌 뜻을 풀이하는 것이 법칙으로 삼을 만하였으니 칭찬하고 찬탄하는 소리가 허공에 용솟음쳤다. 원효가 다시 밝혀 말하였다.

"옛날 서까래 백 개(百椽)를 고를 때에는 비록 그 모임(백고좌)에 참여하지 못하였지만 오늘 아침 하나의 대들보를 놓은 곳에서는 오직 나만이 홀로 할 수 있구나."

이 때 이름난 대덕들이 모두 부끄러워 얼굴을 숙이고 엎드려 마음으로 참회하였다.

처음에 원효는 행적인 보인 것이 일정함이 없었고 사람을 교화함에 고정됨이 없었다. 혹은 소반을 던져 대중을 구하였고, 혹은 물을 뿜어 불을 껐으며, 혹은 여러 곳에 형상을 나타내고, 혹은 모든 곳에 입멸을 알리기도 했으니, 배도(杯渡)선사와 지공(誌公)의 무리와 같았다. 그 신해한 성품에 있어서 보기에 명확하지 않은 바가 없었다. 소에는 광・략(廣略)의 2본이 있었는데, 모두 본토에서 유행되었다. 약본은 중국으로 흘러 들어가 후에 번경삼장(飜經三藏)이 이를 고쳐 논이라고 하였다.』

덧붙여 말한다. 바다의 용궁은 어디에서 경본을 갖게 되었는가? 보통 말하기를 "경전에 이르기를, 용왕의 궁전에는 7보탑이 있고 부처님이 말씀하신 모든 심오한 경의가 각각 칠보의 상자에 가득 차 있었으니, 12인연과 총지삼매 등을 이른다"고 하였다. 진실로 이 경전을 세간에 유행시키고 다시 대안법사와 원효의 신이를 나타내었으니, 바로 부인의 병으로 가르침을 일으키는 커다란 실마리를 삼은 것이다.

   요동성의 아육왕탑을 찬탄함
  아육왕의 보탑은 세계 곳곳에 세워져
  비에 젖고 구름에 파묻히고 또 이끼까지 끼었네.
  회상하노니, 그 때 길손의 눈은
  몇 사람이 무덤을 지점(指點)했을까!

〈일연〉

낭지스님과 원효

삽량주(歃良州) 아곡현(阿曲縣)의 영축산(靈鷲山) [삽량은 지금의 양주(梁州)이며 아곡(阿曲)의 곡(曲)은 혹 서(西)라고도 쓴다. 또는 구불(求佛)이라고 하고, 굴불(屈弗)이라고도 한다. 지금의 울주(蔚州)에 굴불역을 두었으므로 지금도 그 이름이 남아 있다.]에 이상한 중이 있었다. 암자에 수십년을 살았으나 고을에서 모두 (그를) 알지 못하였고, 스님도 또한 자기 씨명을 말하지 않았다. 늘 법화경을 강했으므로 신통력이 있었다.

용삭(龍朔) 초년에 지통(智通)이란 중이 있었다. 이량공(伊亮公) 집 종이었다. 출가한 해에 7세였다. 그 때 까마귀가 와서 울면서 말했다.

"영축산(靈鷲山)에 가서 낭지(朗智)의 제자가 되어라."

지통은 그것을 듣고 이 산을 찾아가서 골짜기 안의나무 밑에서 쉬다가 문득 이상한 사람이 나오는 것을 보았다.

(그 사람이) 말했다.

"나는 보현보살인데 너에게 계품(戒品)을 주려고 왔다."

이에 계를 베푼 후 숨어버렸다. 지통은 마음이 막힘이 없이 넓어지고 지증(智證)이 문득 두루 통해졌다. (그는) 마침내 길을 가다가 한 스님을 만나 낭지사(郎智師)가 어디 계시냐고 물으니 스님은 말했다.

"어째서 낭지를 묻느냐?"

지통은 까마귀가 말한 사실을 자세히 말하니 스님은 빙그레 웃으면서 말했다.

"내가 바로 낭지인데, 지금 집 앞에 또한 까마귀가 와서 거룩한 아이가 바야흐로 스님에게로 오고 있으니 나가 영접하라 했으므로 와서 맞이하는 것이다."

이에 손을 잡고 감탄하며 말했다.

"신령스런 까마귀가 너를 깨우쳐 내게로 오게 했고, 또 내게 알려서 너를 맞이하게 했다. 이것은 무슨 상서(祥瑞)일까? 아마 산의 영이 몰래 도우신 듯하다. 전해 이르기를 산의 주인은 곧 변재천녀(辯才天女)라고 한다."

지통은 그 말을 듣고 울며 감사하고 스님에게 귀의했다. 이윽고 계를 주려하니 지통은 말했다.
"저는 동구 나무밑에서 이미 보현보살에게 정계(正戒)를 받았습니다."
낭지는 탄식하였다.
"잘했구나. 너는 이미 보살의 만분(滿分)의 계를 친히 받았구나. 나는 태어난 후 조석으로 조심하고 은근히 지성(至聖 ; 보현보살) 만나기를 염원했으나 오히려 정성이 감동되지 못했는데 이제 너는 이미 계를 받았으니 내가 네게 미치지 못함이 멀구나."
도리어 지통에게 예했다.
이로 말미암아 그 나무를 이름해서 보현수(普賢樹)라 했다. 지통은 말했다.
"법사께서 여기에 사신 것이 오래된 듯합니다."
"법흥왕 정미년(14)에 처음으로 여기 와서 살았는데 지금 얼마나 되었는지 모르겠다."
지통이 이 산에 온 것이 곧 문무왕 즉위 원년 신유세이니 이로 미루어 그 연수를 계산하면 이미 135년이 된다.
지통은 후에 의상의 처소에 가서 고명하고 오묘한 이치를 깨달아 현화(玄化 ; 불교의 교화)에 이바지 하게 되었는데 이(지통)가 추동기(錐洞記)의 작자이다.

원효가 반고사(磻高寺)에 있을 때 늘 낭지를 가서 뵈니 (원효에게) 초장관문(初章觀文)과 안신사심론(安身事心論)을 저술하게 했다. 원효는 저술을 마치자 은사(隱士) 문선(文善)을 시켜 글을 받들어 보내면서 그 편끝에 시구를 적었는데 이렇다.

서쪽 골의 사미(沙彌)는 공손히 예하오니,
동쪽 봉우리의 상덕(上德) 고암(高岩)전에

가는 티끌을 불어 보내 영축산에 보태고,
가는 물방울을 날려 용연(龍淵)에 던집니다.

(반고사는 영축산의 서북쪽에 있으므로 서쪽 골짜기의 사미는 원효 자신을
이른다.)

(영축) 산의 동쪽에 태화강(太和江)이 있는데, (이는) 곧 중국 태화지(太和
池) 용의 복을 빌기 위해 만든 것이므로 용연이라 했던 것이다.
지통과 원효는 모두 큰 성인이었는데, 두 성인으로서도 그를 공경하여 스승
으로 섬겼으니 (낭지 스님의) 도가 고매함을 알 수 있다.

스님은 일찍이 구름을 타고 중국의 청량산(淸凉山)에 가서 신도들과 함께 강의를
듣고는 잠시 후에 즉시 돌아왔는데, 그 곳 중들은 (그를) 이웃에 사는 이로 여겼으
나, 사는 곳을 아는 이는 없었다. (절에서) 어떤 날 중들에게 명령했다.
"(이 절에) 상시 사는 이 외에 다른 절에서 온 중은 자기 사는 곳의 이름난
꽃과 진귀한 식물을 가져와서 도장에 바쳐라."

낭지는 그 이튿날 산 속의 이상한 나무 한 가지를 꺾어다가 바쳤다. 그 곳
의 중이 그것을 보고 말했다.
"이 나무는 범명(梵名)으로 달제가(怛提伽)라 하고 여기에서는 혁(赫)이라 하
는데, 다만 서천축과 신라의 두 영축산에만 이것이 있다. 이 두 산은 모두 제십
법운지(法雲地)로서 보살이 사는 곳이니 이 사람은 반드시 성자일 것이다."

마침내 그 행색을 살펴 그제야 해동 영축산에 삶을 알게 되었다. 이로 말미
암아 스님을 다시 인식하게 되니, 그 이름이 나라 안팎에 나타났다. 나랏 사람
들이 이에 그 암자를 혁목암(赫木庵)이라 불렀다. 지금 혁목사(赫木寺)의 북쪽
산등성이에 옛 절터가 있는데, 그것이 그 건물이 있던 자리이다.

영축사기(靈鷲寺記)에 "낭지가 일찍이 말하기를, 이 암자가 있는 자리는 가
섭불(迦葉佛) 당시의 절터였으므로 땅을 파서 등항(燈缸) 두 개를 얻었다" 하

였다. 원성왕(元聖王) 때 대덕 연회(緣會)가 이 산 속에 와서 살면서 낭지스님의 전기를 지으니 세상에 유행했다고 한다. 화엄경을 살펴 보면 제10은 법운지(法雲地)라고 했으니 지금 스님이 구름을 탄 것은 대개 부처가 삼지(三指)로 꼽고 원효가 1백 몸으로 나누는 따위인 것이다.

기린다.
산 속에서 수도한 지 백 년 동안에
높은 이름은 세상에 드러나지 않았는데
산새의 지절거림 금할 수 없어
구름타고 오가는 것 누설되었다.

화엄초조 의상대사(義湘大師)

의상법사의 아버지는 한신(韓信)이고 성은 김씨다. 의상은 나이 29세에 서울 황복사에서 삭발하고 스님이 되었다. 얼마 되지 않아 중국으로 가서 불교의 교화를 보고자 하여 마침내 원효와 함께 요동으로 가다가, 변방의 수비군이 첩자라 하여 잡아 가둔 지 수십일 만에 간신히 풀려나 돌아왔다.

영휘 초년에 마침 당 사신의 배가 본국으로 귀환하는 편이 있어 그 배를 타고 중국으로 들어갔다. 처음에는 양주에 머물렀는데, 고을의 장수 유지인이 관청 안에 머물기를 청하고 극진히 공양하였다. 얼마 후에 그는 종남산 지상사로 찾아가서 지엄을 뵈었다. 지엄은 그 전날 밤 꿈에 큰 나무 하나가 해동에서 났는데 가지와 잎이 무성하게 퍼져 그들이 신주까지 덮었다. 나무 위에는 봉황의 둥지가 있어 올라가 보니 마니보주 하나가 있었으며, 그 빛이 멀리까지 비쳤다. 꿈에서 깨자 놀랍고 이상하여 절을 깨끗이 청소하고 기다리고 있으니 바로 의상이 왔다. 특별한 예로 맞으면서 조용히 말하였다.
"내가 지난 밤에 꾼 꿈은 그대가 내게로 올 징조였구려."
그리고는 의상을 방으로 들어오도록 하였다.

의상은 화엄경의 묘한 뜻과 그윽하고 미묘함을 세밀하게 분석하였다. 지엄은 뛰어난 자질의 인물을 만난 것을 기뻐하며 새로운 이치를 힘써 드러냈다. 깊은 것을 파내고 숨은 것을 찾아내는 것이 쪽빛(藍)과 꼭두서니 빛(茜)이 본색을 잃은 것이라고 말할 수 있다. 그 때 본국의 승상 김흠순(金欽純, 인문)과 양도 등이 당에 갔다가 갇혀 있었는데, 고종은 군사를 크게 일으켜 동쪽을 치려 하였다. 흠순 등은 은밀히 의상에게 소식을 보내 먼저 돌아가도록 권유하였다. 의상은 함형 원년(670) 경오년에 본국으로 돌아와 조정에 그 사실을 보고하였다. 조정에서는 신인종의 대덕 명랑에게 명하여 밀교의 제단을 가설하고 비법으로 기도하여 물리치니 나라가 화를 면하였다. 의봉 원년(676)에 의상은 태백산으로 들어가 조정의 뜻을 받들어 부석사를 세우고, 대승을 널리 펼치니 신령스러운 감응이 자못 드러났다.

종남문인 현수가 수현소(搜玄疏)를 지어서 그 부본을 의상에게 보내면서 함께 편지를 부쳐 은근히 말하였다.

"서경 숭복사의 승려 법장은 해동 신라 화엄법사 시자에게 글을 드립니다. 작별한 지 어느 새 20여 년이라 기대어 바라는 정성이 어찌 마음에서 떠나겠습니까? 더욱이 안개와 구름은 만리에 자욱하고 바다와 육지로 천겹이나 쌓였으니, 이 한 몸이 다시는 뵙지 못하는 것을 한스럽게 여기오며 그리운 회포를 어찌 말로 다하겠습니까? 아마도 숙세의 인연이 같아 금생에서도 업을 같이하며 이 과보를 얻어 함께 대경(大經)에 목욕하며, 특히 선사(先師)의 은혜로 이 오묘한 경전의 가르침을 입게 되었습니다. 듣자옵건대 스님께서 고향으로 돌아가신 후로 화엄경을 강연하시는데 법계의 무애한 연기를 선양하고, 겹겹의 제망(帝網)으로 불국을 새롭게 하여 중생에게 이익을 줌이 크고 넓다고 하니 기쁜 마음 더합니다. 이로써 여래가 돌아가신 후로 불일(佛日)을 빛내고 법륜을 다시 굴려 불법에 오래 머물게 할 분은 오로지 법사뿐임을 알겠습니다.

저는 앞으로 나아간다 하나 이루지 못하고 두루 갖춘 것도 더욱 모자라니, 우러러 이 경전을 생각하면 선사께 부끄럽습니다. 분수에 따라 받아 지닌 것을 버리지 않고 이 업에 의지하여 내생에 인연을 맺고자 할 뿐입니다. 다만 지엄의 장소(章疏)가 뜻은 풍부하나 글이 간결하여 후세 사람들이 뜻을 알기에 어려운 대목이 많으므로, 화상의 은밀한 말씀과 묘한 뜻을 적어 간신히 의기를 이루었습니다. 가까운 장래에 승전법사(勝詮法師)가 베껴서 고향으로 돌아가 그 곳에 전할 것이오니, 스님께서 그 잘잘못을 상세히 검토하시어 가르쳐 주시면 다행이겠습니다. 엎드려 바라옵기는 마땅히 내세에서는 이몸을 버리고 새 몸을 받아 서로 노사나에 함께 지내면서, 이와 같이 다함없는 묘법을 듣고 받아들여 이와 같은 무량한 보현의 원행을 수행하기를 바라옵니다. 혹 악업이 남아 하루아침에 지옥에 떨어지더라도 스님께서는 옛 일을 잊지 마시고 어디를 가나 바른 길을 보여주시기를 엎드려 바라옵니다. 인편이나 서신이 있을 때마다 생사를 물어 주소서. 다 쓰지 못합니다. 이만 줄입니다."

또 다른 서신에서 말하였다.

"탐현기(探玄記) 20권, 교분기(敎分記) 3권, 현의장(玄義章) 등 잡의(雜義) 1권, 화엄범어(華嚴梵語) 1권, 기신론소(起信論疏) 2권, 십이문소(十二門疏) 1권, 법계무차별론소(法界無差別論疏) 1권 등도 함께 승전법사가 베껴서 고향으로 돌아갑니다. 근자에 신라의 스님 효충이 금 9품을 남기면서 스님께서 보낸 것이라고 하였습니다. 비록 서신은 받지 못했으나 은혜로움이 다함이 없습니다. 이제 서쪽나라의 조관(물을 담는 그릇) 하나를 부쳐 조그마한 정성을 표하오니, 원하건대 살펴 받아 주시면 다행이겠습니다. 삼가 올립니다."

의상은 이에 열 곳의 사찰에 명하여 가르침을 전하게 하였으니, 태백산의 부석사, 원주의 비마라사, 가야산의 해인사, 비슬산의 옥천사, 금정산의 범어사, 남악의 화엄사 등이 그 곳이다.

또 법계도서인(法界圖書印)과 함께 약소를 지어 일승의 요체를 모두 기록하며, 천년의 본보기가 되게 하자 서로 다투어 보배롭게 간직하였다.

이밖에 찬술한 것은 없으나 솥 안의 고기 맛을 알려면 한 점의 살코기로도 충분한 것이다. 법계도서인은 총장 원년 무진(668)에 완성되었으며, 이 해에 지엄도 역시 입적하였다. 이것은 공자가 "기린을 잡았다"고 하였을 때 붓을 꺾은 것과 같다. 세상에서 전하기로는 의상은 바로 금산보개(金山寶蓋)가 환생한 몸이라고 한다.

그의 제자인 오진(悟眞)·지통(智通)·표훈(表訓)·진정(眞定)·진장(眞藏)·도융(道融)·양원(良圓)·상원(相源)·능인(能仁)·의적(義寂) 등 열 명의 대덕은 영수가 된다. 그들은 모두 버금가는 성인들이었으며 각자 전기가 있다.

오진은 일찍이 하가산의 골암사에 살면서 매일 밤 팔을 뻗어 부석사 석등에 불을 켰으며, 지통은 추동기(錐洞記)를 지었는데, 대개 직접 (의상의) 가르침을 받았으므로 문사가 정묘한 지경에 달하였다.

표훈은 일찍이 불국사에 살면서 늘 천궁을 내왕하였다.

　의상이 황복사에 있을 때에 제자들과 탑돌이를 하는데 매양 허공을 딛고 올라가 층계를 밟지 않으므로 그 탑에는 사닥다리가 설치되어 있지 않았다. 제자들도 섬돌 위를 석 자나 떨어져 허공을 밟고 돌았다. 의상이 이에 돌아보고 말하였다.
　"세상 사람들이 이것을 본다면 반드시 괴이하다 할 것이니, 세상 사람들에게 가르쳐 줄만한 것이 아니다."
　그 나머지는 최치원이 지은 의상의 본전과 같다.
　찬하여 말한다.

　덤불을 헤치고 바다를 건너와 연기와 티끌을 무릅쓰니
　지상사의 문이 열리며 상서로움으로 맞이했도다.
　빛나는 화엄(雜華)을 파다가 고국에 심으니
　종남산(終南山)과 태백산(太白山)이 같은 봄이어라.

　그런데 송고승전에서는
　"스님의 성은 박씨이고 계림부 사람이라"
　하였다. 태어나서는 영리하고 기이하였으며 자라면서 속세를 벗어나 소요하며 도에 들어가니 성품이 천연하였다. 약관의 나이에 당나라에 불법이 성하다는 말을 듣고 원효법사와 같이 당으로 유학하고자 하였다.

　본국의 바다 관문인 당주(唐州)의 경계에 이르러 초배를 구하여 장차 바다를 건너갈 계획을 세웠다. 그러던 가운데 아주 심한 비를 만나 마침 길가의 토감(土龕)에 들어가 몸을 숨겨 바람과 비를 피했다.

　아침이 밝자 놀랍게도 바라보니 그 곳이 다름 아닌 무덤 속의 해골 곁이었다. 하늘에서는 가랑비가 축축히 내리고 땅은 진흙투성이었다. 지척도 분간하기 어려워 머물고 있던 곳에서 조금도 나가지 못하고 둥근 벽에 기대어 있었다. 밤은 아직 다하지 않았는데 갑자기 귀신 생각에 기괴스러웠다. 원효는 탄식하며 말하였다.

"앞전에 머물렀을 때는 토굴이라 여겨 안락하더니 오늘 밤은 귀신의 집에 의탁함이라 생각하니 재앙이 많기도 하다. 곧 마음이 일어나므로 갖가지 법이 일어나고, 마음이 멸하므로 토굴과 옛 무덤이 둘이 아니다. 3계가 오직 마음이요, 만법이 오직 생각이다. 마음밖에 법이 있다고 하였는데 어찌 나를 속였겠는가. 나는 당에 들어가지 않고 다시 바랑(짐)을 챙겨 고국으로 돌아갈 것이다."

의상은 이에 그림자를 짝하여 홀로 나아가며 죽기를 결심하고 물러나지 않았다. 총장 2년(669) 상선에 몸을 싣고 등주(지명)의 해안에 도착하였다. 걸식을 하며 한 신자의 집에 이르렀다. 이 때 의상이 용모가 빼어난 것을 보고 사랑채에 머물게 하였는데 오래 그 곳에서 지냈다. 그 곳에 고운 옷을 입고 단장한 소녀가 있었으니 이름이 선묘였다. (소녀는) 아름다움으로 가까이 하려 하였으나 돌과 같은 의상의 마음을 조금도 움직일 수 없었다. 소녀는 희롱하였으나 보지도 답하지도 않자 문득 도심이 발생하였다. 소녀는 의상 앞에서 대원을 세워 맹세하여 말하였다.

"세세생생(世世生生) 화상에게 귀명합니다. 대승을 배우고 익혀서 대사를 성취하겠습니다. 제자 소녀는 단월이 되어 생활필수품을 공급하겠습니다."

의상은 이에 장안의 종남산 지엄삼장의 처소에 나아가 화엄경을 모두 익혔다. 그 때 강장국사(法藏)와 동학이 되었다. 이른바 지식이 미묘하고 뛰어나며 윤리와 요체가 있다 하여 덕병(덕의 그릇)이 가득 차고 삼장의 바다에서 기꺼이 노닌다고 하였다. 곧 (신라로) 돌아가 법을 전하여 가르침을 열 것을 계획하였다.

다시 문등에 이르러 단월의 집에 들러 수년에 걸친 공양과 시주에 감사하였다. 곧 상선을 얻어 타 닻줄을 풀고 떠나려고 했다. 소녀 선묘가 의상을 위하여 법복과 여러 물품들을 힘써 모아 준비했는데 가히 상자에 가득 찼다. 이를 해안으로 옮겼으나 의상의 배는 이미 멀어져 있었다. 소녀가 주문하듯이 말하였다.

"내가 본래 진실한 마음으로 법사에게 공양합니다. 원컨대 이 옷상자가 앞선 배에 들어가게 하소서!"

말을 마치고 상자를 거센 파도 위로 던졌다. 멀리서 바라보니 때마침 질풍이 불어 상자를 마치 기러기 털처럼 날려 배 안으로 곧장 날아들게 하였다. 그녀가 다시 맹세하였다.

"원하오니 이 몸이 큰 용이 되어 배를 보호하고 도와 신라에 이르러 법을 전하길 바라옵니다."

이어 소매를 걷어 올리고 바다에 몸을 던졌다. 원력은 꺾기 어렵고 지극한 정성이 신을 감복케 함을 알겠더니, 과연 용이 되어 뛰어올랐다가 내렸다가 하며 배 밑에서 움직여 저쪽 언덕 신라의 땅에 도달하게 하였다.

의상이 입국한 후에 산천을 두루 편력하였다. 고구려의 먼지나 백제의 바람이 미치지 못하고 말이나 소도 접근할 수 없는 곳을 찾아 말하였다.

"이 땅의 산수가 영험하여 진실로 법륜을 굴릴 만한 곳이다. 권종이부(權宗異部)의 무리가 5백 명이나 모여 있는 까닭이 무엇이냐?"

의상은 마음속으로 생각하였다.

"커다란 화엄의 가르침은 복되고 선한 땅이 아니라면 가히 일으키지 말아야 한다."

그 때 항상 따르며 보호하던 선묘용이 몰래 이 생각을 알아차리고, 곧 허공 중에 대신변을 일으켜 세로와 넓이가 1리나 되는 큰 바위로 변하여 가람의 지붕 위에 막 떨어질락 말락하니, 뭇 무리들이 놀라 갈 곳을 알지 못하고 사방으로 도망가 흩어졌다. 의상은 드디어 절 안에 들어가 경(화엄경)을 두루 밝히니, 겨울과 여름에 부르지 않아도 스스로 찾아오는 사람이 많았다. 국왕이 공경하여 칙령을 내려 논밭과 노복을 시주하였다. 의상이 왕에게 말하였다.

"내 법은 평등하여 위아래가 모두 균등하고, 귀하고 천함이 없이하여 한 가지로합니다. 열반경에서 여덟 가지 부정한 재물에 관하여 설하는데 어찌 논밭을 소유하고, 노복을 두겠습니까? 빈도는 법계(法界)를 집으로 삼고 발우를 가지고 밭갈이를 하여 잘 여물길 기다립니다. 법신(法身)의 혜명(慧命)이 이 몸을 빌려 살아갑니다."

의상의 강론의 나무(講樹)에 꽃이 피고, 담론의 숲에 결과를 맺으니, 당

(堂)에 올라 오묘함을 본 자는 곧 지통·표훈·범체·도신 등 몇 사람이다. 모두 큰 새알을 깨고 나와 가류라조가 되어 날았던 것이다. 의상은 진정으로 말함과 같이 행하고, 강론으로 (불법을) 선양하는 것 이외에 부지런히 힘써 수련하였다. 세계와 국토(刹海)를 장엄하여 두려워하거나 거리끼지 않고 온화하고 서늘하였다. 또 항상 의정스님의 더러움을 씻는 법을 실행하여 수건(巾帨 ; 허리에 차는 수건)을 사용하지 않고 그냥 마르기를 기다렸으며, 법의·정병·발우 이 세 가지 이외의 것은 지니지 않아 일찍이 다른 물건이 없었다. 무릇 제자가 도움을 청하였지만 서두르지 않았다. 그들의 마음이 조용히 갈앉은 때를 기다렸으며, 의문나는 것을 술술 풀어서 반드시 조금도 찌꺼기가 남아 있지 않게 하였다.

이로부터 구름같이 자유롭게 정처없이 마음가는 대로 머물렀다. 석장(錫杖)을 세우고 거하면 학승들이 벌떼처럼 모여들어 혹 붓을 잡고 글을 쓰거나, 연분을 품어 뽑아 버리기도 하였으며, 요약하기를 결집하듯 하였고 기록하기를 말을 신듯 하였다. 이와 같은 의문은 따르는 제자들에게 눈이 되니, 이는 도신장에 밝힌 바와 같다. 혹은 처한 곳으로써 이름을 삼으니, 추동기 등 몇 장소도 모두 화엄의 성해(性海)를 밝힌 것이다. 비로자나의 끝이 없는 경의에 계합하는 것이 그 예이다. 의상은 마침내 본국(신라)에서 해동화엄의 초조라 불렀다.

효행스님 진정법사

법사 진정(眞定)은 신라 사람이다. 속인으로 있을 때 군대에 예속했는데, 집이 가난해서 장가를 들지 못했다. 군대 복역의 여가에는 품을 팔아 곡식을 얻어서 그 홀어머니를 봉양했다. 집안의 재산이라고는 오직 다리 부러진 솥 하나가 있을 뿐이었다.

하루는 어떤 중이 문간에 와서 절 지을 쇠붙이의 보시(布施)를 구했더니, 어머니가 그에게 솥을 주었다. 이윽고 진정이 밖으로부터 돌아오자 그 어머니는 사실을 말하고 또한 아들의 의사가 어떠한가를 살펴보았다. 진정은 기쁨을 낯빛에 나타내면서 말했다.

"불교에 관한 행사에 보시함은 얼마나 좋은 일입니까. 솥은 없더라도 무엇이 걱정이 되겠습니까?"

이에 와분(瓦盆)을 솥으로 삼아 음식을 익혀 (어머니께) 봉양했다.

(그는) 일찍이 군대에 있을 때 남들이 의상법사가 태백산에서 불법을 풀이하여 사람을 이롭게 한다는 말을 들었는데 (이제) 즉시 그 그리워하는 마음이 생겨 그 어머니에게 말했다.

"효도를 다 마친 후에 의상 법사에게 가서 머리를 깎고 불도를 배우겠습니다."

어머니는 말했다.

"불법은 만나기 어렵고 인생은 너무도 빠른데 효도를 다 마친 후면 또한 늦지 않겠느냐. 어찌 내 생전에 불도를 알았다고 들려주는 것만 같겠느냐. 머뭇거리지 말고 빨리 하는 것이 좋겠다."

"어머님 만년에 오직 제가 옆에 있을 뿐이온데, (어머님을) 버리고 어찌 차마 출가할 수 있겠습니까?"

"아, 나 때문에 출가를 못한다면 나를 곧 지옥에 떨어지게 하는 것이다. 비록 생전에 풍성한 음식으로써 나를 봉양하더라도 어찌 효자가 되겠느냐. 나는 남의 집 문간에서 옷과 밥을 얻어 생활하더라도 또한 타고난 수명은 누릴 수 있을 것이니, 내게 효도를 하려거든 네 말을 고집하지 말아라."

진정은 오랫동안 깊이 생각했다. 그 어머니는 곧 일어나서 쌀자루를 모두 털어 보니 쌀이 일곱 되가 있었으므로 그것으로 그 날 밥을 다 짓고서 말했다.

"네가 밥을 지어 먹으면서 가면 더딜까 염려되니 내 눈 앞에서 그 한 되 몫은 먹고 그 나머지 여섯 되 몫은 싸 가지고 빨리 떠나거라."

진정은 흐느껴 울면서 굳이 사양했다.

"어머님을 버리고 출가하는 것도 자식된 자로 차마 하지 못할 일인데, 하물며 며칠 동안의 미음거리까지 모두 싸 가지고 떠난다면 천지가 나를 무엇이라고 하겠습니까."

(이리하여) 세 번 사양했으나 세 번 권고했다. 진정은 그 (어머니의) 뜻을 어기기가 어려워 길을 떠나 밤낮으로 갔다. 3일 만에 태백산에 이르러 의상에게 귀의했다. 머리를 깎고 제자가 되어 이름을 진정이라 했다.

그 곳에 있은 지 3년 만에 어머니의 부고가 이르렀다. 진정은 가부좌(跏趺坐)를 하고 선정(禪定)에 들어가 7일 만에 일어났다.

설명하는 이는 "추모와 슬픔이 지극하여 거의 견딜 수 없었으므로 정수(定水；定心)로써 슬픔을 씻은 것이다" 했다. 어떤 이는 "이것은 실리(實理)와 같이하여 명복을 빈 것이다"고 했다. 선정에서 나오자 뒷 일로써 의상에게 아뢰니 의상은 (그의 어머니를 위해) 문도(門徒)를 거느리고 소백산의 추동(錐洞)에 가서 초가를 짓고 제자의 무리 3천명을 모아 90일 동안 화엄대전(華嚴大典)을 강했다. 문인 지통(智通)이 강하는데 따라 그 요지(要旨)를 뽑아 책 두 권을 만들고 이름을 추동기(錐洞記)라 하여 세상에 널리 폈다. 강(講)을 다 마치자 그 어머니가 꿈에 나타나서 말했다.

"나는 벌써 하늘에 환생했다."

신인종조 명랑법사(明朗法師)

금광사본기(金光寺本記)에 이렇게 말하였다.

"(명랑)법사는 신라에서 태어나 당에 들어가 도를 배우고, 장차 돌아옴에 바다 용의 요청으로 용궁에 들어가 비법을 전수하였으며, 황금 천냥(혹 千斤)을 시주 받아 땅 아래로 잠행하여 자기 집 우물 밑에서 솟아올랐다. 자기 집을 내놓아 절을 삼고 용궁에서 시주한 황금으로 탑상을 꾸몄더니 광채가 빼어나고 특이하여 금광사라 이름 하였다.

법사의 휘는 명랑이요, 자는 국육(國育)이고 신라 사간(沙干) 재량(才良)의 아들이다. 어머니는 남간부인(南澗夫人) 혹은 법승랑(法乘娘)으로 소판 무림의 딸 김씨이니 곧 자장의 누이이다. (재량은) 세 자식을 두었는데, 맏이는 구교대덕이고, 둘째는 의안대덕이며, 법사는 그 막내이다. 처음에 (법사의) 어머니는 푸른색 구슬을 삼키는 꿈을 꾸고 임신하였다 한다. 선덕왕 원년에 당에 들어가 정관 9년 을미년에 돌아왔다.

총장 원년(무진년)에 당의 장수 이적이 큰 군대를 거느리고 신라와 합세하여 고구려를 멸망시킨 뒤 남은 군사는 백제에 머물게 하면서 신라를 공격하여 멸망시키려 하였다. 신라 사람들이 그것을 깨닫고 군사를 일으켜 항거하니, (당의) 고종이 그 소식을 듣고 크게 노하여 설방(薛邦)에게 명하여 군사를 일으켜 토벌하려 하였다. 문무왕이 이를 듣고 두려워서 법사를 청하여 비법을 써서 빌어 물리치도록 하였으니 이로 인하여 신인종(神印宗)의 종조가 되었다.

우리 태조(太祖)가 창업할 때에 이르러서도 해적의 소요가 있어서 이에 안혜(安惠)·낭융(朗融)의 후예인 광학(廣學)·대연(大緣) 등 두 대덕을 청하여 진압할 법을 지었는데, 이들은 모두 명랑의 계통을 전수한 이들이다. 그러므로 법사를 합하여 위에 용수에 이르기까지를 9조로 삼았다. 또 태조가 그들을 위해 현성사(現聖寺)를 창건하여 종파의 근본으로 삼았다.

또 신라 경성 동남 20여리에 원원사(遠源寺)가 있었는데, 세상에 전하기를 안혜(安慧) 등 4대덕이 김유신·김의원·김술종 등과 더불어 발원을 같이하여 창건한 것이라 하며, 4대덕의 유골이 모두 절의 동쪽 봉우리에 안장되어 사령산(四靈山) 조사암이라고 했다 하니, 4대덕은 모두 신라 때의 고덕(高德)이다.

돌백사(埃白寺) 주첩(柱貼)의 주각을 살펴보면 다음과 같다.
"경주 호장 거천의 어머니는 아지녀(阿之女)이다. 아지녀의 어머니는 명주녀(明珠女)이다. 명주녀의 어머니인 적리녀(積利女)의 아들 광할대덕(廣學大德)과 대연삼중(大緣三重) 형제 두 사람은 모두 신인종에 들어갔다. 장흥 2년(신묘) 태조를 따라 상경하여 어가를 수행하며 분향하고 도를 닦으니 그 공로로 두 사람의 부모의 기일보(忌日寶)로서 전답 몇 결(結)을 돌백사에 주었다고 한다. 곧 광학, 대연 두 사람은 성조(聖祖)를 따라 수도에 들어온 사람들이고, 안사(安師)등은 곧 김유신 등과 더불어 원원사를 창건한 자로서, 광학 등 두 사람의 유골은 또한 이곳에 안치하였을 뿐이니, 4덕이 모두 원원사를 창건하고 모두 성조를 따른 것은 아니므로 자세히 살피길 바란다.

왕 21년(681) 7월 왕이 붕어하자 정명이 왕위에 오르니 시호가 문무이다. 유언을 따라 화장하고 지의법사가 바다 가운데 장사지내니 이것이 문무왕의 해중릉이다. 신문왕이 즉위하여 역시 유언을 따라 경흥대덕을 국사로 모셨는데, 항상 말을 타고 왕궁에 출입하자 "광주리를 짊어진 고기장수가 어찌 절에 왔느냐" 하자, "생고기를 양다리 사이에 끼고 다니는 중도 있는데 무엇이 잘못이냐?" 하여 돌아보니 간 곳이 없었다.
그로 인해 경흥이 말 타는 일을 다시 하지 않았다.

또 문무왕이 무산성을 쌓으려 하자 의상대사가 "왕이 정교에 밝으면 돌언덕에 줄을 그어 성을 삼더라도 백성이 감히 넘보지 못한다" 하니 즉시 성 쌓는 일을 그만두었다.

원측(圓測)법사와 순경(順璟)스님

이 글은 최치원이 찬한 「고번경증의대덕 원측화상 휘일문(故翻經證義大德圓測和尙諱日文)」에서 발췌한 것이다.

『살펴보건대 무릇 밝은 태양이 구름 속에서 떠오르면 빛이 만물의 형상을 밝힌다. 봄바람이 자리를 흔들며 일어났고, 기운이 8방의 끝닿는 곳에 통하여 드디어 능히 천하의 어두움을 깨뜨리고 지상의 본질을 이루었다. 그런 다음에 세월이 그림자처럼 빨리 지나가 해가 지는 깊은 곳에 윤회하니, 법의 울부짖음이 웅장하고 씩씩하도다.

상(商)나라 국경 멀리까지 수레가 행차하니, 이것은 의리를 알고 어짐이 발현한 인연이다. 서쪽에서 동쪽으로부터 밝아 오니 일찍이 인재를 비유함에 어찌 사물의 성품과 다르겠는가. 그러나 피안으로 돌아가신 스님(원측법사)이 남기신 교화는 천축의 하늘에 형상을 나타내며, 중국의 조정에까지 소리를 전하였다. 그러므로 또한 천축의 승려가 와서 당의 조사가 된 사람들이 많았다.

해동 사람이 중국에 가서 승려가 된 이는 적었으되, 욱일(旭日)이 깨달은 마음을 얻어 바람을 일으키고 힘을 조절하며, 오산(烏山)을 먼저 비추니, 추운 땅이 모두 녹았다. 타고난 성품이 기이하여 외국에서 날카롭게 이름나고, 밝게 매달려 중국에 귀감이 된 사람은 오직 우리 문아대사(文雅大師)뿐이시다. 대덕으로 추증되고, 고국의 사족(士族)으로 초빙되며, 연국(燕國)의 왕손이 일찍부터 좋은 싹을 뿌렸고, 수승한 결과가 무수히 행해지며, 우리나라의 바다 용이 되었으니 이는 계림의 봉황이다.

강보에 싸였을 때 출가해서 일찍이 속세의 수고로움을 멀리하고, 산 넘고 물

건너 온 나라를 유람하다 멀리 중국에까지 갔다. 칠주(七洲)의 한정된 곳에서 배웠을지언정 언어는 육국(六國)에 통했으니, 과연 능히 타고난 언변으로 설법하시고 거듭 중국어로도 담론할 수 있었다.

해동에서 인심(印心)을 깨달아 범어의 의미를 뛰어나게 탐구하니 마치 초(楚)나라 인재가 진(晉)에 귀의한 듯하며, 조박(趙璞)이 진(秦)에 들어간 듯하였다. 드디어 높은 10지(地)의 가운데를 행하게 되니 명성이 구천의 위에 이르렀다.』

송고승전에 "승려 순경은 낙랑군(樂浪郡) 사람이다. 본토(중국)의 씨족이지만 동이(東夷)의 가계이기 때문에 성씨를 자세히 알기 어렵다. 배운 것을 번역하여 교화함을 소중히 여기니, 대기 출중하고 자연스러웠다. 하물며 인명학(因明學)은 현장법사가 깊이 연구하여 물려준 것인데, 중국 승려들도 오히려 통달하지 못한 자가 많은데 순경은 널리 통달하였다. 오래도록 닦고 기른 힘이 아니었다면 어떻게 여기에 이르렀겠는가. 현장법사가 진정한 유식의 국량을 얻어서 이에 세우고 서로 위배되는 부정확한 국량을 결정하였다."

건봉 연간에 사신 입공사를 따라 이르니, 현장법사가 돌아가신 지 2년째였다. 그 양(量)에 이르기를, 진정한 연고가 성색(成色)의 극이 되어 안식(眼識)에서 떨어져 정해지니, 애초에 삼섭(三攝)을 허락함으로 눈은 섭렵되지 못하는 까닭에 오히려 안근과 같다. 진실로 3장으로써 은밀하게 제방을 두루하니, 큰 지혜가 밝지 아니함이 없다. 순경은 종을 위하여 이르기를, 안식에서 떨어지지 못하고, 애초에 3섭을 허락함으로 눈은 섭렵되지 못하는 까닭에 오리려 안식과 같다. 이와 같이 다른 뜻을 잘 이룬다.

이 때 대승 자은대사 규기공은 이 작문을 보고 문득 순경이 알지 못한 바를 보았다. 비록 그렇지만 마침내 주변국 승려의 식(識)이 이와 같음을 보고 앙모하였다. 그러므로 감탄하여 말하였다.

"신라의 순경법사는 명성이 당(唐)과 번(藩)에 떨치고, 배움에 대승과 소승을 포괄하며, 수업에 가섭을 숭상하여 오직 두다(杜多 ; 사문, 승려)에게 집행하였으며, 마음으로 구애되는 것을 힘써 덮었고, 항상 적은 욕망에 명성을 날렸다."

이미 서하(西夏)에서 많이 쌓았다가 동이(東夷)에 전하여 비추니, 명도(名道)가 나날이 새로워지고 승려와 속인이 머금고 모여드니 오직 저 용상은 해외라고 과소평가하지 못하였다. 이 헤아림에서 서로 위배됨을 결정짓게 되었다. 자은기사는 먼 나라 사람 자리혜(慈利慧)가 있을 것을 염원하였으니, 느닷없이 현장사가 암울한 가운데 기량이 발하여 3장의 뜻을 잘 이루었다.

애석하다. 순경은 본국에서 자못 저술이 많았고 또한 중원에서 전래된 것이 있으니, 그 종이 법상 대승 요의의 가르침이다. 화엄경을 보고 시종 발심하면 성불한다고 하였다. 이에 헐뜯는 마음이 생겨 믿지 않게 하다가 마땅히 수족을 열라고 하니, 제자들에게 부축하여 땅에 내리게 했다. 땅이 서서히 갈라지더니 순경의 몸이 갑자기 떨어졌는데, 그 때 산몸으로 지옥에 떨어진 것이었다. 지금에도 구덩이가 있으니 땅의 넓이와 길이가 한 길 남짓 된다. 실로 구덩이에 묻혔으니, 순경의 탐락가(探落迦)라고 부른다.

이어서 말하기를 왜곡된 선비는 도(道)를 말할 수 없음이니, 그 가르임에 가시가 있었다. 그런 까닭에 흰 것을 좋아하는 사람이 검게 물들고, 검은 것을 좋아하는 사람은 희게 물드니, 순경의 노여워하는 마음이 더욱 무거워지고 사납고 날카롭게 업이 쌓여서 마치 날아가는 화살이 기울어지듯 지옥에 떨어져 고승의 품차 반열에 들어 더러움을 자신의 더러움으로 일으킨 것인가.

모두 말하기를, 믿기 어려운 법을 빨리 꾸짖어 바꾸니 어찌 오직 한 사람뿐이겠는가. 대중의 지식이란 곧바로 3도에 빠지게 되니 이에 순경이 진실로 교리를 밝힌 보살임을 알게 하였다. 하물며 조순(趙盾)이 악을 받아 법으로 삼음에 보살은 곧 법을 위하여 몸을 버리니 이것이 어찌 괴이하리. 임금은 내시의 외도(外道)를 보지 못하고 일일이 부처를 헐뜯으니, 홀로 제발로 하여금 생생히 함락시켰다. 이후에 법화회상에서 부처가 되었다는 기록을 받고 말과 생각을 고요하게 하였다.

화엄교사 승전(勝詮)

승려 승전의 출신에 대해서는 잘 알려져 있지 않다. 일찍이 배를 타고 중국에 건너가 현수국사의 강석(講席)에서 현묘한 말을 받고 미묘한 뜻을 연구하며 생각을 쌓았는데, 혜감(惠鑑)이 뛰어났으므로 깊은 이치를 찾아내고 오묘하고 심오한 경지에 이르렀다.

그는 인연 있는 곳으로 가서 감응을 얻고자 하여 고국으로 돌아가려고 하였다. 처음에 현수와 의상은 동학으로 함께 지엄화상의 자애로운 가르침을 받았다. 스승의 말씀에 담긴 뜻과 과목을 상세히 서술한 뒤에 승전법사가 고향에 돌아가는 것을 기회로 자신의 글을 보내어 보여주니 의상이 이에 글을 보냈다고 한다.

법사가 고향에 돌아와서 의상에게 편지를 전해 주었는데, 의상이 법장의 글을 읽어보니 마치 직접 지엄의 가르침을 듣는 듯하였다. 수십 일 동안 살피고 연구한 뒤 제자들에게 주어 널리 읽게 하고 풀어 주었다. 이 말은 의상전에 있다.

살펴보니 원융한 가르침(화엄)이 널리 청구(青丘 ; 우리나라)에 보급될 수 있었던 것은 법사의 공이다. 그 후 범수(梵修)라는 승려가 멀리 그 나라(唐)에 가서 새로 번역된 후분화엄경관사의소(後分華嚴經觀師義疏)를 구해서 돌아와 풀어 서술하였는데, 그 때가 마침 정원 기묘년(799)이었다. 이 역시 불법을 구하여 널리 드날린 사람이라고 할 수 있다.

승전은 이에 상주 영내 개령군 경계에 절을 새로 짓고 돌멩이들로 권속을 삼아 화엄경을 강의하였다. 신라 사문 가귀(可歸)가 자못 총명하고 도리를 알아 전등하여, 이에 심원장(心源章)을 찬술하였다. 그 대략은 이러하다.

『승전법사는 돌 무리를 이끌고 불경을 논의하고 강연하였다. 그 곳은 지금의 갈항사이다. 그 석촉루(石髑髏) 80여개는 지금까지도 강사(綱司)가 전해오고 있는데, 자못 신령스럽고 이상한 것이 있다. 기타 사적은 모두 비문에 자세하게 실려 있는데, 대각국사의 실록에 있는 것과 같다.』

고승 도징(道澄)이 당에서 돌아왔는데, 천문도(天文圖)를 헌상하였다.

　　김해 파사석탑을 찬양함
탑을 실은 붉은 배 가벼운 깃발
덕분에 바다 물결 헤쳐 왔구나.
어찌 황옥(허황후) 만을 도왔을 것인가.
천 년 동안 왜구 침략 막아왔거늘!

진표스님과 광덕·엄장

석 진표(眞表)는 완산주(完山州 ; 지금의 全州牧) 망경현(萬頃縣) [혹은 두내산현(豆乃山縣), 나산현(那山縣)이라 쓰는데, 지금의 만경(萬頃)이며, 옛 이름은 두내산현(豆乃山縣)이다. 관영전(貫靈傳)에 석□의 향리(鄕里)로서 금산현(金山縣) 사람이라 한 것은 절 이름과 현 이름을 서로 혼동한 것이다.] 사람이다. 그의 아버지는 진내말(眞乃末)이요, 어머니는 길보랑(吉寶娘)이며, 성은 정(井)씨다.

나이 12세에 이르러 금산사 숭제(崇濟)스님의 강석(講席) 밑에 가서 머리를 깎고 중이 되어, 배우기를 청했다. 그 스승은 일찍이 그에게 말했다.

"나는 일찍이 당나라에 들어가 선도(善道)스님에게 배웠고, 그 후에 오대산에 들어가서 문수보살의 현신(現身)에게 오계(五戒)를 받았다."

표는 아뢰었다.

"부지런히 수행하면 얼마 동안이면 계를 받습니까?"

숭제는 말했다.

"정성이 지극하면 1년이라도 된다."

진표는 법사의 말을 듣고 명산을 두루 다니다가 선계산(仙溪山) 부사의암(不思議庵)에 머물러서 3업(業)을 수련했으며, 망신참법(亡身懺法)으로써 계를 얻었다. (그는) 처음에 일곱 밤을 기약하며 온 몸을 돌에 두들겨서 무릎과 팔뚝은 함께 부서지고 바위 벼랑에 피가 쏟아졌으나 보살의 감응이 없는 것 같았으므로 몸을 버리기로 결심하고 다시 7일을 기약했다. 14일이 되자 지장보살을 뵈어 정계(淨戒)를 받았다. 그 때는 바로 개원(開元) 28년 경신(740) 3월 25일 진시(辰時)니, (진표의) 나이는 23세였다.

그러나 그는 뜻이 미륵보살에 있었으므로 구태여 중지하지 않고 영산사(靈山寺), 혹은 변산(邊山 ; 또는 楞迦山이라 한다)로 옮아가서 또한 처음과 같이 부지런하고 용감하게 수행했었다. 과연 미륵보살이 나타나 점찰경(占察經) 2권(이 경은 진·수(陳·隋)의 무렵에 외국에서 번역된 것이니, 지금 처음으로 나타난 것은 아니다. 미륵보살이 이 경을 진표에게 주었을 뿐이다)과 증과(證果)의 간자(間子) 189개를 주면서 일렀다.

"그 가운데서 제8 간자는 새로 얻은 묘계(妙戒)를 이름이요, 제9 간자는 구족계(具足戒)를 더 얻은 것을 이름이다. 이 두 간자는 내 손가락뼈며, 그 나머지는 모두 침향(沈香)과 전단향(栴檀香) 나무로 만든 것이므로 모든 번뇌를 이른 것이다. 너는 이것으로써 세상에 법을 전하여 남을 구제하는 뗏목을 삼아라."

진표는 미륵보살의 기별(記莂)을 받자 금산사(金山寺)로 가서 살았다. 해마다 단석(壇席)을 열어 법시(法施)를 널리 베푸니, 그 단석의 정엄(精嚴)함이 말세에서는 아직 없었던 일이었다. 법화(法化)가 두루 미쳐지자, 유람 섭력(涉歷)하더니, 아슬라주(阿瑟邏州 ; 강릉)에 이르렀다. 섬 사이의 고기와 자라가 다리를 놓아 그를 물속으로 맞아들였으므로, (진표가) 불법을 강의하니 (고기와 자라가) 계를 받았다. 그 때가 바로 천보(天寶) 11년 임진(752) 2월 15일이었다. 어떤 책에는 원화(元和) 6년(811)이라 했으나 잘못이다. 원화는 현덕왕 때에 해당된다. (성덕왕 때로부터 거의 17년쯤 된다.)

경덕왕은 이 말을 듣고서 그를 궁 안으로 맞아들여 보살계(菩薩戒)를 받고 조(租) 7만 7천석을 내렸고, 왕후와 외척들도 모두 계품(戒品)을 받고, 명주 5백단(端)과 황금 50냥을 보시했다. (그는) 이것을 모두 받아서 여러 사찰에 나누어 주어 널리 불사(佛事)를 일으켰다. 그의 사리는 지금 발연사(鉢淵寺)에 있으니 곧 바다의 족속들을 위해 계를 주던 곳이었다.

법을 얻은 (제자 중에) 영수(領袖)는 영심(永深)·보종(寶宗)·신방(信芳)·체진(體珍)·진해(珍海)·진선(眞善)·석충(釋忠) 등인데 모두 산문(山門)의 개조가 되었다.

영심은 진표가 그에게 간자를 전했으므로 속리산에 살며 법통(法統)을 이은 제자인데, 그 단(壇)만을 만드는 법은 점찰(占察) 육윤(六輪)과는 조금 다르지만 수행하는 법은 산 속에 전하는 본규(本規)와 같았다.

당승전(唐僧傳)을 살펴보면 이렇다. 개황(開皇) 13년(593)에 광주(廣州;廣東)에 어떤 중이 참법(懺法)을 행하는데, 가죽으로 첩지(帖紙) 2장을 만들어 선자 악자 두 글자를 써서 사람들에게 던지게 해서, 선자를 얻은 자는 길하다 했다. 또 스스로 박참법(撲懺法)을 행하여 지은 죄를 없애게 한다고 했다. 그래서 남녀가 한데 섞여 함부로 그 법을 받아들여 비밀히 행하니 (이 일이) 청주(靑州)에까지 퍼졌다.

관사(官司)가 검찰(檢察)해 보고서 이를 요망하다고 했더니 그들은 말했다.
"이 탑참법(搭懺法)은 점찰경(占察經)에 따른 것이며, 박참법(撲懺法)도 여러 것의 내용에 따른 것입니다."
(그들은) 전신을 땅에 털썩 넘어뜨리니 흡사 큰 산이 무너지는 것 같았다.

그 때 이 사실을 위에 아뢰니 (황제는) 내사시랑(內史侍郎) 이원찬(李元撰)을 시켜 대흥사(大興寺)에 가서 여러 고승에게 물었다. 대사문(大沙門)인 법경(法經) 언종(彦琮)들이 대답했다.
"점찰경은 현재 두 권이 있는데, 책 첫머리에 보리등(菩提燈)이 외국에서 번역한 글이라고 씌어 있으니 근대에 나온 것 같사오며, 또한 사본으로 전하는 것도 있는데, 여러 기록을 조사해 보아도 바른 이름과 역자와 시일·처소가 모두 없사오며, 탑참법은 여러 경(經)과도 또 다르므로 따라서 시행할 수 없습니다."
그 때문에 칙명으로 이를 금지시켰다.

이제 이를 시론(試論)한다. 청주거사(靑州居士) 등의 탑참(搭懺) 등의 사건은 마치 대유(大儒)가 시서(詩書)를 읽고도 무덤을 파먹는 것 같으므로, "범을 그리다가 이루지 못하고 개가 되었다"고 할 수 있으니 불타(佛陀)가 예방한 것은 바로 이 때문이었다.
만약 점찰경을 역자와 그 시일, 장소가 없다고 하여 의심스럽다고 한다면 이것도 또한 삼을 취하고 금을 버리는 격이다. 왜냐하면 그 경문을 자세히 읽어

보면, 실단(悉壇 ; 설법)이 깊고 빈틈없어 더러운 것을 깨끗이 씻어주고 게으른 사람을 격앙(激昻)하게 함이 이 경전보다 나은 것이 없다. 그러므로 그 이름을 대승참(大乘懺)이라 했으며, 또 육근(六根)이 모인 가운데에서 나왔다고 한다. 개원(開元)·정원(貞元)에 나온 두 석교록(釋敎錄) 안에는 정장(正藏)으로 편입되어 있으니 비록 법성종(法性宗)은 아니지만, 그 법상종의 대승(大乘)으로는 또한 넉넉한 셈이다. 어찌 탑참(搭懺)의 이참(二懺)과 함께 말하겠는가. 사리불문경(舍利佛問經)에는 불타가 장자(長者)의 아들 빈야다라(邠若多羅)에게 일렀다.

"네가 7일 7야(夜)에 너의 전죄를 뉘우쳐 모두 깨끗이 씻어라."

다라(多羅)는 가르침을 받들어 밤낮으로 정성껏 했더니 제5일의 저녁에 이르러 그 방안에 여러 가지 물건이 내려오는데, 수건·복두(幞頭)·총채·칼·송곳·도끼와 같은 것이 그의 눈앞에 떨어졌다.

다라는 기뻐하여 부지런히 물었더니 부처는 말했다.

"이것은 진(塵 ; 물욕)을 벗어날 상이다. 베고 터는 물건이다."

이에 의거한다면 점찰경에서 윤(輪)을 던져 상(相)을 얻는 것과 어찌 다르겠는가. 이에 진표(眞表)공이 참회를 일으켜 간자를 얻고 불법을 듣고 부처를 본 것이 무망(誣妄)이 아님을 알 수 있다. 더구나 이 경을 거짓이라면, 미륵보살이 어째서 진표스님에게 친히 전해 주었겠는가?

또 이 경을 금할 것 같으면, 사리불문경(舍利佛問經)도 또한 금할 것인가. 언종의 무리는 금을 훔칠 때 (금만 보고) 사람은 보지 못했다고 할 수 있으니 독자들은 이것을 살필 일이다.

기린다.
말세에 나타나 무지를 깨우치니,
영악(靈岳) 선계(仙溪)에서 감응해 통했다.
정성으로 탑참(搭懺)만 전했다 말라.
동해에 다리를 놓은 어롱(魚籠)도 감화했다.

문무왕 때 사문 광덕(廣德)과 엄장(嚴莊)이란 이가 있었다. 두 사람이 서로 친하여 밤낮으로 약속했다.

　　"먼저 서방 극락국으로 가는 이는 마땅히 서로 알리세."

　　광덕은 분황사 서리(西里 ; 혹 황룡사에 西去房이 있다 한 어느 경이 옳은지 알 수 없다)에 숨어살면서, 신 삼는 것으로 직업을 삼으며 처자를 데리고 살았으며, 엄장은 남악(南岳)에 암자를 짓고 살았는데, 숲의 나무를 베어 불살라 경작했다.

　　어느 날 해 그림자는 붉은 빛을 띠고 솔 그늘이 고요히 저물었는데, 창 밖에서 소리가 나면서 알렸다.

　　"나는 이미 서쪽으로 가니 그대는 잘 있다가 속히 나를 따라오게."

　　엄장이 문을 열고 나가서 보니, 구름 밖에서 하늘의 음악소리가 들리고 광명이 땅까지 뻗쳐 있었다. 이튿날 엄장은 광덕이 살던 곳을 찾아가 보니 광덕이 과연 죽어 있었다. 이에 그의 아내와 함께 광덕의 유해를 거두어 같이 장사를 지냈다. 장사를 마치자 엄장은 광덕의 아내에게 말했다.

　　"남편이 죽었으니 (나와) 함께 사는 것이 어떠하오?"

　　"좋습니다."

　　(그는) 드디어 그 집에 머물렀다. 밤에 잘 때 서로 관계하려고 하니, 그 부인은 그것을 부끄럽게 여기면서 말했다.

　　"스님께서 서방정토에 가기를 바라는 것은 마치 나무에 올라가 물고기를 구하는 것과 같습니다."

　　엄장은 놀라고 의아해서 물었다.

　　"광덕도 이미 관계했는데, 내 또한 무엇이 거리끼겠소."

　　광덕의 아내는 말했다.

　　"남편은 나와 10여년이나 함께 살았지마는 일찍이 하룻저녁도 자리를 같이하고 자지 않았습니다. 더욱이 서로 관계를 했겠습니까. 다만 밤마다 단정히 앉아 한결같은 소리로 아미타불의 이름을 불렀고, 혹은 16관을 들었으며, 미혹을 깨치고 진리를 달관함이 이미 이루어지자, 밝은 달이 창에 비치면 때때로 그 빛에 올라가서 가부좌로 앉았습니다. 정성이 이와 같았으니 비록 서방정토로 가지 않으려고 해도 (그 곳을 가지 않고) 어디로 가겠습니까. 대체 천리를 가

는 사람은 그 첫 걸음으로써 알 수 있는 것인데, 지금 스님의 관(觀)은 동방
으로 가는 것입니다. 서방으로 가질는지는 아직 알 수 없습니다.”

엄장은 부끄러워서 물러나왔다. 그 길로 원효법사의 처소에 가서 도체(道諦)
를 간곡히 물었다. 원효는 삽관법(鍤觀法)을 만들어 그를 지도했다. 엄장은
이에 몸을 깨끗이 가지고 전의 잘못을 뉘우쳐 스스로 꾸짖고, 한 마음으로 관
(觀)을 닦았으므로 또한 서방정토로 가게 되었다. 삽관법은 원효법사의 본전과
해동고승전(海東高僧傳) 안에 있다.

그 부인은 즉 분황사의 종이니 대개 (관음보살) 19응신(應身)의 하나였다.
광덕에게는 일찍이 노래가 있었는데 이렇다.

달님이시여 이제 서방까지 가셔서
무량승불전에 일렀다가 사뢰소서
다짐 깊으신 존(尊)께 우러러 두 손 모아
원왕생(願往生), 원왕생 그리워하는 사람이 있다고 사뢰소서.
아으, 이 몸 남겨 두고 48대원 이루실까? (저어합니다)

영심(永深)선사와 점찰 법회

영심(永深)선사는 속리산에 있는 지금의 법주사인 길상사(吉祥寺)를 창건하고 복천암을 중창하신 고승으로서 진표율사의 전법제자이다.

진표율사는 신라불교사 뿐만 아니라 한국불교사에서도 매우 중요한 위치를 차지하고 있는 고승으로 '점찰교법(占察敎法)'을 통해 대중교화에 많은 업적을 남긴 고승으로 추앙받고 있다. 경덕왕에게 보살계를 설하는 등 당시 신라사회에서도 극진한 존경을 받았으며, 또한 미륵보살과 지장보살 모두에게 친히 감응을 받았던 일화가 전해져 내려오고 있다.

그는 신앙사적 차원에서도 매우 중시되고 있는 인물이다. 718년 삼국유사와 734년 발연사비에 따르면 두 가지 설이 있는데, 718년에 출생하였을 가능성이 매우 크다. 완산주(完山州) 만경헌에서 태어나 12세에 출가하였는데, 귀족가문 출신으로 알려져 있다. 진표스님의 법을 이은 제자들에 대한 자세한 기록은 삼국유사와 1199년 세운 발연사비에 나타나 있다. 진표율사의 제자들은 영심・신방・체진・진해・진선・석충 등이었다.

이들 제자는 모두 산문의 개조가 될 정도의 고승이었다. 특히 영심선사는 삼국유사 심지제조편에 보면 진표교법의 전승과 관련하여 매우 흥미로운 내용이 실려 있다. 영심이 가지고 있던 진표스님의 간지가 심지(心地)스님에게 옮겨져 전승되는 과정이 수록되어 있는 것이다. 이를 볼 때 영심선사는 진표율사의 전법 제자였던 것으로 보인다.

영심선사는 삼국유사에 따르면, 속리산에서 수행하던 중 도반 융종(融宗)・불타(佛陀)와 함께 진표율사를 찾아가 법을 청하나 진표율사가 아무런 답을 하지 않자 세 사람은 복숭아나무 위로 올라가서 거꾸로 떨어지면서 용맹하게 참회수행을 했다고 했다. 이들을 보고 놀란 진표율사는 가사와 발우를 건네주었으며, "공양차제비법(供養次第秘法)" 1권과 "점찰선악업보경(占察善惡業報經)" 2권, 그리고 "간자(簡子)" 189개를 주었다. 또한 미륵의 진성(眞性) 제8, 제9 간자를 주면서 이렇게 말했다.

"제8간자는 법 자체이고, 제9간자는 '신훈성불종자(新熏成佛種子)'이다. 이미 너희들에게 주었으니 이것을 가지고 속리산으로 돌아가거라. 그리고 산중에 길상초가 난 곳이 있을 터이니, 그 곳에 절을 짓고 이 교법에 따라 널리 인간계와 천상계의 중생을 제도하고 후세에까지 유포시켜라."

영심선사와 일행은 속리산으로 돌아가 스승의 말대로 길상초 난 곳에 절을 세우고 이름을 "길상사"라 하였다. 영심선사는 이곳에서 처음으로 점찰법회를 열었다. 그는 스승처럼 미륵불을 신앙하며 널리 선양하였을 것으로 추정된다. 제자로는 대구 동화사의 개창주 심지(心地)대사가 있다.

삼국유사에는 다음과 같은 기록이 있다.

"심지는 영심이 속리산에서 점찰법회를 개설한다는 말을 듣고 찾아갔다. 그러나 기일이 늦어 법회는 이미 끝나 신도들만이 예배하고 있었다. 심지는 법당에도 들어가지 못하고 열심히 참회하였다. 참회수행을 마치고 돌아가는 도중에 스님의 옷섶 속에 자신도 모르게 간자 두 개가 들어 있었다. 심지는 그것을 가지고 되돌아와 영심선사에게 그 사실을 고하였다. 이 말을 들은 영심스님은 믿지 않으며 보관해 두었던 함을 확인하였다. 그랬더니 텅 비어있는 것이 아닌가. 돌려받아 잘 싸서 함에 넣었다. 그러나 또다시 간자는 심지스님에게로 와 있었다. 마침내 영심스님은 깨달은 바가 있어 '부처님의 뜻이 그대에게 있으니 그대는 뜻을 따르라'라고 하며 간자를 내주었다."

이렇게 해서 미륵보살이 진표스님에게 주었던 간자는 영심스님에게 이어지고, 다시 심지스님에게 전해졌던 것이다.

달달박박과 노힐부득

백월산 양성 성도기(白月山兩聖成道記)에 이런 기록이 있다. 백월산은 신라 구사군(仇史郡)의 북쪽에 있었다. 산봉우리는 기이하고 빼어났으며, (그 산맥은) 수백리에 뻗쳐 있었으니 참으로 큰 진산(鎭山)이었다.

옛 노인들이 서로 전해 말했다. 옛날에 당나라 황제가 일찍이 못을 하나 팠더니, 매월 보름 전이면 달빛은 밝으며 못 가운데에 산이 하나 있고, 사자 같은 바위가 꽃 사이에 은은히 비치어 그 그림자가 못 가운데 나타났다. 황제는 화공에게 명하여 그 형상을 그리게 하고 사자를 보내어 천하에 이 산을 두루 찾게 했다.

그 사자가 해동(신라)에 이르러 이 산(백월산)을 보니 큰 사자암(獅子嵒)이 있고 산의 서남쪽 2보쯤 되는 곳에 3산이 있는데, 그 산의 이름은 화산(花山;그 산은 한 몸덩이가 봉우리가 셋이므로 삼사라 한다)인데 그림과 같았다. 그러나 그 산이 진짜 그것인지 아닌지를 알 수 없으므로 신 한짝을 사자암의 꼭대기에 걸어놓고 사자는 (당나라에) 돌아와서 (황제에게) 아뢰었다.

신 그림자가 또한 못에 나타났다. 황제는 이를 이상히 여겨 산 이름을 주어 백월산이라 했더니(보름 전에 백월의 그림자가 (못에) 나타나므로 백월(白月)이라 이름한 것이다) 그 후에는 못 가운데에 산 그림자가 없어졌다.

이 산의 동남쪽 3천보쯤 되는 곳에 선천촌(仙川村)이 있었다. 그 촌에는 두 사람이 살고 있었다. 한 사람은 노힐부득(努肹夫得;得을 等이라고도 쓴다)이니 그의 아버지는 월장(月藏)이라 했고, 어머니는 미승(味勝)이었다. 한 사람은 달달박박(怛怛朴朴)이니 그의 아버지는 수범(修梵)이라 했고, 어머니는 범마(梵摩)였다. 향전(鄕傳)에 치산촌(雉山村)이라 한 것은 잘못이다. (그리고) 두 사람의 이름은 우리말이니 두 집에서 각각 두 사람의 심행(心行)이 등등(騰

騰)하고 고절(苦節)이란 두 가지 뜻에서 지은 것이다.

두 사람은 모두 풍골(風骨)이 범상하지 않았고 속세를 초월하는 높은 생각이 있어 서로 잘 지냈다. 나이 함께 20세가 되자 마을 동복의 영(嶺)밖 법적방(法積房)에서 머리를 깎고 중이 되었다.

얼마 후 서남의 치산촌 법종곡(法宗谷) 승도촌(僧道村)에 옛 절이 있는데 정신을 수련할 만하다는 말을 듣고, 같이 가서 대불전(大佛田)·소불전(小佛田) 두 동리에서 각각 살았다.

부득(夫得)은 회진암(懷眞庵)에서 살았는데, 혹 양사(壤寺 ; 지금의 懷眞洞에 옛 절터가 있으니, 곧 이것이다)라고도 했다.

박박(朴朴)은 유리광사(琉璃廣寺 ; 지금 梨山 위에 절터가 있으니 곧 이것이다)에 살았다. 모두 처자를 데리고 와서 살았는데, 산업을 경영하고 서로 왕래하며 정신을 수련하고 안양(安養)하여 속세를 떠날 생각은 잠시도 쉬지 않았다. 신체의 무상함을 느껴 서로 말했다.

"기름진 땅과 풍년든 해가 진실로 좋지마는, 의식이 생각하는대로 생기고 절로 배부르고 따뜻함을 얻는 것만 못하고, 부녀와 가옥이 참으로 좋지마는, 연화장(蓮花藏)에서 여러 부처님과 함께 놀고 앵무새·공작새와 서로 즐기는 것만 못하네. 하물며 불도를 배우면 마땅히 부처가 돼야 하고, 진(眞)을 닦으면 반드시 진(眞)을 얻어야 함에 있어서랴. 지금 우리들은 이미 머리를 깎고 중이 되었으니, 마땅히 몸에 얽매인 것을 벗어버리고 더할 나위없는 도를 이루어야지. 어찌 풍진(風塵)에 골몰하여 세속의 속된 무리들과 다름이 없어서야 되겠나?"

드디어 인간세상을 버리고 장차 깊은 산골에 숨으려 했다. 어느날 밤 꿈에 백호(白毫)의 빛이 서쪽으로부터 오더니, 빛 가운데서 금색의 팔이 내려와 두 사람의 이마를 만져 주는 것이었다. 잠을 개어 꿈을 이야기하니 두 사람이 서로 꼭 같으므로 모두 한참동안 감탄했다.

드디어 백월산 무등곡(無等谷 ; 지금의 南洞)으로 들어갔다. 박박사(朴朴師)는 북쪽 고개의 사자암(獅子嵒)은 동쪽 고개의 무더기 돌 아래 물 있는 곳을 차지하여 또한 승방(僧房)을 만들어 살았으므로 뇌방(磊房)이라 했다.

향전(鄕傳)에 부득(夫得)은 산 북쪽 유리동(琉璃洞)에 살았는데 지금의 판방이고, 박박은 산 남쪽 법정동(法精洞) 뇌방에 살았다 하니 이 기록과는 서로 반대된다. 지금 살펴보면 향전이 잘못이다.

각각 다른 암자에 살면서 부득은 미륵불을 근실히 구했고, 박박은 아미타불을 경례(敬禮) 염송했다.

3년이 채 못되어 경룡(景龍) 3년 기유(706) 4월 8일은 (신라) 성덕왕 즉위 8년이었다. 날이 바야흐로 저물려 하는데, 나이 한 20세 됨직한 자태가 썩 아름다운 한 낭자가 난향(蘭香)과 사향을 풍기면서 갑작스레 북암(北庵 ; 향전에는 남암)에 와서 자고 가기를 청했다.

그녀는 이내 글을 지어 바쳤다.

날 저문 산 속에서 갈길 아득하고,
길 없고 인가 머니 어찌하리오.
오늘 밤은 이곳에서 자려 하오니,
자비하신 스님은 노하지 마오.

박박은 말했다.

"사찰(寺刹)은 깨끗해야 하니 그대가 가까이 올 곳이 아니오. 이곳에서 지체하지 마오."

박박은 문을 닫고 들어가 버렸다. 낭자는 남암(南庵)으로 찾아가서 또 전과 같이 청했다. 부득이 말했다.

"그대는 어디서 이 밤에 왔소?"

"저의 담연(湛然)함이 태허(太虛)와 같은데, 어찌 오감이 있겠습니까. 다만 어진 선비의 지원이 깊고 덕행이 높단 말을 듣고 장차 도와 보리(菩提 ; 正道)를 이루어 드리려할 뿐입니다."

이에 가요 한 수를 지어 바쳤다.

첩첩 산중에 날은 저문데,
가도 가도 인가는 보이지 않소.
송죽(松竹)의 그늘은 한층 그윽하고,
냇물소린 한결 더욱 새롭소.

길을 잃어 찾아왔다 마오,
요체(要諦)를 지시하려 하오.
부디 이 내 청만 들어주시고,
길손이 누구인지를 묻지 마오.

부득사는 이 말을 듣고 매우 놀라면서 말했다.

"이 곳은 부녀와 함께 있을 데가 아니오. 그러나 중생의 뜻에 따르는 것도 또한 보살행의 하나인데, 더구나 깊은 산골짜기에서 밤이 어두웠으니 소홀히 대접할 수 있겠소."

이에 읍하고 암자 안으로 맞아들여 있게 하였다.

밤이 되자 (부득은) 마음을 맑히고 지조를 가다듬어서 희미한 등불이 벽에 비치는데 염불하기를 쉬지 않았다. 이윽고 밤이 바야흐로 다 되려 하자 낭자는 부득을 불러 말했다.

"내가 불행히도 마침 산기(産氣)가 있으니 스님께서 짚자리를 좀 준비해 주십시오."

부득은 그 정경(情境)을 불쌍히 여겨 거절하지 못하고 촛불을 들고서 은근히 대했다. 낭자는 해산을 마치자 또 목욕하기를 청했다. 부득은 부끄러움과 두려움이 마음 속에 얽히었으나 가엾은 심정이 더욱 심해졌으므로, 또 목욕통을 준비해서 낭자를 그 안에 앉히고 물을 끓여 목욕시켜 주었다. 얼마 후에 통 속의 물에서 향기가 강렬하게 풍기더니, 그 물이 금액(金液)으로 변했다.

부득이 크게 놀라니 낭자는 말했다.

"우리 스님께서도 여기 목욕하십시오."

부득은 마지못해 그 말에 따랐더니 문득 정신이 상쾌해짐을 느끼게 되고 살결이 금빛으로 변했다. 그 옆을 돌아보니 한 연화대(蓮花臺)가 생겼다. 낭자는 부득에게 거기 앉기를 권했다.

"나는 관음보살인데 이곳에 와서 대사를 도와 대보리(大菩提)를 이루어준 것입니다."

박박은 생각했다.

"부득이 오늘 밤에 반드시 계(戒)를 더럽혔을 것이니 (내가) 가서 그를 비웃어 주리라."

가서 보니 부득은 연화대에 앉아 미륵존상이 되어 광채를 내쏘고 몸은 금빛으로 물들어 있었다.

박박은 그만 머리를 숙이고 그에게 예하면서 말했다.

"어떻게 이렇게 되셨습니까?"

부득은 그 사유를 자세히 말했다. 박박은 탄식했다.

"나는 (마음에) 장애가 너무 겹쳐서 다행히 부처님을 만나고서도 도리어 만나지 못한 것이 되었습니다. 대덕지인(大德至仁 ; 부득을 가리킴)은 나보다 먼저 뜻을 이루었으니, 부디 옛날의 교분을 잊지 마시고 나도 함께 도와 주셔야 하겠습니다."

"통에 아직 금액이 남아 있으니 목욕할 수 있습니다."

박박도 목욕하되 또한 부득처럼 무량수불(無量壽佛)이 되어 두 부처가 서로 엄연히 마주앉았다.

산 아래 마을 백성들이 이 소식을 듣고 다투어 와서 우러러 보고 감탄하여 참 드물고 드문 일이라 했다. 두 부처는 (마을 백성을) 위해 불법의 요체를 설명하고는 온 몸이 구름을 타고 가버렸다.

칠보 14년 을미(755)에 신라 경덕왕이 왕위에 올라-고기(古記)에는 천감(天鑑)24년(14년) 을미에 법흥왕이 왕위에 올랐다고 했으니, 어찌 선후가 뒤바뀜이 이와 같이 심했을까-이 사실을 듣고 정유년(757)에 사자를 보내어 큰 절을 세우고 절 이름을 백월산 남사(白月山 南寺)라 했다. 광덕(廣德) 2년-고기에는 대력원년(大曆元年)이라 했는데, 또한 잘못이다. - 갑신(764) 7월 15일에 절이 완성되었다. 다시 미륵 존상을 만들어 금당에 모시고, 액호(額號)를 현신성도 미륵지전(現身聖道 彌勒之殿)이라 했다. 또 아미타불상을 만들어 강당에 모셨는데 남은 금액이 모자라서 몸에 두루 바르지 못했으므로 아미타불상에는 또한 얼룩진 흔적이 있었다. 그 액호는 현신성도 무량수전(現身聖道 無量壽殿)이라 했다.

논평해 말한다.

"낭자는 부녀의 몸으로 중생을 자비로 교화했다고 할 수 있다. 화엄경에 보면 마야부인은 선지식인이었으므로 11지(地)에 살면서 부처를 낳아 해탈문(解

脫門)을 보임과 같다. 이제 낭자의 순산한 그 미묘한 뜻도 여기에 있었던 것이다. 그녀가 준 글은 애절 완곡하여 사랑스러우며 순탄 월활하여 천선(天仙)의 지취(志趣)가 있다. 아! 낭자가 중생을 따라서 다라니(陀羅尼 ; 지혜)로써 말할 줄 몰랐더라면, 이같이 할 수 있었겠느냐. 그 글(박박에게 준) 끝 구절에 마땅히 맑은 산방에서 노하지 마오 할 것인데 그렇게 말하지 않음은('자비하신 스님은 노하지 마오' 했음을 이른다) 대개 세속의 말과 같이 하고싶어 하지 않았던 것이다."

기린다.
푸른 빛 바위 앞에 문을 두드려,
날 저문데 찾아온 인 그 누구인고?
가까운 남암(南庵)으로 찾아 가시지,
이곳의 푸른 이끼 밟지 마시라.

이것은 북암을 기린 것이다.

산골에 날 저문데 어디로 가리,
남창(南窓)에 자리 있소, 머물고 가오.
그 날 밤에 108염주(念珠) 부지런히 세니,
길손이 시끄러워 잠 못 잘까 두렵소.

이것은 남암을 기린 것이다.

솔 그늘 십리에 길을 헤매어,
시험하려 밤중에 승방으로 오서서
세 통에 목욕 끝나 날 새려 할 때,
두 아일 낳고서 서쪽으로 갔구나.

이것은 관음보살 낭자를 기린 것이다.

유가종주 대현(大賢)

　유가종(瑜伽宗)의 개조 대덕 대현이 남산의 용장사(茸長寺)에 머물렀는데, 절에 석조 장륙 미륵보살상이 있었다. 대현이 항상 그 주위를 돌면 장륙상도 대현을 따라 얼굴을 돌렸다. 대현은 언변이 뛰어나며 학식이 많고 재주와 지혜가 기민하며 판단력이 분명하였다.

　대저 법상종의 전량(詮量)은 그 뜻과 이치가 매우 심오하여 분석하기 어렵다. 중국의 명사 백거이도 궁구하였으나 하지 못하고 이에 말하기를,
　"유식은 심원하여 깨뜨리기가 어려우며, 인명(因明) 또한 분석해도 열리지 않았다."
　라고 하였으니, 이 때문에 학자들이 계속 배우기 어려워한 지 오래되었다. 그러나 대현이 홀로 잘못된 것을 바로잡고 그윽하고 심오한 뜻을 터득하여 여유롭게 사리에 통달했다. 동국의 후진들이 다 그의 가르침을 따르며, 중국의 학자들도 간혹 이것을 얻어 안목으로 삼았다.

　경덕왕 때인 천보(天寶) 12년 계사년(753) 여름에 큰 가뭄이 들자 대현을 궁전 안에 불러들여 금광명경을 강하여 단비를 기원하게 하였다. 어느 날 재를 올리려고 발우를 펴고 한참이 지났는데도 공양하는 사람이 깨끗한 물을 올리는 것이 더디므로 감리가 꾸짖자 올리는 자가 말했다.
　"궁전 안의 우물이 말라버려 멀리서 길어 오느라 늦었습니다."
　"왜 진작 말하지 않았던가?"
　하고 낮에 강경할 때가 되자 향로를 받들고 묵묵히 있으니 잠깐 사이에 우물물이 솟아올랐다. 높이가 일곱 길 남짓 솟아올라 사찰의 당간(幢竿)과 나란하였으므로 온 궁전이 놀라 마지 않았다. 이로 인하여 그 우물을 금광정(金光井)이라 불렀다.

대현은 일찍이 스스로를 청구사문(靑丘沙門)이라 일컬었다.
찬탄하여 말하였다.

남산의 불상을 도니 불상도 따라 얼굴을 돌렸는데,
청구의 불일(佛日)이 다시 중천에 걸려 있네.
가르침으로 궁정의 우물에 맑은 물이 솟았으니
누가 금로(金爐)의 한 줄기 연기를 알리요!

대현은 약사경고적(藥師經古迹) 2권과 보살계본종요배과(菩薩戒本宗要排科)
1권, 범망경고적기(梵網經古迹記, 釋經上下排科) 4권, 기신론내의락탐기(起信
論內義略探記) 1권, 성유식론학기(成唯識論學記)를 지었는데 8권이 현존한다.

이정대덕(利貞大德)과 순응(順應)스님

해인사사적에 말하였다.

『순응(順應)과 이정(利貞) 두 대사가 중국에 들어가 법을 구하고 돌아왔다. 이 때 신라 애장왕의 왕후가 병이 나서 사신을 보내 이를 알리자 대사가 오색실을 주니 사신이 돌아가 왕에게 알렸다. 왕이 그 말대로 하니 병이 깨끗이 나았다. 왕이 감사의 마음으로 해인사를 창건하였다.』

옛적에 양(梁)의 보지공(寶誌公)이 임종 시에 답산기(踏山記)를 주면서 문도들에게 부촉하여 말하였다.

"내가 죽은 뒤 고려에서 두 승려가 법을 구하러 오면 이 기를 주라."

그 뒤에 과연 순응·이정 두 대사가 중국에 들어와 구법하니 지공의 문도가 이를 보고 답산기를 주면서 스승이 임종시에 했던 말을 전하였다. 순응이 그 말을 듣고 법사가 묻힌 곳을 찾아가 "사람에겐 옛과 지금이 있겠지만 법에는 앞뒤가 있으리오"라고 하면서 7일 낮과 밤을 선정에 들어 법을 청하였다. 이 때 묘지의 문이 저절로 열리며 지공(誌公)이 나타나서 그를 위하여 설법하고 의발을 전하며, 뱀가죽으로 된 신발을 주었다. 이에 부촉하여 말하였다.

"너희 나라 우두산 서쪽은 불법이 크게 일어날 곳이니 너희들은 본국에 돌아가면 그 곳에 비보(裨補)의 대가람인 해인사를 세우라."

두 대사가 본국에 돌아와 우두산 동북쪽에서 고개를 넘어 서쪽으로 가다가 우연히 사냥꾼들을 만났다. 그들에게 물었다.

"사냥을 하면서 두루 이 산을 찾아다녔을 것입니다. 이곳에 절을 지을 만한 땅이 있습니까?"

"이 곳에서 조금만 내려가면 물이 고인 곳이 있는데, 그 곳에는 철와(鐵瓦)

가 많이 납니다. 가서 보십시오."

두 사람이 물이 고인 곳에 가서 보니 매우 그 뜻에 맞았다. 풀을 깔고 앉아 선정에 드니 이마에서 광명이 나와 붉은 기운이 하늘에 뻗쳤다.

그 때 신라 제40대 애장대왕의 왕후가 등창병이 났는데, 어떤 의원을 불러도 효험이 없었다. 왕이 몹시 근심하여 사신을 각지에 나누어 보내 훌륭하고 덕있는 승려를 찾아 병을 치료하고자 하였다. 사신이 돌아다니다 붉은 빛이 감도는 것을 멀리서 바라보고 이인이 있는 것이 아닐까 하여 산 아래에 가서 막대기로 풀숲을 헤치고 수십 리를 들어갔으나 숲속이 깊어 앞으로 나아갈 수가 없었다. 오래도록 배회하다가 홀연히 여우가 바위 위로 지나가는 것을 보고 사신이 이상히 여겨 따라가 보니, 두 대사가 선정에 들어 빛이 정수리에서 나오는 것을 보고는 존경의 마음을 다하여 예배하였다. 이에 왕궁으로 청하니 두 대사는 허락하지 않았다. 마침내 사신은 왕후가 등창이 났다고 말하였다. 대사가 오색실을 주며 말하였다.

"궁 앞에 어떤 것이 있습니까?"

"배나무가 있습니다."

"이 실 한 끝은 배나무에 매고 다른 한 끝을 등창에 갖다 대면 곧 병이 나을 것입니다."

사신이 돌아가 왕에게 보고하니 왕이 그 말을 믿고 그대로 하였더니 배나무가 시들어 죽고 왕후의 병이 나았다. 왕이 감격하고 존경하기를 다하여 나라 사람들에게 명하여 사찰을 짓게 하니, 때는 애장왕 3년 임오년(802)이었다.

순응을 찬하여 말한다.

동호대사(同護大士)와 남행동자(南行童子)는
몸은 비록 한 조각 뜬구름이나 뜻은 천리를 흐르는 물과 같네.
부낭(계율)을 오래도록 생각하여 뗏목을 버리고 정(定)에 듦이라.
피안과 차안을 손가락으로 가리키나 손가락이 아니며,
천생의 업으로 선을 닦으니 마치 각현(覺賢)과 같도다.
우두가 관대함을 베풀어 상(象)의 그물이 현묘하므로 찾게 하니,

그 산의 입구는 경관이 뛰어나고, 해안을 따라 둥글게 포진하여

땅은 해안을 굽어보며, 하늘은 숲과 샘을 내려주었다.

성(城)으로 화하여 담소를 나눔에 배움은 마음으로 전하고,

가을 달을 벗 삼으며 봄 아지랑이에 감격한다.

화중생연(火中生蓮), 불속에서 피어나는 연꽃이라.

이정을 찬하여 말한다.

의로운 구름 한 마리 학 그림자와 바위 골짜기로 짝하네.

띠풀로 연화 사찰을 짓고 혼돈을 뚫음이라.

비가 쏟아 부어도 걸림이 없기를 원하니,

인천이 의탁하여 두 걸출한 인물의 삶이 같으니

저승길(九原;전국시대 晉의 卿大夫묘지)에서도 가히 짝을 이루리라.

이것이 애장왕 13년(802) 화엄 10찰중 해인사가 창건된 내력인데, 최치원이
쓴 가야산선안주원벽기에 보면 다음과 같은 글이 있다.

『"만가지 게송은 수행하여 한 가지 뜻을 확실하게 아는 것만 같지 못하다."

하고

"뒤에 떠나서 먼저 왔다."

는 것은 이 산을 가리켜 말한 것이다. 왜냐하면 조사인 순응대덕(順應大德)
은 신림석덕(神琳碩德)을 사사하였기 때문이다. 대력 초년(766)에 중국에 건
너갔다. 마른 나무쪽에 의탁하여 몸을 잊고, (고승이) 거주하는 산으로 찾아가
서 도를 구하였다. 교리의 바다를 철저히 탐색하고, 선의 세계에 깊이 들어갔
다. (도를) 성취하여 (신라로) 돌아오자 영광스럽게 나라의 선발을 받았다.
곧 탄식하여 말하였다.

"사람은 학문을 닦아야 되며, 세상은 재물을 간직하는 것을 귀하게 여긴다.
이미 천지의 신령함을 지녔고, 또한 산천의 수려함을 얻었으나 새도 능히 나무
를 택하여 앉는데 나는 어찌 터를 닦지 아니하랴?"

드디어 정월 18년(802) 10월 16일에 동지들을 데리고 여기에 건물을 세웠다. 산신령도 묘덕의 이름을 듣고 청량한 형세의 땅을 자리 잡아 주었으며, 다섯 개의 상투에서 한 올의 머리카락을 다투어 뽑았다.

이 때에 성목왕태후께서 우리나라의 어머니로 군림하면서 불교도들을 아들같이 육성하시다가 풍문을 듣고 공경하며 기쁘게 날짜를 정하여 귀의하시고, 가소(좋은 음식)와 더불어 속백(비단)을 희사하였다.

이것은 하늘에서 도움을 받은 것이지만, 사실은 땅에 의해서 인연을 얻은 것이다. 그러나 제자들이 안개처럼 돌문으로 모여들 때, 늙은 대덕(순응)이 갑자기 세상을 떠나자 이정선백(利貞禪伯)이 뒤를 이어 공적을 세웠다.』

범패조사 진감국사(眞鑑國師)

무릇 도가 사람을 멀리하는 것이 아니오, 사람에 있어서도 다른 나라가 있는 것이 아니다. 이런 까닭에 우리나라의 자제들이 승려도 되고 유학자도 되어 서쪽으로 큰 바다를 건너가 이중의 통역을 거쳐 학문을 좇으려 함에는 목숨을 고목(속을 파낸 통나무배)에 맡기고, 마음은 보주(寶州 ; 중국)로 향하였다.

빈 채로 갔다가 채워서 돌아오고 고생한 후에 얻었으니, 마치 옥을 캐는 사람이 곤륜산의 높음을 꺼리지 않고, 구슬을 찾는 자가 검은 용(驪龍)이 사는 깊은 바다를 사양치 않는 것과 같았다.

드디어 지혜의 햇불을 얻으니 5승(乘)을 두루 비추었고, 좋은 음식으로 비유하여 말한다면 육적(六籍, 6種經 ; 반야·금강·유마·능가·원각·능엄)을 깊이 맛보았다. 다투어 천문(千門) 만호(萬戶)로 하여금 선에 들게 하고, 한 나라에 인이 일어나도록 하였다.

학자가 간혹 "석가와 공자가 가르침을 베풂에 그 흐름이 나뉘고 체가 달라 동구란 구멍에 네모난 자루를 박는 것과 같아서 서로 모순이 되어 한 귀퉁이에만 집착한다"고 하였다.

이를 시험 삼아 논해 보면, 시(詩)를 말하는 사람은 글자로써 해쳐서는 안 되고, 말로써 뜻을 해쳐서도 안된다. 예기에 이르기를, "말이 어찌 한 갈래뿐이겠는가? 각각 타당한 바가 있다"고 하였다.

그러므로 여산(廬山) 혜원은 논을 지어 말하기를, "여래가 주공·공자와 더불어 드러낸 이치는 비록 다르지만, 돌아가는 바는 한 길이다. 지극한 이치를 체득함에 있어서 (양자를) 겸응(兼應)하지 못하는 것은 만물을 능히 받아들이지 못하는 까닭이다"라고 하였다.

또 심약(沈約)이 이르기를, "공자는 그 실마리(四端)를 개발하였고, 석가모니는 그 이치를 밝혔다"고 하였으니, 참으로 그 큰 뜻을 안 사람이라고 할 수 있으며, 비로소 함께 지극한 도를 말할 만하다. 부처님께서 심법을 말씀하신데 이르러서는 현묘하고 또 현묘하여 이름을 짓고자 하나 이름을 붙일 수 없으며, 설명하고자 해도 설명할 수가 없다. 비록 달을 보았다고 하나, 그 달을 가리킨 손가락을 잊는 것은 마침내 바람을 얽어매고 그림자를 잡기 어려운 것과 같다.

그러나 먼 데를 가려면 가까운 데서부터 시작하는 것이니, 비유를 취한들 무슨 허물이 있겠는가. 또한 공자가 제자들에게 "나는 말하지 않으려고 한다. 하늘이 무슨 말을 하는가?"라고 말하였으니, 저 정명이 묵묵히 문수보살을 대한 것과 선서(善逝)께서 가섭에게 은밀하게 전한 것과 같이 수고로이 혀를 움직이지 않고 능히 맞아 마음을 전하는 것이다. 하늘은 말을 하지 않는다고 하였으니, 이것을 버리고 어디에 가서 얻을 수 있겠는가? 멀리서 현묘한 도를 전해와서 널리 우리나라를 빛나게 한 것이 어찌 다른 사람이겠는가? 선사가 바로 그 분이다!

선사의 법휘는 혜소(慧昭)이며 속성은 최씨이다. 그의 선조는 한족(漢族)으로 산동지방의 벼슬아치였다. 수(隋)의 군사가 요동을 정벌하다가 예맥(濊貊)에서 많이 죽게 되자 항복하여 백성이 된 자들이 있었다. 그러다가 당이 4군을 통괄하게 되자, 지금의 전주(全州) 금마 사람이 되었다. 아버지의 이름은 창원(昌元)으로 재가자이면서 출가한 스님과 같이 수행하였다. 어머니 고(顧)씨가 어느 날 잠깐 낮잠이 들었는데, 꿈에 한 범승이 나타나 "나는 어머니의 아들이 되기를 원합니다"라고 하면서 유리 항아리를 주었다.

그 후 얼마 지나지 않아 선사를 임신하였다. 태어나면서도 울지 않았고, 곧 일찍부터 빼어나 소리를 녹이고 말이 없는 빼어난 싹을 드러냈다. 7,8세가 되어 아이들과 놀 때에는 언제나 나뭇잎을 살라 향을 삼고, 꽃을 따서 공양을 올렸다. 때로는 서쪽을 향해 꿇어앉아 해가 저물어도 움직이는 기색조차 없었다. 이처럼 선의 뿌리가 진실로 백천겁 전에 심어진 것을 알지니, 발돋움을 해서 미칠 수 있는 바가 아니었다.

어려서부터 성인이 되기까지 부모의 은혜를 갚는데 간절하여 잠시도 (부모를) 잊지 못하였다. 그러나 집에는 한 말의 곡식도 없었고, 또한 한 자의 땅도 없었다. 천사를 이용하여 가족을 봉양하는데 오직 힘닿는 대로 노력을 다하였다. 이에 생선 장사를 하여 부모에게 봉양할 좋은 음식을 넉넉히 마련할 수 있었다. 손으로 수고로이 그물을 짜지는 않았지만, 마음은 이미 통발을 잊은 것과 부합하였다. 부모에게 콩죽을 드려도 그 마음을 기쁘게 하기에 넉넉하였고, 진실로 난초를 캔다는 시에 들어맞았다. 부모가 돌아가시자 흙을 져다 무덤을 만들고는 "길러주신 은혜를 오로지 힘써 보답하였으니 심오한 도의 뜻(希微)을 어찌 마음으로 구하지 아니하겠는가! 내가 어찌 매달려 있는 조롱박과 같이 한창 나이에 지나온 자취에만 머무를 것인가!"라고 하였다.

드디어 정원 20년(804)에 세공사에게 가서 뱃사공이 되기를 청하여 서쪽으로 건너가게 되었다. 비천한 일을 능히 하였고, 험한 일을 평이하게 여기고 자비의 배를 저어 고통의 바다를 건넜다. 저쪽 해안(중국)에 이르러 국사에게 아뢰기를, "사람마다 각각 뜻이 있는 것이니 여기서 서로 헤어지기를 청합니다"라고 말하였다. 드디어 길을 떠나 창주에 이르러 신감(神鑑)대사를 뵈었다. 몸을 던져 절하고 반쯤 일어서려는 순간 대사가 기꺼워하면서 말하기를, "반갑다. 이별한 지 얼마 되지 않았는데 기쁘게 다시 서로 만났구나"라고 하였다. 즉시 머리를 깎고 승복을 입게 하였고, 문득 인계를 받았는데 마치 불이 마른 쑥에 붙고, 물살이 낮은 곳으로 흐르는 듯하였다. 승도들이 서로 이르기를, "동방의 성인을 여기서 다시 뵙는구나"라고 하였다.

선사는 얼굴이 검어서 대중들이 이름을 부르지 않고 지목하여 흑두타라고 하였다. 이는 곧 진리를 찾고 묵묵한 것에 처함이 참으로 칠도인(漆道人, 道安)의 후신과 같기 때문이니, 어찌 읍중(邑中)에 살던 얼굴 검은 자한(子罕)이 뭇사람의 마음을 위로한 데에 비할 수 있겠는가. 영원히 붉은 수염의 사문(佛

陀耶舍)과 푸른 눈을 지닌 사람(달마)과 더불어 색상으로 드러내 보인 것이다.

원화 5년(810) 숭산의 소림사 유리단에서 구족계를 받았으니, 어머니(聖善)가 전에 꾼 꿈과 완연히 부합하였다. 계를 받고 나서 다시 횡해(橫海) 학림(學林)으로 돌아가 경을 배웠는데 하나를 들으면 열을 아니 홍색이 꼭두서니보다 더 붉고 청색이 남빛보다 더 푸르른 것과 같았다.

비록 마음은 고요한 물처럼 맑았지만 자취는 조각구름과 같이 돌아다녔다. 그 때 마침 우리나라의 스님인 도의가 먼저 중국에 와서 도를 구하고 있었는데, 우연히 만나 반가워 하니 서(西)와 남(南)에서 친구를 얻은 것이다. 사방으로 멀리 찾아다니면서 부처님의 지견을 증득하였다. 도의가 먼저 고국으로 돌아가고(821) 선사는 곧 종남산으로 들어가 만 길이나 되는 높은 봉우리에 올라 소나무 열매를 먹으면서 선정을 닦으며 고요히 있기를 3년이나 하였다. 그 후 자각(紫閣)으로 나와 네거리에서 짚신을 삼고 널리 보시하며 왔다갔다 한 것이 또 3년이었다.

이에 이미 고행도 닦았고 타국의 지방도 다 유람하였으나, 비록 공(空)을 관한다고 하지만, 어찌 본국을 잊을 수 있겠는가. 이에 태화 4년(830)에 귀국하여 대각의 상승 도리로서 우리나라 어진 강토를 비추었다. 홍덕대왕이 편지를 보내 환영하고 위로하며 이르기를, "도의선사가 전날에 이미 돌아왔고, 스님께서 잇달아 돌아오시니 두 보살이 되었도다. 옛적에는 흑의를 입은 호걸이 있었다고 들었는데, 이제는 누더기 입은 뛰어난 스님을 친견하게 되었구나. 하늘에까지 가득한 자비스런 위엄에 온 나라가 기쁘게 의지하니, 나는 장차 동쪽 계림 땅에 상서로운 곳을 만들겠다"라고 하였다.

처음에 상주의 노약산 장백사에 주석하였다. 의원의 문에 병자가 많듯이 찾아오는 이가 구름과 같아 방장은 비록 넓었으나 형편이 어려워 드디어 걸어서 강주(지금 진주)의 지리산에 이르렀다. 오토(於菟 ; 호랑이) 몇마리가 포효하면서 앞에서 인도하여 위태로운 곳을 피해 평탄한 곳으로 가게 하니 앞에서 이끄는 기병과 다름이 없었고, 따라가는 사람도 두려워하는 바가 없어 집에서 기르는 개(猆犬)와 같았다. 이는 바로 선무외삼장이 영산에서 하안거를 할 때 맹수가 앞에서 길을 인도하여 깊은 산속의 굴에 들어가 석가모니의 입상을 보았다는 사적과 꼭 같았다. 또 저 축담유(竺曇猷)가 졸고 있는 호랑이의 머리를 쳐서 경문을 듣게 하였는데, 또한 그것만이 오로지 승사(僧史)에서 아름다운 것은 아니다. 이에 화개곡(花開谷)의 옛 삼법화상이 세운 절의 남긴 터에 절을 지으니 엄연히 사원의 모습을 갖추었다.

개성 3년(838)에 이르러 민애(愍哀)대왕이 갑자기 임금의 자리에 올라 깊이 불교에 의탁하고자 국서를 내려 재의 비용을 보내고 따로 친견하기를 청하였다. 선사가 "부지런히 선정(善政)에 힘쓰는데 있는 것이지 어찌 따로 만나려 하시옵니까?"라고 하였다. 시자가 다시 왕에게 아뢰자 왕이 듣고 부끄러워하며 깨달았다. 선사는 색과 공을 다 초월하고 선정과 지혜를 함께 원만히 갖추었다고 하여 사신을 보내 호를 내려 혜소(慧昭)라 하였는데, '소(昭)'자는 성조(昭聖大王)의 묘휘(廟諱)를 피해서 바꾼 것이다.

이에 대황룡사에 승적을 올리고 서울로 오도록 청하였다. 사자들이 오고가는 것이 말고삐가 길에서 엉길 정도였으나, 큰 산처럼 꿋꿋이 그 뜻을 바꾸지 않았다. 옛날에 승조(僧稠)법사가 원위(北魏)의 세번 부름을 거역하며 말하기를, "산에 있으면서 도를 행하여 크게 통하는데 어긋나지 않으려 합니다"라고 하였으니, 깊은 산에 있으면서 높은 뜻을 기르는 것이 시대는 다르지만 뜻은 같다고 하겠다.

여러 해를 머무는 동안 법문 듣기를 청하는 이가 벼와 삼대처럼 줄을 지어 거의 송곳 꽂을 데도 없을 정도로 많았다. 드디어 좋은 경계를 찾아 돌아다니다가 남령(南嶺)의 산기슭을 얻으니, 앞이 탁 트여서 상쾌하고 거처하기에 으뜸이었다.

이에 선려(禪廬 ; 절)를 지으니 뒤로는 안개 낀 높은 봉우리를 의지하였고, 앞으로는 구름 비치는 골짜기 물을 내려다보았다. 눈을 맑게 하는 것은 강 건너 먼 산이요, 귓부리를 상쾌하게 하는 것은 돌에서 솟는 흐르는 여울물 소리였다. 봄 시냇가에 피는 꽃, 여름 길가에 있는 소나무, 가을 산골에 비치는 달, 겨울 산등에 덮여 있는 흰 눈처럼 철마다 모습이 변하고 만상이 빛을 바꾸니 온갖 소리가 화음을 이루며 수많은 바위들이 다투어 빼어났다. 일찍이 중국에 다녀온 사람들이 이 곳에 이르러서는 모두 깜짝 놀라면서 바라보고 이르기를, "혜원공의 여산 동림사 경치를 바다 밖(신라)에 옮겨왔도다. 연화세계는 범부의 생각으로 헤아릴 수 없지만 항아리 속에 별천지가 있다고 한 것은 정말인 듯하다"라고 하였다. 대나무 통을 거쳐 물을 끌어와 둘레 사방으로 물을 대고 나서 비로소 옥천(玉泉)이라고 절 이름을 삼았다.

법손을 손꼽아 헤아려 보니 선사는 조계의 현손(玄孫)이었다. 이에 육조의 영당을 세우고, 채색, 단청하여 널리 중생제도에 이바지하였으니 경전에 이른바 "중생을 즐겁게 하기 위하여 비단에 여러 상(像)을 섞어 그린 것"이라고 한 것이다.

대중 4년(850) 정월 9일 이른 아침 문인에게 고하기를, "만법이 모두 공하니 나도 장차 가려 한다. 일심을 근본으로 삼아 너희들은 힘써 노력하라. 탑을 만들어 형해를 갈무리하지 말고 명(銘)으로써 행적을 기록하지도 말라"고 하였다. 말을 마치고는 앉아서 입정하니 세수 77세 법랍 41년이었다.

이 때 하늘에는 실구름도 없는데 바람과 천둥소리가 갑자기 일어나고, 호랑이와 이리가 울부짖었으며, 삼나무와 향나무도 시들었다. 잠시 후 자줏빛 구름이 하늘을 가리더니 공중에서 손가락 튕기는 소리가 났는데, 장례에 모인 이들 가운데 듣지 못한 이가 없었다. 바로 양사(梁史)에 "시중 저상(楮翔)이 일찍이 사문을 청하여 어머니의 병을 위해 기도하다가 공중에서 손가락 튕기는 소리를 들었다"라고 하였는데, 성스러운 감응이 보이지 않게 나타난 것이니 어찌 거짓이겠는가. 무릇 불도에 뜻을 둔 사람들은 부음을 듣고 서로 조의를 표하였으며 정을 잊지 못하는 이들은 슬픔을 머금고 울었으니, 하늘과 사람들이 비통하게 애도한 것을 단연코 가히 알 수 있다. 관과 무덤을 미리 갖추어 준비하였고 제자 법량(法諒) 등이 울면서 시신을 받들어 날을 넘기지 않고 동쪽 봉우리 언덕에 장사 지내 유언을 따랐다.

선사는 성품이 꾸밈이 없고 말을 꾸미지 않았으며 옷은 헌 솜이나 삼베도 따뜻하게 여겼고, 음식은 겨와 싸라기도 달게 여겼다. 도토리와 콩을 섞은 밥에 나물 반찬도 두 가지가 아니었는데 귀인들이 때때로 찾아와도 반찬이 없었다. 문인들이 거친 음식을 올리기를 어려워하니 선사께서 "마음이 있어 여기에 왔으니 비록 거친 밥인들 무엇이 해롭겠는가"라고 하시며 높은 사람이나 낮은 사람, 나이 많은 이나 젊은이를 접대함이 한결같았다.

왕의 사자가 말을 타고 명을 전하여 멀리서 법력을 구할 때마다 "무릇 왕토에 거주하면서 불일(佛日)을 머리에 이고 있는 사람으로서 누군들 마음을 기울이고 생각을 다해서 임금을 위해 복을 빌지 않겠습니까? 또한 어찌 마른 나무, 썩은 등걸 같은 저에게 외람되게도 멀리 윤언(綸言)을 전하십니까? 왕명을 전하러 오는 무리들이 굶주려도 먹지 못하고, 목말라도 마시지 못함이 걱정되옵니다"라고 하였다.

혹 외국의 향을 드리는 사람이 있으면 곧 질그릇에 잿불을 담아 환(丸)을 만들지 않고 태우면서 "나는 이것이 무슨 냄새인지 알지 못하겠다. 다만 마음을 정성스럽게 할 뿐이다"라고 하였다. 또한 중국차를 공양하는 사람이 있으면 돌솥에 섶으로 불을 지펴 가루로 만들지 않고 끓이면서 "나는 이것이 무슨 맛인지 알지 못하겠다. 뱃속을 적실 뿐이다"라고 하였다. 참된 것을 지키고 속된 것을 꺼리는 것이 모두 이러하였다.

선사는 평소 범패를 잘하여 그 소리가 금옥(金玉) 같았다. 구슬픈 곡조에 날리는 소리가 상쾌하면서도 슬프고 우아하여 천상계의 신불을 기쁘게 할 만하였다. (그 소리가) 길게 멀리까지 전해지니 배우려는 자가 강당을 가득 채워 가르치는 일을 게을리 하지 않았다. 지금 신라에서는 어산의 묘음을 익히려는 사람들이 옥천(玉泉)에서 남긴 소리를 본받고자 하니 어찌 소리로써 제도하는 교화가 아니겠는가?

선사께서 열반(泥洹)하신 것은 문성대왕(文聖大王) 때였는데, 임금이 진정으로 슬퍼하며 청정한 시호를 내리려고 하였다가 선사가 남긴 유훈을 듣고서 부끄러워 그만두었다. 36년이 지난 뒤에 문인들이 세상일의 변천이 심한 것을 걱정하여 법을 사모하는 제자들에게 영원히 썩지 않을 인연을 청하자, 내공봉(內供奉) 일길간(一吉干)인 양진방(楊晉方)과 종문대랑(宗門大郞) 정순일(鄭詢一)이 쇠를 끊을 만큼의 하나 된 마음으로 돌에 새길 것을 청하였다. 헌강대왕이 지극한 덕화를 넓히고 불교를 우러러 받들어 시호를 진감선사 탑호를 "대공영탑(大空靈塔)"이라 추증하고, 이에 전각(篆刻)을 허락하여 길이 영예가 다하도록 하였다.

아름답구나. 해가 동쪽에서 솟아 어두운 곳까지 비추지 않음이 없고, 바닷가에 향나무를 심으니 오래될수록 향기가 가득하구나. 어떤 사람이 "선사께서 명(銘)도 짓지 말고 탑도 세우지 말라는 훈계를 내렸는데, 후대에 내려와 우리 제자들에 이르러서는 확실히 선사의 뜻을 받들지 못했으니, '그대들이 스스로 (왕에게)구하였는가, 왕이 주었는가' 바로 백옥(白玉)의 티라 하겠다"고 하였다.

아! 그르다고 하는 사람도 또한 그르다. 명예를 가까이 하지 않았는데 이름이 드러나는 것은 수행의 다른 과보이다. 재처럼 없어지고 번개처럼 끊어지는 것보다는 할 수 있을 때에 할 만한 일을 하여 명성을 대천세계에 떨치도록 하는 것이 낫지 않겠는가? 그러나 귀부가 비석을 등에 이기도 전에 임금(憲康王)이 갑자기 돌아가시고 지금의 임금(定康王)이 이어 일으키시니, 질나팔(塤)과 저(篪)가 서로 응하듯이 부촉한 뜻에 맞게 잘 좇아 하였다.

이웃 산의 초제도 옥천이라 일컫고 있었으므로 이름이 겹쳐져서 백성들의 귀를 미혹하게 할까 염려하였다. 같은 이름을 버리고 곧 달리 하려고 하면 마땅히 옛 이름을 버리고 새 이름을 좇아야 하였다. 그 절이 자리잡은 곳을 살펴보게 하니 문이 두 줄기 시냇물에 마주하는데 있었으므로 이에 제액을 내려 쌍계사라고 하였다.

다시 신에게 명을 내려 "선사는 수행으로써 이름이 드러났고 그대는 글로써 이름을 떨쳤으니 마땅히 비명을 짓도록 하라"고 하셨다. 최치원이 손을 맞잡고 절을 하며 "예! 예!" 하고는 물러나와 생각하니, 얼마 전에는 중국에서 이름을 얻었고 문장과 구절 속에서 기름진 고기(물고기)와 살찐 고기(雋 ; 조류의 살)를 맛보았다고 하나 아직 거리의 술항아리(衢罇 ; 성인의 경전)까지 흠뻑 취하지 못했고 오직 깊이 진흙과 벽돌 속에 엎드려 있음이 부끄러울 뿐이다. 하물며 불법은 문자를 여의었으며 말을 베풀 자리가 없음에랴. 굳이 말한다면 수레를 북으로 향하면서 남방인 초나라의 서울(郢)로 가려는 것과 같다.

다만 국왕의 보살핌과 문인들의 큰 바람으로 문자가 아니면 많은 사람들의 눈에 밝게 보여줄 수가 없어서, 드디어 감히 몸으로는 두 가지 역할(兩役 ; 박쥐는 새도 되고 쥐도 된다)에 종사하고 힘으로는 오능(五能 ; 날다람쥐의 5능)을 본받는다. 비록 돌에 의탁한다 할지라도 부끄럽고 두려울 뿐이다. 그러나 '도(道)는 억지로 붙인 이름'이니 무엇이 옳고 무엇이 그르겠는가! 끝이 닳은 몽당붓이라 하여 붓끝을 감추는 것을 신이 어찌 감히 하겠는가? 거듭 앞서 말한 뜻을 펼쳐서 삼가 명을 짓는다.

입을 다물고 선정을 닦았으며
마음은 불타에 귀의했도다.
근기가 익은 보살이라
그것을 넓힘이 다른 것이 아니로다.

용맹스럽게 호랑이 굴을 찾아
멀리 바다를 건넜으니
가서는 비인을 전해 받았고
와서는 신라(斯羅 ; 신라)를 교화했도다.

그윽한 곳을 찾고 좋은 곳을 가려서
바위등성이에 터를 잡아 절을 지었으니
물에 비치는 달은 마음을 맑게 하였고
구름과 도랑물에 흥을 붙였도다.

산은 성품과 더불어 고요하였고

골짜기는 범패와 더불어 응하였도다.
닿는 대상마다 걸림이 없으며
삿된 마음을 끊으니 이를 증명함이라

도(道)는 오조(五朝)의 찬양을 받고
위의는 뭇 요망함을 다 꺾었도다.
묵묵히 자비의 음덕을 드리웠으며
아름다운 초청을 거역하였도다.

바다는 스스로 움직일지언정
산이야 어찌 움직이겠는가.
생각도 없고 분별도 없으며
깎는 것도 없고 새기는 것도 없었도다.

음식에는 맛을 겸함이 없었으며
옷은 갖추어 입지 않았도다.
바람과 비가 그믐밤과 같아도
처음과 끝이 한결같았도다.

지혜의 가지가 바야흐로 뻗어나려는데
법의 기둥이 문득 무너졌도다.
깊은 골짜기는 처량하고
뻗어나가는 등라가 초췌하구나.

사람은 갔으나 도는 남아 있으니
끝내 잊을 수가 없도다.
상사(上士)가 원을 말하니
임금님께서 은혜를 내리셨도다.

법등은 신라에 전해지고

탑은 산 속에 우뚝하도다.
천의가 스쳐 반석이 다 닳도록
영원토록 불문에 빛나리라.

이 글은 최치원이 지어 광계 3년(887) 7월에 세우고 승려 환영(奐榮)이 글
자를 새겼다.

　　인도범패 4절
1. 여래패(如來唄 ; 初唄)
　　여래묘색신(如來妙色身)　　세간무여등(世間無與等)
　　무비부사의(無比不思議)　　시고아귀경(是故我歸敬)

2. 운하패(云何唄 ; 中唄)
　　운하득장수(云何得長壽)　　금강불괴신(金剛不壞身)
　　부이하인연(復以何因緣)　　득대견고력(得大堅固力)

3. 상주패(常住唄 ; 後唄)
　　여래색무진(如來色無盡)　　지혜역부연(智慧亦復然)
　　일체법상주(一切法常住)　　시고아귀경(是故我歸敬)

4. 귀의패(歸依唄)
　　처세간여허공(處世間如虛空)　　여연화불착수(如蓮花不着水)
　　심청정초어피(心淸淨超於彼)　　개수례무상존(稽首禮無上尊)

굴산조사 범일(梵日)

굴산조사 범일국사는 태화연간에 당에 들어가 명주(明州) 개국사(開國寺)에 이르렀다. 거기에서 왼쪽 귀가 잘린 한 사미가 여러 승려들의 말석에 있다가 법사(범일)에게 말하였다.

"나 역시 신라 사람으로 집은 명주 경계의 익령현 덕기방에 있습니다. 법사께서 후일 본국에 돌아가시면 반드시 제 집을 지어주셔야 합니다."

법사가 여러 사찰을 두루 유람하다가 염관(鹽官)에게 불법을 받고 회창 7년 정묘년에 환국하여 먼저 굴산사를 창건하고 불교를 전파하였다.

대중 12년 무인년 2월 15일 밤 꿈에 전에 보았던 사미가 창 아래에 이르러서 말하였다.

"옛날 명주 개국사에 있을 때 법사와 약속을 하여 이미 허락을 받았는데 어찌 그리 늦습니까?"

조사가 놀라 꿈에서 깨어난 후 수십 명을 데리고 익령 경계에 가서 그의 거처를 찾으니, 한 여인이 낙산 아랫마을에 살고 있다 하고, 그 이름을 물으니 덕기라 하였다. 그 여인에게 8세 된 아들 하나가 있는데 항상 마을 남쪽 돌다리 밑에 나가 놀았는데, 그 어머니에게 말하였다.

"나와 함께 노는 아이 가운데 금색 동자(金色童子)가 있다."

그의 어머니가 법사에게 알리자 그가 놀라고 기뻐하면서 그 아들과 함께 놀던 다리 밑을 찾아가 보니 물 가운데 석불이 있었다. 끄집어내자 왼쪽 귀가 잘려 있는 것이 전에 보았던 사미로서, 즉 정취보살상(正趣菩薩像)이었다. 그리하여 간자(簡子)를 만들어 절 지을 자리를 점치니 낙산 위쪽이 좋다고 하였다.

이에 3칸짜리 전(殿)을 짓고서 그 상을 안치하였다. 법사가 안치한 정취보살상과 의상대사가 안치한 관음보살상이 낙산의 2대 성인이다.

선문보장록에 이렇게 말했다.

『명주 굴산사의 범일국사는 진성대왕(眞聖大王)이 선·교 양쪽의 뜻을 물음에 답하기를, "우리의 본사이신 석가모니께서 출생하자마자 각 방향으로 일곱 걸음을 걷고 설법하여 말씀하시기를, '천상천하 유아독존'이라고 말씀하셨습니다. 후에 성을 넘어 설산에 들어가 새벽별을 보고 깨달음을 얻었으나 아직 궁극에 이르지 못했다는 것을 알았습니다. 수십 개월을 두루 다니며 진귀조사를 찾아뵙고 비로소 현극(玄極)의 핵심을 얻었으니, 이것이 교외별전입니다.

그러므로 성주화상(聖主和尙 ; 無染國師)이 항상 능가경을 탐구하였으나 조사의 종지(祖宗)가 아님을 알고 경을 버린 뒤 당에 들어가 조사의 마음법을 전수하였습니다. 또한 도윤(道允)화상은 화엄경을 궁구하다가 '원돈의 요지가 어찌 심인의 법과 같으리오!'라고 하고, 역시 당에 들어가 조사의 심법을 전하였습니다. 이것은 조사의 법은 그만한 근기가 아니면 능히 믿을 수 없는 교외법려 전의 종지라는 것을 가리킨 것입니다"하였다.』

〈해동칠대록〉

혜철선사(惠哲禪師) 체공(體空)

이 글은 한림랑 최하(崔賀)가 왕명을 받들어 찬하였다.

무릇 종(鍾)이란 그것을 두드려 소리나게 하여(듣는 이로 하여금) 들어서 능히 생각을 안정시킬 수 있게 하고, 거울이란 그것을 갈아서 빛나게 하고 (보는 이로 하여금) 비추어서 형상을 가리게 하기에 족하다. 무정의 물건으로도 묘용(妙用)이 이와 같은데, 하물며 전생부터 공덕을 쌓아 기를 사이에 두고 태어난 오온과 신령한 대원(大願)임에랴!

마음은 망령된 마음이 아니요 행동은 진실한 행동이며, 공(空) 가운데 유(有)를 설하고, 색(물질)의 경계에서 공함을 아는구나. 바야흐로 육진을 깨끗이 하고 스스로 십지를 넘어 체득한 바는 허공의 크기보다 크며, 헤아린 바는 바다의 깊이보다 깊도다. 신통함은 식(識)으로써 식별할 수 없으며, 지혜는 지(知)로써는 알 수가 없으니, 곧 선사가 그러한 사람이다.

선사의 휘는 혜철(惠哲)이며 자는 체공(體空)이다. 속성은 박씨이며 경주 사람이다. 그의 선조는 젊어서는 공자(洙泗)의 발자취를 탐구하였고, 장년에는 노자와 장자의 말을 익혔다. 얻고 잃음을 마음에 두지 아니하였으며, 명예와 이익을 세상에서 완전히 잊어버리고, 혹은 고상한데 의지하여 멀리 바라보며, 혹은 붓을 적셔 소감을 읊을 뿐이었다. 할아버지도 그 일을 고상히 여겨 관직에 나아가지 않고 삭주 선곡현에서 한가로이 살았다. 곧 태백산 남쪽 연기와 아지랑이가 서로 어우러지고 좌우에 소나무와 바위가 널려 있는 곳에서 거문고와 술잔으로 스스로를 벗하는 사람이었다.

선사를 임신하자마자 어머니가 꿈을 꾸었는데, 위의를 갖추고 생김이 엄숙하고 우아한 어떤 호승이 법복 차림으로 향로를 들고 서서히 와서 침상에 앉았다. 어머니는 의아하고 이상하게 여겼는데, 이로 인해 꿈에서 깨어 "반드시 법을 지닐 아들을 얻을 것이니 마땅히 국사가 될 것이다"라고 말하였다. 선사는 강보에 싸여 있을 때부터 행동 하나하나가 보통 사람과 달랐다. 심지어 소란스럽게 노는 가운데서도 시끄럽지 않았으며, 편안하고 조용한 곳에서는 스스로 고요히 하였다. 누린내와 비린내를 맡으면 피를 토하였고, 도살하는 것을 보면 마음 아파했다. 앉을 때는 결가부좌를 하였고 사람에게 예의를 표할 때는 합장하였다. 절을 찾아 불상 주위에 머물며 범패를 부르고 승려를 본받으니, 전생의 업(業)과 그윽하게 부합함을 확실히 알 수 있다.

15세에 출가하여 부석산에 머물며 화엄경을 청강하였는데, 한 번에 다섯 줄을 읽어 내려가는 총명함이 있었다. 반자(半字)와 삼여(三餘)의 배움이 없었다면 어찌 화엄경을 연구할 수 있겠으며, 깊은 뜻을 찾고 은밀한 뜻을 찾는 것을 내가 어찌 할 수 있겠는가마는 한 길 되는 담장 안을 엿본 것을 말하지 않을 수 없었으니, 이에 글과 뜻을 엮어 책을 만들었다. 이전 대(代)의 고황(膏肓)을 해결하였고, 뭇 배우는 사람들의 몽매함을 없애 주었다. 동료들이 "어제는 절차(切磋 ; 학문을 노력하여 닦음)하던 벗이었는데 지금은 이끌어 주는 스승이 되었으니, 진실로 불문(佛門)의 안자(顔回)로다" 하였다.

22세에 대계를 받았다. 그 전날 꿈에 5색 구슬을 보았는데 누구나 소중히 여길 만한 보물이 갑자기 소매 속에 들어와 있는 것을 풀이하여 "나는 이미 계주를 얻었다"라고 말하였다. 처음 계를 받는데 회오리바람이 일어 하늘에까지 뻗쳐 폭풍이 되어 흩어지지 않았는데, 계단에서 내려오자마자 고요하고 조용해졌다. 십사들이 일러 "이 사미의 감응이 기이하고도 기이하다"라고 하였다. 구족계를 받고 나서는 마음을 닦고 행동을 깨끗이 하며, 부낭(계율)을 중하게 생각하여 계율 지키기를 생명 얻듯이 하였다. 몸은 풀에 묶여 있는 비구처럼 도는 반연에 법을 해침이 없었고, 바깥 경계로 인하여 진실을 어지럽히지 않았다. 계율을 잘 지켰고 또 선을 닦았으니 승려들의 귀감이었다.

가만히 생각하기를, "부처는 본래 부처가 없는데도 억지로 이름을 세운 것이며, 나(我)는 본래 내(我)가 없는 것이니 일찍이 어떤 물건도 있은 적이 없다. 자성을 보아 깨달아 마치니 비유하면 법이 공(空)하면서도 공하지 않음을 깨달은 것이다. 묵묵한 마음이 바로 이 마음이고, 적적한 지혜가 바로 이 지혜인 것이다. 통발과 올가미(筌蹄) 밖의 이치는 반드시 그러할 것이니 곧바로 지남(나침반)을 얻는 것이다"라고 하였다. 이에 탄식하여 이르기를, "본사 석가모니께서 남기신 가르침도 바다에 막혀 뽕나무밭이 되었고, 여러 조사의 은밀한 말씀에 대하여 이 땅에는 뛰어난 사람이 없다"라고 하였다.

이에 원화 9년(814) 가을 8월에 부처님의 가르침을 찾아 서쪽으로 멀리 갔다. 그 때에 하늘도 지극한 정성이면 어그러지지 아니하고 사람도 그의 장한 뜻을 빼앗지 못하였다. 천 길 물 위로 진교(秦橋)가 멀리 지나감에 여름과 가을이 바뀌었고, 만 길 산 끝에는 우(禹) 임금이 발에 굳은살이 박힌 것처럼(胼胝) 서리와 눈을 무릅썼다. 발길 닿는 곳으로 가지 않고, 공공산 지장대사(智藏大師)에게 나아갔다.

즉 제6조(혜능대사)는 회양(懷讓)에게 법을 부촉하였고, 회양은 도일(道一, 馬祖)에게 전했으며, 도일은 지장대사에게 전하였다. 대사는 여래장을 열어 보살심을 얻고 오랫동안 서당(西堂)에 앉아 사방에서 자신을 찾아오는 자를 깨우치니, 대략 만여 명을 헤아렸는데(하나를 들으면) 열을 아는 뛰어난 자가 아님이 없었다.

선사가 이르기를, "저는 외국에서 태어났고 하늘과 물에 길을 물어 중화를 멀다 하지 않고 찾아와서 이익됨을 청합니다. 만일 훗날에 말 없는 가운데의 말과, 법 없는 가운데의 법이 바다 밖(신라)에 유포된다면 다행이며 그것으로 만족하겠습니다" 하였다.

대사는 그 뜻이 이미 굳고 품성이 잘 깨달을 만하다는 것을 알았으며, 한 번 보고도 옛날부터 알고 있는 듯 은밀히 심인을 전하였다. 이에 선사가 적수(赤水)에서 잃어버린 것(구슬)을 얻은 듯 마음자리가 확 트이니 마치 태허의 아득히 넓음과 같았다. 무릇 오랑캐와 중국의 말이 다르며, 깊고 중요한 이치는 은밀하지만 가지를 베는데 도끼를 잡지 않는다면 누가 능히 여기에 함께 할 수 있겠는가.

오래지 않아 서당(西堂 ; 智藏大師)이 입적하였다. 이에 빈 배에 (더이상) 머물 이유가 없어 외로운 구름처럼 홀로 떠나 여기저기를 돌아다니니 몸에 그림자만이 따랐다. 순력한 이름난 산과 신령스러운 경계는 생략하고 싣지 않는다. 서주(西州) 부사사(浮沙寺)에 이르러 대장경을 열람하는데 아침저녁으로 오로지 정진하였고, 잠시도 그만두지 않았다. 눕지도 않았으며 자리도 펴지 않고 3년에 이르니, 경문(經文)은 오묘하나 궁구하지 못한 것이 없었고, 이치는 은밀하나 통달하지 않은 것이 없었다. 혹은 묵묵히 문장과 구절을 생각하여 마음에 깊이깊이 새겨두었다.

고국을 떠난 지 오래되었고 법을 선양하고자 하는 마음이 깊어져 드디어 군자의 나라(신라)로 돌아갈 것을 청하였다. 바로 신기루(乾闥婆城)와 같은 파도를 타고 개성 4년(839) 봄 2월에 바야흐로 고국에 도착하였다. 이날 많은 신하들이 함께 기뻐하였으며 마을 사람들도 서로 경하하며, "그 당시에는 구슬이 떠나 산과 계곡에 사람이 없더니, 오늘 구슬이 돌아옴에 개울과 들이 보배를 얻었도다. 부처님의 오묘한 뜻과 달마의 원만한 종지(宗旨)가 모두 여기에 있도다. 비유하건대 공자께서 위(衛)에서 노(魯)로 돌아온 것과 같다" 말하였다.

때마침 무주(武州) 관내의 쌍봉난야(雙峰蘭若)에서 여름 결제 때, 햇볕이 너무 뜨거워 산이 마르고 내가 말랐으며, 비가 오지 않을 뿐 아니라 조각구름조차 없었다. 주사(州司)가 선사에게 간절히 청하니, 선사가 고요한 방에 들어가 좋은 향을 사르며 하늘과 땅에 빌었다. 잠시 후에 단비가 조금씩 내려 무주 관내의 들을 촉촉하게 적시더니, 얼마 후 큰 비가 내렸다. 또 이악에 머물면서 묵계할 때 골짜기에서 갑자기 들불이 일어 사방에서 타들어와 암자를 태우려 하였는데, 사람의 힘으로는 구할 수 없었으며 또한 도망갈 길도 없었다. 선사가 단정히 앉아 묵묵히 삼매에 드는 동안 폭우가 쏟아져 모두 꺼버리니 온 산이 불탔으나 오직 일실(一室)만이 남았다.

일찍이 천태산 국청사에 머무를 때에도 화가 있을 줄 미리 알고 옷자락을 펼치며 급히 떠났는데 사람들이 그 까닭을 알지 못하였다. 오래지 않아 온 절에 전염병이 돌아 죽은 자가 10여 명이었다. 처음 당에 들어갈 때 죄인의 무리들과 함께 배를 타고 취성군(取城郡)에 도착하였다. 군감이 이를 알고 칼을 씌워 가두고 죄상을 추궁하였으나 선사가 사실을 말하지 않자 역시 함께 감옥에 가두었다. 군감이 내용을 갖추고 상주하여 왕명에 따라 30여 사람의 목을 베었다. 선사의 차례가 되었을 때, 선사의 얼굴이 편안하고 기뻐하여 죄인과 같지 아니하고 스스로 형을 집행하는 곳에 나아가니 군감이 차마 바로 죽이지 못하였다. 얼마 있지 않아 다시 명령이 있어 석방되니 오직 선사만이 죽음을 면하였다.

이와 같은 선적(禪寂)의 묘용은 생각할 수도 없고 얻을 수도 없다. 하늘의 운행을 돌려 해를 머무르게 하며 땅을 줄여 산을 옮겼다. 선사는 또한 장애에 걸림이 없었으나, 뛰어난 덕을 감추고 세속에 섞여 살며 명성을 드러내고자 하지 않았다.

곡성군(谷城郡) 동남쪽에 산이 있어 동리라 하였고, 그 속에 정사가 있어 대안(大安)이라 하였다. 그 절은 수많은 봉우리가 막아 가리고 하나의 물줄기가 맑게 흐르며, 길은 멀리 아득하여 세속의 무리들이 오는 이가 드물고, 경계가 그윽이 깊어 승려들이 머물기에 고요하였다. 용신이 상서로움과 신이함을 드러내고 독충과 뱀이 그 독과 모습을 감추며 소나무 그림자 어둡고 구름은 깊어서 여름은 시원하고 겨울에는 따뜻하니 이곳이 바로 삼한의 승지였다.

선사가 석장을 들고 와서 둘러보고는 이곳에 머물 뜻이 있었다. 이에 교화의 도량을 열고 자질이 있는 사람을 받아들이니, 점교와 돈교를 닦는 사람들이 사선(四禪)의 집에 구름처럼 모여들었고, 현인이거나 우매한 이거나 팔정(八定)의 문에 경모해 귀의하였다. 비록 마왕 파순의 무리들과 브라만의 무리들일지라도 어찌 정견(正見)에 돌아가 요임금을 보고도 짖는 개(吠堯)의 잘못을 깨닫지 않을 수 있겠는가. 이것은 바로 나부산의 고적을 회복한 것이며 조계산의 오늘을 이룩한 것이다. 문성대왕이 그것을 듣고 상법과 말법시대에 걸쳐 많은 몸을 나타냈다고 이르고, 자주 서간을 보내 위문하고 아울러 선사가 머물고 있는 절의 사방 바깥에 살생을 금하는 당(幢)을 세우는 것을 허락하였다. 이에 사신을 보내 나라를 다스리는 요체를 물으니, 선사가 편지에 올린 일의 몇몇 조목들이 모두 시정의 급한 일들과 관계된 것이므로 왕은 매우 기뻐하였다. 선사가 조정을 도와 이롭게 하고 왕후들의 예를 바친 것 또한 이루 다 말할 수가 없었다. 그 때 나이가 77세였다. 함통 2년(861) 봄 2월6일 질병 없이 앉아서 입적하시니, 몸이 흩어지지 않았으며 얼굴색은 평상시와 같았다. 곧 8일이 되어 절의 소나무 봉우리(松峯)에 안치하고 돌로 부도를 세웠다.

슬프도다! 물질의 모습은 본래 비어서(本空) 오고감에 항상 고요하니 삶과 죽음을 돌아보지 않고 미혹한 범부를 제도하였는데, 전에 제도 받지 못한 이들은 문득 전생의 인연을 잃고, 이미 후생의 제도를 얻는다. 모름지기 이치를 통달한 자가 업보가 다하여 육체와 하직한다고 하여 슬퍼하겠는가? 어느덧 대패를 거두고 거문고 줄을 끊었도다.

죽기 전에 기거하던 산 북쪽에 세 번 가서 삼나무를 베게 하였는데, 크기가 가히 네 아름이나 되었다. 선사가 말하기를, "사람이 죽으면 이것으로 관을 지어서 장사 지내라"고 하고, 절에 돌아와 벽 위에 관의 그림을 그리게 하였다. 이로써 문도들에게 고하여 말하기를, "만물은 봄에 나고 가을에 죽으니, 나는 곧 돌아갈 것이다. 이후에 너희들과 더불어 선(禪)을 말하고 도(道)를 맛볼 수 없을 것이다" 하였다. 임종할 무렵 들짐승이 슬피 울부짖어 산과 골짜기가 모두 흔들리고, 갈가마귀가 모이고 참새가 무리지어 모두 슬피 울었다. 부도 근처에 한 그루 소나무가 있었는데 푸르고 울창하고 무성하여 산 속에서 빼어났으나, 무덤길을 낸 이후 봄과 여름에는 하얗고 가을과 겨울에는 누렇게 되어 길이 죽음을 슬퍼하는 빛을 띠었다.

임금께서 선사의 모든 행적을 듣고 세월이 오래되면 그 종적이 티끌이 되어 흐려질까 염려하여 등극 8년(868) 여름 6월 어느 날에 이 글을 비에 새겨 장래의 거울이 되게 하라는 교지를 내렸다. 이에 시호를 내려 적인(寂忍)이라 하고, 탑명을 조륜청정(照輪淸淨)이라고 하니 성스런 조정의 은혜로운 대우가 풍족하였고, 선사의 훌륭한 행적이 갖추어졌다. 그 사(詞)에 다음과 같이 이른다.

우리 선사의 크게 깨달으심이여! 여러 몸을 나타내셨도다.
성(性)은 본래 공적(空寂)함이여! 그 작용이 날로 새롭도다.
이미 계율을 지키며 또 선을 행함이여! 무아(無我)한 사람이로다.
높은 산을 우러러 봄이여! 더불어 짝할 이가 없도다.

보배로운 달처럼 항상 원만함이여! 중생의 길을 비추었도다.
복된 물줄기가 맑게 흐름이여! 육진을 씻어냈도다.
점돈(漸頓)이 구름처럼 모여듦이여! 와서 손님이 되는구나.
설법과 침묵은 근기에 따름이여! 영원히 참된 보배로다.

비가 산불을 끔이여! 곧진(절)을 구하였도다.
가뭄을 근심함이여! 용신이 감응하였네.
죄인이 아닌데 형장이 임함이여! 후명(後命)이 이르렀도다.
미리 재앙을 피함이여! (남들이) 까닭을 알지 못하였다.

갑자기 돌아가심이여! 대춘(大椿)이 일찍 죽음이라.
백 명이 넘는 문도들이여! 피눈물로 수건을 적시네.
시호를 적인(寂忍)이라 하사함이여! 탑은 조륜(照輪)이라 하였도다.
이 은혜가 세상에 영원함이여! 어찌 만 년 뿐이리오.

이 글은 한림장 최하(崔賀)가 왕명을 받들어 쓰고, 중사인 신 극일(克一)이
받들어 썼으며, 함통 13년 세차 임진 8월14일에 사문 행종(幸宗) 등이 세웠다.

보조국사(普照國師) 체징(體澄)

이 글은 비어대 김영(金穎)이 왕명을 받들어 찬하고 유림랑 김원(金遠)이 썼다.

 들건대 무릇 선의 경지는 그윽하고 고요하며 바른 깨달음은 심오한 도리이니, 헤아리기도 어렵고 알기도 어려워 허공과도 같고 바다와도 같다 하였다. 그러므로 용수와 사자존자는 서천에서 파초에 비유하였고, 홍인과 혜능조사는 진단(중국)에서 제호로 설명되었다.

 대개 인과의 자취를 쓸어버리고 색상의 고향을 떠나 큰 소의 수레를 타고 망상(罔象)의 경지에 들어갔다. 이로써 지혜의 빛이 멀리 비추고 은택의 덕이 멀리 흘러 혼미한 거리에 법의 비를 뿌리며 깨달음의 길에 자애로운 구름을 펼쳤다.

 공(空)을 본 자는 한숨에 저 삿된 산(邪山)을 넘지만 인위적인 것이 있으면 영겁토록 어두운 업에 막히게 된다. 하물며 말법의 세상에서 상교(像敎)가 어지러워 부처님의 가르침에 맞는 것(眞宗)이 드물고, 대부분 편견을 가지고 있어 마치 물을 갈라 달을 구하는 것 같고, 줄을 꼬아서 바람을 잡아매려는 것과 같으니, 헛되이 6정을 수고롭게 할 뿐, 어찌 그 지극한 이치를 얻을 수 있겠는가.

 그것은 중생이 노사나불이 되고, 사나가 중생이 되는 것인데, 중생은 이미 사나의 법계 가운데 있는 것을 알지 못하고 종횡으로 업을 지으며, 사나 또한 중생들 속에 품고 있다는 것을 알지 못하고 잠잠히 항상 고요하니 어찌 미혹되지 아니하랴. 이 미혹됨을 아는 자는 크게 미혹되지 않을 것이니, 그 미혹됨을 아는 자는 오직 우리 선사뿐이로다.

 혹 어떤 사람이 말을 허황된 말이라고 하지만 도덕경에 이르기를, "상사는 도를 들으면 그것을 숭상하여 받들고, 중사는 도를 들으면 보존한 듯 잃은 듯 하며, 하사는 도를 들으면 손바닥을 비비며 웃는다. 그가 웃지 않으면 족히 도가 될 수 없다" 하였으니, 이것을 말한 것이다.

선사의 휘는 체징(體澄)이고 족성은 김이며, 웅진(공주) 사람이다. 집안은 명망이 이어지고 어진 가풍이 내려왔다. 이로써 경사가 하늘로부터 모이고, 덕이 커다란 산에서 내려와 효와 의리는 마을에 드날렸고 예와 악은 고관들 가운데 으뜸이었다.

선사를 잉태하던 해 존부인의 꿈에 둥근 해가 공중에 떠서 빛이 내려와 배를 관통하였다. 그 때문에 놀라 깨어나니 문득 임신한 것을 알았다. 1년이 넘도록 탄생하지 않으니 존부인이 상서로운 꿈을 돌이켜 생각하고 좋은 인연을 맹세하며 기도하였다. 단수(葅修)를 멀리하며 술을 끊고 이겨내고 청정한 계율로 태교하여 3보를 섬겼다. 이로 말미암아 해산의 걱정을 이겨내고 아들을 낳는 경사를 맞았다.

선사는 용모가 산이 서 있는 것처럼 씩씩하고 기품은 물이 신령스러운 것처럼 넉넉하고 치아가 고르고 자연스러웠다. 금발이 특이하여 마을사람들이 찬탄하고 친척들이 모두 놀라워하였다. 이미 갓난아이 때부터 완연히 속세를 떠나려는 뜻이 있었고, 겨우 7, 8세가 되었을 때는 영원히 속세의 인연을 버리려는 마음을 품으니, 양친이 그 부귀로도 머물게 하기 어렵고 재색으로도 묶어둘 수 없다는 것을 알고 출가하여 수행하는 것을 허락하였다.

지팡이를 짚고 스승을 찾아 화산(花山) 권법사의 문하에 들어갔다. 경 듣기를 일삼고 옷을 여미고 도 닦을 것을 청하니, 아침 일찍부터 밤늦게까지 부지런히 정진하였으며, 눈으로 본 것은 잊어버리지 않았고, 귀로 들은 것은 반드시 기억하였다. 항상 추하고 더러움을 멀리하며 승려의 의례를 익히고 어질고 착함을 쌓아 번뇌를 없애며, 마음을 비우고 고요하게 하여 신통 묘용하니 초연히 무리에서 뛰어나 우뚝함을 따를 사람이 없었다.
그 후 태화 정미년(827)에 가량 협산 보원사에 이르러 구족계를 받았다.

한 번은 계단장에 들어가 7일 밤을 도를 닦는데 갑자기 기이한 꿩이 홀연히 자연스럽게 날아들었다. 대략 옛 일을 잘 아는 자가 말하기를, "옛날에는 진창 (陳倉)에서 패왕의 법도를 드러냈는데, 오늘은 보배로운 땅(절)에 날아오니 장차 법을 일으킬 주인이 나타날 징조일 것이다" 하였다.

처음 도의대사가 서당에게서 심인을 받은 후에 우리나라에 돌아와 그 선의 이치를 설파하였다. 그 때 사람들은 오직 경의 가르침과 관법을 익혀 정신을 보존하는 법만을 숭상하고 있어 무위임운(無爲任運)의 종(선종)에는 아직 이르지 못하여 허망하게도 여기고 숭상하지 않는 것이 달마가 양나라 무제에게 받아들여지지 않은 것과 같았다. 이런 까닭으로 때가 아직 이르지 아니함을 알고 산림에 은거하여 법을 염거(廉居)선사에게 부촉하고 설산의 억성사에 거주하면서 조사의 마음을 전하고 스승의 가르침을 여니 우리 선사가 가서 받들어 섬겼다.

선사가 청정하게 일심을 닦고 3계에서 벗어나기를 구하여 목숨을 자기 목숨으로 여기지 아니하고 몸을 자기 몸으로 여기지 않았다. 염거선사는 체징의 지기가 무리 중에 짝할 이가 없으며 바탕과 기개가 보통과 달리 뛰어남을 살핀 후 현주(깊은 진리)를 부촉하고 법인을 전해주었다.

개성 2년 정사년(837)에 이르러 동지 정육(貞育)·허회(虛會) 등과 함께 바다를 건너 서쪽으로 중국에 들어갔다. 선지식을 참례하여 15주를 유력하였다. 법계의 즐거움과 바람이 서로 통하였고, 성상이 다름이 없는 줄을 알고 이르기를, "우리 조사께서 설하신 바는 다시 더할 것이 없다. 어찌 수고롭게 멀리 나아가야만 마음이 흡족하고 뜻이 만족하겠는가?" 하였다.

5년(840) 봄 2월에 평로사(平盧師)를 따라 본국으로 돌아와 고향(사람)을 교화하였다. 이에 단월이 마음을 기울여 석가의 가르침을 이으니, 모든 하천은 오산의 골(鰲壑)에서 시작되고 뭇 산봉우리의 으뜸이 영축산이라고 하더라도 적절한 비유가 되지 못할 지경이었다.

드디어 무주 황학난야에 머무르니 때는 대중 13년(헌안왕 3년, 859)으로 용이 석목(析木)의 나루에 모인 무인년 헌안대왕이 즉위한 다음 해였다.

대왕이 소문을 듣고 꿈에서조차 그 도를 우러러보아 애를 쓰고 선문을 열어주기를 원하였다. 서울에 들어오기를 청하여 여름 6월에 교지로 장사현 부수(副守) 김언경(金彦卿)을 파견하여 차와 약을 보내고 맞이하게 하였다. 선사는 구름과 바위를 벗삼아 지내는 것을 편안하게 여겼고, 또한 결계(結制)의 달에 속하였으므로, 정명(유마)의 병을 핑계를 대고 6조처럼 사양하였다.

겨울 10월에 교지로 다시 승려와 속인 사신인 영암군 승정 연훈(連訓)법사와 교지를 받든 빙선(憑瑄) 등을 보내 왕의 뜻을 알려 가지산사에 옮겨 거주하시기를 청하였다. 드디어 석장을 날려 산문으로 옮겨가셨으니, 그 산은 원표대덕의 옛 거처였다. 덕을 드러내어 법력으로 정사를 베풀었으므로 이로써 건원 2년(759)에 특교로 장생표주(長生標柱)를 세웠는데 지금까지 남아 있다.

선제 1년(860) 음력 2월에 부수 기면경이 삼가 제자의 예를 갖추어 일찍이 제자가 되어 문하에 들어갔는데, 맑은 녹봉을 덜고 사재를 내어서 철 2천 5백 근을 사서 노사나불 1구를 조성하여 선사께서 거주하는 절을 장엄하였다. 교지를 내려 망수 이남택 등도 금 160분과 조 2천 곡(열말)을 내게 하여 공덕을 꾸미는데 충당하게 하고, 사찰을 선교성에 예속시켰다. 함통 신사년(경문왕 1년, 861)에 각지에서 시주한 재물로 그 선우(절)를 꾸미니, 공사를 마치고 경축하는 날에 선사가 그 자리에 임하셨다. 암수 무지개가 법당을 뚫고 들어와 휘황하게 비추며 반짝이는 빛이 사람을 밝혀주었다. 이는 견뢰(堅牢)와 사가라(娑迦羅)가 상서로움을 알리고 표하는 것이었다.

광명 원년(헌강왕 6년, 880) 3월 9일 여러 제자들에게 고하기를, "나는 금생의 업보가 다하여서 곧 죽을 것이니, 너희들은 마땅히 불법을 잘 호지하여 게으름에 빠지지 말라"고 하였다. 4월 12일 유시부터 술시까지 온 산에 천둥과 번개가 치고, 13일 밤 자시에 상방의 땅이 진동하고 하늘이 밝아질 때쯤 오른쪽 옆구리를 땅에 대고 누워 입적하였다. 향령(享齡) 77세이고 승랍 52년이었다.

이에 제자 영혜(英惠) 청환(淸奐) 등 8백여 인이 돌아가신 스승에 대한 의로움이 깊고 그 정이 하늘과 땅을 감동시키고 사모함이 지극하여 울부짖으니, 그 소리가 계곡을 울렸다. 그 달 14일에 왕산의 송대에서 장례를 지내고 탑을 쌓아 편히 봉안하였다.

오호라, 선사여! 이름은 여기에 남아 계시건만 혼백은 어디로 가셨는가? 생명은 5탁세계를 여의고 십팔공(十八空)을 초월하여 기꺼이 적멸하여 돌아오지 않으시고 법림을 남겨 길이 빼어나거늘, 어찌 사계(沙界)에서만 생령을 구제했을 뿐이겠는가. 실로 또한 삼한에서 임금의 교화를 도왔도다.

예기에 이르기를, "별자(別子)가 조(祖)가 된다"라고 하였는데, 강성(康成)이 주를 달아 이르기를, "네가 만약 처음으로 이 나라에 왔다면 후세에서 조로 여길 것이다"라고 하였다. 이로써 달마가 당의 제1조가 되고, 우리나라는 곧 의(儀)대사(道義)가 제1조로 되고, 거선사(廉居)가 제2조가 되며, 우리 선사가 제3조가 되는 것이다.

중화 3년(헌강왕 9년, 883) 봄 3월 15일에 문인 의거(義車) 등이 행장을 찬집하고 멀리 왕이 계신 곳에 나아가 비명을 건립하여 불도를 빛내기를 청하였다. 임금께서 진공(眞空)의 이치를 흠모하고 선사를 기리는 마음을 어여삐 여겨 유사에게 교지를 내려 시호를 '보조(普照)'라 하고, 탑호를 '창성(彰聖)', 사액을 '보림(寶林)'이라 정하니 그 선종을 기려 예경한 것이다. 다음 날 또 미천한 신에게 조칙을 내려 비문을 지어 후세 사람에게 넉넉함을 드리우게 하니, 신은 조심하고 황공해하며 명을 받들어 사실대로 글을 짓는다. 다만 삼가 임금의 뜻을 공손히 받들 뿐이니, 감히 문림(文林)의 비웃음을 피할 수 있겠는가.
송사(頌詞) 해 이른다.

선심(禪心)은 정해진 것이 아니어서 지극한 이치가 공에 돌아감이여!
마치 깨끗한 유리의 세계가 유무 가운데 있는 것과 같도다.
신(神)도 통하여 비추지 못하며 귀신인들 감히 충돌하리오!
지킴에 부족함이 없으며 베푸심이 끝이 없으며,

항하사가 다하더라도 묘용은 다함이 없구나!

텅 비어 끝없이 넓은 사나불(노사나불)이여! 만물을 감싸 기르며,
꿈틀거리는 중생이 사나의 율(律)을 어김이구나.
돌이 이미 동체이거늘 다시 누가 부처일까.
미혹하고 또 미혹함에 어리석다면 도가 이에 마침이로다.

위대하시다! 선사시여. 신라에서 태어났도다.
능히 보리를 연마하고 지혜와 덕을 힘써 닦아서
공을 관하여 공을 초월하고 색을 봄에 색이 아니거늘,
억지로 인(印)이라 일컬으나, 얻은 바를 이름하기 어려우니라.

유위세계의 무수한 인연이여!
경계가 오매 전신이 움직이며 바람이 일어남에 파도가 치는구나.
모름지기 의마(意馬)를 조복하고 힘써 심원(心猿)을 조복시켰으리
이로써 후현(後賢)에게 보배로이 베풂이로다.

반야의 배를 타고 애욕의 강물을 건너니
피안에 이미 오른지라, 오직 부처님이 헤아릴 바이로다.
소수레(법화경)가 이미 화택에 도달하여 불을 피하니
법상(法相)이 비록 철인에게 있으나 시들고 말았구나.

총림의 주인 없는 산문에 반야가 공하도다.
뭇 호랑이에게 석장을 보내고 뭇 용들에게 발우를 보내니,
오직 남은 향불에 (선사의) 목소리와 모습을 돌이켜 생각해 보며,
이 곧은 돌에 법을 새기고 그 웅대함을 받드노라.

중화 4년 세차 갑진년(884) 늦가을 9월 무오 19일 병자에 비를 건립하였다.
앞 부분에서 제7행 선자 이하(선심은 정해진 것이 아니어서)는 제자 병부시
랑이 썼고 입조사 전중대감 자금어대를 하사받은 김언경(金彦卿)이 찬술하였다.

흥륜사 스님 석현창(釋賢暢)이 글자를 새겼다.

　황룡사 9층탑
지금은 없어져서 황량한 터만 남아 있지만
어찌 아홉 나라만 눌러 나라를 평온할 것인가.
동서양 구주(九州) 모두가 한 통속이니
4유 상하 중앙이 하나될 것이다.

〈활안〉

지증대사(智證大師) 적조(寂照)

이 글은 자금어대 최치원이 썼다.

먼저 말한다. 오상(仁義禮智信)을 다섯 방위로 나눔에 동방에 짝지어진 것을 인(仁)이라 하고, 삼교(三敎)로 이름을 세움에 청정한 경지를 나타낸 분을 부처님이라 한다. 어진 마음이 곧 부처이니 부처를 가리켜서 능인이라 일컬음은 당연한 것이다. 신라(郁夷)의 유순한 성품의 물줄기를 인도하여 가위(迦毘羅衛)의 자비한 교해에 이르게 하니, 이는 마치 돌을 물에 던지고 비가 모래를 모으는 것처럼 쉬웠다. 하물며 동방의 제후가 변경을 지키는 나라로서 우리처럼 위대함이 없으며, 땅의 정기는 이미 생명 살리기 좋아함을 근본으로 삼고, 풍속 또한 서로 사양함을 첫째로 여기니 즐거운 태평성대의 봄이며, 은은한 상고(上古)의 교화이다. 백성들이 석종을 깊이 받아들이니, 승려가 임금의 존귀함에 거하게 하고, 말은 자연스레 범음을 사용하였으니, 하는 말마다 족히 경전의 문자가 흘러나왔다.

이것은 진실로 하늘이 환하게 서쪽으로 돌아보고 불법이 동쪽으로 흐른 것이니, 마땅히 군자의 고을(신라)에 법왕(부처)의 도가 나날이 깊어지고 또 깊어짐이로다. 또한 노나라에는 별이 떨어진 기록이 있고, 한나라에서는 해를 두르는 일을 징험한 이래 부처님의 가르침은 시냇물마다 달이 비추이는 것 같고, 범음은 온갖 소리가 바람에 우는 것 같았다. 혹 아름다운 일의 자취를 서적에 모으기도 하고, 혹은 빛나는 사실들을 아름다운 옥에 새기기도 하였다. 그러므로 낙양에서 비롯되었다. 진궁(秦宮)에 거울을 달았던 사적들이 밝고 밝아 마치 해와 달을 걸어놓은 듯 환하니 진실로 세 척(尺)의 혀(언어)와 5색의 붓(문자)이 아니면 어떻게 후세에 전하게 할 수 있겠는가! 나라에서 나라로 전해진 것에 따르거나 한 고을로부터 다른 고을에 이르게 된 것을 고찰하여 보면,

불법의 바람이 사막과 험한 산을 건너오고 그 교파가 바다 구석진 곳 신라까지 비로소 미치었다.

옛날 동국이 셋으로 나뉘어 솥발처럼 대치하였을 때에 백제에 소도 불탑 의식이 있었으니, 이것은 한무제가 감천궁에서 금인에게 제사를 지낸 것과 같은 것이다. 그 후 섬서의 담시(曇始)스님이 처음으로 고구려(貊)에 온 것은 마치 가섭 마등이 중국에 들어온 것과 같으며, 고구려의 아도가 우리나라(신라)에 건너온 것은 강승회가 남행한 것과 같다. 이 때는 양나라 보살황제인 무제가 동태사에서 사신(捨身)을 하고 돌아온 지 1년이요, 우리 법흥왕께서 율령을 제정한 지 8년 만이다. 또한 이미 동해의 언덕에 여락지근(與樂之根)을 심었고, 해 뜨는 곳(신라)에 믿음의 보배가 빛났도다.

하늘이 선한 원력에 융합했고 땅에서는 수승한 인연을 나타냈음이다. 이러한 때에 궁중의 귀인이 제 몸을 버리고 상선(임금)이 머리를 깎았으며, 스님들은 중국으로 유학을 가고 인도의 고승들은 동쪽으로 왔도다. 이로 인하여 혼돈함이 개벽되고 사바세계가 두루 교화되니 산천의 명승 경개(景槪)를 선택해서 토목의 기이한 공력을 다하지 않음이 없었다. 절을 잘 장식하고 수행의 길을 비추니 신심이 샘처럼 솟아오르고 지혜의 힘이 바람처럼 드날리었다. 마침내 백제와 고구려를 크게 무찔러서 전쟁의 재앙이 제거하도록 하며 무기를 다 없앴고 경사를 칭송하게 하니, 옛날의 작은 나라였던 삼국이 이제야 장하게 한 집을 이루어 통일하였다.

사찰이 기러기 떼와 같이 늘어서서 틈이 없었으며 북소리가 우레처럼 진동하여 제천에서 멀지 않으니 점점 (불교에) 물들고도 남음이 있었고, 깊이 연구해 들어감에 게을리 하지 아니하였다.

불교가 일어남에 있어 (우리나라 불교는) 비파사(소승)가 먼저 전래하였으니 우리나라(四部)에 4제의 법륜이 달렸고, 마하연(대승)이 뒤에 이르러 온 나라에 일승의 거울이 빛났다. 그리하여 교의가 상승함이 용운(龍雲)과 같고, 계율의 비등함이 호풍(虎風)과 같았다. 학해(學海)의 파도가 넘실거리고, 계림(戒

林)의 가지와 잎이 울창하였다. 도(道)로써 모든 것을 머금고 품으니 밖(그 끝)이 없으나 정으로써 융섭하여 (세상의) 가운데에 있게 되었다. 또한 물이 잠잠한 것같이 망상을 모두 쉬고 높은 산에 해가 떠있는 것이 대체로 그와 같으니 세상이 알지 못하였다.

장경(821~824) 초에 도의라는 승려가 서쪽으로 배를 타고 중국에 가서 서당의 깊은 법력을 보고 지혜의 광명을 지장(서당)에게 배워 돌아왔으니, 현계(玄契)를 처음 말한 사람이다. 그러나 원숭이의 마음에 얽매인 무리들이 남쪽을 향해 북쪽으로 달리는 잘못을 감싸고, 메추라기의 날개를 자랑하는 무리들이 남해를 횡단하려는 대붕의 높은 뜻을 꾸짖었다. 이미 교종에 심취하여 다투어 비웃으며 선법을 마어(魔語)라고 비방하였기 때문에 (아직 선법을 펼치는 것이 시기상조라 여겨) 자기의 빛을 지붕 아래 감추고 자취를 깊은 곳(壺中)에 숨겼다. 신라의 왕성에 (전법하겠다는) 생각을 버리고 마침내 설악산의 북쪽에 은둔하였다. 어찌 주역의 "세상에 숨어도 근심이 없다"는 것과, 중용의 "후회하지 않는다"라고 하는 것과 같지 않겠는가? 그러나 (꽃이) 겨울 산봉우리에 빼어나 선정의 숲에서 향기를 풍기니 개미가 고기 있는 곳에 모여들 듯이 덕을 사모하는 이가 산을 메웠으며, 교화를 받고는 마침내 산을 떠나가니 도는 폐할 수가 없으며, 때가 되어 마땅히 행해지는 것이다.

홍덕대왕이 왕위를 이어 받고 선강태자가 감무(監撫)가 되어 사(邪)를 제거하고 나라를 평안하게 하고 선을 좋아하여 나라를 기름지게 하였다. 이즈음 홍척대사가 (당에) 가서 서당으로부터 심인을 증득하고 신라에 돌아와서는 남악에서 머물렀다. 임금이 하풍(下風)에 따르겠다는 청을 밝혔고, 태자는 안개가 걷힐 것이라는 기약을 경하하였다. 선법을 드러내 보이고 전법을 은밀히 하여 아침의 범부가 저녁에 성인이 되니 변함이 널리 행해진 것은 아니나 일어남이 갑작스러웠다.

시험 삼아 그 종취를 비교해 보면, 닦되 닦을 것이 없는 것을 닦으며, 증득하되 증득할 것이 없는 것을 증득하는 것이다. 고요히 있을 때는 산이 서 있는 것 같고, 움직일 때는 산골의 (메아리가) 응하는 것처럼 선(禪)이 지니는 무위(無爲)의 유익함으로 다투지 않고 이기는 것이다. 이에 우리나라 사람들의 마음을 비우게 해주어 능히 고요한 이익으로써 해외를 이롭게 하되 그 이롭게 함을 자랑하지 않으니 참으로 위대하도다.

이후에 중생을 구제함이 쉬워지고 도에 계합하여 무념의 경지에 드니, 이에 조사를 따르는 문도들이 번창하였다. 혹 중국에서 득도하고 돌아오지 않거나 혹 득도하고 돌아왔는데, 큰스님이 된 분을 손가락으로 꼽을 만하였다. 서화(西化 ; 중국에서 입적)로는 정중사의 무상(無相), 상산사의 혜각(慧覺), 익주 김화상(金和尙), 진주 김스님 등이요, 신라에 돌아온 이로는 앞에 서술한 북산의 도의와 남악의 홍척, 그리고 시대를 조금 내려와서는 대안사의 철국사 혜철(惠徹), 혜목산의 육(育), 지력사의 문(聞)스님, 쌍계사의 혜소(慧炤), 신흥사의 충언(忠彦), 용암사의 각체(覺體), 진구사의 각휴(覺休), 쌍봉사의 각운(覺雲), 고산사의 품일(品日), 양조국사였던 성주사의 무염(無染) 등인데, 선종인으로 덕이 두터워 중생들의 아버지가 되고, 또한 도가 높아 왕의 스승이 되었으니 예로부터 이른바 "이름을 감추려 해도 이름이 나를 따라오고, 명성을 피하지만 명성이 나를 따라온다"는 것이었다. 그러한 까닭에 두루 덕화가 중생들에게 미쳐 자취를 비석에 전한다. 좋은 형제와 마땅한 자손이 있어 선정의 숲으로 하여금 신라를 빼어나도록 하고 지혜의 물로 하여금 접수(鰈水 ; 한반도)에서 순탄하게 흐르게 하였다.

그래서 따로 지게문을 나가거나 들창으로 내다보지 않아도 대도를 보며, 산에 오르거나 바다에 가지 않고도 최상의 보배를 얻어 고요히 마음을 쉬게 하고, 담담히 (오욕의) 맛을 잊게 되었다. 중국에 가지 않고도 도에 이르고, 이 땅 또한 엄하게 하지 않아도 다스려졌으니, 7현을 누가 비유할 수 있겠는가? 10주(住)에 계위를 정하기 어려운 사람이 현계산(賢溪山)의 지증대사가 바로 그분이다.

처음 크게 이를 적에 범체대덕에게 몽매함을 깨우쳤고, 경의율사에게 구족계를 품수했으며, 마침내 상달할 적에는 혜은엄군(慧隱嚴君)에게서 현리(玄理)를 탐문하였고, 양부영자(楊孚令子)에게 묵계(黙契)를 주었다. 법의 계보로 보면 당의 제4조 도신을 5세의 아버지로 하여 동쪽으로 점차 해동에 내려온 것인데, 소급해서 이를 세어본다면 쌍봉(사조의 호)의 제자는 법랑(法朗 ; 혹 法明)이고, 손(孫)은 신행(信行)이며, 증손은 준범이고 현손은 혜은이요 말손이 대사이다.

법랑대사는 대의(大醫 ; 4조)에게서 크게 깨달았다. 중서령 두정륜이 찬한 도신대사 비명에 따르면, "먼 곳의 기사(畸士)요, 이역의 고인(高人)으로 험한 길을 꺼리지 않고 보배가 있는 곳에 이르러 보배를 움켜쥐고 돌아갔다"라고 하니, 법랑대사가 아니고 누구이겠는가! 다만 아는 사람은 말하지 않으므로 다시 몰래 감추어 두었는데 능히 비장한 것을 더듬어 찾은 사람은 오직 신행대사뿐이다. 그러나 때가 불리하여 도가 미쳐 형통하지 못하여 배를 타고 입당하니 천자에게 알려졌다. 숙종황제가 몸소 시편(天什)을 주면서, "용이 바다를 건너는데 배를 의지하지 않고, 봉황이 허공을 가로질러 날면서 달을 인정하지 않는다"라고 하니, 이에 선사가 '산과 새', '바다와 용' 두 구절로 대답하니 깊은 뜻이 있다고 하겠다. 동국에 돌아와 3대를 전하여 대사에 이르니 '팔만세 이후'라는 말이 여기에서 증험된 것이다.

스님의 세속 인연은 바로 왕도인(王都人)으로 김씨의 자손이니, 호는 도헌(道憲)이요 자는 지선(智詵)이다. 아버지는 찬괴(贊瓌)이고 어머니는 이씨(伊氏)이다. 장경 갑진년(824)에 세상에 태어나 중화 임인년(882)에 입적하였으니, 법랍은 43년이요 세수는 59세이다. 그가 갖춘 체상을 보면 키는 한 길(7,8척)이 넘고, 얼굴은 한 자 남짓하였다. 풍채가 뛰어나고 음성은 웅장하며 명랑하였으니 참으로 이른바 '위엄이 있으면서도 사납지 않은' 사람이었다.

잉태할 때부터 열반에 이를 때까지 기이한 행적과 비밀스러운 이야기는 신출 귀몰하는 것 같아 붓으로 다 기록할 수 없겠으나, 이제 사람들의 귀를 기울이게 하는 여섯 가지 이상한 감응과 사람의 마음을 놀라게 했던 여섯 가지를 간추리고 나누어 나타내겠다.

처음 어머님의 꿈에 한 거인이 나타나 말하기를, "나는 과거의 승견불(勝見佛)로서 말세에 사문이 되었는데, 화를 낸 까닭에 오랫동안 용보에 떨어져 있다가 이제는 업보가 다하였으므로 마땅히 법손이 되려 합니다. 그러한 까닭에 묘한 인연에 의탁하여 자비로운 교화를 널리 펴기를 원합니다"라고 하였다. 꿈을 꾼 이후 임신하여 거의 4백 일이 지나 부처님을 관욕하는 날에 태어났다. 이 일은 이무기의 부생고사(復生故事)에 징험되고 꿈은 부처님 어머니의 태몽 고사에 부합하였다. 스스로 경계하는 사람으로 하여금 더욱 경계하게 하고, 가사를 입은 스님들로 하여금 정교하게 수행하게 하니, 태어날 때의 이적이 첫번째이다.

태어난 지 며칠이 지났는데도 젖을 빨지 않아 젖을 짜서 먹이면 울면서 목이 쉬려고 하였다. (걱정하던 중) 홀연히 어떤 도인이 문 앞을 지나다가 깨우쳐주며 말하기를, "어린아이의 울음소리를 그치게 하려면 냄새나는 채소와 고기를 참고 끊으십시오"라고 하였다. 어머니는 도인이 시키는대로 하였더니 마침내 아무런 일이 없게 되었다. 젖을 먹이는 이로 하여금 더욱 삼가게 하고, 고기 먹는 사람으로 하여금 부끄러운 마음을 지니게 하였으니, 숙습(宿習)의 이적이 두번째이다.

9세에 아버지를 잃고 거의 사경이 되었는데, 어떤 추복승(追福僧)이 불쌍히 여겨 위로하면서 "덧없는 육신은 사라지기 쉬우나 장한 뜻은 이루기 어렵다. 옛날 부처님이 부모의 은혜를 갚는데 큰 방편을 두었으니, 그대는 이에 힘쓸지어다"라고 하였다. 깊이 깨달은 바 있어 곡(哭)을 그치고 어머니에게 여쭈어 불교에 귀의할 것을 청하였다. 어머니는 그가 어린 것을 가엾게 생각하고 또 집을 보전할 주인이 없는 것을 염려하여 단호하게 허락하지 않았다. 그러나 (부처님의) 유성고사(踰城故事)를 듣고는 도망하여 부석산에서 불교를 배웠다.

어느 날 갑자기 마음이 놀라 여러 번 자리를 옮겼는데, 난데없이 어머니가 병을 앓는다는 소식을 들었다. 급히 고향에 돌아가서 뵈오니 병이 곧 나았으므로 그 때 사람들이 그를 완효서(玩孝緖)라는 사람에 견주었다. 얼마 되지 않아 고질병에 걸렸는데 의원을 찾아가도 효과가 없었다. 여러 사람에게 점을 치니 한결같이 "아이의 이름을 부처님께 예속시켜라"라고 하였다. 어머니가 그전의 꿈을 돌이켜 생각하고 시험 삼아 가사로 덮고 울면서 서원하기를, "만약 이 병이 나아 일어난다면 부처님께 빌어 제자로 하겠습니다"라고 하였다. 이튿 밤이 지나자 과연 병이 말끔히 나았다. 우러러 어머니가 염려하는 것을 깨닫고 마침내 평소에 갖고 있던 뜻을 이루어 의심을 풀게 하였으니, 효도와 감응의 이적이 세번째이다.

17세에 이르러 구족계를 받고 비로소 강단에 나아갔는데 소매 속에 신광(神光)이 선명하게 비추는 것을 깨닫고 더듬어 한 구슬을 얻었으니 어찌 마음을 일으켜 구한 것이리오. 이에 발 없이도 이른 것이니 참으로 육도집경의 비유한 바이다. 배가 고파 울부짖는 자로 하여금 스스로 배부르게 하고, 취해서 자빠진 사람으로 하여금 깨어나도록 하였으니 마음을 격려하는 이적이 네번째이다.

하안거를 마치고 장차 다른 곳으로 가려 하는데, 그날 밤 꿈에 변길보살(보현보살)이 이마를 쓰다듬으며 귀에 대고 "고행은 행하기 어렵지만 반드시 이룰 것이다"라고 말하였다. 꿈에서 깬 뒤 소스라치게 놀랐다. 묵묵히 살과 뼈에 새겨 깊이 명심하였다. 이로부터 다시는 비단과 솜옷을 입지 않았다. 바느질이 필요하면 반드시 삼이나 닥나무에서 나온 것을 쓰고, 가죽신은 신지 않았다. 하물며 깃으로 만든 부채나 털로 만든 깔개, 기타의 것을 사용했겠는가! 삼베옷을 입은 자로 하여금 수행에 눈을 뜨게 하고, 솜옷을 입은 이를 낮 뜨겁게 하였으니, 몸을 다스리는 이적이 다섯 번째이다.

젊을 때부터 노성의 덕이 풍부하였고 더구나 계주를 빛내자 후배들이 다투어 좇아와서 법을 구하였으나 대사가 거절하면서 말하기를, "사람의 큰 문제는 남의 스승 되기를 좋아하는 것이다. 억지로 은혜를 베풀고자 하여도 은혜를 베풀 수가 없는 것이다. 모범을 보이는 것 같으나 모범이 되지 않으니 어찌하겠는가! 하물며 바다에 떠서 스스로도 구제할 여가도 없으면서 없는 그림자를 좇으니 반드시 웃음거리가 되리라"라고 말하였다. 그 후 산을 올라가는데 늙은 나무꾼이 앞길을 막으며 말하기를, "선각이 후각을 깨우치는데 어찌 빈 껍질(덧없는 몸)을 아낄 필요가 있겠습니까?"라고 하였다. 가까이 다가가니 문득 보이지 않았다. 이에 부끄러워하면서 깨달았다. 그 후부터서는 구법하러 오는 것을 막지 않으니 계람산(鷄藍山) 수석사에 대중이 대나무와 갈대같이 빽빽하게 몰려들었다. 갑자기 점을 쳐서 다른 곳에 땅을 고르고 집을 지으면서 말하기를, "얽매이지 않는 것이 평소의 생각이지만 능히 옮기는 것이 귀한 일이다"라고 하였다. 글을 읽기만 하고 그 뜻을 모르는 사람으로 하여금 세 번 살피게 하고, 소(巢 ; 사찰)를 꾸민 자로 하여금 아홉번 생각하게 하였으니, 훈계를 내려준 이적이 여섯번째이다.

태사에 추증된 경문대왕이 마음으로 정교(三敎)에 통달한 지증대사의 얼굴을 보고자 하였다. 멀리서 깊이 지증대사를 생각하며 자신을 가까이 하면서 국정을 도와주기를 바랐다. 이에 편지를 보내기를, "이윤(伊尹)은 사물에 구애받지 않는(大通) 사람이고, 송섬(宋纖)은 작은 것까지 살핀(小見) 사람입니다. 유교로써 불교를 비교하면 가까운 곳에서 먼 곳으로 가는 것과 같습니다. 서울(경주) 주위의 암거(巖居)에도 자못 좋은 곳이 있습니다. (새가 날아가다가 앉을) 나무를 택한 것과 같으니, 봉황의 내의(內儀)를 아끼지 마십시오"라고 하였다.

근시 가운데 쓸 만한 사람인 곡릉(원성왕의 능)의 곤손(여섯째 대의 손자)인 입언(立言)을 뽑아 사자로 삼았다. 교지를 전하자 거듭 제자의 예를 갖추었다. 대사가 답하여 말하기를, "자신을 닦고 남을 교화함에 있어 고요한 곳을 버리고 어디로 가리오. '새가 나무를 고른다'는 말씀은 참으로 저를 위해서 말해주신 것이니, 바라건대 그냥 이대로 있게 해주시어 제가 거듭되는 부름을 피해 다른 곳으로 가지 않게 해주십시오"라고 간청하였다. 임금이 이를 듣고 더욱 진중하게 여겼다. 이로부터 명예는 날개가 없어도 사방으로 날아갔고 대중은 말하지 않는 중에도 아주 달라졌다.

함통 5년(864) 겨울에 단의 장옹주(端儀 長翁主)가 미망인을 자청하며, 당래불(미륵불)에게 귀의하였다. 대사는 공경히 하생을 위해 상공을 후하게 하였다. 읍사(邑司)의 영지인 현계산 안락사가 산수의 아름다움을 넉넉히 갖추고 있다 하여 원학(猿鶴)의 주인이 되어 주시기를 청하였다. 대사가 그의 문도들에게 이르기를, "산의 이름이 현계(賢溪)라고 하니 땅이 우곡과는 다를 것이며, 절 이름을 안락이라 하였으니 승려가 어찌 살지 아니 하겠는가"라고 하고는, 그 말대로 옮겨가 머무르니 곧 교화되었다. 산을 좋아하는 이로 하여금 더욱 고요하게 하고, 땅을 택하는 사람으로 하여금 더욱 신중하게 생각토록 하니 행장의 옳음이 그 첫째이다.

어느 날 문인에게 알리기를, "고 보찬(大阿湌) 김의훈(金嶷勳)이 나를 제도하여 중이 되게 하였으니, 공(公)에게 불상으로써 보답하겠다"라고 하고는 이에 장륙현금상을 주조하여 선(銑 ; 황금 중에서 가장 광택이 나는 것)을 도금하여 이로써 인우(절)를 수호하고 명로(冥路 ; 저승길)로 인도하는데 사용하였다. 은혜를 베푸는 자로 하여금 날로 독실하게 하고, 의(義)를 갚는 자로 하여금 바람처럼 따르게 하였으니, 보답을 아는 것의 옳음이 그 둘째이다.

함통 8년(867) 정해년에 이르러 단월인 옹주가 여금(茹金) 등을 시켜 가람에 남묘(南畝 ; 田地)와 노비의 본적을 주어 괴포(스님)의 전사(傳舍 ; 누구든지 오가다가 들르는 곳)로 삼도록 하여 영구히 바꾸지 못하게 하였다. 대사가 그로 인해 생각한 바를 말하기를, "왕녀가 법희를 돕는 것이 오히려 이와 같은데 부처님의 제자인 내가 선열을 맛봄이 어찌 헛되이 그렇겠는가. 내 집이 가난하지 않고 친당이 모두 죽었으니, 내 재산을 길 가는 행인의 손에 떨어지도록 하는 것보다는 차라리 불문제자들의 배를 채우는 것이 낫겠는가"라고 하였다.

드디어 건부 6년(879)에 장(莊) 12구(區)의 전 500결을 희사하여 절에 예속시켰다. 밥을 먹는 것을 누가 밥주머니라고 조롱할 것인가. 죽만 얻어먹고도 능히 솥에 새길 수 있는 것이다. 백성이 하늘처럼 여기는 것(양식)에 힘입어 불토를 기약할 수 있게 되었다. 비록 내 땅이라고는 하나 왕토에 속하므로 비로소 왕손인 보찬(輔粲) 계종(繼宗)과 집사시랑 김팔원(金八元) · 김함희(金咸熙)에게 질의하니 정법사 대통인 석현량에게 미쳤는데, 구고(九皐 ; 대사가 거처하고 있는 심원한 곳)에서 소리가 나 천리 밖에서 메아리치니 태부에 추증된 헌강대왕이 아름답게 여겨 이를 허락하였다. 그 해 9월에 남천군 승통 훈필(訓弼)로 하여금 별서(농장)를 가려 도량을 구획하도록 하였다. 이것은 모두 밖으로는 군신이 땅을 늘리도록 도와주고, 안으로는 부모가 천계에 태어나도록 하는데 이바지한 것이다. 살아있는 이로 하여금 인(仁)을 일으키게 하고 노래 부른 이에게 상을 준 사람으로 하여금 허물을 뉘우치게 하였으니, 대사가 단월로 서 희사한 것의 옳음이 그 셋째이다.

건혜지(乾慧地)의 경지에 있는 사람이 있었는데 심충(沈忠)이라 하였다. 그 는 대사가 충분한 정혜력(定慧力)을 가진 분이며, 살핌은 건곤(天地)에 통달하 고 의지는 담란(曇蘭)처럼 확고하며, 학술은 안늠(安廩)과 같이 정교하다는 것을 듣고 찾아가 예를 올렸다.

"제자에게 여분의 땅이 있는데 희양산 중턱 봉암·용곡에 있습니다. 지경이 괴이하여 사람의 눈을 놀라게 하니 바라건대 선궁을 지으십시오."

대사가 천천히 대답하였다.

"내가 능히 몸을 나누지 못하거늘 어찌 이를 사용하겠는가?"라고 말하였다. 심충의 청이 확고하고 게다가 산이 신령스러워 갑옷 입은 기병을 선봉으로 삼 은 듯한 신이로운 형상이 있었다. 이에 석장을 짚고 나무꾼이 다니는 좁은 길 로 서둘러 가서 두루 살폈다. 또 산이 사방에 병풍처럼 둘러막고 있는 것을 보 니 봉황의 날개가 구름을 뚫고 치켜 올라가는 듯하고, 물이 백 겹으로 띠처럼 두른 것을 보니 이무기의 허리를 돌에 대고 누운 듯하였다. 이에 놀라고 감탄 하며 말하기를, "이 땅을 얻게 된 것이 어찌 하늘의 돌보심이 아니겠는가. 청 납(靑衲 ; 승려)의 거처가 되지 않는다면 황건(黃巾 ; 도적)의 소굴이 될 것이 다"라고 하였다.

드디어 대중을 솔선하여 후환에 대한 방비를 기본으로 삼아 기와와 처마가 사방으로 이어지도록 일으켜 지세를 누르고, 철불상 2구를 주조하여 절을 호위 하도록 하였다. 중화 신축년(881)에 이르러 전 안륜사 승통 준공과 사정사 배 율문을 교견(敎遣)하여 절의 강역을 표시하여 정하고, 이어 방(榜)을 내려 '봉 암'이라 하였다. 대사가 가서 교화한 지 수년 후에 산에 사는 백성으로 들도적 이 된 자가 있었는데, 처음에는 감히 법륜에 맞섰으나 끝내 교화되었다. 능히 정심(定心)의 물을 깊이 헤아려서 마산(魔山)에 미리 물을 댄 큰 힘이 아니겠 는가. 팔이 부러진 자로 하여금 의리를 드러내도록 하고, 용미(龍尾)를 파는 자로 하 여금 광기를 억제 하게 하였으니 선심을 개발하는 것의 옳음이 그 넷째이다.

태부대왕(헌강왕)이 중국 풍속으로써 폐단을 없애고 지혜의 바다로 마른 세상을 윤택하게 하였다. 평소에 영육의 이름을 흠양 하였고 법심의 강론을 듣기를 갈망하였다. 이에 마음을 계족산에 두고 편지를 곡두(安樂寺)에 보내 부르면서 "외호하는 조그만 인연이 벌써 1년이 넘었습니다. 안으로 큰 지혜를 닦을 수 있도록 한 번 오신다면 다행이겠습니다"라고 말하였다. 대사는 임금의 편지에 감동하여 "좋은 인연은 세상에 통하여 한 나라에 함께 사는 것이다"라고 말한 뒤 옥(玉)을 품고 산을 나가니 말고삐가 잇달아 길에서 맞이하였다.

선원사(禪院寺)에서 휴식하게 되자 편안히 이틀 동안 묵게 하고는 대사를 궁중으로 모시고 월지궁(月池宮)에서 '심(心)'에 대해 물었다. 때는 가는 풀조차 바람에 움직이지도 않고 야간 온수(溫樹; 賓廳)에 바야흐로 밤이 들 무렵이었는데, 마침 달의 그림자가 맑은 못의 한복판에 똑바로 비추는 것을 보고는, 대사가 몸을 구부리고 내려다보다가 다시 하늘을 우러러 고하기를, "이것(月)이 곧 이것(心)이니 더 이상 말씀드릴 것이 없습니다"라고 하였다. 임금이 씻은 듯 흔쾌히 마음에 흡족하여 "부처님이 청련화를 들고 뜻을 드러냈거니와 전해지는 바 유풍여류(遺風餘流)가 진실로 이에 들어맞습니다"라고 말하였다.

드디어 큰절을 하며 망언사(忘言師)로 삼았다. 대사가 대궐을 나오자 임금은 충신에게 뜻을 비추어서 조금 더 머무르기를 바랐다. 대사가 답하되 "소가 소를 이고 있는 것은 값어치가 얼마 안되고, 새를 새의 본성대로 기르면 은혜 됨이 헤아릴 수 없을 것입니다. 여기서 작별하기를 청하오니 이를 굽히면 부러질 것입니다"라고 하였다. 임금이 이 말을 듣고 한숨을 쉬고 운어(韻語)로 탄식하여, "만류해도 머무르지 않으니 공문(空門)의 등후(鄧侯)로다. 대사는 '지둔(支遁)이 놓아 준 학', 나는 '속세를 초월한 갈매기'가 아니로다"라고 말하였다. 이에 10계(戒)를 받은 제자인 선교성 부사 풍서행(馮恕行)에게 명하여 산으로 돌아가시도록 전송하게 하였다. 이렇듯 토끼를 기다리는 이로 하여금 그루터기에서 떠나게 하고 물고기를 좋아하는 이로 하여금 그물 만드는 법을 배우게 하니 출행하고 처산(處山)하는 옮음이 그 다섯째이다.

대사는 세속에서 다닐 때 멀든 가깝든 험하든 평지이든 간에 일찍이 말이나 소로 하여금 수고로움을 대신하게 하지 않았다. 산에 돌아가는데 빙설이 발걸음을 막으므로 임금이 종려나무로 만든 보여(步輿)를 내리시니 시자에게 사양하며 말하였다.

"이 어찌 정대춘(井大春)의 이른바 인거(人車)가 아니겠는가? 영준한 사람도 사용하지 않은 것인데 하물며 출가한 자(形毀者)임에랴. 그러나 왕명이 이미 이르렀으므로 그것을 받아서 괴로움을 구제하는 도구로 삼겠습니다."

병으로 인해 안락사로 옮겨가서 지팡이를 짚고도 일어설 수 없었을 때 비로소 가마(보여)를 타니, 병을 병으로 여기는 이로 하여금 공(空)을 깨닫도록 하고 어진 이를 어질게 여기는 이로 하여금 집착에서 벗어나게 하였으니, 취사의 옳음이 그 여섯째이다.

겨울 12월 18일에 가부좌하고 마주보며 이야기를 나눈 뒤에 조용히 열반하였다. 오호라. 별은 하늘로 돌아가고 달은 큰 바다에 떨어졌도다. 온종일 부는 바람이 골짜기를 울리니 그 소리는 호계(虎溪)에 울부짖음과 같았으며, 쌓인 눈에 소나무가 부러지니 그 빛깔이 학수와 같도다. 만물이 감응하기가 이처럼 지극하니 사람의 슬픔을 어찌 헤아릴 수 있겠는가! 이틀 만에 가빈(假殯)을 현계산(賢溪山)에 모셨다가 1년 후에 다시 희양산 들판으로 옮기고 장사 지냈다.

태부대왕(헌강왕)이 의원을 보내 병문안을 하고 사자를 보내 재(齋)를 베풀게 하였다. 왕은 고루 살피는데 (정무를 보느라) 여가가 없음에도 처음부터 끝까지 도와주었다. 보살계를 받은 제자이고 건공향(建功鄕)의 수령인 김입언(金立言)에게 특별히 명하여 외로운 여러 제자들을 위로하게 하고, 시호를 지증선사 탑호를 적소(寂炤)라 내렸다. 이에 비를 세우는 것을 허락하고 대사의 행장을 기록하여 올리게 하니 문인 성견(性蠲)·민휴(敏休)·양부(楊孚)·계휘(繼徽) 등은 모두 봉모(鳳毛 ; 글재주를 칭찬)를 얻은 자들로서 진술한 행적을 거두어 바쳤다.

을사년(885)에 이르러 백성 가운데 유교를 공부하여 당에 유학 가서 과거에 급제하여 관직이 주하사(柱下史)에 오른 이가 있었는데 최치원이라 하였다. 천자의 조서를 받들고 회왕(淮王 ; 高騈의 호)의 곡폐(鵠幣 ; 고변이 보낸 폐백)를 가져오니, 비록 봉거(鳳擧 ; 사신이 군왕의 명을 받아 遠行하는 것)에는 부끄러우나 자못 학이 돌아온 것에 비교할 만하였다. 왕이 배신으로 불교 신자인 도죽양(陶竹陽)에게 명령하여 문인들이 쓴 행장을 주면서 손수 교지를 내려 말하기를, "누더기 삼베 옷 입은 동국의 큰스님이 열반하심을 이전에 슬퍼하였으나, 비단 수놓은 옷을 입은 서쪽의 사신이 동국으로 돌아온 것을 매우 기뻐하노라. 영원히 없어지지 않을 인연이 이에 이르렀으니 훌륭한 글을 짓는데 재주를 아끼지 말고 장차 스님의 자비를 갚도록 하라"고 당부하였다.

신이 비록 무인의 재주는 없지만 문이 된 것을 다행스럽게 생각하여 바야흐로 재주를 마음껏 부리려고 하였는데 갑자기 임금의 승하를 만났다. 더구나 당시 나라에서는 불사를 소중히 여기고 집에는 승사(僧史)를 간직하고 있으며, 법갈(法碣 ; 탑)이 서로 바라다보고 있었는데 선승의 비가 가장 많아졌다. 두루 좋은 문장을 보고 시험 삼아 비단 같은 송(頌)을 찾아보니 "감도 없고 옴도 없다"는 설이 다투어 말(斗)로 헤아릴 만큼 많았다. "태어남도 없고 멸함도 없다"는 말이 움직이기만 하여도 수레에 실을 정도로 많았지만, 일찍이 노사(魯史 ; 春秋)에서와 같은 새로운 뜻은 없고 간혹 주공(周公)의 옛 문장을 썼음이라. 이에 돌이 말하지 못한다는 것을 알았고 도가 멀다고 하는 것을 더욱 체험하였다. 오직 슬픈 것은 스님의 입적이 너무 이르고 신(최치원 자신)이 늦게 돌아온 것이다. '애체(靉靆)'라는 두 글자를 두고 누가 과거의 인연을 일러줄 것이며, 원(圓)에서처럼 설법을 하였으나 참다운 비결을 듣지 못하였으니 항상 손을 다칠까 근심만 하였지 주먹이 펴지는 것은 깨닫지 못하였다. 때가 늦은 것을 탄식하자면 이슬처럼 가고 서리처럼 다가와 문득 근심으로 센 귀밑털이 시들어 쇠약한 것 같고, 도를 이야기하자면 하늘처럼 높고 땅과 같이 두터워 겨우 뻣뻣한 붓을 썩힐 뿐이다. 장차 얽매임이 없는 노님에 어울리고자 비로소 공동(崆峒 ; 경치가 아름다운 산의 이름)의 아름다운 행실을 서술한다.

문인 영상(英爽)이 와서 글을 재촉하니 금인(金人)이 입을 다물었다는 고사에 따라 돌 같은 마음을 더욱 굳혔다. 그러나 참는 것이 뼈를 깎는 것보다 고통스럽고 요구하는 것은 몸을 새기는 것보다 심하였다. 그림자처럼 8년을 함께 하였으며(비문을 마음먹고 쓰기까지 8년이나 걸렸다는 뜻), 말은 세 번이나 되풀이했던 것에 힘입었다. (언어를 삼가했다는 뜻) 헤아리건대 '육이육시(六異

六是 ; 앞의 내용을 말함)'로 글을 지은 것에 부끄러움이 없고 용력을 뽐내기에
여유가 있는 것은 실로 대사가 안으로 육마(六魔 ; 六根·六賊)를 소탕하고 밖
으로 육폐(六弊)를 제거하여 행은 육바라밀을 포괄하고 좌선은 육신통을 증득
한 까닭이다. 일은 꽃을 따사 모은 것에 비유되고, 글은 초고(草藁)를 없애는
것을 어렵게 하였다. 그래서 진(榛)나무와 호(楛)나무를 자르지 않은 것과 같
게 되었으니 쭉정이와 겨가 앞에 있는 것이 부끄럽구나. 자취는 '난전(蘭殿 ;
正殿)의 놀음'을 따랐으니, 누가 '월지궁의 아름다운 대좌'를 앙모하지 않겠는
가. 게송은 백량(栢梁)에서 지은 글을 본받았음이니, 바라건대 해 뜨는 곳에서
고담(高譚)으로 드날리라.

그 글에 말한다.

인성(麟聖)은 인(仁)에 의지하고 덕을 의거했으며,
녹선(鹿仙)은 백(白)을 알면서도 흑(黑)을 지켰네.
두 교(유교와 도교)가 모두 천하의 본보기라 일컬어지지만,
나계진인(螺髻眞人 ; 부처님)과 실력을 겨루기 어렵다.

10만 리 밖 서역(인도)을 비추었고,
1천년 후에 동국을 밝혔구나.
계림의 지경은 금오산 곁에 있고,
예로부터 선과 유에 기특한 이가 많았네.

가련하다. 희중(羲仲)은 직분에 게으르지 않고,
다시 불교를 맞이하여 공과 색을 분별하였구나.
이로부터 교문이 여러 층으로 나뉘었으니,
말길이 이로부터 널리 뻗게 되었네.

몸은 토끼 굴(兎窟)에 의지하였으나 마음은 쉬기 어려웠고,
발은 여러 갈래를 밟지만 눈은 도리어 현혹되었네.
법해는 순탄하게 흘러갈지 참으로 헤아리기 어려운데
마음으로 안결(眼訣)을 얻었으니 참되고 극진함을 포괄하였구나.

얻은 것을 얻었다고 하는 것은 망상(罔象)의 얻은 것과 같으며
침묵을 지키어 침묵하는 것은 수매미(寒蟬)가 침묵하는 것과 다름이다.
북산의 도의와 남악의 홍척이여!
따오기의 날개를 드리며 대붕새의 날개를 폄과 같다.

해외에서 왔을 때는 도를 누르기 어려웠으나,
멀리 뻗은 선의 물줄기가 막힘이 없구나.
쑥이 삼밭 가운데에 의탁하면 스스로 곧으니,
구슬을 옷 속에 더듬을 것이요, 이웃에게 빌리는 것을 그만두었네.

담연자약한 현계산의 선지식이여!
12인연이 헛된 꾸밈이 아니로다.
어찌 줄을 잡고 또한 말뚝을 박을 것이며,
어찌 종이에게 붓을 핥도록 하고 먹물을 머금게 할 것인가.

저들이 혹 멀리서 배우고 돌아와 포복(활동하였다는 뜻)했지만,
나(지증대사를 말함)는 앉아서 고요히 마적을 항복 받았노라.
뜻의 나무(意樹)를 잘못 심어 기르지 말고,
정욕의 밭(情田)에 함부로 씨 뿌리고 거두지 말라.

항하사를 두고 만(萬)이다 억(憶)이다 논하지 말고
외로운 뜬구름을 두고 남북을 논하지 말라.
덕의 향기 사방으로 멀리 퍼져 담포향(瞻葡香)처럼 드날릴 것이요,
일방(한나라)을 지혜로 교화하여 사직을 편안히 함이로다.

몸소 천화(임금의 부름)를 받들어 가사(袈裟)를 나부꼈으니,
마음을 물에 비친 달에 비유하여 선의 경지를 드러내 보였도다.
좋은 비단을 입고 누가 가시밭에 들어가겠는가.
못난 나의 붓은 행적 쓰기가 부끄러움이로다.

발자취가 보당에 빛나서 이름을 돌에 새길만하지만,
내 재주는 금송(비단 같은 글)을 감당하지 못하여 글을 짓기가 어렵구나.
굶주린 배에 선열의 음식을 채우고자 한다면
산중에 와서 전각을 볼지어다.

　　중한불교(中韓佛敎)
중국과 한국이 바다 육지로 막혀
함부로 가고 옮은 마음대로 하지 못했는데
부처님 밝은 빛이 공중에서 빛나니
인도·중국·한국이 한 통속 되었어라.

〈활안〉

낭혜화상 무염(無染)

이 글은 최치원이 왕명을 받들어 찬하고, 종제 자금어대 최인연이 왕명을 받들어 썼다.

당이(황소의) 난을 무력으로 평정하고 연호를 문덕으로 바꾼 해(888) 11월 17일 오후 4시경, 신라의 양조(경문왕과 헌강왕)에 걸쳐 국사를 지낸 선승(낭례)화상이 목욕재계한 뒤 가부좌한 채 입멸하였다. 온 나라 사람들이 슬퍼하는 것이 마치 좌우 두 눈을 다 잃은 것 같았는데, 하물며 그 문하의 여러 제자들이야 오죽했겠는가. 슬픈지라! 대사가 신라에서 태어난 지 89년이요, 서계(西戒 ; 구족계)를 받은 지 65년이었다. 세상을 떠난 지 3일이 지났는데도 자리에 기대어 있는 모습이 엄연하여 얼굴빛이 살아 있는 듯하였다.

문인 순예(詢乂) 등이 울부짖으며 유체를 받들어 임시로 선실에 빈소를 정하였다. 임금께서 부음을 듣고 몹시 슬퍼하며 사신을 보내 글로써 조문하고 곡식을 내려 부의하고 청정한 공양을 마련하여 명복을 빌고자 하였다.

2년이 지난 뒤 돌을 다듬어 부도를 세웠는데, 소문이 서울(경주)에까지 들렸다. 보살계를 받은 제자인 무주도독 소판 김일(金鎰)과 집사시랑 김관유(金寬柔), 패강도호 김함웅(金咸雄), 전주 별가 김영웅(金英雄)은 모두 왕손이다. 이들은 왕족으로서 임금의 덕을 보좌하면서 험난한 상황에서는 대사의 은혜를 입었으니, 어찌 반드시 출가한 연후에만 입실제자라고 하겠는가.

드디어 (스님의) 문인인 소현대덕 석통현(釋通玄)과 사천왕사 상좌 석신부(釋愼符)와 함께 의논하기를, 스님께서 돌아가셔서 임금께서도 슬퍼하거늘 어찌 우리들이 무심하게 입을 다문 채 스승의 은혜를 갚기 위한 일을 하지 않을 수 있겠는가!" 하였다. 이에 백흑(승과 속을 말함)이 함께 (대사에게) 시호를 내려주실 것과 탑에 새길 글을 청하니 교지를 내려 허락하였다.

곧 왕손 병부시랑(夏官二卿) 김우규(金禹珪)에게 명하여 계원행인 시어사 최치원을 부르게 하였다. (최치원이) 봉래궁(蓬萊宮)에 이르러 기수(琪樹 ; 재능이 뛰어난 사람)를 따라 섬돌을 오른 뒤에 주렴 밖에서 꿇어앉아 명령을 기다렸다.

임금께서 "돌아가신 성주대사(聖住大師)는 진실로 한 부처님이 세상에 나오신 것과 같다. 옛날에 돌아가신 부왕(文考 ; 경문왕)과 헌강왕 모두 스승으로 섬겨 오랫동안 나라를 복되게 하였다. 내가 왕위를 이어 선대의 뜻을 그대로 계승하고자 하였으나 하늘이 (어진 인물을) 오랫동안 남겨두지 않았으니 내 마음이 더욱 애석하구나. 나는 큰 덕행이 있는 사람에게 큰 이름을 주는 것이니, 시호를 대낭혜(大朗慧)라 하고, 탑은 백월보광(白月葆光)으로 하고자 한다. 그대는 일찍이 중국에서 벼슬하고 금의환향하였도다. 돌이켜 보건대 부왕께서 국자로 선발하여 배우도록 하였고, 헌강왕께서는 국사(國士)로서 예우하였으니 그대는 마땅히 국사(國師)의 비명을 지어 이에 보답하라" 하였다.

(최치원이) 사양하여 말했다.

"황공하옵니다만 전하께서 제 글이 벼에 알맹이는 없고 쭉정이만 많고, 계수나무에 향기만 있는 듯 실속이 없음을 용서하시고 글로써 임금의 덕을 보답하라 하시니 진실로 천행입니다. 다만 대사는 유위의 말세에 무위의 비밀스러운 종지를 가르쳤으니 소신의 유한한 하찮은 재주로 무한한 스님의 큰 덕행을 기록하는 것은 약한 수레에 무거운 짐을 싣고, 짧은 줄의 두레박으로 깊은 우물물을 퍼내려고 하는 것과 같습니다. 만일 돌이 이상한 말을 하거나 거북이가 돌아다보는 좋은 일이 없으면 결코 산이 빛나고 냇물이 아름다울 수 없고, 도리어 숲과 시내에 부끄럽게 될 것입니다. 청컨대 비문을 짓는 것을 피하게 해 주십시오."

"사양하기를 좋아하는 것은 대개 우리나라의 풍습으로 매우 좋은 것이다. 그러나 진실로 이 일을 할 수 없다면 과거에 급제한 것이 무슨 소용이 있겠는가. 그대는 힘쓰도록 하라."

문득 한 편의 두루마리를 꺼내니 크기가 서까래만 하였다. 내시로 하여금 주게 하였는데 이는 문하의 제자들이 바친 행장이었다.

다시 생각해 보건대, 중국에 들어가 배운 것은 대사나 나나 다 같은데 스승이 된 이는 어떠한 사람이고, 그를 위해 일을 해야 하는 사람은 어떤 사람이란 말인가. 어찌 심학자(心學者)는 높다 하고 구학자(口學者)는 수고로움을 당해야 하는가. 그래서 옛날의 군자들이 배우는 바를 신중히 하였던 것인가. 그러나 심학자는 덕을 세우고 구학자는 말을 남기는 것이므로 그 덕도 말에 의지하고서야 전해질 수 있으며, 이 말은 또한 덕에 의지하여야 없어지지 않는 것이다. 전해질 수 있어야 마음을 멀리 후세 사람들에게 보여줄 수 있고, 없어지지 않아야 말도 옛사람에게 부끄럽지 않게 될 것이다. 할 수 있는 일을 할 수 있을 때에 하는 것이니, 어찌 다시 감히 실속 없는 글이라고 굳이 사양하기만 하겠는가!

비로소 서까래처럼 둘둘 말려 있는 행장을 펼쳐보니 대사가 중국에 유학하고 신라에 들어온 해 구족계를 받고 선의 이치를 깨달은 인연, 공경과 관리들이 귀의하여 우러르던 일, 불전과 영당을 창건한 일 등이 고 한림랑 김입지(金立之)가 찬술한 성주사비에 상세하게 서술되어 있고, 부처님의 제자로서 펼친 덕화와 임금의 스승으로서 누렸던 명성, 세속을 진정시키고 마구니를 항복시킨 위력, 붕새처럼 떠나고 학처럼 돌아온 자취 등은 태부(太傅)에 추증되신 헌강왕이 친히 지은 심묘사비(深妙寺碑)에 갖추어 기록되어 있는 것을 알게 되었다. 그러므로 내가 이제 글을 짓는 것은 다만 우리스님께서 열반에 드신 시기와 임금께서 탑호를 내리신 것을 드러내는데 그칠 뿐이다.

입과 손이 의논하여 스스로의 뜻대로 글을 쓰고자 하였는데, 마침 수제자인 비구가 와서 좋은 글(藟臼)을 재촉하였다. 이야기를 하다가 이러한 내 뜻을 드러내자 그가 말하였다.
"김입지가 찬한 비는 세운지 오래되어 그 후 수십년간 남긴 아름다운 행적이 빠져있고, 태부왕의 신필은 대개 각별이 대우했음을 드러내 보인 것일 뿐입니다. 그대는 입으로 옛 현인들의 책을 맛보았고 직접 임금의 명도 받았으며, 귀로는 국사의 행적을 실컷 들었고, 눈은 문하 제자들이 올린 행장에 취할 정도입니다. 마땅히 널리 기억하고 빠짐없이 서술하여 장차 가외(可畏)에게 전해주어 그들이 일의 처음부터 끝까지를 잘 알게 해야 합니다. 만일 중국에 가는 사람이 이를 소매에 넣어 간직해 두었다가 중국인의 비웃음을 면할 수 있다면 매우 다행일 것이니, 내가 감히 더 이상을 바라겠습니까. 그대는 번거로움을 거리끼지 말고 엄광(嚴光)과 같은 태도로 재주를 숨기지 말고 솔직하게 써주시오."

"나는 이엉을 엮는 것처럼 간절한 것이 좋은데, 스님은 나에게 채소를 파는 것처럼 자세한 것을 바라시는군요."

마침내 산란한 마음을 붙잡고 억지로 붓을 움직이는데, 서한서(西漢書 ; 漢書) 유후전(留侯傳) 끝머리에 "장량(張良)이 임금과 더불어 조용히 천하의 일을 이야기한 것이 매우 많았으나 천하의 존망에 대한 것이 아니었으므로 쓰지 않는다"라고 하는 구절이 떠올랐다. 그에 따라 대사께서 살다 돌아가신 사이의 사적 중에 뛰어난 것이 별처럼 많지만 후학들에게 경계할 바가 아닌 것은 또한 쓰지 않으려고 한다. 또한 스스로 반고(班固)의 한서(漢書)를 조금이라도 엿보았다고 자부하면서 이에 따라 기술한다.

빛이 왕성하고 충실하여 천하를 비추는 자질을 갖춘 것으로 아침 해보다 더 고른 것이 없고, 기가 온화하고 융섭하여 만물을 기르는 능력을 갖춘 것으로 봄바람보다 더 넓은 것이 없다. 이 큰바람과 아침 해는 모두 동방에서 나오는 것이니, 곧 하늘이 이 두 가지 자질을 모으고 산악이 한 신령한 정기를 내려 군자국(신라)에 태어나 특별히 불가에 우뚝 서게 한 이가 없으니, 그분이 바로 우리 스님이시다.

대사는 법호가 무염(無染)이고 원각조사(圓覺祖師)며, 달마의 10세손이다. 속성은 김씨로 무열왕이 8대조이다. 할아버지 주천(周川)은 골품은 진골이고 관위는 한찬(韓粲)이었으며, 고조부와 증조부가 모두 조정 안팎으로 장상(將相)을 역임하여 집집마다 알고 있었다. 아버지 김범청(金範淸)은 골품이 진골에서 1등급 떨어져 득난(得難)이 되었다. 만년에는 조나라 문왕의 일을 본받았다(검술을 즐겼다).

어머니 화씨(華氏)가 꿈속에서 긴 팔을 지닌 호법 천인이 꽃을 내려주는 것을 보고 임신하였다. 얼마 뒤 거듭 꿈에 자칭 법장이라고 하는 외국 스님이 나타나서 10호계를 주면서 그것으로 태교를 하게 하였다. 그로부터 12달이 지나서 대사가 태어났다. 애장왕 2년(801) 당 덕종 정원 17년 신사년 12월 28일 오시에 태어났으니 13개월 만에 태어난 것이다.

어려서부터 다니거나 앉을 때 반드시 합장하거나 가부좌를 하고 대하였으며, 여러 아이들과 더불어 놀면서 벽에 그림을 그리거나 모래를 쌓을 때에는 반드시 불상이나 탑의 모양을 본떴다. 하루도 부모의 슬하를 떠나지 않다가 9세 때 비로소 공부를 시작하였는데 눈으로 한 번 본 것은 반드시 입으로 외웠으므로, 사람들이 해동의 신동이라고 칭송하였다. 12세를 넘어서는 9류(流)가 비좁다고 하면서 불교에 입문하는데 뜻을 두었다. 먼저 어머니께 여쭈니 어머니는 이미 전에 꾸었던 꿈을 생각하고 울면서 "허락한다"고 하였다. 뒤에 아버지를 뵈오니, 아버지는 자신이 늦게서야 깨달은 것을 후회하고 기꺼이 허락하였다.

드디어 설악산의 오색석사(五色石寺)에서 마침내 출가하였다. 머리를 깎고 가사를 입음으로써 약을 잘 감별하였고, 부족한 것을 보충하는데 힘을 다하였다.
이 절에 법성선사(法性禪師)가 있었는데, 일찍이 중국에서 종가문(驛伽門; 看心法)을 배웠던 분이다. 무염대사가 스승으로 수년 동안 모셨는데 거의 남김 없이 다 배웠다. 법성선사가 찬탄하며, "빠른 걸음으로 달리면 뒤에 출발해도 먼저 이른다고 한 것을 내가 그대에게서 경험하였다. 내가 생각해 보아도 그대에게 더 가르칠 만한 것이 없다. 그대와 같은 사람은 마땅히 중국으로 가야 한다" 하였다.

밤의 새끼줄은 속기 쉽고 허공의 실오라기는 분간하기 어렵다. 물고기는 나무에 올라가 구하는 것이 아니고, 토끼는 그루터기만 지킨다고 잡을 수 있는 것이 아니다. 그러므로 스승이 가르친 것과 내가 깨달은 것에 서로 장점이 있다. 진실로 진주나 불을 얻었다면 조개나 부싯돌을 버릴 수 있다. 도에 뜻을 둔 사람에게 어찌 꼭 정해진 스승이 있겠는가.

이윽고 그 곳을 떠나 부석산의 석징(釋澄) 대덕에게 표하건나(화엄경)를 배웠는데, 하루에 서른 사람의 몫을 감당할 푸른색과 붉은색이 본래 빛깔을 잃은 것 같았다. 요당(坳堂 ; 마당 가운데 우묵하게 패인 곳)의 비유를 돌이켜보고 말하기를, "동쪽만 바라보면 서쪽의 담장은 보지 못할 것이다. 저 건너 중국이 멀지 않은데 어찌 고토만 생각할 것인가" 하고는 급히 산에서 나와 바다에 나아가 서쪽으로 가는 배를 탈 기회를 엿보고 있었다. 마침 나라의 사신이 서절(瑞節)을 지니고 천자를 조회할 일이 있었으므로 그 배를 함께 타고 서쪽으로 가게 되었다. 대양의 한복판에 이르자 풍랑이 성난 듯 일면서 뒤집으니 큰 배는 부서지고 사람들은 다시 떨쳐나가지 못하였다. 대사는 심우인 도량(道亮)과 함께 널빤지를 타고 업보의 바람에 모두 맡겼다. 밤낮 없이 약 15일 동안 표류하여 검산도(劍山島)에 도착하였다. 무릎걸음으로 물가에 올라 오랫동안 실의에 빠져 있다 말하기를, "물고기 뱃속에서는 다행히 몸이 빠져나왔으니 용의 턱밑에도 손을 넣어(바라는 구슬을) 얻을 수 있을 것이다. 내 마음이 돌이 아니거늘 어찌 물러날 수 있겠는가"라고 하였다.

장경 2년(822)에 이르러 조정사 왕자 흔(昕 ; 金陽. 무주도독으로 태종의 후손으로 명주군주 김주원의 증손이다)이 당은포(唐恩浦)에 배를 댔다. 함께 태워줄 것을 요청하여 허락을 받았다. 마침내 (산동의) 지부산(之罘山) 기슭에 도착하여 전에는 어려웠던 일과 나중에 쉬워진 것을 돌아보고, 해약(海若 ; 水神)에게 합장하고는 "고래처럼 큰 파도 속에서 몸을 잘 보존하게 했고, 풍마(風磨)와 잘 싸우셨습니다"라고 하였다.

(스승을 찾아) 다니다가 대흥성 남산 지상사에 이르러 화엄경을 강설하는 사람을 만났는데, 부석사에서 배운 것과 같았다. 얼굴이 검은 한 노인을 만났는데 (그 노인이) 말하기를, "멀리 (자신 밖의) 사물에서 취하려고 하니 어찌 부처를 알 수 있으랴"라고 하자 대사는 말이 떨어지자마자 크게 깨우쳤다.

이로부터 필묵을 놓고 여기저기 돌아다니다가 불광사에서 여만(如滿)에게 도를 물었다. 여만은 강서 마조에게 심인을 받았으며, 향산거사 상서 백낙천과 불법을 같이 이야기하는 벗이었는데, 응대하면서 매우 부끄러운 빛을 띠고,

"내가 사람을 많이 보았지만 이 신라인과 같은 이는 드물다. 뒷날 중국이 선을 잃는다면 장차 동이(신라)에 가서 묻게 될 것이다"라고 하였다.

길을 떠나 마곡 보철화상(麻谷 寶徹和尙)을 뵈었다. 화상을 모시면서 일을 가리지 않고 부지런히 힘쓰며, 남들이 어렵다고 하는 것을 스스로 쉽게 해내니 대중들이 그를 가리켜 "선문의 유검루(庾黔婁)라 할 만큼 남달리 실천하는 사람"이라고 하였다. 보철화상이 대사의 고생스러운 수행을 갸륵하게 여기고 일찍이 어느 날 대사에게 이르기를, "옛날 나의 스승 마조화상께서 나와 헤어질 때 말씀하시기를, '봄꽃이 번성하면 가을 열매가 적은 것인데 이는 보리수에 오르려는 자들이 슬퍼하고 탄식하는 바이다. 이제 너에게 심인을 주니, 훗날 제자 가운데 뛰어난 공로가 있어 봉할 만한 자를 봉하여 끊어지지 않도록 하여라'라고 하셨다. 다시 또 '대법이 동으로 흐른다는 말은 대개 예언에서 나왔으므로, 즉 저 해 뜨는 곳 신라 선남자들의 근기가 거의 무르익은 듯하니 네가 만약 동방 사람으로서 가히 눈으로 말할 만한 자를 얻으면 잘 지도하라. 지혜의 물이 바다 건너 구석진 곳에까지 크게 뒤덮도록 한다면 덕이 얄지 않을 것이다'라고 당부하였다. 스승이 말씀이 귀에 쟁쟁한데 네가 왔으니 기쁘구나. 이제 인가하여 너로 하여금 신라에서 선사로 으뜸가게 할 것이니 가서 삼가 실행하라. 그렇게 한다면 나는 지금 강사 마조의 수제자이고 훗날에는 해동(선문)의 할아버지가 될 것이니 스승에게 부끄러울 것이 없으리라"라고 하였다.

머문 지 얼마 지나지 않아 스승(보철화상)이 열반에 들었다. 검은 두건을 벗고 말하기를, "큰 배가 이미 떠나 버렸는데 작은 배가 어디에 묶여 있을 것인가"라고 하였다. 이로부터 표연히 유랑생활을 바람처럼 하였는데 그 기세를 막을 수 없었으며, 그 뜻을 빼앗을 수 없었다. 분수를 건너고 곽산을 오르기까지 옛 자취는 반드시 찾아보고 진실한 승려는 반드시 만나 보았다. 무릇 머무는 곳은 인가를 멀리하였는데 그것은 위태로운 것을 편안히 여기고 괴로움을 달게 여기며, 두 팔과 다리를 종처럼 부리되 마음을 임금처럼 받들기 위해서였다. 이런 가운데서도 오로지 병자를 돌보며 고아와 자식 없는 노인을 구휼하는 것을 스스로의 임무로 삼았다. 지독한 추위나 혹심한 더위가 닥쳐서 열이 나고 가슴이 답답하거나 손이 트고 밤에 얼음이 박히더라도 일찍이 게으른 기색이 없었으니, 그 이름을 듣는 사람마다 자기도 모르는 사이에 멀리서 예경을 표하며 떠들썩하게 '동방의 대보살'이라고 칭송하였다. (중국에서 보낸) 30여년 동안의 행적은 이와 같았다.

회창 5년(845)에 귀국하니 당 황제의 명에 의한 것이었다. 나라 사람들이 서로 기뻐하며 "여러 성과 맞바꿀 수 있는 벽옥이 다시 돌아오니 이것은 실로 하늘이 한 일로 이 땅의 행복"이라고 하였다. 이로부터 법문을 청하는 이가 이르는 곳마다 벼와 삼같아 가득하였다. 왕성(경주)에 들어가 어머니를 뵈오니 크게 기뻐하며 "돌이켜보면 내가 전날에 꿈꾼 것이 우담발리화가 한 번 나타난 것이 아니겠는가! 내세를 제도해 주기를 원하며, 나는 다시는 문에 기대어 돌아오기를 기다리는 어미의 정에 흔들리지 않을 것이다"라고 말하였다.

이에 북쪽으로 가서 일생을 마칠 때까지 있는 곳을 눈여겨 골랐다. 그 때마침 왕자 흔(昕)이 벼슬을 그만두고 은거하며 산중의 재상으로 불렸는데 우연히 바라는 바가 합치되었다. 왕자 흔은 말하기를, "선사와 나는 똑같이 용수을찬(龍樹乙粲)을 조상으로 하는데 선사는 안팎으로 모두 용수의 후손이시니 참으로 놀라워 미칠 수가 없습니다. 더욱이 푸른바다 밖에서 소상(蕭湘)의 고시를 이루었으니 친구의 인연이 참으로 얕지 않습니다. 웅천주(공주) 서남쪽 모퉁이에 절(성주사)이 하나 있는데 그 곳은 나의 선조가 봉지로 받은 곳입니다. 중간에 큰불이 일어나 절이 반쯤 재가 되었으니, 어질고 명철한 분이 아니라면 누가 없어져 버린 것을 일으키고 끊어진 것을 이어지게 하겠습니까. 부디 이 늙은이를 위해 머물러 주십시오" 하고 청하니, 대사가 "인연이 있으면 머물게 되겠지요"라고 대답하였다.

대중(847~859) 초에 머물기 시작하면서 말끔히 정제(整齊)하니 얼마안되어 도가 널리 행해지고 절이 크게 번성하였다. 이로 말미암아 멀리 사방에서 진리를 묻는 사람들이 천리를 반걸음으로 여기고 찾아오니 그 수가 헤아릴 수 없을 정도로 많았다. 이처럼 문도가 번성하였지만 대사는 종이 늘 쳐주기를 기다리고, 거울이 (형상을 비추는 것을) 고달픈 줄 모르듯이 찾아오는 사람은 지혜의 횃불로 그 눈을 이끌어 주고 법열로 그 배를 채워 주었으며, 마음을 정하지 못하고 머뭇거리는 사람들을 이끌어주고, 무지한 습속을 변화시켰다.

　문성대왕께서는 대사가 하는 일이 임금의 덕화에 도움이 되지 않는 것이 없다고 하면서 매우 본받을 만하다고 편지를 보내 크게 위로하였다. 대사가 산중 재상에게 답한 네 마디 말을 아름답게 여겨 사찰의 이름을 성주사(옛 이름은 烏合寺)로 바꾸고 대흥륜사에 예속시켰다. 대사가 왕의 사자에게 대답하기를, "절 이름을 성주라고 지어주신 것만 해도 사원으로서는 진실로 영광스럽고, 지극한 총애가 될 것입니다. 그러나 용렬한 중이 재능도 없으면서 높은 자리에 있는 것은 바람을 피한 새가 안개 속에 숨어 있는 것과 같이 부끄러울 뿐입니다"하였다.

　그 때 (즉위 전의) 헌안대왕께서는 단월 계서발한(季舒發韓) 위흔(魏昕)과 더불어 남북재상이 되었다. 멀리서 제자의 예를 행하고 차와 향을 가지고 매달 찾아보니, 명성이 동국에 자자하게 퍼지고 선비들은 대사의 선문을 알지 못하는 것을 일세의 수치로 여겼다. 선사를 알현한 자들은 물러나오면서 반드시 탄식하면서, "직접 뵙는 것이 귀로 듣는 것보다 백배나 낫다. 입에서 말씀이 나오기도 전에 마음에 이미 와 닿았다"라고 하였다. 또한 원숭이같이 교활하고 호랑이처럼 사나운 성질을 가진 사람이라도 그 조급함을 멈추었고, 사나움을 고쳐서 착한 길로 다투어 나아갔다.

　헌안왕이 왕위를 계승하고 교서를 내려 도움이 될 말을 청하였다. 대사가 답하기를 "주풍(周豊)이 노공(盧公)에게 대답한 말에 뜻이 담겨 있습니다. 예기에 적혀 있으니 청컨대 좌우명으로 삼으소서"라고 하였다. 태사에 추증되신 선대왕(景文王)이 즉위해서도 공경하고 존중하는 것이 선조(문성왕과 헌안왕)의 뜻과 같아서 대우하는 것이 나날이 두터워졌다. 일을 시행할 것은 반드시 사람을 보내 물은 후에 거행하였다.

　함통 12년(871) 가을 교서를 보내고 전력을 시켜 부르며, "산림은 어찌 가까이 하면서 성읍은 멀리하십니까"라고 하였다. 대사가 제자들에게 이르기를, "갑자기 진후(晉侯)가 백종(伯宗)을 부르듯 하시니, (산문에서 밖으로 나오지 않았던) 혜원공에게 매우 부끄럽도다. 그러나 도가 앞으로 행해지게 하려면 때를 잃을 수 없으니 (부처님의) 부촉을 생각해서라도 내가 가야 되겠다"하였다.

홀연히 서울에 이르러 배알하니 선대왕이 면복(冕服) 차림으로 절하고 스승으로 모셨다. 군부인(왕비), 세자 및 태제상국(敬文王의 동생)으로 재상을 지낸 김위홍과 여러 왕자·왕손들이 둘러싸고 우러르는 것이 한결같았다. 마치 옛 사찰의 벽 그림에 서방의 여러 왕들이 부처님을 모시고 있는 모습과 같았다.

임금께서 말씀하시기를, "제자는 말재주가 없지만 글짓는 것을 조금 좋아합니다. 일찍이 유협(劉勰)의 문심조룡(文心雕龍)을 보니 '유(有)에만 머물거나 무(無)만을 지키면 한갓 치우친 견해를 갖게 된다. 진리의 본원에 나아가고자 한다면 절대적 진리가 바로 그것이다'라는 말이 있었습니다. 경계가 끊어졌다는 것을 혹 들려주실 수 있겠습니까?"라고 하였다.
대사가 대답하기를, "경계가 끊어졌으면 이치도 없는 것입니다. 이것은 심인이니 묵묵히 행할 뿐입니다"라고 하였다.
임금이 "과인이 참으로 조금 더 나아가기를 청합니다"라고 하니 이에 문도 가운데 뛰어난 이에게 교대로 설법하도록 하여 조용히 법문을 거듭하여 마쳤다. 막힌 것을 뚫고 번거로운 것을 없애기를 마치 가을바람이 어두침침한 노을을 밀어내듯 하였다. 이에 임금이 크게 기뻐하셨지만 대사를 늦게 보게 된 것을 한탄하면서 "몸을 공손히 남면한 이에게 선종(南宗)을 가르쳐 주시니, 순(舜)은 어떤 사람이고, 또한 나는 어떤 사람인가?"라고 말하였다.

물러나오자 경상(卿相)들이 맞이하여 더불어 이야기하느라 겨를이 없었고, 선비들과 백성들이 뒤쫓으며 따르니 떠나려 하나 그럴 수 없었다. 이로부터 나라 사람들이 모두 자신에게 귀한 보배가 있다는 것을 깨달아 이웃 노인도 처마 밑의 보배를 엿보는 것을 그만두었다.
조금 있다가 새장 속에 있는 것과 같은 고통을 느껴 곧 떠나려고 하였다. 임금이 억지로 말릴 수 없음을 알고 이에 교서를 내려 상주의 심묘사가 서울(경주)에서 멀지 않으므로 선나의 별관으로 삼아 머무르라고 청하였다. 스님은 굳게 사양하였으나 할 수 없어 그 곳으로 가서 머물게 되었다. 하루를 머물지라도 반드시 수리하였으니 훌륭한 도량이 되었다.

건부 3년(876) 봄 선대왕께서 몸이 편치 않아 신하에게 명하기를, "빨리 우리 대사의왕(무염대사)을 모셔 오라"고 하였다. 사자가 심묘사에 이르니 대사가 이르기를, "산승의 발이 대궐에 닿는 것이 한 번만 되어도 지나치다 할 터인데 나를 아는 사람은 '성주가 머무르는 곳이 없게 되었다'할 것이요, 나를 모르는 사람들은 '무염이 물이 들었다'할 것이다. 그러나 돌이켜 보면 우리 임금과 더불어 향화의 인연이 있는데 도리천에 가실 날이 얼마 남지 않았으니 나아가 작별인사를 해야 하지 않겠는가"라고 말하였다. 다시 궁궐에 이르러 약언(藥言)의 법문과 잠계(箴戒)를 베푸니 깨닫는 가운데 병이 나았으므로 온 나라가 신비하게 여겼다.

그러나 달을 넘겨 (경문왕이 돌아가시고) 헌강대왕께서 상주의 방(翼室)에 거하게 되었다. 울면서 왕손 훈영(勳榮)에게 명하여 뜻을 알리기를, "내가 어려서 부친상을 당해 정치는 잘 알지 못하지만 임금이 되어 부처님을 받들어 널리 많은 사람을 구제하는 것은 홀로 자기 몸만을 착하게 하는 것과 비교할 수 없을 것입니다. 바라건대 대사는 멀리 가지 마시고 거처할 곳을 마음대로 택하십시오"라고 하였다.
대사가 대답하기를, "옛날의 스승으로 6경이 있고, 지금 보필하는 신하로는 3경이 있습니다. 늙은 산승이 무엇을 할 수 있겠습니까? 다만 누리와 좀처럼 앉아서 땔나무와 좋은 음식을 축낼 뿐입니다. 세 마디 말(有三言)로 남겨 드릴 말씀이 있으니, '관리를 잘 등용하십시오" 하였다.

이튿날 산의 무리를 이끌고 새처럼 가버렸다. 이 때부터 소식을 전하는 역마의 그림자가 산 속에 줄을 이었다. 역졸들을 가는 곳이 성주사인 것을 알면 모두 뛸 듯이 기뻐하며 손을 모아 말고삐를 고쳐 잡고 왕사를 위한 노정이 조금이라도 막힐까 염려하였다. 이로 말미암아 기상시(騎常侍)의 무리(군졸)들은 임금의 급한 명령을 받아도 쉽게 행해지리라 생각했다.

당 희종이 (헌강왕을) 책봉하던 해(878)에 (임금께서는) 국내에서 진언하고자 하는 것이 있는 사람들에게 이로움을 기리고 해로움을 없앨 방책을 바치도록 하였다. 특별히 만전(蠻牋 ; 고구려 蕭紙)을 사용하여 글을 적게 하였다. 그것은 천자의 총애를 입었기 때문이다. 나라에 도움이 되는 것이 무엇이냐고 물었는데, 대사는 하상지가 송 문제에게 좋은 일을 하도록 권하고 나쁜 일을 하지 않도록 간하던 말을 인용하여 대답하였다. 양자법언(揚子法言)에 이르기를, "말은 마음의 소리이고, 글은 마음의 그림이다"라고 하고, 주(註)에 이르기를, "소리를 내서 말을 이루는 것이요, 종이에 그림을 그려 글을 이루는 것이다. 글에는 화려함과 질박함이 있고, 말에는 화사함과 거침이 있다. 이들이 가고 오는 것은 모두 마음에서 나오는 것이다"라고 하였다. 태부왕께서는 이를 보고 동생인 남궁상에게 이르기를, "삼외(三畏 ; 天命·大人·성인의 말)는 삼귀의(三歸依)에 비견되며, 5상(常 ; 仁·義·禮·智·信)은 5계(戒)와 비슷하다. 능히 왕도를 실천하는 것이 바로 불심에 부합되는 것이다. 대사의 말씀이 옳은 것이다. 나와 너는 마땅히 정성껏 실천해야 할 것이다"라고 하였다.

중화 연간(881~884) 황소의 난으로 인해 천자가 서쪽으로 몽진하던 해(881) 가을에 임금께서 시자에게 이르기를, "나라에 큰 보배 구슬이 있는데 죽을 때까지 궤(机)속에 감추어 두는 것이 옳은가?" 하고 물으니, "그렇지 않습니다. 때때로 꺼내서 많은 이의 눈을 뜨게 하고, 시방 이웃사람의 마음을 감화시켜야 할 것입니다"라고 하였다. (임금께서) "나에게 마니(末尼)의 귀한 구슬이 있는데 숭엄산(성주사가 위치한 산)에 빛을 숨기고 있다. 만약 장을 열기만 한다면 마땅히 삼천대천세계를 환히 비출 수 있으니 어찌 12승을 비춘다는 구슬이야 비교할 수 있겠는가. 돌아가신 선친(경문왕)께서 간절히 맞아들였을 때 두번 드러낸 적이 있었다. 옛날 찬후(酇候 ; 蕭何)는 한왕(漢高祖)이 대장을 임명하는데 어린아이 부르는 것같이 한 것을 나무라면서 (한왕이) 상산(商山)의 네 노인을 불러내지 못한 것은 이 때문이라고 하였다. 지금 천자가 몽진을 하였다고 들었으므로 재촉하여 달려가 천자의 관리들을 위문해야 하지만 천자를 위로하는데는 부처님께 귀의하는 것이 먼저 할 일일 것이다. 장차 대사를 맞는데 있어 반드시 공론에 부합하고자 하니, 내가 어찌 감히 임금이라 하여 나이 많고 덕이 높은 분을 소홀히 할 수 있겠는가"라고 하였다.

이에 관직이 높은 사람을 사자로 보내고 말을 겸손히 하여 불렀다. 이에 대사가 "외로운 구름이 산의 암굴에서 나오는 것이 어찌 다른 마음이 있기 때문이겠는가? 대왕의 덕풍에 인연이 있으니 고집하지 않는 것이 곧 상사의 도리일 것이다"라고 말하고 드디어 가서 왕을 뵈었다. (임금께서) 인견하기를 선조 때의 의례와 같이 하였는데, 예에 덧붙여진 것으로 손꼽을 만한 것으로는, 임금께서 직접 공양을 올리는 것이 첫째요, 손으로 향을 전한 것이 둘째요, 3례(禮)를 세번 한 것이 셋째요, 작미향로(鵲尾香爐)를 들고 세세생생 동안 인연을 맺은 것이 넷째요, 법명에 광종(廣宗)을 더하여 준 것이 다섯째요, 이튿날 어진 이들에게 스님이 머무르는 절에 나아가 기러기처럼 열을 지어 찬례하도록 명한 것이 여섯째요, 나라 안에서 시(詩 ; 六義)를 잘 짓는(磋磨) 사람에게 대사를 전송하는 시를 짓게 하였는데 재가 제자인 왕손 소판 억영(嶷榮)이 가장 먼저 시를 지어 읊었다. 시들을 모아 두루마리를 만들고, 시독이자 한림으로서 재주가 뛰어난 박옹(朴邕)이 서(序)를 지어 돌아가는 길에 증정한 것이 일곱째이며, 거듭 장차(掌次)에게 명하여 정결한 방을 마련하고 그 곳에서 작별을 나눈 것이 여덟째이다.

고별에 이르러 묘한 비결을 구하자, 따라온 제자들에게 눈짓을 하여 요긴한 법문을 베풀게 하였다. 순예(詢乂)·원장(圓藏)·허원(虛源)·현영(玄影) 등의 네 사람은 모두 4선(禪) 중에 청정함을 얻은 사람들로서 지혜의 실을 뽑아 깊은 뜻을 나타내었으며, 마음을 다하여 소홀하지 아니하니 임금의 마음을 깨우치고도 남음이 있었다. 임금께서 매우 기뻐하여 두 손을 맞잡고 경의를 표하여 이르기를, "옛날에 선친께서는 비파를 버린 현인이었지만, 지금 과인은 자리를 피하던 아들이 되기에는 부족합니다. 왕위를 이어 덕이 있는 이에게 도를 얻었고, 이를 마음에 새겨서 혼돈의 근원을 깨우치게 되었습니다. 그러므로 강태공은 참으로 명예를 구한 사람이고, 장량은 대개 그런 발자취를 밟았을 뿐입니다. 비록 왕자의 스승이 되었다고 하나 한갓 세 치의 혀만 놀린 것이니 어찌 제 스승께서 가만히 말로써 일편심을 전한 것과 같겠습니까. 받들어 힘써서 어긋남이 없도록 하겠습니다"라고 하였다. 태부왕은 말이 아름답고 시문이 훌륭하며 많은 사람이 떠드는 것을 개의치 않고, 말을 하기만 하면 짝이 맞는 말이 되어 마치 오래전부터 준비해 놓은 것 같았다.

대사가 궁궐을 물러난 뒤에 다시 왕손인 소판 일(鎰)이 청하는 것을 받아들였다. 여러 차례 이야기를 나누고 대사는 감탄하여 "옛날의 임금들 중에는 법을 이었지만, 그 정신을 잇지 못한 이들이 있었는데 지금 우리 임금께서는 이둘을 갖추었고, 신하들은 재상이 될 만한 재주는 있지만 덕망이 없었는데 그대는 모두 갖추었으니 나라가 잘될 것이오. 마땅히 덕을 숭상하고 스스로를 아끼시오"라고 하고는 하직하고 돌아갔다.

이에 사자를 보내 방생장의 경계를 정하니 새와 짐승들이 기뻐하였고 뛰어난 글씨로 성주사라는 제액을 써주었는데 용과 뱀이 살아 있는 듯하였다.

훌륭한 일을 마치고 (헌강)왕이 홀연히 돌아가셨다. 정강왕이 왕위를 계승하여 양조(경문왕·헌강왕)에서 은혜를 베푼 것을 본받아 행하려고 스님과 신도들을 거듭 사자로 보내 모셔오게 하였으나 늙고 병들었다는 이유로 사양하였다.

태위왕(太尉王)께서 백성에게 은혜를 베풀어서 온 나라를 덮었고, 덕 있는 사람을 우러르는 것이 높은 산을 바라보듯 하였다. 왕위를 이은 지 90일 동안 안부를 묻는 시자가 열 번이나 다녀갔다. 얼마 후 허리가 아프다는 소식을 듣고 급히 국의를 보내 치료하도록 하였다. 국의가 도착하여 병세를 물으니, 대사가 빙그레 웃으며 "노병일 뿐이니 번거롭게 치료하지 말라"고 하였다. 죽과 밥의 두 끼를 먹는데 반드시 공양 종소리를 들은 후에 올리도록 하였다. 그런데 제자들이 기력이 약해질까 걱정하여 종을 치는 사람에게 가만히 부탁해서 거짓으로 여러 번 치게 하였다. 이에 (대사는) 들창 밖을 내다보고 거짓인 것을 알고 거둘 것을 명하였다.

장차 열반에 들려고 할 때 시자에게 명하여 유훈을 대중에게 남겨 경계하기를, "이미 여든 살(中壽)이 넘었으니 죽음을 피하기 어렵다. 나는 멀리 가려하니 너희들은 잘 있거라. 공부하기를 한결같이 하며, (수행의 태도를) 잘 지켜 잃지 않도록 하라. 옛날 관리들도 오히려 이와 같이 하였으니, 오늘의 선승들도 마땅히 힘쓰도록 해야 할 것이다"라는 당부의 마지막 말씀을 끝내자마자 움직이지 않고 입적하였다.

대사는 성품이 공손하고 삼가며, 말로써 화합의 기운을 상하게 하지 않았으니, 예기에 "사람과 상대할 때는 몸을 겸손하게 하고 말을 삼갔다"고 한 사람이다. 그러므로 학승들이 반드시 그를 '선사'로 불렀다. 손님을 접대할 때는 일찍이 존비의 차별을 두지 않았으므로 방에는 가득히 자비가 넘쳤으며, 제자들이 즐거이 따랐다. 5일을 기한으로 하여 진리를 구하는 자로 하여금 질의하게 하였다.

제자들을 가르침에 있어서는 "마음이 비록 몸의 주인이지만 몸이 마음의 스승이 되어야 한다. 너희가 그렇게 생각하지 않는 것을 근심할 일이지, 어찌 도가 너희를 멀리하겠는가. 설사 농부들이라도 속세의 얽매임에서 벗어날 수 있다. 내가 달리면 반드시 나아가게 될 것이니, 의사와 교부(공자와 노자) 같은 위대한 사람들이라고 해서 어찌 종자가 따로 있겠는가"라고 말하였다.

또 "저 사람이 마신 젖으로 내 목마름을 해소할 수 없고, 저 사람이 먹은 밥으로는 나의 굶주림을 구하지 못한다. 어찌 노력하여 스스로 마시고 먹지 아니하느냐? 어떤 이는 교와 선이 같지 않다고 하나 나는 그러한 종지를 보지 못하였다. 말은 본래 많은 것이라 내가 알바 아니다. 대략 같다고 해도 허락할 만한 것이 아니요, 다르다 해도 그른 것이 아니다. 이 고요히 앉아 참선하고 교사(巧詐)한 마음을 버리는 것이 성인에 가까운 것이다. 그 (부처의) 말씀은 분명하니 그대로 따르고, 그 뜻은 심오하니 그대로 믿으라. 상을 찾는 이로 하여금 상이 없음을 알게 하며, 길을 가는 사람이 부지런히 행할 뿐 갈래길 속에 갈래길이 있음을 보지 말라"고 하였다.

장년으로부터 노년에 이르기까지 스스로 낮추는 것을 생활의 기틀로 삼았고, 밥 먹는 것을 남들과 달리하지 않았으며, 입는 옷도 늘 같았다. 절을 짓거나 고칠 때에는 대중에 앞장서서 일하고 항상 "가섭조사께서도 일찍이 진흙을 밟아 이기셨는데 내가 어찌 잠깐이라도 편히 쉴 수 있겠는가?"라고 말하였다. 때로는 물을 긷고 땔나무를 나르는 일까지도 몸소 하였다.

또한 "산이 나로 인해 더럽혀졌는데 내가 어찌 편안하게 지내리오"라고 말하였다. 마음을 다스리고 일에 힘쓰는 것이 모두 이와 같았다. 대사는 어릴 때 유가의 글을 읽었고 공부한 것이 여전히 입에 남아 있어 이야기를 주고받을 때에는 이와같이 운에 맞춰 말씀하시는 경우가 많았다.

이름을 꼽을 만한 제자가 2천 명에 달하였고, 따로 자리를 잡아 도량을 열었다는 일컬음을 받은 제자로는 승량(僧亮)·보신(普愼)·순예(詢乂)·심광(心光) 등을 들 수 있다. 손상좌도 많아 무리들이 번성하니 실로 마조(馬祖)가 용의 새끼를 길렀고, 신라가 중국을 덮었다고 이를 만하다.

논하나니 인사(麟史 ; 春秋)에 이르지 않았는가. "공후(公侯)의 자손은 반드시 그 근본을 회복시킨다"라고 하였으니, 옛날 무열대왕이 을찬(乙粲 ; 신라 17관등의 두번째인 伊粲의 별칭)이었을 때, 예맥(濊貊 ; 고구려와 백제)을 칠 군사를 빌릴 계책으로 진덕여왕의 명을 받들고 소릉황제(당 태종)를 뵈었다. 직접 황제에게 정삭(正朔 ; 曆法)을 받들고 의복 제도를 중국식으로 바꿀 것을 청하니 황제가 기꺼이 허락하고 중국 의복을 하사하며 특진의 관직을 주었다. 어느 날 황제께서 여러 번국(蕃國)의 왕자를 불러 연회를 베풀 때에 술을 많이 내놓고, 보화를 쌓아 놓고 갖고 싶은 대로 마음껏 가지게 하였다. 왕께서는 술을 드실 때 예절을 지켜 어지러운 행동을 하지 않으셨고 비단은 지혜를 써서 많이 얻으셨다. 하직하고 물러 나오는데 문황(당 태종의 시호)이 멀리 갈 때까지 바라보며 "나라를 맡을 만한 그릇이로다"라고 탄복하였다.

중국을 떠날 때에 황제께서 짓고 쓴 온탕비(溫湯碑)와 진사비(晉嗣碑)의 두 비문과 직접 찬술한 진서(晉書) 한 질을 하사하였다. 이 때 봉각(蓬覺 ; 秘書監)에서 이 책을 베껴서 두 질을 만들어 올리자, 한 질은 황태자에게 하사하고, 다른 한 질은 우리에게 주셨다. 다시 화자관(華資官)들에게 명하여 청문(靑門)밖까지 전송하게 했는데, 넘치는 총애와 두터운 예우에는 무지몽매한 사람일지라도 눈과 귀가 놀랄 정도였다. 이로부터 우리나라가 일변하여 노(魯)나라와 같은 문명국이 되었다. 그로부터 8세손인 대사께서는 중국에 유학하였다가 배운 것으로 우리나라를 교화시켜 또 한 번 이상적인 나라로 변화시키셨으니 그 공은 비할데 없이 크다. 이런 분이 아니라면 누구를 위대하다고 할 것인가.

선조는 두 적국(고구려와 백제)을 평정하고 백성으로 하여금 복식을 바꾸게 하였고, (후손인) 대사는 육마적(六魔賊 ; 6진)을 항복시켜 사람들로 하여금 마음의 덕을 닦게 하였다. 그러므로 두 임금(千乘主)께서 스승으로 모셨고, 사방의 백성들도 멀리서 분주히 쫓아왔는데, (대사가) 원하는 대로 따르면서, 속으로 그르다고 하는 이가 없었다. 5백 년마다 현인이 나온다는 말대로 성인이 삼천대천세계에 몸을 나타낸 것이 아니겠는가. (공후의 자손은 반드시) 그 근본을 회복시킨다는 말이 어찌 부족함이 있겠는가. 저 문성후(장량)가 한고조의 스승이 되어 만호에 봉해지고 제후의 반열에 들어선 것을 크게 자랑하고 한(韓) 재상의 자손으로서 지극히 명예로운 것이라 하였는데 이것은 보잘 것 없는 일이다.

가령 신선들을 배우는 것에도 처음과 끝이 있으니 비록 대낮에 하늘로 올라갔다 하더라도 중간에 그쳐서 학 위에 한 몸을 얹고 다니는데에 머무를 뿐이다. 그러하니 어찌 우리 대사가 처음에는 세속을 벗어나고, 중간에는 중생을 구제하였으며, 마지막에는 몸을 깨끗이 한 것과 견줄 수 있겠는가.

훌륭한 덕을 지닌 모습을 찬미하는 데에는 옛날부터 송(頌)으로 하였으니, (불교의) 게송과 비슷한 것이다. 고요함을 깨고 명(銘)을 지으니 그 찬사는 다음과 같다.

① 도라고 할 수 있는 것을 항상 변치 않는 도로 여기는 것은 풀 위의 이슬을 꿰는 것과 같고, 불도에 나아가 진불이 되기는 물속에 비친 달을 잡는 것과 같다. 그런데 항상 변치 않는 도와 참된 부처가 된 이가 해동에 있는 김씨 큰스님이다. 가계는 성골(聖骨)에 뿌리를 두었고, 상서로운 연꽃이 인연으로 태어났네. 5백년 만에 이 땅을 골라 태어났고 열세 살에 속세를 떠났으니, 화엄경이 불법에 이르는 길을 이끌었고 배를 타고 구법에 나섰네.

② 중국을 두루 돌아다니면서 어느 것에도 집착하지 않는 것을 깨달았네. 선진(고승)들이 모두 찬탄했네. 고행에도 따를 자가 없었네. 법난이 일고 또 일어났으나 동쪽 본국으로 귀국할 수 있었던 것은 하늘의 도움이네.

마음의 구슬은 마곡을 빛냈고, 혜안의 거울은 신라(桃野)를 밝혔도다.

③ 이미 봉황의 훌륭한 모습 많은 새들이 다투어 따르네. 한 번 용의 변화하는 재주를 보라. 범부의 생각으로 어찌 헤아릴 수 있으랴. 온 나라에 능력을 보이시고 힘껏 성주사에 머무시며, 여러 절을 두루 다니시니 다니지 않은 바윗길 없었네.

④ 스님은 삼고(三顧)를 기다리지 않았으며, 7보(步)를 걸어나가 왕을 맞이하지도 않았네. 때가 도를 행할 만하여 나간 것이니, 부촉에 인연한 까닭이다. 두 임금이 존경하니 온 나라가 감로에 젖어들었네. 학이 나오니 골짜기가 가을이요, 구름이 돌아가니 바다와 산이 저물었도다.

⑤ 세상에 나와서는 섭룡(葉龍)보다 귀하였고 세상을 벗어나면 명홍(冥鴻)보다 고상하였네. 물을 건넌 것은 소부(巢父)를 비루하게 여겼기 때문이고, 산에서 수도하는 것은 낭공(朗公)을 초월하였도다. 신라로 돌아온 뒤 세 차례 궁중에 들렀네. 미혹한 이들이 부질없이 시비를 말하나 지극한 이치에 어찌 같고 다름이 있겠는가.

⑥ 이 도는 담백하여 맛이 없으나 힘써 먹고 마셔야 하네. 남이 마신 술에 내가 취하지 않고, 남이 먹은 밥에 내가 배부르지 않네. 대중에게 마음을 어떻게 가지라 했는가. 명예는 겨처럼, 이익은 쭉정이처럼 여기라 하셨도다. 세속의 몸가짐으로는 무엇을 권했나. 인(仁)을 갑옷처럼 의(義)를 투구처럼 여기라 하셨도다.

⑦ 이끌어 지도함에 빠뜨림이 없으니 실로 천인사로다. 지난 날 살아 계실 적에는 온 나라 유리세계이더니 적멸한 뒤로는 온통 가시풀투성이, 열반은 어찌 그리 빠르신가. 예나 지금이나 할 것 없이 슬프네.

⑧ 탑을 세우고 비에 새겨서 형체는 감추고 자취는 드러낸다. 사리탑은 푸른 산에 자리하고 귀비(龜碑 ; 비석)는 푸른 절벽에 버티고 있네. 이것이

어찌 여태껏 품은 마음이리오. 다만 문자로라도 살펴서 후인에게 오늘을
알게 하는 것이니 옛일이 드러나는 것과 같은 것이리.

⑨ 임금의 은혜는 천년 동안 이어지고 대사의 교화는 만대에 걸쳐 흠모하리
라. 누가 자루있는 도끼를 잡을 것이며, 누가 줄 없는 거문고에 의지할
것인가. 선경(禪境)을 비록 지키지 못한다 해도 객진(客塵 ; 번뇌)이 침입
함을 어찌 허락하겠는가. 계조산 아래서 미륵을 기다리는 것이니 장차 동
쪽 계림에 나타나시리다.

고달사 도광(道光)스님

이 글은 한림학사 김정언(金廷彦)이 왕명을 받아 짓고, 내의승지 사인 장단설(張端說)이 썼다.

보건대 태양이 부상(동쪽 바다의 해 뜨는 곳)에서 떠올라 모든 사람이 우러러보고, 부처님께서 천축(天竺)에서 탄생하셔서 모든 인류의 정신적 귀의처가 되어 군자의 나라로 하여금 법왕의 도를 배우게 하였다. 이른바 그 도란 마음 밖에 있는 것이 아니며, 부처님은 우리들 몸속에 있는 것이므로 도를 깨달음이 높고 깊어 도사가 되었고, 덕이 두터워 사생의 자부가 되었다. 이에 위대한 자취로 말미암아 드디어 즉심즉불(卽心卽佛)의 이치를 개시하였으니, 그 광명은 마치 물위에 나타난 연꽃 같고 밝기는 별들 가운데 둥근달과 같았으니 실로 대사가 바로 그런 분이다.

대사의 존칭은 찬유(璨幽)요 자는 도광(道光)이며, 속성은 김씨로서 계림의 하남 출신이다. 대대손손 명문호족이었다. 할아버지의 이름은 청규이다. 종조를 공경한 아름다운 행적은 너무 많아서 기록하지 않으니 특히 도석(도교와 불교)에 뛰어났다.

아버지의 휘는 용(容)으로 백홍(白虹)의 영기와 단혈의 기이한 자태를 띠고 태어났다. 비단 노을 남은 빛을 머금고 늦가을 새벽 종소리 청아하게 울리는 것 같았다. 드디어 출세하여 창부(倉部)의 낭중(郎中)이 되었다가 얼마 되지 않아서 곧 장사현의 현령이 되어 백 리에 행춘의 덕화를 베풀었고, 화현(花縣)을 만들어 아름다운 향기가 진동하였다. 구중향일(九重向日)의 마음은 마치 해바라기가 태양을 향해 돌아가는 것과 같았다.

그리하여 조야가 모두 그를 (기둥처럼) 믿고 의지하였고, 백성들도 (아버지처럼) 우러러 의지하였다. 어머니는 이씨이니 부덕을 두루 닦았고 자애로움이 풍부하였다. 어느 날 밤 꿈에 한 신인이 나타나 말했다.

"원컨대 어머님을 삼아 아들이 되어서 출가하여 부처님의 제자가 되고자 하므로 묘연에 의탁하여 공경히 자비하신 교화를 펴려 합니다."

이처럼 수승한 태몽으로 인하여 임신하게 되었다. 삼가 조심하면서 문왕과 같은 아들을 낳으려고 정성껏 태교를 봉행하였다.

함통 10년 용집 기축년(869) 4월 4일에 대사가 탄생하였다. 착한 것이 다른 아이들보다 조속하여 묘과가 조금도 더딘 적이 없었다. 드디어 13세 때 아버님께 여쭙기를, "비록 지혜의 작용이 모자라지만 다만 각수(깨달음)를 기약하려 합니다."

이 때 아버지가 당부하였다.

"내가 비록 엽동자(葉瞳者)이긴 하나 일찍 너의 선근을 보았으니 너는 마땅히 부지런히 선근을 길러 승과를 닦거라."

대사께서 바라는 바가 우연히 합치되어 삭발하고 출가하여 상주 공산 삼랑사(三郎寺)의 융제선사(融諦禪師)를 스승으로 엎드려 받들면서, "현현(玄玄)한 도를 논하며 혁혁(赫赫)하게 중생을 교화하고자 하오니 원컨대 제자가 되게 하여 주십시오"하고 간청하였다. 이 때 선사가 일렀다.

"오너라, 너로구나. 오늘 네 모습을 보니 후일에 크게 대중을 이익되게 할 것 같다. 우리 종의 선화상(禪和尙)으로 '심희(審希)라는 법호를 가진 분이 계시니 참으로 일불이 출세하여 동국을 교화할 주인이시다. 저 혜목산(慧目山)에 계시니, 너는 마땅히 그 곳에 가서 그분을 스승으로 섬기면서 불법을 배우도록 하라."

대사는 바로 이분이 내 스승이며 내가 바라던 바니 그 곳에 가서 깨달음을 얻은 후 남을 이롭게 할 수 있을 때 비로소 떠나리라 하고 문득 혜목산으로 찾아가서 스님으로부터 복응(服膺)을 허락받아 도를 배울 마음을 더욱 크게 하고, 습선(習禪)의 의지를 한층 더 기울였다.

그로부터 얼마 되지 않아 묘리를 연구하고 깊이 현기를 깨달았다. 깨달음의 길을 닦아 비록 진리를 통달하더라도 마땅히 먼저 율의를 의지하여야 한다고 생각하고 22세 되던 해에 양주(楊州) 삼각산 장의사에서 구족계를 받았다. 그로부터 인초(忍草)가 싹을 내고 계주(戒珠)가 빛을 발하는 초기임에도 오히려 도를 배움에 피로를 잊고 스승을 찾기를 조금도 게을리하지 아니하였다. 그러던 중 본사(대사의 스승인 진경대사 심희)가 광주 송계선원(松溪禪院)으로 옮겨갔다. 대사도 행장을 정돈하여 육환장을 짚고 송계선원으로 따라가서 발아래의 예를 진심으로 나타내어 주안(鑄顔)의 현조(玄造)에 대하여 감사하였다. 진경스님께서 "흰 구름이 천리 만리 깔려 있어도 모두가 같은 구름이며, 밝은 달이 앞 시내와 뒷 시내에 비춰도 일찍이 다른 달이 아니다. 이는 지혜와 지혜에 따르고, 마음과 마음에 있을 뿐이다"라고 하였다.

대사가 생각하기를, "무릇 도에 뜻을 둔 자가 어찌 일정한 스승이 있겠는가" 하고, 멀리 유학하여 널리 유람하겠다고 아뢰었다. 스승이 말했다.
"타인의 마음은 머무르게 할 수 없고, 빠른 발도 기다리게 하기 어렵다는데 나는 너에게서 그것을 징험하였다" 하며 웃으면서 떠나는 것을 허락하였다.

그리하여 대사는 길이 멀다고들 하지만 가다보면 된다는 생각에 곧 산을 내려와 해변으로 가서 서쪽(중국)으로 바다를 건널 기회를 기다렸다,
경복 원년(892) 봄, 한나라(당)으로 들어가는 상선을 만나 그 배를 타고 서쪽으로 갔다. 운수(雲水)를 바라보면서 마음 좇아가는 대로 연하(煙霞)를 찾아 발바닥이 닳도록 다녔다. 스님 가운데 참된 이(큰스님)는 반드시 찾아뵙고, 오래된 유적은 반드시 답사하였다. 드디어 서주 동성현에 가서 투자(선(상)화상[投子禪(祥)和尙]을 친견하였다.

(화상은) 법화가 대동(大同)이며, 석두산(石頭希遷)의 법손인 취미 무학(翠微無學)대사의 정통 제자였다. (원종)대사의 연꽃 같은 눈, 특별한 자태, 옥호(眉間白毫)와 같은 특이한 모습을 보고 말하였다.
"서쪽(인도)에서 와서 설법하는 자와 동쪽에서 와서 학문을 구하려는 자가 있었으나 더불어 도를 말할 만한 자는 오직 그대뿐이다."
대사는 이 때 혓바닥에서 미묘한 말을 깨닫고 몸 가운데 진불(眞佛)이 있는

것을 알았으니, 어찌 부처가 (가섭에게) 밀전을 계승하며, 정명(유마힐거사)이 (문수와) 묵대(默對)한 것을 받드는 것에 그치겠는가. 대사가 투자화상에게 하직인사를 하려 하니 화상이 일렀다.

"멀리도 가지 말고 가까운 곳에 있지도 말라."

"비록 멀리 가지도 않고 가까이 있지도 않겠지만, 머물지도 않을 것입니다."

"네가 이미 마음으로 전하는 것을 경험하였는데, 상대하여 서로 말할 필요가 있겠는가?"

그 후 두루 뛰어난 벗을 찾아 순례하면서 고명한 스승을 예방하고 혹은 천태산에서 숨을 곳을 찾았으며, 혹은 강좌(江左) 지방에서 고요한 것을 찾음으로써 진여의 성해에 들어가서 마니의 보주를 얻었다.

이에 붕새는 반드시 천지에서 변하고 학은 오해로 돌아가는 것과 같이 시작이 있으면 끝이 있고, 마음을 전일하게 하여 이치를 따라야 한다. 때마침 본국으로 귀국하는 배를 만나 동쪽으로 너를 저어 정명 7년(921) 가을 7월 강주(경남 진주) 덕안포에 도착하였다. 곧바로 봉림사로 가서 진경대사를 찾아뵈었다. 스승이 일렀다.

"오늘에서야 만나게 되었구나."

하고 상봉을 매우 기뻐하였다. 따라 선당(禪堂)을 꾸미고 설법하는 자리에 오르게 하여 서쪽(唐)에 가서 보고 배운 진법을 듣고, 동쪽(신라)으로 돌아온 묘한 인연을 경하하며, 조용히 말했다.

"사람에는 노소가 있으나 법에는 선후가 없다. 너는 여래의 밀인을 가지고 가섭의 비종을 풀이하였으니 마땅히 삼랑사에 거처하면서 선백이 되어야 한다."

대사는 그 뜻을 받들어 겨울을 그 절에서 세번 보내고 나서, "이 절은 진실로 도를 즐길만한 청결한 곳이며 참선하기에 좋은 장소이지만, 오히려 새들도 나무를 선택하거늘 내 어찌 포과(匏瓜 ; 표주박과 오이)처럼 꼭지에만 매달려 있겠는가"라고 생각하였다.

삼가 들으니 태조 신성대왕(神聖大王)께서 마음에 큰 포부를 품고 천운을 받아 (순임금처럼) 포(제왕의 符瑞)자를 잡고 왕조를 열었으므로, 마치 여름이 바뀔 때 하늘이 돌보는 명을 받고, 주(周)가 시작할 때 해가 뜨는 나라를 일으킴과 같았다. 이 때 마치 조각달이 허공에 떠 있고 외로운 구름이 산봉우리에 나오듯이 마음이 움직였다. 저 푸른 용이 물결을 헤치고 나갈 때는 본래 뗏목에 의지할 마음이 없다 하나, 붉은 허공을 날 때는 오히려 오동나무에도 깃들 뜻이 있는 법이므로, 멀리 명아주 지팡이를 짚고 곧바로 옥경(개성)으로 가서 마침내 태조대왕을 배알하였다.

대왕이 대사가 심오한 도를 두루 미치고 법신이 원만하다고 하여 광주 천왕사에 머물기를 청하므로 그 뜻에 따라 거주하면서 교화하였다. 그러나 혜목산의 노을 지는 산길이 응당 좌선하기 편하고, 구름 덮인 계속이 선거(禪居)에 흡족한 곳이라 여겨 이주하여 머물렀다.

이후 사방에서 법문을 물으려는 사람들이 천리를 마치 한 발자국 떼는 것같이 가깝게 여겨 구름처럼 모여 오니 바다와 같이 거두어들였다. 분주히 달려오는 불자들에게 올바른 길로 끊임없이 지도하여 현문에의 출입이 많고 성하였다.

태조는 마침 서로 만난 인연을 표시하고자 하납의(적색 비단으로 만든 가사)와 좌구를 보냈다. (그로부터) 얼마 후 태조가 승하하니 천지가 캄캄하였다. 처음의 아름다운 인연을 좋게 생각하고 마지막을 장식하여 극락세계로 인도하였다.

혜종대왕이 왕위에 올라 공손한 마음으로 선왕을 받들어 추모하는 효심이 있었으며, 인(仁)을 권장하여 풍속을 교화하고, 불을 중히 여겨 승을 높이는 한편, 대사에게 향기 좋은 차와 무늬를 놓은 비단 법의를 예물로 보냈다. 대사는 불심으로 인도하고 신력을 베풀었다. 3년이 지난 후(945) 혜종이 승하하고 정종대왕이 왕위를 이어받았다. (대사의) 참된 불법을 존경하여 운납가사와 마납법의를 보냈다. 대사는 조정을 몹시 걱정하여 불사공덕의 기도를 드렸는데, 어찌 갑자기 궁거(宮車)가 대궐을 떠나가고 문득 인간 세상을 하직할 줄 알았겠는가.

지금의 임금(광종)께서 태자로 뽑혀 왕위를 잇고 의상을 늘어뜨리고 자리에 앉아 나라를 다스리는데, 거울을 잡고 중국의 풍속을 비추며 피리를 불어 영취산의 바람을 넓혀 더욱 성스런 공덕을 드러내고 한층 더 부처의 교화를 드높였다. 대사는 심왕의 묘결을 설법하고, 각제(覺帝 ; 法王)의 미묘한 말을 베풀기를 마치 맑은 거울이 피로한 줄 잊고 큰 종이 언제나 누가 쳐주기를 기다리는 듯하였다. 배우는 무리는 벼와 삼처럼 줄을 잇고, 법을 묻는 불자의 왕래로 복숭아꽃과 오얏꽃 아래 길 나듯 하였다. 임금께서는 스님을 향한 신심이 깊고 흠모하는 뜻 또한 지극하였다. 드디어 스님의 호를 증진대사라 하고 도속의 사신을 거듭 보내 지검(芝檢 ; 왕의 조서)을 지참하여 금성으로 왕림하도록 초빙하였다. 대사는 불도가 장차 흥행하게 하려면 좋은 시기를 놓쳐서는 안될 뿐 아니라 (부처님께서 불법의 유통을 국왕에게) 부촉한 것을 생각한 까닭에 "나는 가리라"라고 하였다. 드디어 호계(虎溪 ; 彗目山)를 나와 용궐(왕궁)로 나아갔다. 이 때 흰 눈썹의 청정한 대중과 조정의 대부들이 스님의 법안을 우러러 보기를 구슬을 이어놓은 것 같았으며, 자비로운 얼굴을 대하되 고리처럼 둘러서서 앙모하였다. (대사가) 왕성에 있는 사나원에 이르렀다. 다음날 왕이 사나원으로 행차하여 감사하며 말하기를, "제자는 동림(東林, 寺)을 바라보듯 존경하였고, 남간(南澗, 寺)을 향하여 정성을 기울였습니다. 스님(스승)께서 대기설법하는 것은 마치 깊은 골짜기에서 부는 회오리바람과 같고, 인연을 따라 감응하는 것은 맑은 연못에 비치는 달그림자와 같습니다. 귀의하는 마음이 다시 간절하며 찬양하는 향심 또한 더욱 깊습니다."

3일을 지낸 후 궁중의 중광전(重光殿)에서 법회를 여니 금란가사를 입고 법상(紫殿)을 받들기를 정성을 다하였다. 환구(環區 ; 온 세상)가 모두 자리를 피하는 예를 폈으며 온 나라가 서신(큰 띠에 쓴다는 말)의 뜻을 바쳤다.

이에 삼귀의의 마음을 더욱 간절히 하고 십선을 더욱 닦게 되었다. 또한 개자겁이 다하고 반석겁이 다하더라도 반드시 부처님을 친견하겠다는 선한 인연은 그치지 않으며, 또한 (스님을) 스승으로 삼은 아름다운 도리가 다함이 없을 것이다. 곧 곤룡포를 입고 면류관을 쓴 뒤 스님을 받들어 국사로 모시고 곳곳에 향화의 인연을 맺으며 돈독한 정성으로 스승과 제자의 예를 갖추고는 마납가사·마납장삼·좌구·은병·은향로·금구자발(金釦瓷鉢)·수정염주 등을 헌납하였다.

대사는 물 속에 비친 달과 같이 맑으며 구름 없는 산봉우리 같았다. 일심으로 묘각(妙覺 ; 부처님)의 교풍을 선양하며 천안(千眼)으로 대자(관세음보살)의 교화를 보였다. 임금께서 크게 기꺼워하며 이르기를, "제자가 깊은 진리의 말씀을 듣고 도를 깨달았으며, 묘한 도리를 계승하여 미묘한 법을 알았습니다. 받들어 주선하여 불법을 실추시키는 일이 없도록 하겠습니다"라고 하고 천덕전에서 크게 법회를 열고 큰 원심을 발하여 1주(一炷)의 심향(心香)을 태웠다. 대사가 법상에 앉아 불자를 한 번 휘두르고 얼굴을 약간 움직였다. 이 때 어떤 스님이 물었다.

"향상일로란 어떤 것입니까?"

"1천 성인에게 얻는 것이 아니다."

"1천 성인에게 얻는 것이 아니라면, 위(초조 가섭)로부터 서로 전하여 온 것은 무엇입니까?"

"다만 1천 성인에게 얻는 것이 아니므로(스스로 증득하는 것이므로) 위로부터 서로 전해오는 것이다."

"그렇다면 2조(慧可)가 서천의 달마대사를 바라보지 않았으며, 달마대사 또한 당토(唐土)에 오지 않았습니까?"

"비록 1천 성인에게 얻은 것은 아니지만 달마가 부질없이 온 것도 아니다."

이와 같이 문답할 때 인천(人天)이 모두 감동하였으며 현성도 함께 기꺼워하였다. 꽃비가 공중에 날고 전단향의 연기가 태양을 가렸다. 마치 마등스님이 한(漢)에 들어오고 강승회가 오(吳)에 들어간 때와 같아서 부처님의 크나큰 공덕과 승가에 귀의하는 미담이 이보다 더한 때가 없었다. 이른바 사방이 모두 존경하고 만세가 영원토록 의뢰하였다. 부처님의 혜일(慧日)이 바로 중흥할 시기를 맞았으니 이는 인방(仁方)이 크게 변혁할 때였다.

대사가 말씀하였다.

"노승은 이제 나이가 상유에 임박하고 치아는 포유(浦柳)처럼 노쇠하였으므로 다만 송문(절)에 가서 휴식하면서 금궐(궁궐)을 향하여 귀심하기를 원할 뿐입니다."

임금이 비록 스님의 자안을 연모하나 다만 현지를 준수할 뿐이었다. 떠나는 스님이 탄 가마를 바라보면서 전송하였고, 안찰(雁刹)을 우러러 항상 마음을 그 곳에 기울였다. 그 후 자주 성기(星騎)를 보내 뜻을 전하며 편지(仙翰)를 날려 보내 간절함을 피력하였고, 다음과 같은 송덕시를 지어 올렸다.

혜등(慧燈)을 높이 들어 해향(海郷)을 비추시었고
진신은 적적하나 화광(和光同塵)을 나타내었다.
패엽경을 연설하여 중생을 제도하시고
발우 속 연꽃 피어 고요히 입정하셨네.

사자후 일음(一音)으로 무명을 흩어 주시니,
이문(二門)이 상을 떠나 진로에서 벗어나셨도다.
현관(玄關)은 깊고 깊어 산천 밖 저 너머에 있어
그 곳을 선망하나 친견할 길 전혀 없네.

이 송덕시와 아울러 오정(烏程)·방천(芳荈 ; 향기 나는 좋은 차)·단요(丹徼)·명향(名香) 등의 선물을 보내 신심을 표하고 간절히 법력을 빌었다. 대사는 궁궐을 하직하고 곧 운산에 이르렀다. 구름과 칡덩굴이 얽힌 산은 깃들이기에 적합하고, 바윗돌을 배게 삼고 흐르는 물로 양치질하기에 적당하여 열반할 곳으로 삼을 만하였다. 이로부터 누더기를 입은 납자가 바람처럼 찾아오고, 재를 올리기 위하여 오는 이가 구름처럼 모여들었다. 대사는 공과 색을 모두 초월하여 선정과 지혜가 함께 원만하였으며, 지극한 도를 산중에서 행하고 현공(玄功)을 천하에 널리 베풀었으니, 어찌 부처나 각자와 다르겠는가. 신비하면서도 중생을 교화함이라.

현덕 5년(958) 세집 돈장 8월 20일, 대사께서 곧 열반에 들고자 하여 목욕한 다음 방 앞에 대중을 모으라고 하였다. 대중이 모두 뜰 앞에 모였다. 대사가 유훈(遺訓)하여 말하였다.

"만법은 모두 공한 것, 나는 곧 떠나려 하니 일심(一心)을 근본으로 삼아 너희들은 힘써 정진하라. 마음이 일어나면 곧 법이 생겨나고 마음이 사라지면 법도 따라 멸하니, 어진 마음이 곧 부처이거늘 어찌 별다른 종류가 있겠는가. 여래의 정법을 힘써 보호하라."

말씀을 마치고 방으로 들어가서 엄연히 가부좌를 틀고 입적하셨으니 고달원 선당에서였다.

오호라. 이 땅에 태어나 90세이고, 서계(西戒)를 받은 지는 69년이었다. 호계(虎溪 ; 혜목산)는 소리 내어 오열하고 학수는 빛을 잃었다. 문생들은 받들어 모실 스승을 잃은 슬픔을 머금었으며, 산중의 노스님들은 자신의 노쇠함을 한탄하였다. 스님과 청신사 · 청신녀들이 함께 가슴을 치고 발을 구르면서 통곡하는 소리가 바위 골짜기를 진동하였다.

다음날 신좌(神座)를 혜목산으로 옮겨 감실을 열어 보니 안색이 살아생전 보던 것과 같았다. 석호(石戶)를 시설하여 유골을 봉폐하였다. 임금께 부음을 들으시고 선월(禪月)이 너무 일찍 떨어짐을 개탄하고 각화(覺花)가 먼저 떨어짐을 슬퍼하시며, 사자를 보내 곡서(鵠書)로써 조의를 표하고, 시호를 "원종대사(元宗大師)", 탑호를 "혜진(慧眞)"이라 하였다. 그리고 진영 한 폭을 조성하고, 나라의 장인으로 하여금 돌을 다듬어 부도탑을 만들게 하였다. 문인들이 슬피 울면서 색신을 받들어 혜목산 서북쪽 산기슭에 탑을 세우니 이는 상법을 준수한 것이다.

대사는 심등이 강렬하며 정수는 파랑이 없고, 지혜는 바다와 같이 원용하며 자비의 구름은 온 세계를 덮었다. 불법을 배우고 선을 깨달은 덕행과 마군을 항복받고 세속을 진압한 위릉(威稜)과 중국에 들어가 공부한 혁혁하고 명명백백한 공적과 고국에 돌아와 교화한 미묘하고 높고 큰 법력은 반도를 윤택하게 하였으니, 마치 맑은 물이 광명을 발하는 것과 같았다. 그 성스러운 공덕은 가히 지해로써 알지 못하고, 그 신비한 덕화는 지식으로 알 수 없는 것이다. 그러나 오히려 법신은 무상인 것이지만 반드시 상으로 말미암아 공을 나타내며, 도의 본체는 말이 없는 세계이나 반드시 말로 해야만 교리를 보여줄 수 있으니 어찌 묘유(妙有)를 말미암지 않고 진공(眞空)을 알 수 있겠는가.

여기 스님의 제자인 양가승통 삼중대사 흔홍(昕弘) 등이 있으니, 법원의 큰 범종이며 선문의 귀감이 되는 거울이다. 자비의 집에서 널리 중생을 구제하던 옛 스님들의 자취를 밟았으며, 법광의 횃불을 들어 중생의 어두운 길을 비추어 많은 중생을 교화하였던 옛 고승들의 남긴 빛을 이어받았다. 그가 한숨을 크게 내쉬면서 탄식하기를, "비록 은밀한 명심경구(銘心警句)를 설하였더라도 만약 위대하고 기이한 자취를 돌에 새겨두지 않는다면 어찌 일진의 법을 표하여 그대로 완전하게 남아 있게 할 수 있겠는가?"라고 하였다. 그리하여 대사의 행장을 모아 임금께 아뢰어 유부(幼婦)의 문사(文辭)를 지어 우리 스님의 덕업을 비석에 기록할 수 있도록 간청하였다.

임금께서 "그렇게 하라" 하시고, 한림학사인 신 김정언(金廷彦)에게 명하기를, "고 국사 혜목대사의 높은 덕행은 구름 위에 있고, 복덕은 넓어 모든 인간을 윤택하게 하였으니, 그대는 마땅히 훌륭한 문장으로 국사의 훈공을 적어 비석에 그 무성한 업적을 기록하도록 하라"라고 하였다.

신이 명을 받으니 땀이 온몸에서 흘러내렸다. 임금께 계수 예배하고 여쭙기를, "신이 학식이 천박하여 어두운 밤에 새끼줄을 보고 뱀으로 착각하듯이(夜繩易或) 또한 허공에 실을 드리우면 분간하기 어려운 것같이(空縷難分) 스님의 자재무애(自在無碍)하며 신묘 불가사의한 경지는 필설로써 표현할 수 없습니다. 미천한 재주로써 스님의 현미하고 빛나는 위대한 행적을 기록하는 것이 마치 섬궁(蟾宮)의 달을 잡으며, 검은 용의 턱 밑에 있는 여의주를 탐색하려는 것과 같은 것이라 하겠나이다. 설사 푸른 하늘이 내려앉아 절구통 위에 걸쳐져 있는 때와 푸른 바닷물이 줄고 줄어 옷을 벗지 않고 바지만 걷어 올리고도 능히 건널 수 있는 때가 다가올 때까지, 스님의 공적이 길이 남아 묘한 행적이 영원하기를 기원하는 바입니다. 이로 인하여 감히 성덕(聖德)의 형용을 아름답게 하며, 또한 장래 승사에 도움이 있기를 바라는 바입니다."라고 하였다. 거듭 그 뜻을 펴고자 드디어 명에 다음과 같이 적었다.

크도다! 멀고 먼 묘각(妙覺), 심심미묘한 진종(眞宗),
그윽하고 또 오묘한 교화를 보이시며 묵묵히 선풍을 폄이라.

진유(眞有)는 유(有)이지만 유가 아니고,
진공(眞空)은 공(空)이지만 공이 아니다.
연꽃이 물 위에 피어나듯 수많은 별들 중에 둥근 달이 으뜸이듯
온 세상 사람들이 누구나 볼 수 있고 인천이 우러러 바라보네.
생각을 모아 현하(玄河)를 바라보고
지극한 신심으로 불교의 이치를 탐구하였네.

적정한 선열을 맛보고 법희에 배가 부름이로다.
누가 이러하던가? 오직 우리 스승뿐이네.
울울창창 장성(將星) 같고 존경함이 부처님과 같아
이심전심 적멸한 머무름이 이르는 곳마다 광명이었네.

조각배 타고 바다를 건너 뗏목은 버려두고 당당히 참방,
가섭의 선법을 전해 받은 다음 부상(扶桑)에 돌아와서
불일을 중흥하고 법운을 크게 덮어
나라 위해 임금과 사자의 연을 맺고 만났으니,

생각해 보라!
우연히 만난 인연 지혜로 얽혀 선정에 함께 했네.
계족산 중턱에서 조용히 비추이나 스님의 모습은 언제 다시 보려나.

개보 8년(975, 광종 26) 을해 10월에 세우고 이정순(李貞順)이 글자를 새겼다.

연회스님과 혜현스님

고승 연회(緣會)는 일찍이 영축산에 숨어 살면서 언제나 법화경을 읽으면서 보현보살의 관행법(觀行法)을 닦았다. 뜰의 못에는 늘 연꽃(蓮花) 두세 떨기가 있어 사철에 시들지 않았다. 지금의 영축사 용장전(龍藏殿)이 연회(緣會)의 옛 거처이다.

국왕 원성왕은 그 상서롭고 기이함을 듣고 그를 불러 국사를 삼으려 했다. 스님은 그 소식을 듣고 이에 암자를 버리고 도망했다.
서쪽 고개 바위 사이를 넘어가니 한 노인이 이 때 밭 갈고 있다가 말했다.
"스님 어디로 가십니까?"
"내가 들으니 나라에서 잘못 듣고 나를 관작으로써 구속하려 하므로, 짐짓 피해 가는 것입니다."
늙은이는 듣고 말했다.
"이 곳에서 팔 것이지 어째서 멀리서 팔려고 수고할 것입니까? 스님이야 말로 이름 팔기를 싫어하지 않는다고 하겠습니다."

연회는 그가 자기를 업신여긴다 하여 듣지 않았다. 마침내 몇 리쯤 더 가다가 시냇가에서 한 노파를 만났는데 노파는 물었다.
"스님은 어디로 가십니까?"
"(연회는) 먼저처럼 대답했다."
노파가 말했다.
"이 앞에 사람을 만났습니까?"
"한 노인이 있었는데 나를 업신여김이 심하기로 기분이 불쾌하여 그만 왔습니다."
노파는 말했다.

"(그 분이) 문수대성인데 그분 말을 듣지 않았으니 어쩌겠습니까?"

연회는 (그 말을) 듣고 곧 놀랍고 송구하여 급히 그 노인에게로 되돌아가서 머리를 숙이고 사과하였다.

"성인의 말씀을 감히 듣지 않겠습니까. 이제 돌아왔습니다. (그러하온데) 그 시냇가의 노파는 어떤 사람입니까?"

"그는 변재천녀(辯才天女)이다."

말을 마치자 마침내 숨어버렸다.

(연회는) 이 때 암자로 돌아가니 조금 후에 왕의 사자가 임금의 명령을 가지고 와서 그를 불렀다. 연회는 진작 받아야 될 것임을 알고 이에 임금의 명을 받아 대궐로 가니 왕은 그를 국사로 봉했다. 승전에는 헌안왕이 (연회를) 두 조왕사(二朝王師)로 봉하고 조(照)라 칭하고 함통(咸通) 4년에 죽었다고 했으니 원성황의 연대와 서로 다르다. 어느 것이 옳은지는 알 수 없다. 연회스님이 노인에게 감동받은 곳을 문수점(文殊岾)이라 했다.

기린다.

도시에선 어진 이가 오래 숨지 못하니,

주머니 송곳 끝은 감추기 어렵다.

뜰아래 연꽃으로 세상에 나갔지,

운산(雲山)이 깊지 않은 탓은 아니다.

석혜현(釋惠現)은 백제 사람이다. 어려서 출가하여 애를 써 뜻을 한 곳에 모아 법화경을 외움으로써 업을 삼아 부처에게 기도하여 복을 청했더니, (부처의) 영묘한 감응이 실로 많았다. 3론(論)을 다 배워 수도를 시작하니 신명에게 통했다. 처음에 복부 수덕사(修德寺)에 살 때 신도가 있으면 불경을 강하고 없으면 (불경을) 염송했으므로, 사방의 먼 곳에서 그 학풍을 흠모하여 문 밖에 신발이 가득했다.

차차 번거롭고 시끄러움을 싫어하여 마침내 강남(江南)의 달나산(達拏山)에 가서 살았다. 그 산은 매우 험준하여 (사람들의) 내왕이 힘들고 드물었다. 혜현은 고요히 앉아 세상살이에 대한 생각을 잊고, 산 속에서 세상을 마치었다. 동학들이 그 시체를 옮겨 돌방 속에 모셔 두었더니, 범이 그 유해를 다 먹어버리고, 다만 해골의 혀만 남겨두었다. (그런데) 추위와 더위가 세번 지나가도 그 혀는 오히려 붉고 연했다. 그 후에는 변해서 붉고 단단하기가 돌과 같았는데 승려와 속인들이 그것을 공경하여 돌탑에 간직해 두었다.

(혜현의) 연령은 58세이니 즉 정관(貞觀)의 초년이었다. 혜현은 서쪽(중국)으로 가서 배우지 않고 고요히 물러나 일생을 마쳤으나 그 이름은 중국에까지 유포되어서 그 전기가 씌어져서 당나라에 있어서 명성이 나타났다.

또 고구려의 석파약(釋波若)은 중국 천태산(天台山)에 들어가서 지자(智者)의 교상(敎相)과 관심(觀心)을 받아 신기하고 이상함으로써 산중에 알려졌다가 죽었다. 당승전(唐僧傳)에도 또한 실린 편장(篇章)이 있는데, 자못 영검스런 교훈이 많다.

기린다.
녹미(鹿尾)로 경을 전함에도 권태를 느껴,
지난날의 독경(讀經)도 심산(深山)에 숨겼다.
세간의 역사에 오래도록 명성이 유전되었고
사후엔 붉은 연처럼 혀가 꽃다웠다.

일본과 관계있는 신라 승려

1. 혜제(慧濟)와 지세이(智洗爾)

원형석서에 말했다.

"승려 혜제(慧濟)는 사문 혜선(慧先)과 함께 당에 들어가서 유학하고 추고 31년 7월에 신라의 대사 지세이(智洗爾)를 따라 돌아왔다. 처음에는 동지가 10여 명이었으나 조정에 돌아왔을 때는 혜제와 혜선 두 사람뿐이었다. 당에 머물거나 일찍 죽었다. 우리나라(일본)에서 유학한 것은 혜제 등이 처음이었다."

또 본조고승전에는 화주 원흥사 사문 혜제에 대한 기록을 다음과 같이 썼다.

"승려 혜제는 어디 사람인지 자세하지 않다. 성품이 영민하고 유학을 좋아하였다. 일찍이 동지 혜선 등 10여 명과 함께 배를 타고 당에 들어가 선지식을 찾아 유명한 곳을 두루 찾아다니며 밤낮으로 경장(經藏)을 연구하다가 추고 31년에 신라 대사(大使) 지세이를 따라 돌아왔다. 그의 동학인 승려들은 당나라에 머물러 있거나 세상을 떠나 버려서 오직 혜제와 혜선 두 사람만이 돌아왔다. 일본 승려로 당나라에 유학한 사람은 혜제와 혜선 두 사람이 처음이었다."

2. 혜은(慧隱)과 지통(智通)

원형석서에 승려 혜은(慧隱)은 당에 들어가 유학하다가 서명 12년 9월 신라 사신을 따라 돌아왔다. 백치(白雉) 3년(652)에 궁중에서 무량수경을 강의하였는데, 사문 혜자(慧資)가 질문하는 사람이 되었다.

본조고승전에 화주 관음사 사문 지통전에 관한 전기가 있다.

승려 지통은 어느 나라 사람인지 자세하지 않다. 품성이 영민하고 자세하며 배움에 게으르지 않았다. 제명(齊明) 4년 가을 7월에 칙명을 받들어 사문 지달(智達)과 함께 신라 배를 타고 중국의 습속을 알아보고 현장삼장을 찾아뵈었다. 이 때에 현장은 낙양의 옥화궁에서 경론을 번역하고 있었다. 지통은 공손히 일을 따르고 유식론을 힘써 연구하여 일이(학문이) 이루어지고 통달하자 화주에 돌아와 머물면서 관음사를 열고 오로지 법상종을 설하는데 전념하였다. 우리의 의학(義學)은 지통이 현장에게 친히 법을 받고 사람들이 다투어 교법을 물으니, 명성이 사방에 퍼져 나갔다. 백봉 원년(673) 3월에 조칙으로 승정이되니, 법상종이 당나라에 들어가 두 번째로 법을 얻은 것이다.

3. 신라 불상과 지봉(智鳳)스님

원형석서에 승려 도신(道信)은 하이인(蝦夷人)으로 지통 3년 법을 구하려 출가하여 왕의 칙령으로 득도하였다. 이 때에 신라는 아미타 금불상을 헌납하였는데, 조정에서 예에 어긋난다고 책임을 물어 그 헌물(獻物)을 환수하였다. 신라는 두려워서 그 불상을 돌려받기를 아뢰었고, 하사를 허락하였다.

본조고승전에 승려 지봉은 신라 사람인데 그 성씨는 자세히 알지 못한다. 신색이 고원하였다. 일찍이 도에 뜻을 두어 아무 해에 바다를 건너 우리나라에 와서 유학한 지가 오래되었다. 대보 3년(703)에 원유(遠遊)의 칙령을 받들어 사문 지란(智鸞), 지웅(智雄)과 더불어 입당하였다. 복양 지주대사(智周大師)를 뵙고 법상(法相)을 받아 돌아오니, 법상종으로 당나라에 들어가 법을 얻은 세 번째이다.

원흥사에 머물러 유식을 당내에 크게 떨쳤다. 경운 3년(706) 10월 16일 우복야 등담해공(藤淡海公)이 응대직관(膺大織冠)의 원기(遠忌)에 유마회(유마경)를 열어 남경의 영숙(英宿)에게 청하여 논설하게 하고, 지봉으로 강사를 삼았다. 말씀이 의롭고 맑으며 씩씩하여 청중들로부터 자세한 가르침을 요청받아항상 강석이 가득 찼다. 용문사 승려 의연이 지봉스님을 다라 법상학을 수학하였다. 혹은 지봉을 자은 문하에 연계시키나 아니다.

4. 정달(淨達)스님과 심상(審祥)스님

또 승려 정달(淨達)은 신라에 들어가 스승을 찾아 법을 구하였다. 경운 4년(707) 5월에 왔다. 화동 2년(709) 10월에 우복야 불비(不比) 등이 식규도량(植槻道場)에 나아가 유마회를 개최하였는데 정달이 상수가 되었다.

본조고승전에 승려 심상(審祥)은 신라 사람으로 이 나라에 유학 와서 스승을 찾아 법을 구하였다. 또 당에 들어가 현수국사를 따르며 화엄을 전하여 받고 돌아와 대안사에 머물렀는데 날카로운 빛을 대중 속에 감추고 있었다. 동대사의 양변(良辨)이 화엄종을 흥기하는데 어느 날 저녁 꿈에 푸른 속옷에 자줏빛 가사를 입은 승려가 말했다.

"큰 가르침을 널리 알리고자 한다면 마땅히 엄지(嚴智)스님을 청하여 불공견색(不空羂索) 앞에서 강석을 열라."

마침 원흥사에 엄지법사가 있어 재차 왕래하기를 청하니, 엄지가 말했다.

"나의 학해(學解)는 얕고 천박하여 이름난 것에 미치지 못한다. 바야흐로 지금 심상선사가 종지의 수레바퀴를 간직하고 있으니, 이 분이야말로 향상대사(香象大師)의 상족이다."

진심으로 엄지법사가 심상대사에게 대안사에 왕래하기를 세 번이나 청하였으나, 움직이지 아니하였다. 이 소식을 궁궐에서 듣고 황제가 불렀다.

천평 12년(740) 12월 18일 금종도량(金鐘道場)에서 처음으로 대승화엄사자후경을 강하였다. 이에 도읍에서 16명의 명장과 도읍 인근 지역의 학빈을 책을 들고 자리를 잡았다. 개제하는 날에 황제가 공경과 신료들을 거느리고 절에 행차하여 법문을 들었다. 상서롭고 막힘없는 법문에 조금의 움직임도 없었다. 해석이 절묘하여 신의 경지에 들었다. 자줏빛 구름 한 조각이 봄날 산에 내려와 덮이니, 보는 이들이 경이로움에 탄식하였다.

황제가 크게 기뻐하여 비단 1천여 필을 하사하였다. 태상황이 황후 및 공경 이하에게 재물을 주고 비단을 고루 하사하였다. 칙령을 내려 자훈(慈訓)·경인

(鏡忍)·원증(圓證) 3대덕을 복사(覆師)로 삼았다. 한 해에 20권을 강하여 3
년 만에 공덕을 이루었다. 이를 쫓아 오로지 화엄만을 널리 알렸다. 양변(良
辨)을 으뜸으로 삼으니 제자가 더욱 많아졌다. 14년 임오년에 주석하는 곳에서
임종하니 세수와 법랍을 알 수 없다. 상서로운 스님의 행적이 국사(國史) 및
석서(釋書)에 실리지 않았기 때문에 지금 응연(凝然)의 기록에 의거, 정립하여
전한다.

5. 신라 명신(新羅明神)

천안 2년(858) 원진(圓珍)스님이 배를 타고 당으로부터 돌아오는데, 바다에
서 홀연히 늙은 사람이 뱃전에 나타나 말하였다.

"나는 신라의 신이다. 대사가 교법을 호지하기를 서원하여 자씨(미륵보살)로
하생할 것이다."

말을 마치자 보이지 않았다. 원진스님이 입경하여 당에서 가지고 온 불교 전
적을 상서성(尙書省)에 수장하려고 하였다. 이 때에 해상의 늙은 노인이 와서
말하였다.

"이 곳은 경서를 놓아둘 곳이 못된다. 이 일본 땅 안에 뛰어난 장소가 한
군데 있으니, 내가 이미 앞서 스님과 함께 관에 사원과 당우를 창건함을 알리
고 이 전적을 그 곳에 두어 내가 보호하여 지키겠다. 또 불법은 왕법의 치구
(治具)이다. 불법이 쇠퇴하면 왕법 또한 쇠퇴할 것이다."

말을 마치고 모습을 감추었다.

원진스님이 예산(睿山)으로 돌아와 산왕원(山王院)에 이르렀다. 이 때에 산
왕 명산이 모습을 드러내어 말했다.

"전래한 경서는 마땅히 이곳에 수장하여야 한다."

신라 명신이 또 나타나서 말했다.

"이 땅은 내세에 반드시 떠들썩한 다툼이 있을 것이니 둘 만한 곳이 못된다.
남쪽으로 몇 리를 가면 그 곳이 좋은 장소가 된다."

원진스님이 이에 신라·산왕 두 신, 두 비구와 함께 자하군의 원성사에 도

착하니 절의 승려 교대(敎待)가 절의 사적을 설명하였다. 산왕이 예산의 고을로 돌아오자 신라 명신이 원진스님에게 일렀다.

"내가 복거사(卜居寺)의 북쪽 들에 있을 때 당시 십만의 권속이 급히 달려와 위요하였다."

원진스님만이 홀로 만나서 다른 사람은 알지 못하였다.

수레를 탄 사람이 있었는데, 의위(義衛)가 매우 많았다. 아름다운 음식으로 신라 명신을 대접하였다. 교대(敎待)가 와서 하례하자 수레를 탄 사람이 모습을 감추어 보이지 않았다. 원진스님이 명신에게 물었다.

"수레에 탄 사람이 누구입니까?"

"삼미명신(三尾明神)이다."

이로부터 신라 명신은 위의와 신령함을 더욱 드러내었다.

이와 같은 내용은 일본 고승전에도 두 번 세 번 나타나 길을 인도하였으므로 영승 7년(1052) 9월 원성사 명존(明尊)이 비로소 제례를 행하고 신탁(神託)의 가락에 맞추어 기쁘게 노래를 바쳤다. 삼정경요(三井慶耀)가 어렸을 때 신탁이 있어 말하였다.

"나는 신라 명신을 따르는 숙왕보살(宿王菩薩)이다. 마땅히 원성사에 들어갈 사람이니 나로 하여금 옹호하게 하라."

또 원형석서에도 다음과 같은 글이었다.

승려 교대(敎待)는 어떠한 사람인지 알지 못한다. 원성사에 오래 거주하였다. 천안 2년(858)에 원진법사(圓珍法師)는 신라 명신·산왕 명신 두 신과 더불어 승지(勝地)를 보러 원성사에 도착했는데, 교대가 원진법사를 오랜 친구처럼 맞았다. 이 때에 단월인 대우씨(大友氏)가 원진법사에게 말하였다.

"교대스님은 일찍이 일관(日官)이 말하였는데, 이 절의 주인은 이미 스님이라고 하였습니다. 어느 때인가 입당하였다고 하고, 또 어느 날 저녁에 온다고 하였습니다. 오늘 아침에는 사주(寺主)가 온다고 하였습니다. 그러므로 오래도록 받들어 모시겠습니다."

이에 교대스님은 사권(寺券 ; 절의 문서)을 원진법사와 삼미명신에게 부탁하였다. 신라 신에게 음식을 대접하니 교대가 와서 하례하였고, 그런 연후로 모습을 감추고 보이지 않았다. 원진법사가 신라 명신에게 "늙은 교대스님이 자취를 감추어 보이지 아니하니 어찌된 일입니까?" 물으니, 명신이 말하였다.

"미륵보살의 응화이다. 지금 이미 신령을 얻었으니, 또한 어찌 여기에 있겠는가?"

원진스님이 절로 돌아와 대우씨에 물었다.

"교대스님의 본관이 어디인가? 살아생전의 행업이 어떠한가?"

"어떤 사람인지 알지 못합니다."

이 절에서 백여년 동안 주석하며 평소 당재(堂齋)에 나아가지 아니하고, 때때로 호숫가에 가서 물고기와 자라를 잡은 뒤에 꿰어 말려서 마땅히 반찬으로 하니, 꾸밈없는 일상생활이었다. 지금 그가 자취를 감추었다는 소리를 들으니 애통하도다. 이에 대중과 함께 그 방에 들어가 남아 있는 건어물을 보았는데, 모두 다 하우연(荷藕蓮)의 부류로 다른 종류는 없었다. 대중이 모두 그 이적에 감탄하였다. 162세가 되던 해에 교대스님은 일찍이 청수사의 행예거사(行睿居士)와 함께 청수에 와서 선을 닦고, 나막신을 신으며 종일토록 정성으로 경전을 말하였다.

찬하여 말한다.

선한 응보가 무방(無方)한 것은
도덕이 지극히 높은 사람이 되는 것이다.
어찌 불가하다고 하리요.

성공(成公)이 충산(沖算)에서 기다렸고,
교대스님이 원진스님을 기다리는 것은
불법의 인연이 소생한 것이어서
때와 장소가 성취된 것이다.

그러한즉 인연이 때와 장소와 함께 한다는 것은
우리 부처님의 큰 가르침이도다.

신라 명신(新羅明神)
신라 명신은 장보고다.
신라 사람 장보고가 바다의 명신이 되어
물에 빠진 사람 구제하여 법화사에 살리니
일본·조선·아라비아 사람이 모두 한 식구가 되었다.

〈활안〉

인도유학승들

앞에서 중국유학승들에 대해 이야기하는 가운데 인도로 간 사람도 있다고 하였는데, 의정스님이 쓴 "구법고승전"에 보면 신라스님으로 아리발마·혜법·현태·현각·상민·혜륜스님 등이 인도에서 살고 있는 것이 확인 되었다.

1. 아리야발마(阿離耶跋摩)

아리야발마(阿離耶跋摩, Āryavarma)는 신라 사람이다. 당 태종의 정관년간(AD. 627~649)에 장안(長安)의 광협(廣脇 ; 왕성산)을 떠나 인도에 와서 불교의 정법을 추구하고 성스러운 불교유적을 몸소 순례하였다.

나란타사에 머물면서 불교윤리의 율(律)과 이론의 학문인 논(論)을 익히고 여러 가지 불경을 간추려 베꼈다. 슬픈 일이다. 돌아올 마음이 많았으나 그것이 이루어지지 못하였다. 동쪽 끝인 계귀(雞貴 ; 신라)에서 나와 서쪽 끝인 용천(龍泉 ; 나란타사)에서 돌아가셨다. 즉 이 절에서 이 세상을 떠나셨던 것이다. 나이가 70여세였다. [계귀(雞貴)는 인도말로는 '구구차의설라(矩矩吒醫說羅)'이며, 인도 남부의 토어인 파리어(巴利語)로는 쿠꾸타이싸라(Kukkutaissara)라고 한다. '구구차'는 닭(雞)이며 '의설라'는 귀(貴)라는 뜻이다. 즉 고려국인 것이다. 서로 전하는 바에 따르면 그 나라(즉 신라)에서는 닭의 신(神)을 받들어 모시기에 그 날개털을 꽂아 장식으로 한다고 하였다. 나란타사에 못(池)이 있다. 이를 용천(龍泉)이라고 부른다. 서방에서는 고려를 일컬어 '구구차의설라'라고 한다.]

2. 혜업법사(慧業法師)와 현태(玄太)스님

혜업법사(慧業法師)는 신라 사람이다. 정관년간에 서쪽나라로 가서 보리사(菩提寺 ; 대각사)에 머물면서 성스러운 불교유적을 순례하고 나란타사에서 오랫동안 강의를 듣고 불서를 읽었다.

의정 자신이 이곳의 당나라 불서를 조사하다가 우연히도 양론(梁論 ; 攝論)의 아래 '불치목(佛齒木) 나무밑에서 신라승 혜업이 베껴서 적었다'한 글이 적혀 있는 것을 보게 되었다.

이에 이 절의 스님에게 물어 보았더니 그는 이 곳에서 세상을 떠나셨다고 하며, 나이는 60에 가까웠다고 한다.

그가 베꼈던 범어 책은 모두 나란타사에 보관되어 있다.

현태법사(玄太法師)는 신라 사람이다. 인도의 이름은 살바진야제바(薩婆眞若提婆, Sarvajinādeva)〔당에서는 일체지천(一切智天)이라고 한다〕이다. 영휘년간(永徽 650~656)에 티베트를 경유하는 길을 잡아 네팔을 거쳐 중부 인도에 이르렀다. 보리수(菩提樹)를 예배하고 불교의 경과 여러 논(論)을 상세히 조사한 후 발걸음을 동쪽 땅(즉 중국)으로 돌렸던 것이다.

토욕혼(土峪渾)에 이르러 도희법사(道希法師)와 만나게 되어 다시 더불어 발길을 인도로 돌려 대각사(大覺寺)에 돌아왔었다. 그 뒤 당으로 돌아왔으나 그가 죽은 것을 알 수 없다.

3. 현각법사(玄恪法師)와 상민선사(常愍禪師)

현각(玄恪)은 신라 사람이다. 현조법사(玄照法師)와 더불어 정관(貞觀)년간에 다같이 대각사(大覺寺)에 이르렀다. 그 곳을 예경(禮敬)하는 소원을 풀고 나서 병에 걸려 죽었다. 나이는 고작 40을 넘었을 뿐이었다.

또 다시 신라스님 두 분이 있었는데 (죽은 뒤에 지어주는 이름인) 휘는 알 수가 없다. 장안에서 출발하여 멀리 남해(南海)로 갔었다. 배를 타고 슈리비쟈국(室利佛逝國 ; 자바)의 서쪽 파로사국(波魯師國)에 이르러 모두 병에 걸려 죽었다.

상민선사는 병주(并州) 사람이다. 머리를 깎아 빗을 버리고 옷을 승복으로 갈아입고부터는 매우 부지런하고 게으름 없는 염송(念誦)의 생활을 하여 왔었다.

항상 극락에 태어나고자 하는 큰 서원을 내어 청정한 업을 짓고 부처님 명호를 칭송하고 생각하여 복의 기틀이 이미 넓어 상세히 헤아리기가 어려웠다.

뒤에 장안(서울)과 낙양(둘째 서울인)에 와서도 오로지 불교의 신앙을 높이는데만 힘썼으며 그 그윽한 정성과 은근한 조짐(兆朕)에도 느껴지는 바 있게 되었다.

드디어 만 권이 차도록 반야경을 베끼는 원을 세웠고, 또 멀리 서쪽 인도로 가서 석가여래께서 종교 활동하시던 성스러운 유적을 돌아 배례할 뜻을 품기에 이르렀다. 이 세상에서 좋은 복된 일을 많이 지어 극락정토로 회향(迴向)하는 길을 닦으려는 것이었다.

드디어 궁궐에 글을 올려 여러 주(諸州)를 교화(敎化)하여 반야경을 베껴 쓰도록 할 것을 간청하였다.
일편단심으로 뜻을 이루어 보려는 곳에는 반드시 하늘도 무심하지는 않은 것이다. 곧 황제로부터 그 뜻을 허락하는 내용의 칙서(勅書)를 받기에 이르렀던 것이며, 이에 양자강 남쪽으로 발길을 옮겨 삼가 반야경을 베껴 씀으로써 황제의 은혜에 보답코자 하였다.

마음의 준비도 가다듬어져서 드디어 해변으로 향하여 배를 타고 남으로 하릉국(訶陵國 ; 자바)으로 갔었다. 여기서부터 다시 배를 타고 말라유국(末羅瑜國 ; 수마트라)에 가서 다시 여기에서 중부인도로 가려고 하였다.

그러나 그가 탔던 선박에 실린 물건들이 너무도 무거워 닻줄을 풀어 배를 띄워 아직 목적지에 도착하지도 않은 채 큰 파도에 휩쓸려 반나절도 못되어 가라 앉았던 것이다.

이 배가 가라앉을 때 상인들은 앞을 다투며 작은 배로 옮겨 타려고 서로 싸움을 하고 있었다. 그 배의 주인은 일찍부터 불교에 신심이 두터웠다. 목소리를 높여

"스님이 오셔서 이 배를 타십시오!"

라고 외쳤다. 이 때 상민스님께서는

"다른 사람을 타도록 하시오. 나는 가지 않겠소. 만약 목숨을 아끼지 않고 이 세상을 위하여 다른 좋은 일을 한다면 그것이 곧 보리심(菩提心)에 맞는 일이오. 자기를 죽이면서 다른 사람을 도우면 그것이 곧 보살의 행위 되는 까닭이오."

라고 하였다. 그렇게 하고 나서 서쪽 인도 쪽을 향하여 합장하고

"나무아미타불(南無阿彌陀佛)"

을 불렀다.

"나무아미타불"

이 되풀이 되는 사이에 배는 가라앉고 그의 몸이 사라지고, 목소리도 끊어져 그의 생애는 끝났다. 나이는 50 몇 살이었다.

그의 제자가 한 사람 있었는데 어디 사람인지는 알 수가 없다. 흐느껴 가며 슬피울더니, 또 '아미타불'을 부르면서 그의 스승과 같이 죽었다. 그 때 살아 남은 사람이 상세히 이 일을 말하여 주었다.

4. 명원법사(明遠法師)와 등선사(燈禪師)·혜륜(慧輪)스님

명원법사는 익주(益州)의 청성(靑城) 사람이다. 인도 이름을 진다데바(振多 提婆, Cintādeva ; 思天)라고 하였다.

어려서는 불법의 가르침을 따랐고 성장하여서는 더 깊이 불법을 연구하였다. 그 용모는 아름답고 맑았다. 중관론(中觀論)과 백론(百論)에 밝았으며 장주(莊 周)에 대하여도 깊은 지식을 지니고 있었다.

일찍이 칠택(七澤 ; 호수가 많은 호북, 호남지방)을 고루 다녔고, 뒤에는 삼오(三吳 ; 강소 절강)의 땅을 거치기도 하였다. 거듭 불교의 경·논을 배웠고, 다시 선(禪)도 배웠었다. 이에 이르러 여봉(廬峰 ; 구강, 번양호가 있는 산)에서 속세와 관계를 끊고 한 여름을 지냈다.

슬기로운 가르침인 불교가 이미 여러 갈래로 쪼개져 있는 것을 원통하게 여겨 드디어 지팡이를 흔들며 남쪽 교지(交趾 ; 하노이)까지 와서 거기서 배를 큰 파도위로 몰아서 하릉국(訶陵國)에 이르렀다.

이어 사자주(師子洲 ; 스리랑카)에 도착하여 군왕(君王)으로부터 예우와 존경을 받았다. 곧 모습을 숨겨 각(閣)안에 가만히 들어가 몰래 석가여래의 치아(齒牙)를 훔쳐 중국으로 가져와서 불법을 일으키려 생각하였다.

그러나 불아(佛牙)를 손에 넣었다가 도리어 빼앗겨 그 뜻이 컸던 계획은 소망을 이루지도 못하고 자못 모욕을 받아 남인도로 향하였다. 사자주의 사람들이 전하여 알려주는 바로서 그는 대각사로 갔다고 하나 중부인도에서는 그의 소식을 전혀 들을 수 없다. 그는 여행길에서 객사(客死)하였을 것이 틀림없다. 나이가 몇 살이었는지 자세히 알 수 없다.

그 뒤부터 사자주는 석가여래의 치아를 지키는 것이 대단히 엄하게 되었다. 눈은 누(樓)위에 두고 몇겹으로 큰 자물쇠를 잠궈 자물쇠에는 진흙으로 봉하여(泥封) 5관(官)이 니봉(泥封)에 인(印)을 찍었다. 만약 문을 하나만 열어도 곧 그 앞을 성곽(城郭)과 통하게 된다.

매일 향과 꽃을 공양하여 내려오며 만약 정성으로 기도하여 청한다면 즉 불아(佛牙)는 꽃위에 나타나고 혹은 이상한 빛을 나타내 여러 사람들이 모두 바라본다. 전하는 말에는 만약 이 사자주가 불아를 잃게 되면 모두 나찰(羅刹)에게 잡혀 먹힌다고 한다. 그래서 이와 같은 불행을 미리 막기 위하여 대단히 힘써 지킨다는 것이다.

또 전하는 말에는 불아는 반드시 지나(支那 ; China)에 간다고 한다. 이와 같은 일은 성스러운 힘을 멀리서 얻어야 하는 것이며 감(感)하여야만 곧 이루어지는 성격의 일이다. 어찌 사람의 힘으로 이루어지겠는가. 억지로 사리에 맞지 않은 말을 하고 있는 것일 뿐이다.

대승 등선사는 애주(愛州) 사람이다. 법명은 마하야나발지이파(莫訶夜那鉢地已波, Mahānadira；大乘燈)라고 하였다. 어렸을 때 부모를 따라 배를 타고 두화라발저국(杜和羅鉢底國；타이·방콕 부근)에 가서 비로소 출가하여 승려가 되었다.

뒤에 당의 사신 담서(郯緖)를 따라 당나라의 서울로 왔고 자은사(慈恩寺)에 들어가 삼장법사 현장(玄藏) 계신 곳에 가서 구계(具戒)를 받아 수년간 서울에 있으면서 널리 불경을 읽고 성스러운 불교유적을 순례하고 서방극락세계와 인연을 맺고자 하는 뜻을 품게 되었다.

몸에는 충성스런 마음을 가지고 성품은 품행이 올바르고 깔끔하며 모든 것을 계율에 맞도록 힘쓰고 선(禪)의 수행에도 힘썼다. 생각하기를 현실의 속세를 영원한 것이라고 굳게 믿는다는 것은 잘못된 마음의 작용에서 일어난 허무한 생각이며, 이러한 그릇된 생각을 가진 사람은 오랫동안 속세에 빠져서 구제할 수가 없다. 그러므로 속세에서 되풀이되는 생(生)과 멸(滅)의 그 헛된 현상에서 벗어나 영원한 깨달음의 세계에서 살아가려면 생과 멸은 서로가 도와 생은 멸의 원인이 되고, 또 멸은 생의 원인이 되어 되풀이 되는 것이라는 것을 깨달아 생과 멸의 헛된 생각을 극복하는 올바른 지혜를 얻는데 정진하여야 한다고 믿게 되었던 것이다.

이에 왕성인 장안에서의 생활을 끝내고 인도의 죽원(竹苑)에 가서 불교 신앙에 방해되는 여덟 가지 난(八難；3악도·울단월·무상천·불전불후·세지변총·맹음아)을 극복하고 동·서·남·북의, 사방제불(四方諸佛)의 설법을 들어야 한다고 생각하였다.

드디어 불상을 모시고 불교의 경론을 휴대하여 남해를 건너 사자국에 가서 모든 영험을 갖춘 불아(佛牙)를 뵙고 예배하였다. 남인도를 지나 다시 동인도에 이르러 탐마립저국(耽摩立底國, Tamralipti ; 수마트라)에 도착하였다. 이 곳에서 당으로 되돌아오려고 배를 탔으나 배가 갠지스하의 강 어귀에 들어가 도적을 만나 배는 부서지고 겨우 목숨만 살아남았다.

이 나라에서 12년을 머물게 되어 범어를 아주 잘하게 되었으며 연생등경(緣生等經 ; 방등경)을 송(誦)하고 아울러 복 지을 행위를 두루 배웠다. 같이 가자는 상의를 받게 되어 나(義淨)와 같이 중인도로 갔다.

먼저 나란타사에 갔다가 처음으로 부다가야의 금강보좌에 들려 벽사리(薜舍里)를 거쳐 뒤에 구시나가라에서는 무행선사(無行禪師)와 만나 이 곳에서 같이 지냈다.

대승등선사께서는 언제나 한탄하여 말하기를, "나는 불법을 널리 펴는 것이 본래의 소망이었다. 거듭 동쪽 중국으로 가려 하여도 왜그런지 뜻대로 되지 않는다. 나는 이제 어느 사이에 늙은 몸, 비록 오늘 뜻을 이루지 못하였다고 하더라도 내생(來生)에는 반드시 이 뜻이 이루어질 것을 바란다"고 하였다.

그러나 항상 도사다천(覩史多天 ; 도솔천)의 업을 다하여 미륵보살에 뵙기를 바라고 매일 용화(龍花) 한두 장을 그려 정성껏 마음 속에 간직하고 있었다.

대승등선사는 가려고 하는 목적지까지의 길 안에 있기에 도희법사(道希法師)가 살고 있던 옛 집의 그 방을 지나갔다. 당시의 그분께서는 이미 죽어 이 세상에 없으나 한자(漢字)로 된 서적은 아직 남아 있고 범어로 된 불경꾸러미도 그대로 놓여져 있었다. 이것을 보고 남모르게 눈물이 쏟아져서 옛날 장안에서는 같은 법석에서 놀았지만, 지금 다른 나라에서 그의 비어있는 방만 볼 뿐이라고 한탄하였다.

혜륜선사는 신라 사람이다. 범명(梵名)은 반야발마(般若跋摩, Prajāvarmah)라고 한다. 자기나라에서 출가하여 승려가 되어서 성스러운 불교유적을 순례할 뜻을 품고 뱃길로 중국의 복건(福建)에 상륙하여 육로를 걸어서 장안에 도착하

였었다. 그 후 칙명을 받들어 인도로 가기로 된 현조법사(玄照法師)의 시자로
따라가게 되었다.

인도에 가서는 고루 성스러운 불교유적을 돌아 참배하고 갠지스강 아래 북쪽
의 암마리발왕국(菴摩離跋王國)에 가서 그 국왕이 세운 신자사(信者寺)에서 10
년을 살았다.

요사이는 동쪽으로 가서 북방의 토카라 스님들이 사는 절(觀貨羅僧寺)에 머
물고 있다. 원래 이 절은 토카라 사람이 그 본국의 승려를 위하여 세운 것이
다. 이 절은 매우 돈이 많고, 자산(資産)이 충분하여 공양·식사차림이 이 이
상 더할 것이 없다 생각되었다. 이 절 이름은 건타라산다(建陀羅山茶)라고 하
였다.

혜륜은 여기에 머물렀다. 범어를 잘하였고 또 구사론도 깊이 연구하였다. 의
정 자신이 중국으로 돌아올 때에도 그는 이 절에 있었다. 나이는 40을 바라보
고 있었다. 북방의 승려로서 이 절에 머무는 사람은 모두 주인(主人)의 대접을
받는다.

제4편

고려 스님들

제4편

고려 스님들

고려는 918년부터 1392년까지 470년간 34대 왕씨에 의하여 다스려졌던 나라다. 처음 왕건이 나라를 세워 분립된 후 삼국을 통일하고 성종 때 중앙집권적인 기반을 확립하고, 문종 때 이르러 귀족정치를 형성하였다. 1770년(의종 24년) 무신난에 의하여 1백년간 무신정치를 하다가 1백년간 원나라의 간섭기를 거쳐 14세기 말 이성계에 의하여 그 이름이 조선으로 바뀌어졌다.

고려는 초창기부터 불교왕국이었으므로 스님들을 3보의 하나로 크게 공경하였고, 절과 대장경을 국가적인 차원에서 대대적으로 건립하여 민족문화를 크게 흥성하였다.

1. 태조(918~943)
2. 혜종(943~945)
3. 정종(946~949)
4. 광종(943~975)
5. 경종(976~981)
6. 성종(982~997)
7. 목종(997~1010)
8. 현종(1010~1031)
9. 덕종(1031~1034)
10. 정종(1035~1046)
11. 문종(1046~1083)
12. 순종(1083~1083)
13. 선종(1083~1094)
14. 헌종(1094~1095)
15. 숙종(1095~1105)
16. 예종(1105~1122)

17. 인종(1123~1146)
18. 의종(1146~1170)
19. 명종(1170~1197)
20. 신종(1197~1204)
21. 희종(1204~1211)
22. 강종(1211~1213)
23. 고종(1213~1259)
24. 원종(1259~1274)
25. 충렬왕(1274~1308)
26. 충선왕(1298~1298)
27. 충숙왕(1313~1330 1332~1339)
28. 충혜왕(1330~1339 ~1344)
29. 충목왕(1344~1348)
30. 충정왕(1348~1351)

31. 공민왕(1351~1374)
32. 우왕(1374~1388)
33. 창왕(1388~1389)
34. 공양왕(신종의 7세손)

가야
1. 수로왕(42~199)
2. 거등왕(199~259)
3. 마품왕(259~291)
4. 거칠왕(291~346)
5. 이시왕(346~407)
6. 좌지왕(407~421)
7. 취희왕(421~451)
9. 질지왕(451~492)
10. 감지왕(492~521)
11. 구행왕(521~532)

옥룡자 도선국사(道詵國師)

이 글은 고려 최유청(崔惟清)이 찬술하였다.

국사의 속성은 김씨이며 신라 영암 사람이다. 그 집안의 계보는 역사 기록에 남아 있지 않다. 혹은 그가 태종대왕의 서얼손(庶孼孫)이라 하였다. 모친 강씨의 꿈에 어떤 사람이 밝은 구슬 한 개를 주면서 삼키라고 하였는데, 그 후 태기가 있었다. 이미 젖 먹을 때부터 보통 아이들과는 아주 달랐다.

나이 15세가 되자 총명하고 조숙하였다. 드디어 월유산 화엄사에 가서 머리를 깎고 대경을 읽고 배웠는데, 여러 학도들이 놀라고 감복하여 귀신같다고 칭찬하였다. 당 문종 개성 11년이자 신라 문성왕 8년 병인년(846)에 그의 나이 20세였다. 갑자기 스스로 생각하여 말하였다.
"대장부가 마땅히 교법을 여의고 스스로 정려(靜慮)해야 할 것인데 어찌 능히 움직이지 않고 올올하게 문자만을 지키고 있을 수 있겠는가?"

때마침 혜철대사가 서당 지장선사에게 밀인을 전해 받고 동리산에서 산문을 열자 대사가 제자가 되기를 청하였다. 이른 바 말없는 말과 법없는 법으로 빈 가운데에 주고받으니 확연히 깨달았다. 나이 23세에 천도사(穿道寺)에서 구족계를 받았다. 때로는 운봉산 밑에서 동굴을 파고 참선하기도 하고, 혹은 태백과 같은 큰 바위 앞에서 띠집을 짓고 좌선하며 여름을 지내기도 하였다. 또한 회양현 백계산의 옥룡사로 옮겨왔는데, 그윽하고 뛰어난 경치를 좋아하여 절을 고치고 수선하였다. 깨끗하게 일생을 마칠 뜻으로 편안하게 앉아 말을 잊은 지 35년이 되었다. 헌강대왕이 사신을 보내 맞아들여 궁중에 머물게 하였다. 대사는 매번 오묘한 말과 도리로 왕의 마음을 개발하도록 조언하였다. 얼마 되지 않아 성안(京輦)에 있기를 좋아하지 않아 간절하게 청하여 산으로 돌아갔다.

하루는 갑자기 제자들을 불러서 말하였다.

"나는 장차 갈 것이다. 인연을 타고 왔다가 인연이 다하면 가는 것이 변함없는 이치이니 어찌 슬퍼하겠는가?"

말을 마치자 가부좌하고는 입적하였다. 그 때가 당 소종 광화 원년이자 신라 효공왕 2년 무오년(898) 3월 10일이다. 향년 72세였다. 사부대중이 눈물을 흘리며 그리워하듯 넋이 빠진 듯 앉아서 입적한 몸을 옮기어 절 북쪽에 탑을 세웠으나 유언을 따른 것이다. 효공왕은 요공선사(了空禪師)라는 시호를 내리고 탑호는 증성혜등(證聖慧燈)이라 하였다.

문인 공적(珙寂) 등이 스승의 밝은 행적이 전해지지 못할까 두려워하여 눈물을 머금고 표문을 올려 비문을 지어주기를 청하므로, 왕이 서서학사(瑞書學士 ; 翰林學士) 박인범에게 명하여 비문을 지었으나 끝내 돌에 새기지 못하였다.

처음 대사가 옥룡사에 자리 잡기 전에 지리산 구령(甌嶺)에서 암자를 짓고 잠시 지내고 있었는데 어떤 이상한 사람이 찾아와 대사의 자리 아래에서 뵙고는 말하였다.

"제가 세상 밖에서 숨어 산 지가 수백 년에 가깝습니다. 조그마한 술법이 있어 존경하는 대사께 바치려 합니다. 혹시 낮은 술법이라고 비루하게 여기지 않으신다면 뒷날 남해의 물가에서 드리겠습니다. 이것도 역시 대보살이 세상을 구제하고 사람을 제도하는 법입니다."

하고는 갑자기 보이지 않았다.

대사가 기이하게 여겨 약속한 곳에 찾아갔는데, 과연 그 사람을 만났다. 그는 모래를 쌓아 산천에 대한 순역의 형세를 만들어 보여주었는데, 돌아본 즉 그 사람은 사라지고 없었다. 그 곳은 현재 구례현 화엄사 아래에 있는데, 대사는 밤에는 화엄사에 묵고 낮에는 모래의 형세를 보며 날마다 베껴서 비밀리에 기록하였으니, 그 곳 사람들이 일컬어 사도촌(沙島村)이라 하였다. 대사가 이로 말미암아 환하게 깨달아 음양오행의 술법을 더욱 연구하여 비록 금단(金壇)과 옥급(玉笈)의 깊은 비결들을 모두 가슴 속에 새겨 두었다.

이에 태조가 왕이 되어 덕화의 원년에 성스러운 시대를 열고 그윽한 운수에 정해진 명(命)을 이룬 것은 그 근원이 모두 우리 대사로부터 시작된 것이라고 하였다. 대개 그 공덕을 마땅히 크게 기리고 높게 받들어야 할 것이므로 현종은 "대선사"로 추사하였고, 숙종은 "왕사"의 칭호를 더하였다. 인종은 "선각국사(先覺國師)"로 추봉하였고, 의종 또한 비석을 새기도록 명하여 오랫동안 전하게 하였다.

대사는 태조에 대해서 그 사업이 매우 위대하다는 것을 태조가 탄생하기 전에 먼저 알았고, 그 효력은 자신이 죽은 뒤에 나타났으니, 신기한 상서의 징험히 말없이 뜻이 들어맞는 것은 불가사의한 일이다. 아, 대사의 도가 그 극치에 나아간 것은 불조와 합치되고, 행적에 나타난 것은 마치 장자방(張良)이 신에게서 글을 받은 것과 같고, 지공(寶誌)대사가 미래의 징조를 예언한 것과 같고, 일행(一行)이 술수에 정통한 것과 같은 것이다. 대사가 전한 음양설은 여러 편인데, 세상에 많이 있다. 뒤에 지리를 말하는 자들은 모두 으뜸으로 여긴다.
그 명은 다음과 같다.

과거의 모든 부처님! 미묘한 법이 있으니,
문자로 설명되는 것도 아니오, 문사수(聞思修)로 얻지 못할새
초연히 바로 사람 마음 가리키며 일념이 천 겁이니,
오직 우리 국사만이 넉넉하게 그 경지에 들어갔네.

잘 배움은 배움이 없는 것이며, 참으로 공한 것은 공한 것이 아니니,
정법의 눈을 갖추어 4방으로 열리고 6모로 통했구나.
오직 그 나머지 실마리 술법에 두었는데,
시초로 점치지 않아도 미리 아는 것이 끝이 없네.

옛 나라 흔들리고 새 운명 아직 감감하다.
끝나기 전에 끝날 줄 알았고, 오기 전에 올 것을 알았네.
글 짓고 미리 바쳐 국가의 복이 시작되었네.
주(周) 만들듯, 한(漢) 일으키듯 손바닥 가리키듯 환히 알았네.

성인 일어나 왕위 이어받는다. 앞서 바라고 부탁한 것 나에게 나왔으니,
사람들 비록 세대 다르나, 일은 오늘에 부합하는구나.
수승한 공로 위대한 업적 산하와 함께 하니
3백년 지났어도 그 모습 오늘 보는 듯 높은 자취 우러러보니,
하늘 흔들듯 우뚝하구나.

옛 사당에 비를 새겨 천추에 알리니,
듣거라! 산신령은 게으름 없이 수호하라.

정진국사 원오(圓悟)스님

이 글은 고려 이몽유(李夢游)가 찬술하였다.

일찍이 듣건대 팔극(八極) 가운데 귀한 땅은 신독(身毒)이요, 삼계에서 제일 존귀한 이는 발타(勃陀 ; 불타)이다. 서역에서 사신을 보내 불교를 전하게한 공덕은 한나라 명제의 덕이고, 동으로 유전된 지도 한참 지났다. 그러므로 노자(伯陽)는 '아사지론(我師之論)을 지었으며, 공자(尼父)는 이 세상에 어느 누구도 성인이라 할 수 없으나, 오직 석가만이 서방 성인이라고 하였다. 또한 별이 떨어진 사실이 노서(춘추)에 기록되어 있고, 한나라 명제가 금불상이 방광하면서 목에 태양을 두르고 있는 꿈을 꾸고서 옥첩(왕이 불교를 청하는 글)을 보내 불교가 중국에 전하게 되었다.

사제(四諦)법문을 전하고 3승법을 설하여 교화의 인연을 마치고 열반에 임했을 때 가섭에게 일렀다.
"무상법보(無上法寶)를 부촉하니 이를 널리 유포하고자 하거든 마땅히 잘 호념하여 항상 부지런히 정진하여 생사의 고통을 벗어나게 하라."
이로 말미암아 대가섭은 법안을 얻고 이를 아난에게 부촉하였다. 이로부터 전승하여 단절되지 않았다. 그 중간에 대표적인 조사로는 마명과 용수가 있었고, 말대에는 학륵나와 구마라다가 있었다. 서로 부촉한 이래로 27대 후에 달마대사가 있었으니, 그를 응진보살이라 한다. 그는 남천국을 떠나 동하에 와서 선풍을 전하는데 심인을 보호하여 끊이지 않게 하고 신의를 전해 단절되지 않도록 하였다. 그로부터 동산의 법이 점차 남쪽으로 유행하여 조계에 이르기까지 6대에 전승되었다.

이로부터 혜명을 계승하여 적자 적손으로 면면히 이어가 조계는 남악 회양에게 전하고, 회양은 강서 도일에게 전하였으며, 도일은 창주 신감에게 전하고, 신감은 해동에 전했으니, 그의 법맥을 이은 스님은 바로 남악(지리산)의 쌍계사 혜소(慧昭)선사(진감국사)이다. 그리고 혜소(명)는 다시 현계산을 이은 왕사 도선에게 전하고, 도헌은 강주 백암사 양부(揚孚)선사에게 전하였으니, 양부스님은 곧 우리 정진대사의 법사스님이다.

대사의 휘는 긍양이요, 속성은 왕씨로 공주 사람이다. 할아버지 이름은 숙장(淑長)이고, 아버지는 양길(亮吉)이니 모두 인(仁)을 머리에 이고 의(義)를 실천하며 자신을 통달하려고 노력하였다. 덕을 쌓으며 공덕을 풍부히 하였으므로 그 음덕이 멀리 자손에까지 끼쳤다. 공무를 봉직함에는 사심없이 노력하였고, 청렴결백함은 비길 사람이 없었다. 마을에서는 장자라는 이름으로 존경하였고, 원근에서 현인군자라는 칭송이 자자하였다.

더구나 고조와 증조부 때부터 모두 군읍의 토호로서 집집마다 그를 모르는 사람이 거의 없었으므로 그들의 행적은 여기에 싣지 않는다. 어머니는 김씨이니 가정에 끼친 공이 그를 필적할 사람이 없을 뿐만 아니라 부녀의 도에 있어 규범이 되었다. 머리카락을 잘라 아들을 찾은 손님을 대접한 것처럼 정을 쏟았으며, 베를 버리어 절도를 가르친 것과 같이 자녀를 교육하였고, 부처님과 스님을 존경하고 공경하며 시부모님을 예로써 모셨다. 어느 날 밤에 유성이 품으로 들어오는 꿈을 꾸었는데, 그 크기가 항아리만했고 황금색으로 빛났다. 이로부터 임신하였다.

그 후부터 고기와 오신채는 전혀 먹지 않고 부지런히 재계를 받들면서 계속 태교에 정성을 다하였다. 달이 차서 탄생하니 대사는 타고난 모습이 특이하고 신채(神彩)가 영기(英奇)하였다. 오색 때때옷을 입을 때부터 죽마를 탈 나이에 이를 때까지 비록 아이들과 장난을 하지만 마치 성숙한 사람과 같이 음전하였다. 앉을 때에는 반드시 결가부좌하였고, 다닐 때에는 항상 합장하였다. 모래를 모아 불단을 만들고 불상과 불탑을 본떠 모시고는 잎과 꽃을 따서 공양물을 마련하여 늘어놓았다. 글방에서 공부할 나이가 되어서는 날마다 경을 허리에 끼고 다녔다. 시와 예는 이정(鯉庭)에서 배웠고, 강론은 전사(鱣肆)에서 들었다. 자못 책 끈이 세 번이나 끊어질 정도로 부지런히 공부하여 구류가 좁다고 이를 정도가 되었다. 이에 자애로운 어머님과 엄격한 아버님에게 출가하여 수도할 수 있도록 간절히 허락을 청하였다.

본주(공주) 남혈원으로 가서 여해선사(如海禪師)를 은사로 삭발하였다. 곧 그 곳에 몸을 의지하면서 뜻을 세워 아침에 도를 들으면 저녁에 죽어도 여한이 없다 하였다. 학문에 날로 정진하여 실로 그 공력이 배로 증가하였으니, 누가 그의 수행이 부진하다 하겠는가. 망치로 종을 조금만 쳐도 마치 독이 크게 울리는 듯하였다. 이에 눈부시게 빛나는 태양(선종)이 있다는 것을 알고는 밤에만 반짝이는 별빛(교종) 보는 것을 중지하고, 산문을 나와서는 사방의 중생을 지도하였으며, 수행에는 삼종의 유익한 벗을 택하였다.

드디어 건녕 4년(897) 계룡산 보원정사에서 비구계를 받았다. 그 후로 우기인 여름 결제 동안 정진하는 마음이 견고해졌고, 구름 덮인 산중에서 수도하려는 생각이 간절하였다. 계주(戒珠)를 보호하되 한 점의 어김이 없으며, 지혜의 검을 갈아 조금도 무디어지지 않았다. 능히 초계비구와 같은 마음을 가져서 번뇌를 벗어나려고 더욱 힘썼다. 오직 부지런히 법문을 들으려고 지체하지 않고 사방을 유행하였다.

드디어 서혈원에서 양부선사를 친견할 때 선사는 밝은 눈을 크게 뜨고 반갑게 맞이하여 간절한 마음으로 접대하였으니, 이는 유(子路)가 비파를 가지고 공자의 문하에서 튕기는 것과 같았다. 대사는 이미 하나를 들으면 열을 아는 재능이 있었고, 혹은 재삼의 예를 펴면서 양부선사를 섬김에 게을리하지 않고 더욱 정진하였다.

어느 날 홀연히 탄식하며 말하였다.
"세월은 빨라 달리는 말과 같고, 흘러가는 세월은 화살과 같구나. 만약 소 발자국에 고인 얕은 물에만 잠겨 있어 깊고 넓은 바다를 건너지 않으면 보주에 나아갈 수 없으니, 어찌 피안에 도달할 수 있겠는가?"
이에 광화 3년(900)에 중국으로 가는 큰 배편을 만나서 붕운(鵬運)을 따라 남쪽으로 항해하여 2박 3일 만에 강회(江淮)의 경계에 다다랐다. 간신히 험준한 고개를 넘어 설봉선사(雪峯禪師)의 회상으로 가려고 비원령 마루에 이르렀다. 마침 설봉선사께 공양미를 나르는 선도들을 만나 그들과 함께 길을 가다가 한동안 쉬게 되었다. 그중 한 스님이 말라죽은 참죽나무를 가리키면서 말하였다.

"고목이 홀로 선정을 점령하고 있어 봄이 와도 다시 살아날 수 없구나."

대사가 이 말을 듣고 말하였다.

"멀리 진경(塵境) 밖에서 초연하며 오래도록 도정을 즐기는구나!"

이에 대중들은 모두 탄복하여 입과 입으로 옮기지 않는 이가 없었다. 비록 번거로이 혀를 움직여 수고롭게 설하지만 자못 마음을 전하는 선지에 부합하였다. 드디어 태령(台嶺)에 올라가서 두루 선원을 살펴보았고, 혹은 석장을 짚고 눈이 덮힌 고개를 넘었으며, 구름 자욱한 산을 지나기도 하였다. 혹은 용의 항복을 받은 발우를 나는 듯 한 시냇물과 하늘에 매달린 것과 같은 석간수에서 씻기도 하였다. 이미 원하던 바를 많이 성취하였으나 깊고 오묘한 진리를 찾고자 하는 마음은 더욱 간절하였다.

곡산으로 가서 도연화상(道緣和尙)을 친견하였으니, 그는 석상 경제의 수제자였다. 대사가 물었다.

"석상 종지의 적적한 대의는 어떤 것입니까?"

"대대로 일찍이 전승하지 아니한 것이다."

대사는 그 말이 끝나자 크게 깨달았다. 드디어 묵묵히 현기를 요달하고 은밀히 비인을 전해 받았다. 마치 진시황제의 거울과 같이 밝게 비추었고, 황제의 현주(玄珠)를 찾는 것과 같았다. 일진(一眞)을 투철히 궁구하고 더욱 삼매를 닦아서 마치 푸른빛이 쪽보다 더 푸르고, 붉은 색이 꼭두서니보다 더 붉은 것과 같았으며, 구슬과 불빛이 서로 비추는 것과 같았다. 선문에서는 영수로 드러났고, 법원에서는 생용(笙鏞)으로 군림하였다. 어찌 굳셈뿐이겠는가. 쟁쟁한 기목이라 할 수 있다. 또한 대사는 계송을 지어 화상에게 바쳤다.

10인의 선재(仙才)가 함께 급제에 응시하여
합격이 분명하니 모두 한가로움을 얻었도다.

오직 한 사람만은 낙제하였고
아홉 사람은 출세간에 있었다.

도연화상이 이를 보고 경탄해 마지 아니하였으며, 삼생송(三生頌)을 대중들에게 암송하도록 허락하였다. 대사는 용기를 길러 남음이 있었고, 인(仁)을 당하여 사양하지 않았으며, 붓을 잡아서는 이치를 분석하였다. 훌륭한 문장(鳳藻)을 모아 책을 엮었으니 귀중하지 않은 구절이 없었다. 벽운곡(碧雲曲)이 백설곡(白雪曲)보다 고상하지만, 어찌 이것이 구경의 진리라 하겠는가. 책으로 엮어져 자세히 궁구되고 이미 세상에 유전되고 있으므로 이 비문에는 기록하지 않는다.

대사의 마음은 맑아 고요한 물과 같고, 자취는 조각구름과 같이 걸림이 없었다. 경이로운 경치와 신령스러운 산은 반드시 다 보고 노닐었으며, 강남(양자강 이남)과 하북(황하의 북쪽)으로 발섭(跋涉)의 수고로움을 사양하지 아니하였다. 양나라 용덕 4년 봄 곡산 도연선사를 떠나 길을 유주와 대주(代州)로 향하였고, 오대산의 성적을 참례하려고 만리의 험로를 헤치고 관음사에 이르러 며칠 동안 쉬게 되었다. 며칠 지나지 않아 갑자기 얼굴에 붉은 종기가 생겨났으나 참심(參尋)에 진력하고 있었으므로 적합한 비술을 만나지 못하여 치료할 기회를 얻지 못하였다. 오래도록 치유하지 않아 점점 심해져 위독한 상태에 이르렀다. 드디어 홀로 열반당에 앉아 보살원심을 암송하였다.

잠시 후 한 노스님이 문으로 들어와서 물었다.
"너는 어느 곳에서 왔으며 병고는 어떠한가?"
"소승은 동해 좌측에서 왔는데 오랫동안 강남으로 구법 행각을 하다가 이처럼 독창이 생겨 고통스러울 뿐입니다."
"너무 걱정하지 말라. 숙세의 원결로 그러하다."
하면서 곧 종기에 단술 같은 물을 부으니, 마치 씻은 것같이 곧 나았다. 노스님이 말하였다.
"나는 이 산의 주인인데 잠시 와 문병하고 위로하는 것이니, 오직 부지런히 정진하면서 건강에 유의하라."

이곳저곳 다니려고 관음사를 하직하고 떠나니 마음이 거뜬한 것이 마치 꿈에서 깬 것과 같았다. 피부는 조금도 손상되지 않았고 부스럼 자리마저도 없었다. 이것은 대사께서 몸소 청량산을 참배하고 묘덕보살(妙德菩薩 ; 문수)을 친견한 공덕이라 하겠으며, 일찍이 구씨(龜氏)의 종지를 계승하여 용종성존(龍種聖尊 ; 문수)을 만난 불가사의한 인연 때문이라 하겠다.

그 후 서쪽으로는 운개 회상(雲蓋會上)을 참방하였고, 남쪽으로는 동산도량(洞山道場)을 지나면서 경치가 기이한 곳은 반드시 들렀고, 고명한 스님은 반드시 뵈었다. 후당 동광 2년(924) 7월 전주 희안현 포구로 돌아와 배를 포구에 매어 놓고 배를 버리고 깊은 뜻으로 나아갔다. 이는 마치 맹상(孟嘗)의 구슬이 다시 합포로 돌아오고 뇌환(雷煥)의 칼이 본래 있던 연평진의 못으로 들어간 것과 같았다. 덕은 이미 보신에서 빛났고, 뜻은 더욱 고상하며 견고하였다. 마치 하늘은 은사를 빛나게 하고 땅은 푸른빛의 거위를 나오게 한 것과 같았다. 들판과 산속의 반군들은 각기 분쟁의 힘을 겨루고, 토굴과 사원은 절반 이상이 병화의 재난을 당하였다.

이에 편안히 정진할 곳을 찾아 세속의 자취를 끊고, 검은 표범이 안개 속에 숨어 사는 것을 본받았다. 학의 울음소리가 천자에게 들릴까 두려워하여 그림자를 산중에 숨기고 빛을 지붕 아래에 감추었다. 비록 구름과 노을이 자욱이 덮인 산골짜기라고는 하나 점점 복숭아 자두꽃 보러 사람이 모여 저절로 생긴 길처럼 붐비니 드디어 숨어 있을 수 없게 되었다.

다시 강주 백엄사로 옮겼으니, 이 곳은 서혈원의 양부선사가 암자를 수축하여 주석하던 곳이다. 선사인 양부스님이 세상을 하직하였다. 법장이 열반하니 문인들이 모두 앙모하여 슬퍼하였고, 재가불자들은 의지할 대상이 없음을 탄식하였다. 하물며 구름 자욱한 계곡과 안개 덮인 고개도 철마다 모습이 바뀌고, 솔바람 소리, 댓잎소리 온갖 소리 끊이지 않고 어울려 울림에랴. 마치 여산 동림사의 빼어난 풍광을 닮아서 서역의 종지를 전수할 만한 곳이었다. 세월이 흘러 천성 2년(927)에 대사는 그 곳으로 나아가 머물렀다.

대사는 법경(法鏡)을 들고 항상 닦아 비추는데 걸림이 없었으며, 선용(禪鏞; 禪의 큰 북)을 틀에 달아 놓고 두드리기를 기다리니 메아리의 응함에 인연이 있었다. 그래서 많은 사람들의 마음을 귀의하게 하였고, 4방 중생의 눈을 닦게 하였다. 도를 묻는 자들은 구름처럼 모이고 안개처럼 피어오르고, 법문을 들으려는 자들은 발꿈치가 서로 닿고 어깨들이 맞붙었다. 이처럼 덕화가 해우(신라)에 두루 미치고 명성이 일역을 진동시켰다. 신라 경애왕이 멀리서 대사의 현장(玄杖)에 의지하여 나라의 정강(政綱)을 헤아려 정돈하려 하였으며, 비록 상법과 계법시대였으나 선나의 교(선종)를 받들기를 기원하였다. 이에 사신에게 서신을 보내 말하였다.

"공손히 들으니 대사께서는 일찍이 바다를 건너 멀리 조계(曹溪)에 이르러 마음속의 비인을 전수받고, 용의 턱 밑에 있는 명주를 찾았으며, 지혜의 횃불을 계속 밝혀 미혹한 중생계의 길을 널리 인도하였으니, 선의 물줄기는 이로써 막히지 않고 콸콸 흘렀고, 법산이 이에 우뚝 솟게 되었습니다. 계족산의 현풍이 구림의 먼 땅에 전파되기를 바랐으니 어찌 한쪽만의 의뢰가 되겠습니까. 진실로 천년에 한 번 만나기도 어려운 일입니다."

하고 임금은 별호를 봉종대사(奉宗大師)라고 하였다. 대사는 방촌(마음)에 바다와 같은 큰 것을 넣어도 조금도 막고 멀리할 바가 없이 오직 잘 이끄는 공을 넓혔고, 기(幾)를 보는 도(道)를 더욱 삼가 하였다.

청태 2년(936)에 이르러 도를 넓히려면 반드시 산을 선택해야 한다고 생각하였다. 그렇게 하기로 결심하고 행장을 미리 준비하였으나 지체되어 출발하지 못하였다. 홀연히 구름과 안개로 캄캄해져 지척도 분간하기 어려웠다. 한 신인이 강림하여 대사에게 말하였다.

"여기를 버리고 어디로 가려고 합니까? 가더라도 멀리 가지 마십시오."

이에 대중들이 모두 이상히 여겨 떠나지 말고 계시라고 청하였는데, 대사는 굳은 의지로 받아들이지 않고 이내 떠났다. 얼마쯤 가니 호랑이가 나타나 으르렁 울부짖으며 대사를 앞서거니 뒤서거니 하며 30리를 갔는데, 또 한 마리 호랑이가 나타나 길 중간에서 서로 영접하고 좌우에서 인도하니 마치 양 날개가 되어 호위하는 것 같았다. 희양산 기슭에 갔다가 어떤 사람이 왔다가 돌아간 흔적을 보고 비로소 되돌아왔다.

대사는 봉암사에 머물기로 하면서 더욱더 기뻐하였다. 그리하여 산봉우리에 올라 산등성이 너머를 살펴보았는데 천 층의 푸른 봉우리와 만첩의 붉은 절벽은 산적의 방화로 불탄 흔적이 세계가 파멸할 때 일어나는 큰 불의 재가 떨어진 것 같았다. 그러나 중첩된 봉우리와 겹겹의 계곡은 진실로 바뀌고 변한 모양이 없었으며, 불달(불전)과 승방 자리는 반쯤 가시덤불로 뒤엉켜 있었다. 우뚝 솟은 산은 거북이가 마치 선덕의 비명을 새긴 돌을 이고 있는 것 같았고, 높고 험준한 봉우리는 금을 녹여 불상처럼 신령스런 광채가 빛나고 있었다. 이미 선인의 덕을 받들어 덕을 닦을 뜻을 굳게 가졌으니, 어찌 절을 반드시 짓겠다는 공덕을 버릴 수 있겠는가. 가섭존자가 진흙 밟던 일을 따르고, 목건련존자가 도량을 청소하던 일을 본받아 선실을 짓고 학도를 가르쳐 인도하였는데, 춥거나 더워도 쉬지 않아 배우려는 이들이 대와 갈대처럼 줄을 이었다.

대사는 가르치고 인도하는 것을 게을리하지 않았으며, 사물을 이롭게 하는 공이 있었다. 상인들로 하여금 급히 화성(化城)을 버리게 하였고, 궁한 자식이 모두 보배가 가득한 자기 집으로 돌아오도록 하였으니, 열을 지어 서 있는 전단나무가 향기를 짙게 풍기고, 뜰 가득히 연꽃 봉우리가 만개한 듯하였다. 선조(禪祖)의 가풍을 널리 떨치고, 법왕의 가르침을 환히 밝혔으며, 은혜를 골고루 베풀고 더불어 구제하고, 덕이 넉넉하여 중생과 함께 하였다. 비록 산중에서 정묵을 지키면서도 위엄과 용맹을 역내에 두루 떨쳤다. 조용히 마귀를 항복시키는 비술을 보이시며, 불교를 돕고 순화하는 공을 높이 드러냈다. 마침내 개미떼처럼 모인 흉도와 뱀과 같은 역당들이 어리석은 성품을 속히 고치게 하고, 난폭한 마음을 갖지 못하게 하였다. 땅을 두고 다투는 전쟁을 점차로 그치게 하여 각각 편안히 지내는 것을 기약하게 하였으니, 그 때가 바로 청태 을미년(935)이었다.

우리 태조대왕의 운이 오랑캐 흉도에게 뻗쳐 난세를 평정할 때가 되었다. 훌륭한 장수에게 군의 통수권을 주어 백제의 잔당이 숨어 있는 소굴을 지목하여 육도삼략(六韜三略)의 기이한 모책과 특이한 책략을 펼쳐 소탕하였다. 진군의 북소리 울리니 산하가 우레처럼 진동하고, 선두의 깃발이 힘차게 휘날리니 산천초목도 떨었다. 아군은 새매처럼 의기가 양양했고, 적들은 모두 고기가 썩어 흩어지듯 하였으니, 주나라 무왕이 은나라의 제신(紂王)을 목야에서 축출하고, 초나라 항우를 오강에서 패배시키듯 하였다. 바닷물을 말려 고래를 잡아내고 숲을 뒤집어 외뿔소를 잡아 베듯 섬과 산에 숨어 있는 패잔병을 모두 찾아 없앴다. 약 50년 동안이나 암울한 전쟁의 기운이 있었으나 깨끗이 적군을 소탕하여 한명도 남기지 않았다.

이어 봉묘(封墓)와 식려(軾閭)를 행하고 주왕의 고상한 자취를 계승하였다. 스님들을 존중하며 부처님께 귀의하고, 양 무제의 유풍을 준수하였다. 5천축을 본받아 불상을 꾸미고 숭상하였고, 4대문을 열어놓고 영현(英賢)을 초빙하였으니, 이에 도인들이 모여들고 선려(禪侶)들이 구름처럼 와서 상덕(부처 또는 달마)의 종지를 다투어 논하고, 태평의 업적을 높이 찬양하였다.

이 무렵 대사는 임금의 명을 기다리지 않고 바로 호계(虎溪)를 나와 맨발을 놀려 나는 듯 걸었고, 백설 같은 눈썹을 휘날리니 보는 이로 하여금 환희심을 내게 하였다. 개경에 가던 중에 중원부에 들렀는데, 그 곳 연주원(鍊珠院)의 원주 예백(芮帛)스님은 늘 능가경을 독송하며 항상 쉬지 않았다. 이날 밤 꿈에 신선의 동자가 솔도파(窣堵波) 위에서 합장을 하고 내려오면서 말하기를, "나한 승이 지나갈 터이니 미리 공양을 준비해 두었다가 모셔라"고 하였다. 다음 날 아침 대중을 모아놓고 전날 꾼 꿈 이야기를 하니, 대중들이 모두 기이한 일이라고 경탄하면서 도량을 청소하고 오래도록 서서 기다렸다. 저녁에 이르러 과연 대사가 왔다.

서울(개경)에 이르러 태조가 대사를 친견하고 기이하게 여겨 꿇어앉아 높이 공경하면서 전수받은 법교를 물으니, 흐르는 물처럼 자연스럽게 응대하였다. 태조는 대사와의 만남이 늦은 것을 한탄하면서 곧 조용히 대사와 대화하였다. "현장법사가 서역에 가서 유학하고 함경(장안)에 다시 돌아와서 경전을 번역해낸 것은 보장에 숨겨져 있습니다. 정원 연간에 이르러 새로 번역한 경론이 점차 많아졌습니다. 그러므로 근세에 민중(閩中)과 구녕(甌寧) 지방에 사신을 보내 대장경을 구입하여 불도를 널리 폈습니다. 이제 다행히 병화가 꺼지고 불교를 진작시키고자 하여 대장경 1부를 다시 사경하여 양도에 나누어 안치하고

자 하는데, 대사의 의향은 어떠하십니까?"

"이는 실로 유위(有爲)의 공덕이긴 하지만, 무상보리를 이루는데 방해될 것이 없고, 경전을 바르게 홍포하여 능히 불심에 이를 수 있게 할 것입니다. 부처님의 은혜와 왕의 덕화는 가히 하늘과 땅처럼 영원할 것이며, 복됨과 이로움이 끝이 없고, 공명도 영원할 것입니다."

이로부터 한 마음으로 공경하여 4사로 부지런히 모시는데, 어전을 열어놓고 간청하여 맞아들이기도 하고 감우(사원)에 가서 친히 문안하기도 하였다. 이에 학과 같은 심정으로 오히려 구름 쌓인 산을 그리워하는 마음이 날로 깊어져 임금을 하직하고 천구(서울)를 나와 번개처럼 떠나려 하였다. 그래서 임금은 승사(僧史)에게 명하여 전송을 돕게 하고 시주를 후하게 하여 편안하게 모셨다.

갑자기 구천의 정기(태조)께서 승하하셨다는 소식을 들었는데, 온 세상에 금사(金絲)가 끊어진 것이니

"비록 망언(忘言)하며 선을 수행하는 자인들 어찌 눈물을 흘리는 슬픔이 없겠는가?"

라고 하였다.

혜종(惠宗)이 왕위를 계승하고 선왕의 유지를 이어받아 수레를 받들 만한 사신을 보내 임금과 인연이 있음을 알렸다. 이로 말미암아 대사는 승개(僧介)를 보내 경하의 글을 전하며, 왕통의 영광스런 후사임을 경축하고, 먼 곳에서 기도를 펼쳤으나 인연을 맺을 겨를이 없었다. 비록 공동(崆峒)의 초청은 있었으나 창오(蒼梧)를 순행하다 돌아오지 못한 것을 어찌하랴! 정종(定宗)이 즉위하여 편안함을 베풀고 천명을 다스리면서 항상 불교에 관심을 두고 선의 기쁨을 한껏 맛보기를 바랐다.

대사는 산천을 넘고 건너는 것을 마다하지 아니하고 걸어서 경화(京華)에 이르러 나라를 다스리는 충고의 말을 베푸니, 마치 먹줄을 따르면 나무가 곧은 것과 같았다. 시정(施政)은 돌을 물에 던지는 것과 같이 잘 받아들였고, 도는 하늘을 보완해 합하였으며, 남의 얘기를 받아들일 만한 너그러움이 있었고, 서

신(書紳)을 가히 증험할 수 있다 하여 이에 새로 지은 마납가사 한 벌을 기증하였다. 산으로 돌아와서 의희본 화엄경 8질을 새로 사경하여 증송(贈送)하였으니 대개 대사가 색과 공이 다르지 않고, 말과 침묵이 같다고 여겨 모든 부처님 말씀에 대하여 항상 옥축(玉軸 ; 경전)을 펼쳐 보았기 때문이다.

이제 성상께서 찬란한 무지개가 물가에 빛나듯 덕을 용연(龍淵)에서 길러 천년의 기약에 뚜렷이 응하였고, 구천의 자리를 영광스럽게 이어서 공이 높이 극에 달하였으며, 왕성한 성업으로 기틀을 다졌으니 장차 동토의 사람들을 편안하게 하고, 서건의 가르침(불교)을 깊이 받들게 하였다. 뭇 정사를 군주의 도에 따라 부지런히 하며, 여러 가지 많은 복을 승전에 심었다. 정수(定水)를 선의 강물에서 떠 마시며, 자비의 물결을 신백(궁중의 옷)에서 흘려보냈다. 능가(선종)의 문을 크게 열었고, 총지(교종)의 동산을 활짝 열었다.

드디어 멀리서 대사를 흠모하다가 친히 혜안(대사)을 친견하고자 하여, 광덕(光德) 2년(951) 봄에 사신을 보내 왕의 친서를 전달하니, 반드시 서로 만나기를 청하며 간절히 왕림하기를 바란다는 내용이었다. 대사 또한 동림(東林)에서 나와 북궐로 가서 알현하려고 정인(공양주)에게 아침 공양을 재촉하고 시자에게 행장을 서둘러 꾸리도록 하였다. 이 때 절 한쪽의 법당 위에 걸려 있는 북이 갑자기 스스로 울렸는데, 둥둥 울리는 소리가 마치 산 위에 우레가 치듯 우렁찼으며, 계곡 밑에서 쏴 하고 부는 바람소리 같기도 하였다. 이를 들은 대중들이 모두 놀라 한마음으로 머물 것을 간청하였으나, 대사는 단호히 간청을 따르지 아니하고 문득 길을 나섰다.

길을 가던 도중에 마침내 궁중에서 보낸 사신을 만났다. 선려는 월악산을 지나오고, 왕의 사신은 한강을 건너갔는데 우연히 만난 것을 기뻐하여 망설이거나 물러남을 의론하지 않았다. 기전(圻甸)으로 들어가는 길에 다다르니 예를 갖추고 교외에서 영접하였다. 이에 모든 절의 승도와 조정에 가득한 신하와 재상들로 하여금 먼지를 무릅쓰고 대사 일행을 인도하고 호종(護從)하도록 하였으며, 도성의 길을 걸어서 수행하게 하였다. 호국제석원에 이르러 투숙하였다.

다음날 이른 아침 임금은 궁중의 문을 활짝 열어놓고 따로 깨끗한 방을 마련하였으며, 친히 스님을 영접하고, 특별히 재연을 베풀었다. 찬양하는 소박한 정성을 펴며, 정치의 도에 대하여 자문하였다. 대사도 이미 임금을 흠모하여 반드시 나라의 형세를 돌이키게 하려고 하였다. 말 없는 말을 이야기하고, 언설 없는 언설을 말하니 어찌 수도하는데 도움이 될 뿐이겠는가. 정치의 기풍을 쇄신할 수 있을 것이다. 임금을 보필하며 백성을 구제하는 공을 크게 넓히고 마침내 부처님께 귀의하는 정성에 화합하였다.

이에 그해 4월 사나선원으로 이주하게 하고 마납가사 한 벌을 보냈으며, 공양을 베풀었는데 정성스럽고 부지런하지 않음이 없었다. 임금이 여러 신하들에게 말하였다.

"돌아보건대 어릴 때 보위를 계승하여 매번 국무를 집행하는 여가를 틈타 사적의 글을 찾아보니, 옛날 황제 헌원씨로부터 주발(武王)에 이르기까지 모두 사보(師保)를 두고 자문을 받고 잘못된 시정을 바로 잡으려 하였으므로 군과 민이라 하였다. 신하를 스승으로 삼은즉 군왕이요, 신하를 벗으로 여긴즉 패왕이라 하였다. 그러므로 대사의 고상한 덕으로 그 이로움을 넓혔다고 할 만하다. 이제 희양대사를 뵈니 참으로 화신한 보살이신데, 어찌 스승과 제자의 예를 펼치지 않겠는가?"

모두들 그렇다고 하며 이의가 없었다.

이에 임금이 양가승통 대덕법여(大德法興)와 내의령 태상 황보(皇甫) 등을 선사에 보내 왕의 뜻을 갖추어 전하고, 이어서 중사를 파견하여 비단으로 깃을 만든 마납가사 한 벌과 함께 머리에서 발끝까지 꾸밀 수 있는 장신구 등을 보냈다. 그 후에 임금께서는 문무 양반 및 승관을 거느리고, 잠깐 주궁(珠宮)에서 나와 친히 사원에 왕림하였다. 손에 작미향로(鵲尾香爐)를 들고, 정진대사(靜眞大師)를 마주 대하고, 이에 한림학사이자 태상이며 수병부령인 김악(金岳)을 불러 조서를 선포하였다.

"옛날 진(晉)나라의 안제(安帝)는 혜원법사를 만나 마음을 기울여 받들었고, 손권은 강승희 대사를 만나 예를 다해 귀의하였으니, 인간과 천상에 왕성한 전적이 고금을 통해 아름다운 일로 여겨지고 있습니다. 과인이 비록 덕이 옛 성인들에 비해 부끄러우나 뜻은 공문(불교)을 공경하여 힘써 부지런히 행하고 삼가 마음을 닦았습니다. 대사는 우담바라꽃이 한 번 나타난 것 같고, 혜일(慧日)은 거듭 밝아서 연꽃 같은 눈을 바라보면 번뇌가 저절로 사라지며, 과일 빛 같은 입술을 쳐다보면 속세의 괴로움은 갑자기 없어지게 됩니다. 많은 생의 인과로 금세에 만나게 되었으니, 감히 지극한 마음을 열고 맑은 덕을 우러러 듣고, 스승으로 삼는 예를 펴고자 합니다.

누누이 겁의 인연이 이루어지길 바라 몸소 송관에 나아가 대사의 면전에서 일편단심을 펼치니, 엎드려 바라건대 자비로 비추고 정성스런 기도를 받아들이소서. 청컨대 대사의 도를 빛내고 공경하여 "증공대사(證空大師)"의 존호를 드리니, 겁겁생생 겁마다 자비로운 항해에 맡겨 극락으로 인도되고, 있는 곳마다 지혜의 기치를 반연하여 널리 찬양하려 하니 머리 숙여 삼가 아룁니다."
이에 승려와 속인 모든 관료들이 일제히 열을 지어 축하하되, 예를 어기는 자가 없었으니 도가 더욱 존숭되었다.

대사의 자취는 사의(四儀)를 나타냈으며, 공덕은 만겁을 닦았으니 말씀이 반드시 진리에 계합하고 행함은 다른 이들보다 뛰어났다. 이미 향화의 인연을 맺어 도리천으로 갈 것을 기약하고는 희이(祖師禪)의 종지를 열어 보이며, 청정한 종풍을 드날렸다. 왕의 강령을 드러내 정돈하고 비밀리에 법보를 전하니, 실로 금륜(왕위)이 더욱 오래 지속되도록 하고, 능히 옥의(玉座)를 더욱 빛나게 하였다. 자비로운 등불의 불꽃이 삼한에 다하고, 감로의 은택이 온 나라에 고루 미쳤다. 왕도에 머문 지 여러 해가 지났고, 교화하여 인도한 공이 이미 이루어졌으니 속세를 등진 이는 물러나려 하였다.

주 광순 3년(953) 가을을 넘겨 옛 산으로 돌아갔다. 왕이 옷을 여미고 자리에서 일어나 법문을 청하여 이지러짐을 바로잡고자 하여 멀리 높은 뜻에 이르렀으나, 마음의 바탕에 아직 욕념이 사라지지 않고 계속 남아 있는 것을 어찌하지 못하여 몸소 스님의 수레를 붙잡고 눈물로 산행을 전송하였다. 지팡이를 짚고 천천히 가는 스님의 자태는 학이 삼추(三秋)에 광야를 걷는 것 같았고,

옷깃을 떨치면서 경쾌한 거동으로 만 리 떨어진 옛 산을 찾아가는 것과 같았다.

이후에도 방문객의 수레가 계속 이어져 끊어지지 않았으며, 왕의 사신들이 왕복하여 말고삐가 도로에 교차하는 그림자가 계곡의 시냇물에 비치었다. 향 그릇과 물병을 증정하였는데 조각의 기교가 지극하였고, 비둘기를 새긴 향로 받침과 물병 받침을 부수품으로 증정하니, 향의 향기와 물맛이 지극하였다. 경 축하고 위로함이 더욱 많았고, 정성스럽고 공손함이 더욱 간절하였다.

현덕 3년(956) 가을 8월 19일에 이르러 홀연히 대중에게 일렀다.

"내가 서학 하고 돌아온 지 어언 36년에 이른다. 산에 들어와 머물며 후학 을 이끌었고, 청산과 백운을 빌려 길을 잃고 헤매는 저들을 인도하되 매번 옥 계(부처님 말씀)를 펼쳐 그 뜻을 찾아 국가를 이롭게 하고 민생을 복되게 하였 다. 이제 바람 앞의 등불이요, 물의 거품과 같아서 능히 오래 버틸 수 없다. 앞으로 어떤 일을 하기 어려우니 나는 떠나고자 한다. 각자 너희의 마음을 다 잡아 부처님의 훈계를 힘써 따르거라."

또한 전법의 수세자인 형초(泂超)선사에게 말하였다.

"너는 마땅히 조실을 잘 지켜서 계속 전등하되 오히려 앞 사람보다 빛나게 하여 서로 전하는데 떨어짐이 없도록 하라."

말씀을 끝내고 고요히 앉아 입적하니 세수는 79세 법랍은 60년이었다.

이날은 하늘이 어두워지더니 비가 내려 깜깜해졌으며, 땅은 진동하고 산이 흔들렸다. 새와 짐승들은 슬피 울었으며, 삼나무와 회나무 등은 시들었다. 이 에 승려와 재가인, 학통이 멀거나 가까운 이, 노인이나 어린이들 할 것 없이 만물이 이상하게 변하는 비상함을 보고 슬픔을 머금고 다투어 모여들어 들판에 서 눈물을 흘리니, 애통해 하는 소리가 산 계곡에 진동하였다. 어찌 노국의 공 자가 대들보가 부러졌다는 노래를 부른 것과 아사세왕이 들보가 무너지는 꿈에 놀란 것과 같을 수 있겠는가. 임금은 부음을 듣고 죽음을 애도하여 침식을 잊 고 호곡하였다.

이에 좌승유 대덕담유(大德淡猷)와 원윤 수전중감 한윤필(韓潤弼) 등을 보내 글로써 조문하고 곡식과 차, 향으로 부의하였다. 또 시호와 탑명을 내리기 위해 원보 김준암(金俊嵒)과 부좌윤 전광평시랑 김정범(金廷範) 등으로 하여금 짓게 하여 시호는 "정진대사", 탑명은 "원오지탑(圓悟之塔)"이라 하였다. 이에 유사(有司)에게 명하여 진영 한 폭을 그려서 비단으로 선을 두르고 금축(今軸)으로 장식하였는데 하루도 되지 않아 완성하였다. 아울러 제(題)와 찬(讚)을 짓고, 이어 우승유 대덕종예(大德宗乂)와 정보 김영(金瑛), 정위 병부경 김영우(金靈祐) 등으로 하여금 진영을 보내는 사신으로 삼고 겸하여 공양을 베풀었다. 장례의식의 예가 이와 같으니, 존귀하신 대사의 도가 빛났다.

대사가 보인 성품은 순박하고 마음에 품은 기질은 영특하였으며, 눈동자는 구슬처럼 맑았고 골격은 금가루가 맺혀 있는 듯하였다. 넓기로는 만경의 들을 맑게 하며, 높고 험준함은 마치 큰 산이 천 길을 솟은 듯하였다. 매번 학도를 권장하고 격려하였으며, 말씀은 간결하나 뜻은 깊었다. 그런 까닭에 어떤 이는 물었다.

"좌우를 떠나지 아니하고도 오히려 알지 못하는 것은 무엇 때문입니까?"
"나도 알지 못하겠구나."

또 어떤 스님이 물었다.
"피차 서로 알지 못할 때는 어떻게 합니까?"
"동서가 멀지 않다."
"한 곳에 모여 살고 있습니까?"
"태양이 점점 높아지니 후대에 무엇을 근심하겠는가?"

이것이 이른 바 '말씀은 간략하나 뜻이 깊다는 것'을 이르는 것으로 이런 사례가 많았다. 어찌 흙과 나무와 같은 육체에 털끝만큼의 어긋남도 없게 함이겠는가. 이어받은 계율을 굳게 지켜 하나의 어그러뜨림이 없었다. 그러므로 점점 세월이 흘러 상유(桑楡)에 핍박하고, 몸은 서루(가장 한 일)처럼 보다 가벼워졌으니 간혹 세수하거나 목욕할 때에는 대야 속에 앉더라도 완전히 물에 뜬 바가지와 같아 물에 잠기지 않았다. 또 해지고 낡은 승복을 비록 빨아 입지 않더라도 몸이 가렵지 않았고 이도 생기지 않았다. 거의 48년 남짓 이처럼 하였다.

일찍이 미천했을 때에 3층 석탑 위에 앉아 있는 꿈을 꾸었는데, 대중 가운데 해몽하는 자가 있어 말하였다.

"대사는 반드시 세 번 존호를 받아 만승의 스승이 될 것이다."

이 말을 들은 사람들이 감탄했고, 사람들이 마치 담장을 두르듯 몰려와서 경하하였는데, 후에 실제로 그처럼 되었다. 열반할 때에 절의 동쪽 봉우리와 서쪽 능선의 푸른 잣나무와 소나무가 색이 변하여 처참하게 시드니, 곡수(鵠樹)를 따르는 듯했고, 또 산의 북쪽 모퉁이가 까닭없이 약 백여장의 높이만큼 무너져 내렸다. 또한 호랑이가 동남쪽의 산등성이를 따라 나와 절을 돌고 지나가며 슬프고 길게 울부짖으니, 그 소리가 계곡을 진동하며 며칠을 계속하였다.

문하의 스님들이 대사의 기적비를 세워 영원토록 빛나게 하려고 표를 올려 간청하니, 왕이 윤허하였다. 이에 석판(石版)을 캐냈다. 모양이 매우 높고 넓었으며, 색깔은 청백색(清白色)이니 번거롭게 갈고 다듬지 않더라도 별다른 흠이 없었으며, 수고스럽게 사람의 공을 들이지 않아도 되었으니, 당당히 하늘의 도움에 부합한 것이었다. 표로써 왕에게 자세히 보고하니 임금이 기뻐하며 이를 허락하였다. 지금 절 안에 옛 선사의 법갈(法碣)이 있는데, 이것은 신라 말 전 진사이고 성은 최요 이름은 치원이라는 이가 비문을 지은 것이다. 그 돌 또한 남해에서 온 것인데 지금까지도 역사에 대해 완전히 전해지고 있다.

대사가 생존하셨을 때 기상(奇祥)과 비설(秘說)을 가령 죽간에 쓴다면, 남산의 돌을 벼루로 삼아 먹을 갈아 다 닳고 동해 바닷물을 먹물로 쓰면 물이 다 마르더라도, 어찌 말을 갖추어서 모두 실을 수 있겠는가! 신 몽유는 삼가 임금의 명을 받들었으나, 한사코 사양하는 예로도 피할 수가 없었다. 큰 덕을 드리내길 바라며, 문득 직필로써 사실대로 썼으나, 이는 달팽이가 기어올라 푸른 늪으로 향하나 비록 깊고 낮음을 헤아리지 못하는 것과 같고, 푸른 하늘을 올려다보며 대롱으로 관측하나 별을 헤아리지 못하는 것과 같다. 말은 겨울 매미와 비슷하고 행동은 절름발이 자라와 같다. 진실로 붓을 뽑는 임무를 맡았으나, 손 다칠 근심을 초래하는 바이다. 삼가 다음과 같이 명(銘)한다.

위없이 깊고 깊은 미묘한 법을 불이로써 전해 왔네.
달그림자는 움켜잡기 어렵고, 이슬방울은 꿰기 어렵다.
신의(信衣)를 전해 받으니, 지혜의 횃불이 찬연하다.
광명이 붉게 빛나, 환히 비춤에 끝이 없구나.

움직임도 아니오 고요함도 아니거늘, 무엇이 끝이고 무엇이 처음이랴?
누가 그것을 깨달은 자인가, 우리 대사이시네.
신령한 바탕은 대도를 이었으니, 반천년(半千年)에 한 번 날까 말까 하네.
뜻은 용 턱 밑에서 옥구슬을 찾고, 몸은 용 사는 연못에 띄웠도다.

구름처럼 화하(華夏)를 노닐고, 정처없이 유주(幽州)와 연주(燕州) 밟았네.
청량산 언덕 위 묘덕당 앞에 섰네.
용종성(문수보살)을 친견하고, 계족선을 꾀하였네.
석상 경제를 추앙하여 곡산 도연을 받들었네.

선의 세계에 들어 심오함을 깨닫고 도를 묻고 현묘함을 탐구하네.
진여의 바다에서 유람하며 반야선을 두드렸도다.
바야흐로 갔던 노를 돌이키니 아직도 치열했던 전운이 남아 있어
학이 있던 곳으로 돌아오니 자취를 숨긴 지 여러 해로다.
도적과 산적들이 평정됨에 이르니 승전(僧田)을 크게 열었네.

삼보에 의뢰함에 지극하여 찬양하고 우러름이 더욱 견고했네.
높은 도덕을 네 임금이 찬양하니 명성이 제일의 현자임을 차지했네.
은혜는 조야에 흐르고, 공덕은 인천에 미치었도다.
우리 황제께서 피석(避席)하여 공경하니 예의는 단견(袒肩)보다 지극하였네.

진실로 4사(事)를 공양하되 어찌 9연(筵)을 빌리겠는가.
서울을 뛰쳐나와 돌아가 운천(雲泉)에 누웠네.
가을 시냇물에 달 잠기고 새벽 골짜기에 노을 가득하네.
몸에 붙어 있는 것은 물병과 석장이요, 눈에는 산천만이 가득하네.

안부 묻는 이 오가며 소식 전하는 역마는 끊이질 않았도다.
법은 오직 상주하나 변화는 갑자기 바뀌지는 것,
자비로운 거실은 무너졌고 지혜의 줄기는 사라졌네.

산에는 푸른 잣나무가 변했고, 못에는 백련이 참혹하네.
비석은 석봉(石峰)처럼 버티어 있고, 탑은 산꼭대기처럼 높이 솟았네.
이 비문은 영원하리니 봉암사를 길이 빛내리라.

진철대사(眞徹大師) 보월승공(寶月乘空)

이 글은 문인 원보(元輔)와 어사대부 권지원(權知元) 최언위(崔彦撝)가 찬하였다.

대사의 법휘는 이엄(利嚴)이고 속성은 김씨요, 그 선조는 계림 사람이다. 국사를 상고해 보니 실로 성한(星漢)의 후손이었으나, 먼 조상 때부터 세도(世道)가 쇠락하고 사려(신라)의 많은 국난으로 뜻하지 않게 정처없이 떠돌며 유랑하다 웅천(熊川)에 이르렀다.

아버지 장(章)은 운천(雲泉)을 깊이 사랑하였으므로 부성(충남 서산)의 들에 의거하였다. 이로 인해 대사는 소태(서산 태안면)에서 태어났으니, 몸에 많은 기이함이 나타났다. 12살 때 가야갑사에 가서 덕량법사(德良法師)를 찾아 품은 바를 간절히 드러내고 스승이 되어 주길 청하였다. 이로부터 반년 내에 3장을 모두 탐구하였다. 법사가 말했다.

"유실의 안생(顔淵)이요, 석문의 환희(아난)이니, 이는 후생가외(後生可畏)가 자네에게서 증명될 것임을 알겠으니, 오랜 숙세의 인을 심지 않았으면 그 누가 능히 여기에 이를 수 있겠는가?"

그러므로 어머니가 처음 임신할 때 꿈에 신승이 와서 푸른 연꽃을 주고 영원히 믿음의 징표로 삼는다고 하였다. 이는 곧 진세를 끊고 진리와 계합함을 상징하니, 회임한 날 푸른 연꽃을 받은 것이 곧 이 뜻에 부합된다는 것을 알았다.

중화 6년(886) 본사의 도견율사(道堅律師)로부터 구족계를 받은 이후 유발(油鉢)이 기울어지지 않았고 부낭(浮囊)이 새지 않는 것처럼 하여 상문의 자리에 참여하여 오직 여름의 안거에만 부지런히 한 것이 아니라, 풀에 묶인 비구

(草系比丘)처럼 마음을 붙들고 편안히 말년을 보내려고 하지 않았다. 그 후 도를 묻는데 뜻을 깊이하여 생각을 사방에 두고 행장을 꾸려 하산하였다.

석장을 짚고 해안을 거슬러 유력하다가 건녕 3년(896)에 홀연히 절강성에 들어가는 사신 최예희(崔藝熙) 대부를 만나 서쪽으로 가는 배에 자취를 맡기고 서쪽으로 갔다. 구름처럼 돛을 높이 내걸고 급히 하얀 파도를 넘어 며칠이 되지 않아 은강(鄞江)에 이르렀다. 이 때에 운거 도응대사(雲居道膺大師)가 선문의 법윤(法胤)임을 듣고, 천리를 멀다 하지 않고 곧바로 현관으로 나아갔다. 대사가 말했다.

"한 번 헤어짐이 오래되지 않은데 다시 만남이 어찌하여 이른가?"

대사가 묵묵히 허락하니 그윽이 통하여 은밀히 흡족해 하였다.

이에 6년을 수행하며 추위와 더위를 거치니 두루 견고해졌다. 대사가 말했다.

"도가 사람을 멀리하지 않으니 사람이 도를 넓힐 수 있다. 동산의 종지가 타인에게 있지 아니하며, 법의 중흥이 오직 나와 너에게 있다. 나의 도가 동쪽으로 흘러가리니, 이것을 생각하며 이 뜻을 간직하여라."

스님은 이상에서의 기약과 같은 수고로움도 없이 법왕의 심인을 받았다.

이후 영남과 하북에 있는 여섯 곳의 불탑을 순례하고, 호외(湖外)와 강서로 여러 선지식을 두루 참견하였다. 드디어 북으로는 항산과 대산을 답사하여 순유하지 않은 곳이 없었고, 남으로는 형산과 여산에 이르기까지 발이 닿지 않은 산이 없었다. 여러 제후를 알현하며 헌칙(獻勅)을 베풀고 열국으로 다니며 풍속을 살피기도 하며, 사방으로 멀리 참방하여 두루 오나라 한나라까지 편력하였다.

그 후 천우 8년(911) 뗏목을 타고 큰 파도를 헤쳐 나주의 회진에 도달하였다. 이 때 대사는 한 번 배를 묶어 둔 후에는 마땅히 뗏목을 버리고 병예(屛翳 ; 포교)를 소중히 하였다. 동쪽으로 나아가자 김해부 지군부사 소공 율희(律熙)가 승광산을 골라 당우를 짓고 정성스러운 큰 뜻을 기울여 이 절에 머물기를 청하였다. 복숭아와 자두나무는 말이 없어도 사람이 모이듯 벼와 삼처럼 대중이 열을 지어 모여들었다. 진경(眞境)에 머문 지 네 번의 성상(星霜)이 바뀌었다. 대사는 비록 마음으로 선림(禪林)을 사랑하여 세상을 등지고도 답답하지 않았으나, 지리적으로 적굴(賊窟)과 가까이 있어 수도하는데 안심할 수 없었다.

그래서 어지러운 곳에 머물지 말아야 한다고 생각하였다. 그 곳에 머문 지 12년 만에 자리를 옮겨 사화(沙火)를 거쳐 준잠(遵岑)에 도착하여서는 영동군의 남쪽이며 영각산의 북쪽에서 머물 곳을 찾아 잠깐 여기에 머물자, 스님들과 신도들이 소문을 듣고 와서 마음으로 귀의하는 자가 많았다.

지금 임금(고려 태조)이 대사의 도가 천하에 높고 명성이 해동을 덮는다는 것을 듣고, 직접 만나보고자 하여 자주 학판(鶴版)을 보냈다. 대사가 대중에게 말하였다.

"임금이 다스리는 땅에 사는 자가 감히 왕명을 거역하겠는가. 만약 임금을 알현하게 되면 모름지기 자문에 응할 것이오, 부처님께서 왕에게 외호를 맡기셨으므로 내가 장차 서울에 가려고 한다."

그래서 문득 왕의 사신을 좇아 임금이 있는 곳으로 왔다. 임금이 거듭 대업을 빛나게 하였으니 우러러 성덕이 높은 산과 같음을 알고 태흥사를 수축하고 스님이 계시어 자비를 내리시길 청하였다.

나라에서 다음 해 2월 중에 전 시중 권열(權說)과 태상 박수문(朴守文)을 특별히 보내어 사나내원으로 맞이하여 주지를 맡겨 정성껏 청하였다. 얼마 안 되어 곧 예악(藥萼)에 처소를 꾸미고 높이 연화좌를 펴 사자(스승과 제자)의 예로써 대우하여 공손히 찬양의 예의를 바치니, 서역의 마등이 먼저 한나라 황실의 궁전에 오르고, 강승회가 비로소 오왕의 수레에 오른 것과 같았다.

드디어 불자를 떨치며 설법하니 임금은 크게 기쁜 모습을 띠며 대사를 우러러 앙모하고 마음 깊이 감동하였다. 이 때에 왕과 신하가 서로 기뻐하니 마치 물과 고기가 서로 좋아하는 듯하여 말로 표현할 수 없었다.

왕이 저녁의 한가한 틈을 타서 선비(禪扉)에 찾아가 물었다.

"제자가 대사의 인자한 얼굴을 공손히 대하고 간절한 마음으로 말씀드리겠습니다. 지금은 나라의 역적들이 점점 나라를 어지럽히고, 이웃하고 있는 적들이 서로 다투어 침략하니, 마치 초나라와 한나라가 서로 버티는 것과 같습니다. 도무지 승패가 결정되지 않으니, 약 36년(三紀)에 이르도록 항상 두 원흉(견훤과 궁예)이 버티어서 비록 간절히 살리기를 좋아하나 오히려 점점 심하게 서로 죽이고 있습니다. 과인은 일찍이 부처님의 가르침을 입어서 그윽이 자비심을 일으키고 있으나, 만약 살생을 주저하거나 적을 업신여겨 방치해 두면 그로 인하여 나라는 물론 자신까지 위태롭게 하는 재화가 이를까 두렵습니다. 대사께서 만리를 사양치 않으시고 오셔서 삼한을 교화하시니, 곤륜산(온 국토)을 불태우는 것을 막을 좋은 말씀을 해주시기를 기대합니다."

"대저 도는 마음에 있는 것이고 사물에 있지 않으며, 법은 자기를 말미암아 있는 것이오 타인을 말미암아 있지 않습니다. 또한 대왕께서는 필부와 수행하는 바가 각각 다르니, 비록 군대를 행하시더라도 또한 백성을 불쌍히 여기서야 합니다. 왜냐하면 왕이란 4해로써 집을 삼고 만민을 자식으로 삼는 분이시니, 죄없는 무리를 죽이지 말 것이며, 죄 있는 무리만을 논하셔야 합니다. 그러므로 모든 선을 받들어 행하는 것, 이것이야말로 가장 널리 사람을 구제하는 것입니다."

왕이 책상을 어루만지며 찬탄하였다.

"대저 속인들은 심원한 이치에 어리석어 미리 염라대왕을 두려워하였으나, 대사께서 말씀하신 바를 듣고 보니 가히 함께 하늘과 인간의 관계를 논할 수 있습니다. 그러므로 죽을 죄를 구원하여 때를 늦추어 죽이기를 삼가고 산 생명을 불쌍히 여기어 도탄에서 벗어나게 하니, 이것이 다 대사의 덕화입니다."

그 후 대사는 왕이 계신 곳(京輦)에 거처하였으나 해가 바뀔 때마다 항상 산천을 자세히 살펴보시고 열반할 땅을 택하여 안개 속에 숨어 지내고자 하는 뜻이 간절하였으니, 그 뜻이 왕에게 전해지자, 왕은 (대사가 품은) 도의 뜻을 막지 못하고 가만히 생이별을 근심하다가 오랫동안 생각한 끝에 마침내 허락하셨다. 대사가 이별에 즈음하여 특히 슬픈 마음을 열어 보이며 말했다.

"어진 왕께서는 넓은 서원을 세우시어 호법할 것을 마음에 새기시고, 멀리 외호하는 은혜를 드리워 길이 창생의 복을 쌓으십시오."

장흥 3년(932)에 교지를 내려 개경의 서북쪽 해주의 양지에 신령스런 봉우리를 골라 정사를 지은 뒤에 광조사라 하고 대사를 청하여 거주하게 하였다. 이날 대사가 문도들을 여럿 거느리고 절로 들어가니, 배우려는 무리가 방을 가득 채우고 참선하는 무리들이 당에 가득하여 마치 법융(法融)선사가 북해에 돌아가 머문 것과 같고, 혜원법사가 동림의 결사를 맺은 것과 같았다. 그러므로 사람을 가르치기를 게을리하지 않으니, 거울이 사람을 비추되 조금도 피로를 느끼지 않는 것과 같았다. 대중이 삼처럼 많았으며 그 뜰은 저자거리와 같았다.

그러므로 분위(탁발)하지 않고도 공자가 진국(陳國)에서 양식이 떨어지는 것과 같은 형국이었다. 이에 관장(莊田)을 삼장으로 나누고 공양을 4사로 구분하였으며, 더 나아가 다시 가까이는 속한 군으로부터 이웃 주(州)가 모두 깊은 신심을 발하여 아울러 깨끗한 행을 닦았으니, 꽃은 오직 치자나무 꽃이 보배나무의 동산에 의탁한 것과 같고, 오직 전단향나무가 암라수의 무리에 섞인 듯하였다. 대사가 먼저 땅을 밟고 산을 둘러보아 터를 잡았다.

대사가 어느 날 잠에 드셨을 때 신인이 와서 머리를 숙이고 예배하니, 수문제가 옥천사의 지자대사에게 공양을 올리던 것과 같았으며, 정성을 표함이 여산의 동림사를 지어 올린 것과 같다 할 수 있으니, 모두 신령스러운 일로써 귀의하는 것이 모두 이와 같았다. 대사가 대중에게 일러 말했다.

"금생의 법연이 이제 다하여서 반드시 죽어 타방으로 떠나리라. 나와 대왕이 예로부터 인연이 있었으니 이제 마땅히 왕을 만나 모름지기 결별의 인사를 해야겠다."

하고, 행장을 꾸려 하산하여 서울에 이르렀다.

이 때 왕은 용패(龍旆)를 몰고 마진(馬津)에 가서 죄를 문책하고 있었다. 대사는 병으로 매우 허약했으므로 이두(螭頭)인 마진까지 나아가 계족산에 들어가는 것을 미리 알리지 못하였다. 어찌 옛날 천축의 아난이 아사세왕과 이별한 것과 같지 않으며, 일찍이 중국의 백양(老子)이 임종 전에 관윤인 윤희(尹

훔)를 만나지 못한 슬픔과 같지 않겠는가! 다음날 가마를 타고 오룡산 중턱에 이르러 모든 제자들을 불러 모으고 유언하였다.

"부처님께서 남기신 엄한 훈계처럼 너희들은 힘써 노력하라."

청태 3년(936) 8월17일 중야(中夜)에 당사의 법당에서 앉은 채 입적하니 세수 67세 승랍 48년이었다.

이 때 태양도 비통해하고 바람도 슬퍼하였으며 구름도 수심에 잠긴 듯하고 시냇물은 울음을 머금은 듯하였다. 문하의 승려들도 사모하는 마음을 이기지 못하고 모두 간절히 슬퍼하였다. 그 달 20일에 신좌(神座)를 본산으로 옮겨 절의 서쪽 기슭 절에서 3백 보쯤 떨어진 곳에 하관하였으니, 유교를 바로 받든 것이다. 선비와 서민들이 시내를 가득 채웠으며, 향과 꽃이 골짜기에 가득하였으니, 마지막을 보내는 의례가 성대함은 전에 없던 것이었다. 왕이 사방을 순회하여 살피다가 홀연히 대사의 입적 소식을 듣고 대들보가 부러지는 서러움이 사무쳤으며, 귀감을 잃어버린 슬픔이 더욱 더하였다. 이로부터 특명으로 가까운 관리를 보내 멀리서 조의를 표하였다. 대사의 풍모와 정신은 하늘에서 내려받은 것이며, 지혜는 날로 새로웠다. 나면서부터 배우지 않고도 잘 알아서 뭇 묘리를 마음에 지니고 있었고, 숙세에 심은 선근(善根)으로 뛰어난 기틀에는 순수함을 간직하였다.

그러므로 일에 있어서는 오직 선하게 살도록 가르치고, 말에 있어서는 미묘한 말로써 몽매한 중생을 제도하여 성품의 바다에 돌아가니, 어찌 산이 빛나고 내가 아름다우면 빼어난 기운을 피하기 어려운 것과 같지 않으랴! 그러므로 광산으로부터 미령에 이르기까지 가히 두 곳에 머물면서 각각 깊이 감추어 두었던 보배를 나누어 주었으며, 중국의 3하지방에 이르러서는 마니의 보배를 모두 보여 주었다.

전업제자인 처광(處光)·도인(道忍)·정능(貞能)·경숭(慶崇)과 상족에 오른 이들은 모두 다 전심을 감당하였고, 어떤 스님은 일찍이 이부(공자)의 자비(仁慈)를 행하기도 하고, 복상(卜商)의 업을 굳게 지키기도 하였으나 한스러운 것은 보탑은 비록 높이 솟았으나 홍명(洪銘)을 새기지 못한 것이었다. 그리하여 불후의 인연인 비를 세우기 위하여 재가 제자인 좌승상 황보제공(皇甫悌恭)과 전 왕자 태상 왕유(王儒), 전 사중 태상 이척량(李陟良)과 광평시랑 정승휴(鄭承休)가 모두 하나라의 우임금의 선정을 본받았으며, 항상 은나라의 이윤과 같은 충신들이 있어 배를 부두에 대는 것과 같아서 진실로 어진 나라의 금상과 탕자라 할 수 있으며, 법성의 장벽이요 참호였다. 소현대통 교훈과는 쇠도 끊을 정도로 우정이 깊어 법은에 깊이 감사하고 큰 이름을 내려 선과 교를 빛내기를 청하니, 조칙으로 그러리라 하였다. 시호를 진철대사, 탑 이름을 보월승공지탑이라 하고, 하신인 나에게 명령을 내려 "대사의 높으신 행적을 드날리도록 하라"고 하였다.

언위(彦撝)는 재주가 연석(鶊石)에 부끄럽고 학문 또한 형설의 공을 쌓음이 없어 사양하였다. 한계가 있는 천한 재주인지라 무위의 큰 행적을 기록한다는 것이 막막하기가 바다 위를 걷는 것과 같고, 산을 기어오르듯이 매우 어려운 일이어서 가만히 그 높고 깊음을 헤아려보니 그 한계를 알 수 없었기 때문이다. 이에 그 문도 현조(玄照) 상인이 일찍이 부처님의 말씀을 들려주고 친히 스님의 옥음(玉音)을 들려주었으며, 인하여 비문을 재촉하기 위해 여러 번 나의 누추하고 좁은 집에 찾아왔다. 그로 인하여 얻지 못했던 것을 얻었고, 듣지 못했던 것을 듣게 되었으니, 비유컨대 밝은 달이 허공에 떠 있어 폭풍이 노을을 쓸어버린 것처럼 분명하게 되었다. 오직 감히 두터운 뜻을 펴서 엄숙히 대사의 공적을 찬탄하게 되었으니, 바라는 바는 이 문인들의 배움이 끊어진 근심과 슬픔을 위로하길 바라노라. 사실을 가장하지 않고 바로 있는 그대로의 일을 진실하게 적었다.

비명을 다음과 같이 찬한다.

선종의 후손이 대대로 당당함이여!
사람 가운데의 사자(師子)이며 세상의 법왕이시라.
현묘한 도에 들어가는 문턱이며 깨달음 길의 나루요, 다리로다.

멀리 천축에서 전해진 법을 우리나라에 오셔서 교화하시니,
위대하구나! 우리 대사이시여!

요동의 왼쪽에서 태어나셨으나 무슨 비루함이 있을 것이며,
어찌 오랑캐니, 중하니 논하겠는가.
얼음 같은 자태, 눈같이 흰 피부, 언설의 온화하심이여!
배를 타고 눈과 파도를 헤쳐 나가 도를 묻고자
운거 도응의 회하를 찾았도다.

입실을 명하매, 인하여 이심전심의 법을 전해 받고,
도수에 몸을 맡기고 선림에서 한가히 지냈네.

험난한 뱃길에 노를 돌이켜(귀국하여)
홀연히 알아주는 이를 만나 문득 대궐에 들어갔으니,
(왕의) 공경하여 앙모함이 자못 깊어
바닷가에 터를 잡아 조계의 법맥을 이었구나.

오직 우리 도사만을 자부라 일컬음이여!
홀연히 열반에 드시니 하늘조차 법우를 내리는구나!
시호를 내려 법은에 감사하니 자비를 내리시어 선우(禪宇)를 비추소서.

청태 4년(937) 10월20일에 세우다.

낭공대사(朗空大師) 백월(白月)스님

이 글은 한림학사 최인연(崔仁渷)이 썼다.

듣기를, 진리의 경계는 보아도 볼 수 없고 들어도 들을 수 없고 현묘한 진리의 세계로 가는 나루는 그윽하고도 아득하여 푸른 바다와 같이 맑고 큰 허공과 같이 멀다. 지혜의 배라 한들 어찌 그 끝에 도달할 수 있겠는가. 슬기로움의 수레조차도 그 끝까지 도달할 수 없을 것이다. 하물며 성인이 돌아가신 지이미 오래되었고 범부의 어두움이 더욱 깊음에랴!

원숭이처럼 날뛰는 마음을 제어하지 못할 뿐 아니라, 고삐 없는 말처럼 떠도는 의식을 조복(調伏) 받기란 더욱 어렵다. 이로써 허망한 것을 따르고 진실한 것을 저버리는 자들이 모두 흙덩이를 좇으려는 뜻을 마음에 품고 유(有)에 집착하고 공을 모르는 이는 (마치 사슴이 물인 줄 알고) 아지랑이를 좇아가려는 생각을 일으킨다. 만약 철인이 세상에 나타나고 고승이 때맞춰 나타나 높이 진종을 드러내고 널리 참된 방편을 선양하지 않는다면, 어떻게 현묘한 이치를 분석하여 중묘의 방편을 얻을 수 있겠는가? 몰래 계주를 찾아내고 은밀히 심인을 전하니, 이러한 도를 통달한 자가 어찌 다른 사람이겠는가. 대사가 바로 그런 분이시다.

대사의 법휘는 행적(行寂)이며 속성은 최씨이다. 그 분의 선조는 주조(周朝) 상보(尙父 ; 姜太公)의 먼 후손이며, 또한 제나라 정공(丁公 ; 呂伋)의 먼 후예이다. 그 후에 토군(兎郡)에 사신으로 왔다가 계림에 남아 거주하게 되었으니, 지금의 경만(京万), 즉 하남 사람이다. 할아버지의 휘는 전(全)으로 세상을 등지고 영화를 마다한 채 숨어 살면서 뜻을 길렀다. 아버지의 휘는 패상(佩常)으로 아홉 살 되던 해에 이미 관을 쓰고 3년 동안 공부하였다. 장성하여서는 문필에 종사하기를 그만두고 오히려 (전쟁을 종식시키는) 무예를 배우고자 하여 이름을 군대에 두고 군사의 일에만 충실하였다. 어머니는 설씨인데 꿈에 스님이 나타나 말하였다.

"숙세의 인연을 좇아 어머니의 자식이 되고자 합니다."

깨고 난 뒤 신령스런 서기를 느끼고 남편에게 모두 이야기하였다. 그 뒤부터 스스로 살찌고 누린내 나는 고기를 멀리 하여 정성스럽게 태교에 힘썼다.

태화 6년(822) 12월 30일에 대사가 탄생하였는데, 나면서부터 골상이 기이하여 보통사람과 달랐다. 놀 때에도 언제나 불사를 하였으니, 항상 모래를 모아 탑을 쌓거나 잎을 따서 향을 만들었다. 또한 푸른 옷을 입는 어린시절부터 학당으로 스승을 찾았으며, 공부할 때에는 도무지 자고 먹는 것을 잊었고, 글에 임하여서는 그 뜻의 근원을 총괄하였다. 일찍이 마음으로 부처님의 말씀을 믿었고, 뜻으로는 티끌같은 세상을 멀리 하고자 하였다. 아버지에게 말씀드렸다.

"제 소원은 출가 수도하여 부모님의 망극하신 은혜를 갚고자 하는 것입니다."

그의 아버지 또한 숙세의 선근이 있어 지난날의 태몽에 부합한다는 것을 알았다. 그 뜻을 막지 않고 사랑하는 마음이 깊었으나 허락하였다.

드디어 머리를 깎고 먹물 옷을 입고서 애써 도를 구하기 위해 유학에 나서고, 큰 가르침을 찾아 여러 명산을 찾아다녔다. 가야산 해인사에 이르러 문득 종사를 뵙고 정밀하게 경론을 탐구하여 잡화(화엄경)의 묘의를 통괄하고 경전의 참된 뜻을 설하였다. 대사께서 배우는 이들에게 일렀다.

"석자는 다문이요 안생(顔生)은 호학이라 하였는데, 옛날에는 그 말만을 들었으나 이제 그 사람을 보게 되니 어찌 푸른 눈이 적자(赤髭)와 같다고 말할 수 있겠는가?"

대중 9년(855)에 복천사 관단(官壇)에서 구족계를 받았는데, 부낭의 뜻이 간절하고 계초(繫草)의 정이 깊었다. "상교(像敎)의 종지를 이미 힘써 노력하여 배웠으니 현기(玄機)의 종지를 어찌 마음으로 구하지 아니하겠는가!"하며 행장을 꾸려 지팡이를 짚고 산을 내려와 굴산으로 나아가 통효대사(通曉大師; 梵日國師)를 알현하였다.

스스로 오체를 던져 마음으로 품은 뜻을 경건하게 열어 보였다. 대사께서 이
내 강당에 오르는 것을 허락하고 입실하게 하였다. 이로부터 수년 동안 대사를
모시면서 여러 방면으로 힘써 부지런히 수행하였다. 비록 지극한 도는 어려움
이 없다고 하나, 평지에 산을 이루듯 굳은 뜻을 다하였다. 항상 부정한 것을
멀리하고 몸을 깨끗하게 하여 욕심이 없고 청정하였으니, 바닷물을 끓여 소금
을 만들 듯 노력을 더하였으며, 모든 어려움을 겪어내고 천한 일을 모두 능히
견뎌냈다. 그러나 항상 앉고 누울 때마다 오직 사방으로 구름처럼 흘러 다니며
공부할 것을 생각하였다.

드디어 함통 11년(870)에 비조사로 가는 김긴영(金緊榮) 공을 만나 (당에
들어가 구법하려는 뜻을) 자세히 토로하였다. 김공이 그 뜻에 감동하고 서로
마음이 통해 같은 배로 가는 것을 허락하였고, 얼마 안되어 바다를 건너 서안
(西岸)에 도착하였다. 바로 천리를 멀다 않고 장안에 이르러 이윽고 어느 관리
에게 각별히 (구법하는) 사유를 모두 말하였다. 천자께 나아가 아뢰니 칙령을
내려 좌가승록으로 하여금 대사를 보당사(寶堂寺) 공작왕원(孔雀王院)에 편안
히 머물도록 하였다.

거처가 머무르기에 알맞고 좋은 곳이어서 기뻐하였다. 또한 수승한 곳에 마
음을 머문 지 얼마 되지 않아 부처님 강탄하신 날에 칙령으로 궁궐에 들어가게
되었다. 의종황제가 널리 지극한 덕화를 펴고 현풍을 삼가 우러르며 대사께 물
었다.
"멀리 바다를 건너오신 것은 무엇을 구하려고 하신 것입니까?"
"빈도는 상국의 풍속을 관찰하고 중화에서 불도를 묻고자 하였는데, 오늘 외
람되어 넓고 큰 은혜를 입어 성대한 행사를 보게 되었습니다. 제가 구하고 싶
은 것은 신령스런 유적을 두루 참배하여 적수(赤水)의 구슬을 찾고, 제 고향에
돌아가 청구의 법인을 짓고자 합니다."
천자가 그 말을 듣고 후하게 선물을 내리고 그 말을 매우 가상히 여긴 것
은, 마치 법수(法秀)대사가 진(晉)의 문제를 만난 것과 같고, 담란(曇鸞)이
양무제를 대좌한 것과 같았으니 비록 고금이 다르나 이름난 대덕의 일은 전혀
다른 것이 없다고 할 것이다.

그 후 오대산에 이르러 화엄사에 머물면서 문수대성께 기도하여 감응을 구하게 되었다. 중대에 올랐다가 홀연히 귀밑털과 눈썹이 하얀 신인을 만나게 되었는데, 머리를 조아리고 땅에 무릎을 꿇고 예배하며 가호를 내리시길 기원하였다. 대사가 말하였다.

"멀리 오느라 쉽지 않았겠구나. 훌륭하구나. 불자여! 이곳에 머물러 있지 말고 빨리 남방으로 떠나거라. 오색의 서상이 깃든 곳을 찾게 되면 반드시 담마(法)의 비에 목욕하리라."

대사는 슬픔을 머금은 채 이별하고 점차 남쪽으로 갔다.

건부 2년(871) 성도에 이르러 여러 곳을 순례하다가 정중선사에 이르러 무상대사의 영당에 예경하였는데, 무상대사는 신라 사람이다. 영정에 참배한 후 후세에 남긴 아름다운 일화들을 모두 들어보니 당제(唐帝)의 도사이며 현종(玄宗)의 스승이었다. 같은 나라 사람이면서도 그 시대가 달라 후대에 법을 구하러 와서 그 자취를 찾게 된 것이 한스러울 뿐이었다.

석상 경제화상이 여래의 집을 열고 가섭의 종을 풀이하여 도수의 그늘에 참선하는 무리들이 모여들어 수행한다는 말을 들었다. 찾아가 대사께 공손히 예하고 간절히 정성을 다하니, (입실을 허락받아) 방편의 문에 살면서 과연 마니의 보배를 얻었다.

그 후 형악으로 가서 선지식이 있는 선거(禪居)를 참배하였고, 다시 멀리 조계산에 이르러 육조대사의 보탑에 예배하였으며, 이어 동산의 자취를 찾고 6조까지의 유적을 모두 순례하였다. 이어 사방으로 도를 찾아 참구하니 가지 않은 곳이 없었다. "비록 공색을 관하였으나 어찌 편수(偏陲)를 잊을 수 있으리오" 하고 중화 5년(885)에 고국으로 돌아왔다.

그 때 바로 굴령(崛嶺 ; 崛山寺)으로 가서 다시 통효대사를 배알하니 대사가 말하였다.

"일찍 돌아와서 기쁘도다. 어찌 다시 서로 만나기를 기약하였겠는가?"

후학들이 각각 그로부터 법을 이어 받으면서 늘 대사를 생각하여, 대사의 비련(扉蓮)에 있으면서 그 곁을 떠나지 아니하였다.

이후 홀연히 병발(瓶鉢)을 휴대하고 운수행각의 길을 떠나니 때로는 처음 석장을 5악에 날려 잠깐 천주사(天柱寺)에 머물기도 하고, 나무 잔(盞)을 띄워 3하를 건넌 뒤에 바야흐로 수정사에 머물기도 하였다.

문덕 2년(889) 4월 중에 굴산대사께서 병환으로 누워 위독하였으므로 곧 고산으로 돌아가 정성껏 시봉하였으나 열반하셨다. 이 때 부촉하고 전심을 받은 이는 오직 낭공대사 한 사람뿐이었다. 처음 삭주(朔州) 건자암에 주석하고 겨우 초막을 고쳐 지어 비로소 산문을 여니 찾아드는 자가 구름과 같이 모여들어 아침이 다르고 저녁이 달랐다.

이 때는 시대가 액운을 맞아 세상이 몽매한 때였으므로 재성(災星)이 늘 삼한에 비추고, 독로(毒露)가 항상 4군에 퍼져 있어 하물며 암곡에도 숨어 피난할 곳이 없었다. 건녕(894~897) 초에 왕성에 가 머물면서 담복향을 사찰에서 살랐고, 광화(898~900) 말년에는 곧 야군(野郡)으로 돌아가서 풀을 깎아낸 유허(遺虛)에 단항목을 심기도 하였으나 유감스러운 것은 마군의 시대를 만난 것이었다.

불도를 선양하고자 할 때 마침 효공대왕이 보위에 오르고 특히 선종을 흠모하여 받들었다. 당시 대사는 해동에서 독보적이었으며, 그 명성이 천하에 우뚝 드러났으므로, 승정 법현 등을 보내 봉필(鳳筆)을 전달하여 황거(皇居)로 초빙하였다. 대사가 문인에게 일렀다.

"처음 안선(安禪)함으로부터 종국에 교화를 마칠 때까지 우리 불교가 말대에까지 유통됨은 국왕과 대신들의 외호의 은혜이다."

하고는 천우 3년(906) 9월 초에 홀연히 명주 교외를 나와 경읍에 도착하였다. 16일에 이르러 비전(秘殿)에 올라 고고하게 법상에 앉아 설법하니 왕이 그 마음을 맑게 하고 면류관과 조복을 정돈하여 국사의 예로써 대우하며 경건하게 찬앙의 정을 폈다.

대사는 말씀과 안색이 차분하고 침착하며 신의(神儀)가 자약(自若)하였다.

도를 높이 숭상하는데 있어서는 복희씨와 헌원씨의 도술을 설하여 주고, 나라를 다스리는데 있어서는 요임금과 순임금의 풍도를 일러 주었는데, 남을 가르침에 있어서는 마치 거울이 물상을 비추어 주되 피로함을 잊은 것과 같이 하였고, 물음에 답할 때에는 종이 치기를 기다려 울리는 것과 같이 하였다. 친히 상전하여 법을 받은 제자가 4인이니 행겸(行謙)·수안(遂安)·신종(信宗)·양규(讓規)이다.

양경은 행이 십철을 뛰어넘고 이름은 3선을 덮었으며, 진리의 근본을 탐색하고 절대경의 심오한 이치를 논하였다. 성이는 자주 진미(塵尾)인 불지를 휘둘러 보이니 이러한 설법으로 임금을 기쁘게 하였다. 홀연히 다음해 여름 끝자락에 잠깐 경기를 떠나고 바닷가로 행각하다가 김해부에 이르렀다. 지부급제(知府及第)며 동령군인 충자 소율희공(蘇律熙公)이 옷깃을 여미고 덕풍을 흠모하며, 옷깃을 열고 도를 사모하여 이름난 큰 절에 주석하도록 청하였는데, 이는 창생이 복되기를 바라는 것이었다. 10사(師)가 산림에서 쉬고 노니는데 가만히 자비의 교화를 드리워 요망한 기운은 나라 밖으로 쓸어버리고, 감로의 법수를 산중에 뿌리게 되었다.

신덕대왕이 왕업을 빛나게 통어하려 왕위에 올라 은총으로 스님을 궁중에 초빙하였다. 정명 원년(915) 봄에 대사는 선중을 거느리고 제향(帝鄕)에 이르니 전과 같이 명을 내려 남산 실제사에 계시도록 하였다. 이 절은 본래 성상이 아직 보위에 오르기 전 태자로서 머무르던 황합(黃閤)인데 이를 선방으로 만들어 스님께 헌납하여 영원히 선우(禪宇)가 되게 하였던 것이다.

이 때에 대사를 행소에서 맞이하여 거듭 스님의 자안을 배알하고 이에 기다렸던 마음을 열어 다시 무위의 설법을 들었다. 설법을 마치고 하직하고 돌아가려 할 때에 특히 왕과 사제의 좋은 인연을 맺었다.

이 때에 여제자가 있었으니 명요부인(明瑤夫人)이다. 오도(왕족)의 후손이며 구림(계림)의 관족(冠族)이었다. 스님을 고산과 같이 우러르고 불교의 이치를 존숭하였다. 석남산사를 스님께 드려서 영원히 주석하시라 청하였다. 가을 7월 대사는 기꺼이 이를 받아들이고 비로소 이 절에 주석하기로 결심하였다.

이 절은 멀리는 4악(岳)을 둘렀고 높기로는 남쪽의 바다를 눌렀으며, 시냇물과 석간수가 다투어 흐르는 것은 마치 쇠로 만든 수레를 계곡으로 끌고 가는 것과 같았다. 암만(巖巒)이 다투어 빼어난 것은 자색 구슬로 장식한 거개(車蓋)가 하늘로 치솟은 것과 같았으니, 참으로 은사를 초빙하여 머물게 할 만한 곳이며, 또한 선을 닦기에 좋은 아름다운 경관이라 하겠다.

대사는 오래전부터 영산을 찾아다녔으나 정거할 곳을 구하지 못하다가 이 산에 이르러서야 비로소 열반할 곳으로 삼았다. 다음해 봄 2월 초 대사는 가벼운 병을 앓다가 12일 이른 아침에 대중에게 이르시기를, "생명이란 마침내 끝이 있는 법, 나는 곧 세상을 떠나려 하니 도를 잘 지키고 잃지 말 것이며, 너희들은 정진에 힘써 노력하고 게을리 하지 말라"고 하시고, 승상에서 가부좌를 틀고 단정히 앉아 엄연히 열반에 드시니 세수는 85세요 승랍은 61년이었다.

그 때에 구름과 안개가 끼어 마치 그믐처럼 캄캄하였고, 산봉우리가 진동하였다. 산 아래에서 어떤 사람이 산정(山頂)을 올려다보니 오색 광기(光氣)가 하늘로 향해 뻗쳐 있고, 그 가운데 한 물건이 하늘을 뚫고 올라가는데 마치 금으로 된 기둥 같았다. 이것이 어찌 지순(智順)스님이 열반할 때 하늘에서 화개(花蓋)가 드리운 것과, 법성스님이 입적할 때 염한 시신을 감마가 등에 업고 허공으로 올라간 것에 미치지 못하겠는가? 이 때에 문인들은 오정(五情)이 상한 것이 마치 천속을 잃은 것과 다를 바가 없었다. 17일에 이르러 정중히 색신을 모시고 서봉의 기슭에 임시로 장례를 지냈다. 성고대왕(聖考大王)이 홀연히 스님의 열반 소식을 듣고 진실로 마음 아파하면서 특별히 중사(中使)를 보내 장의를 감호하는 한편 조의를 표하게 하였다.

정명 3년(917) 11월 중순에 이르러 동만(東巒)의 정상으로 이장하였으니 절과의 거리는 약 3백 보였다. 이장하려고 열어보니 전신이 그대로 제자리에 있고 조금도 흩어지지 않았으며, 신색도 생전과 같았다. 문하생들이 거듭 자안을 보고 감모하는 마음을 이기지 못하면서 석호(돌문)를 마련하여 봉폐하였다.

대사께서는 영정을 하악에서 받아 태어났고 기질은 성신으로부터 받았다. 신

분은 누더기 걸친 황납(黃衲)에 속하나 황상의 길상(吉相)에 응하였다. 이런 연유로 일찍이 선경에 깃들었고 오랫동안 수도하여 객진번뇌를 모두 털어 버렸으며, 두 임금을 양조에 걸쳐 보비하고 군생을 삼계에서 구제하였다. 그리하여 나라가 태평하고 마적들을 모두 항복시켰으니, 대각의 진신이며 관음의 후신임을 알겠다. 현관(玄關)을 열어 지묘한 이치를 펼쳐 나타내고 자실(慈室)을 열어 미혹한 중생을 인도하였다. 열반을 보이시니 부처님께서 학수에서 진적(眞寂)으로 돌아가신 자취를 본받은 것이요, 화신(化身)이 살아 있는 것 같으니 가섭존자가 계속산에서 멸진정에 들어있는 것을 따른 것이다.

살아 있을 때부터 열반에 이르기까지 많은 사람을 교화하고 끝까지 도를 넓히시니 가히 정혜가 걸림이 없고 신통이 자재한 분이라고 할 만하다. 제자 신종(信宗)선사와 주해(周解)선사, 임엄(林儼)선사 등 5백에 가까운 사람이 함께 일심으로 다져졌으니, 모두 상족의 위치에 있어서 항상 부지런히 수호하여 길이 추모하는 마음이 간절하였다. 그러나 큰 바다에 먼지가 날듯, 강한 바람에 번갯불이 꺼지듯 스님의 고매한 위적이 점차 사라질 것을 염려하여 여러 차례 조정에 아뢰어 공덕을 기리는 비를 세우도록 청하였다.

지금 임금이 왕위에 올라 공손히 보록(寶錄)을 계승하고, 선화(禪化)를 흠송하시는 것이 전조와 다름없었다. 그리하여 시호를 낭공대사(朗空大師)라 하고 탑명을 백월서운지탑(白月栖雲之塔)이라 추증하였다.

이에 미신(微臣)인 저에게 명하시기를, "경은 마땅히 뛰어난 비문을 지으라"라고 하였다. 인연(仁渷)은 진실로 사양하였지만 끝내 면치 못하여 명을 따라 나름대로 천박한 문장을 나열하여 스님의 덕을 찬양하려 하니, 마치 표주박으로 바닷물을 헤아리려는 것과 같이 바닷물의 깊이를 짐작할 수 없으며, 또한 대롱으로 하늘을 엿보는 것과 같이 창천의 광활함을 측량할 수 없는 것과 같다.

그러나 일찍이 스님으로부터 자비하신 가르침을 입었으며, 종맹(宗盟)으로써 임금의 보살핌을 입은 것을 돌이켜보아 붓을 잡아 정성을 다하였으니, 지은 글에 크게 부끄러움은 없다. 억지로 현도라 이름을 지어 법은을 갚고자 한다.

그 사(詞)는 다음과 같다.

지극한 도리는 본래 무위법이니
마치 대지가 무념무작한 것과 같네.
서로 다른 만법이 귀결은 같으나
천문무행(千門無行) 그 근원은 일치하도다.

깊고도 오묘한 정각의 높은 경지
방편을 베풀어서 군생을 제도하네.
성인과 범부가 다르다고 말하지만,
진리를 깨우치고 보면 조금도 다름없네.

석상(石霜)을 이어받은 위대한 선백이여!
동방에 빛나는 해동에 태어났도다.
지혜의 총명함은 해와 달과 같고
풍도의 높고 넓음은 허공과 같도다.

이름은 덕으로 인하여 나타났지만
지혜는 자비와 더불어 융통하였네.
당에 들어가 법인을 전해 왔고
본국에 돌아와선 동몽(童蒙)을 교화했네.

마음은 맑고 맑아 수중의 달과 같고
연하에 빛을 감추고 있으며,
임금은 숙연하게 도덕을 흠모하여
친서를 보내 왕궁으로 초빙하였네.

진성(眞聖)과 효공(孝恭)의 양조를 부찬(扶贊)하였고,
불교의 교리를 곳곳에 드날려서
지혜의 등을 밝혀 무명을 깨뜨리고

무명 구름 사라지니 밝은 달 비추네.

도와 덕이 높으신 철인은 떠나가고
승속의 제자들은 어쩔 줄 몰라 하네.
문도들은 크게 발원하고
국왕의 은혜 깊고도 깊네.

봉정에는 사리탑이 우뚝 솟았고
큰스님의 비석은 시냇가에 서 있네.
개자겁의 긴 세월 비록 다하더라도
오래도록 이 비석 선림에서 빛나리라.

동진대사(洞眞大師) 경보(慶甫)스님

법휘는 경보(慶甫)이고 자는 광종(光宗)이며 속성은 김씨다. 영암 구림(鳩林) 사람이다. 아버지는 익량(益良)이니 관위는 알찬(關粲)이었다. 사문 현가(玄可)는 글씨를 썼다. 어머니는 박씨인데, 함통 9년(868) 7월3일, 흰 쥐가 푸른 유리구슬 한 개를 물고 와서 말하기를, "이 물건은 희대의 진귀한 보물이니 바로 현문(玄門)의 으뜸가는 보배입니다. 가슴에 품고 호념하면 반드시 빛나는 광명이 나타날 것입니다." 하는 꿈을 꾸고 임신하여 4월20일 탄생하였다.

대사가 부모님께 말했다.
"뜻은 부모의 곁에 있으나 마음의 기약은 부처님에게 있습니다."
"사람이 원하는 바를 하늘도 따라주는 것이다."
하고, 드디어 울면서 허락하였다.

대사는 곧바로 부인산사(夫仁山寺)로 가서 삭발하고 경전을 배우러 강원으로 들어갔다. 아직 선산(禪山)을 좋아하지 아니하고 빠르게 두루 돌아다니며 마음을 머물게 하지 않았다. 어느 날 밤 꿈에 금선(부처)이 이마를 어루만지며 귀를 잡고 방포(가사)를 주면서 말하였다.
"너는 이 가사를 입고 몸에 두르고 수행하라. 또한 이곳은 마음을 배우는 자가 머물 곳이 아니다. 곧바로 떠나라."
대사는 잠에서 깬 후
"이는 앞으로 수행의 길을 떠날 조짐이니, 때를 놓치지 말아야 할 것이다. 지금이 좋은 때이다. 앉아서 가만히 시기만을 기다리겠는가?"
하며 산에 들어가는 행장을 꾸려 새처럼 보금자리에서 나와 백계산으로 가 도승화상(道乘和尙)을 배알하고 제자가 되어 보살도를 닦아 여래의 집에 들어가서 오묘한 진리를 보는 지혜의 눈과 모든 사물의 근원을 아는 마음을 열 수 있도록 간청하였다. 이미 깨달은 것은 지혜가 아니고 그 불법을 수호할 수도 없으며, 오직 계율이 아니면 그 어긋남을 막을 수 없다 하고, 열여덟 살 때 월유산 화엄사(지리산 화엄사)에서 구족계를 받고는 다시 백계산으로 가서 도 승화상에게 하직인사를 드리니 대사가 말했다.

"너의 뜻을 빼앗을 수 없으며 굳은 의지를 막을 수 없다. 나는 너를 동가(東家)의 구(孔子)로 삼으려 하였으나 어찌할 수가 없구나."

하며 웃으면서 떠나는 것을 허락하였다.

그로부터 제방으로 두루 행각하며 배움에 있어 정해진 스승을 두지 아니하였다. 성주사의 무염대사, 굴산사의 범일대사 등을 차례로 친견하여 법문을 듣고 현기(玄機)를 깨닫고 드디어 경복 원년(892) 임자년 봄에 훨훨 산을 나와 바람처럼 바다를 건너 중국으로 들어갈 마음을 굳혔다. 선장에게 간청하여 탈 것을 허락받고 기꺼이 동행하게 되었다. 진교(秦橋)를 지나 중국 땅에 이르렀다. 운수(雲水)의 마음으로 도를 묻고 여기저기 선지식을 찾았다. 이에 무주(撫州)의 소산(疎山)으로 가서 광인화상(匡仁和尙)을 친견하였다.

광인화상이 말하였다.

"오라, 너구나. 너는 큰 바다의 용이 되고자 하느냐?"

하고 대사가 현묘한 말을 설파하는 것을 보고 비밀스런 말씀을 묻고는 곧 당에 오르게 하여 입실을 허락하였다.

바야흐로 제자와 목격도존(目擊道存)하여 이심전심의 심인을 전해 받았다. 광인화상은 기뻐하면서 말하였다.

"동인(東人) 중에 가히 더불어 말할 수 있는 자는 오직 자네뿐일세."

드디어 손을 잡아 법등(法燈)을 전하고 마음을 통하여 심인을 전해주었다. 이로부터 진실한 큰스님을 반드시 찾아뵙고 경치가 절묘한 성지는 반드시 참배하였다.

이후 강사로 가서 노선(老善)화상을 친견하고 그의 법문을 들으며 수행하는 것을 보고자 하였다. 화상이 말하였다.

"흰 구름이 행인의 길을 가로막았구나."

"스스로 푸른 하늘에 길이 있거늘 흰 구름이 어찌 막을 수 있겠습니까?"

화상은 대사가 민첩하게 더듬거리지 않고 소리 높여 당당하게 대답하니,

"남을 이롭게 할 수 있을 때가 되면 떠나도록 하라."

마침 귀국하는 배를 만나 동으로 돌아왔다.

천우 18년(921) 여름 전주 임피군에 도착하였으나, 마침 거리에 다니는 사람이 없었던 때였으니 위험한 시기였다. 이 무렵 주존인 도통 태부 견훤은 본래 선근으로서 장군의 집안에 태어나 바야흐로 웅대한 뜻을 폈다. 비록 먼저 대사를 체포하였다 풀어주려는 계략을 품고 갔으나 자비로운 대사를 알현하니, 곧 우러러 존경하고 의지하려는 마음만 더해져 찬탄하였다.

"우리 스님을 만난 것은 비록 늦었으나 제자가 되는 것을 어찌 늦추겠습니까?"

하면서 공손히 자리에서 일어나 공경하고, 독실하게 훈계를 잊지 않도록 큰 띠에 적어 두며 드디어 전주의 남쪽 남복선원(南福禪院)에 머물도록 청하였다.

대사가 말했다.

"새도 능히 나무를 택하거늘 내가 어찌 표주박처럼 매달려 있겠는가?"

이에 백계산 옥룡사를 안빈낙도하는 맑은 처소로 삼으니, 곧 편안히 참선할 수 있는 훌륭한 곳이었다. 구름은 계곡 위에 있으며, 돌을 베고 흐르는 물에 양치질하기에 가장 마땅한 곳이었다. 드디어 태부에게 말하니 이를 허락하여 옮겨서 머물기로 하였다.

의공대왕(혜종)은 유풍을 받들고 선지(先志)를 계승하여 정성스런 마음으로 부지런히 애쓰고 법력으로 열심히 기도하다가 인간 세상을 버리고 이미 천상으로 돌아가셨다.

문명대왕(정종)은 일거수 일투족이 지극히 아름다웠고, 왕위에 올라 중광(重光)으로 꽃을 엮어 천축의 교풍을 널리 퍼뜨리고, 거울을 잡아 우리나라의 풍속을 비추어 순화시켰다. 이에 봉필(鳳筆)을 보내고, 상헌(象軒)을 타고 내려오기를 기다렸다.

3년이 지나 정미년(947) 4월 20일에 대사께서 장차 열반에 들고자 하여 목

욕을 마치고 대중들을 방 앞에 모이도록 하였다. 곧 훈계를 남기며 말하였다.

"나는 이제 떠나려고 하니 대중들은 잘 지내도록 하라."

말을 마치고 방에 들어가 승상(繩床)에 기대어 가부좌를 하고 엄숙하게 옥룡 상원에서 입적하였다. 부모로부터 받은 몸은 80세요, 보살계에 들어간 지는 62년이었다. 다음날 영구를 백계산의 감실로 옮겨 모시고 석호를 마련하고 봉폐(封閉)하였다.

문명대왕이 부음을 듣고 애도하며 미리 살피지 못한 것을 한스러워하였다. 이에 사신으로 하여금 조서를 보내 말하였다.

"고 옥룡선화상은 조각달이 하늘을 노니는 듯하고, 외로운 구름이 산봉우리 에서 나오는 것과 같았다. 배를 타고 서학을 떠나 보배를 움켜잡고 동국으로 돌아오니, 자비로운 바람은 만 리의 변방까지 불었고, 선정의 달은 구천밖까지 비추었으니, 그런 분은 오직 우리 대사뿐이시다.

그러므로 시호는 "동진대사(洞眞大師)" 탑호는 "보운(寶雲)"이라고 추증하라 시고 이에 국공(國工)으로 하여금 돌을 다듬어 부도탑을 세웠다.

2년이 지나 문인 등이 감실을 열고 형체를 보니 얼굴이 생전과 같았다. 이 에 호곡하며 색신을 받들어 백계산 동쪽의 구름 덮인 바위 언덕에 부도탑을 세 웠으니, 왕의 명령을 따른 것이다. 거기에 전법대제자 천준선사(天遵禪師)등이 있었다. 드디어 왕에게 표장을 올려 절묘한 문장으로 선사의 업적을 기록하도 록 청하였다. 임금이 말하였다.

"좋다" 허락하니 어찌 호곡하며 슬퍼만 하겠는가. 급히 비석을 세웠다.

현덕(顯德) 5년 김정언(金庭彦)이 찬문(撰文)하였다.

대경선사(大鏡禪師) 현기(玄機)

이 글은 태산검교 최언위(崔彦撝)가 찬하고, 문인 상주국 자금어대 이환추 (李桓樞)가 명을 받고 전액(篆額)을 썼다.

석씨의 종(宗)은 그 내력이 오래 되었다. 가담(伽譚)이 날로 성해져서 성도 가 열리게 되었다. 그리하여 8만 바라문과 화엄삼매가 불국토를 장엄하고, 중 생을 제도하며 막바지에 열반하실 때, 부촉한 까닭에 오직 정법안장으로써 음 광 가섭에게 전수하였으니, 가섭은 이를 받들어 주선하여 교외별전으로 세상에 전해졌다. 우바국사에 이르러 한쪽에 치우쳐 수호하면서 이 종(선종)만을 널리 퍼뜨리게 되었으니, 눈빛만으로 서로 통하는 도리는 구설이 필요없고, 다문으 로도 알 수 없고 박식으로도 알 수 없는 것이다.

이에 달마대사가 중국으로 건너와서 본래 법을 부촉할 제자를 구하였다. 혜 가대사는 정성을 다하여 눈 속에서 팔을 잘라 바치는 신심을 입증하고, 심인을 전수받아 그 후 불교의 법수가 동쪽으로 흐르고, 자비로운 구름이 두루 세상을 덮게 되었다. 이로 말미암아 조계의 직하 수제자가 그 문하에서 나오니, 하나 는 회향이고 다른 하나는 행사이다. 행사의 제자는 희천이고, 희천의 제자는 보철이며, 보철의 제자는 담성이고, 담성의 제자는 양개이며, 양개의 제자는 도응이고, 도응의 제자가 바로 대경대사이다. 그러므로 대대로 서로 이었으니, 본적을 살펴보건대 사람이 능히 도를 넓혔다고 한 것이 바로 이를 두고 한 말 이다.

또한 말하기를 대사의 법휘는 여엄(麗嚴)이요, 속성은 김씨로서 그의 선조는 계림 사람이다. 먼 조상은 귀족 출신이며, 왕성에서 번성하였다. 그 후 관직을 따라 서쪽으로 갔다가 남포에서 거처하게 되었다. 아버지 사의(思義)는 조상의 덕을 추모하였고, 오류(五柳 ; 陶潛)선생과 같이 명예를 피해 은거하였다. 어머니 박씨가 일찍이 낮잠을 자다가 이상한 꿈을 꾸었는데, 놀라 깨어보니 신령스런 광채가 방안에 가득하였다. 얼마 안되어 대사를 임신하였는데 태어나자마자 능히 말을 했고, 어려서부터 장난을 좋아하지 않았다. 아홉 살이 되어 속세를 떠나려는 뜻이 간절하였으니, 부모도 그 뜻을 막지 못하고 문득 출가하였다. 무량수사에 가서 주종법사(主宗法師)에게 처음으로 화엄경을 배웠다. 그 후 몇 년이 지났는데 귀중한 바는 반년 만에 백천 게송을 외운 것이며, 하루에 외운 양이 다른 사람이 30일 걸려 외울 수 있는 것이었다.

광명 원년(880)에 비로소 계를 받고 그 후 하안거를 하면서 초계비구처럼 계를 지켰다. 그러나 점차 교종을 알아가면서 진실이 아니라는 것을 깨닫고, 마음을 현경(선종)으로 기울이고, 눈을 보림사로 돌렸다. 이 때부터 서쪽에 있는 숭엄산을 바라보다가 멀리 성주사에 선지식이 있다는 소문을 듣고 홀연히 물병과 석장을 들고 가서 친견하였다. 광종대사(廣宗大師)가 비로소 처음 온 것을 본 뒤에 바야흐로 그 뜻을 듣고서 허락하여 입실시켰다. 몇 해가 지난 뒤, 광계 3년(887) 겨울에 광종대사가 입적하였다.

그 후 천리를 멀다 하지 않고 순행하며 돌아다니다가 영각산 안에 들어가 심광화상을 정성스레 알현하였다. 그는 대경대사의 사형으로 장로인데, 일찍이 마니를 간직하여 사람 가운데 부처님이라고 불리었다. 그 뒤에 숭엄의 제자가 되어 학자들이 모두 으뜸으로 여겼다. 그리하여 복숭아와 자두꽃에 사람이 절로 모여 길이 나듯, 그의 문앞이 마치 저자거리 같았다. 아침에 셋, 저녁에 넷씩 찾아오는데, 빈손으로 왔다가 가득 채워 돌아갔다. 대사는 심광화상 섬기기를 매우 부지런히 하고, 여러 해를 정성껏 모시며 법을 배웠다. 이로 말미암아 수주대토(守株待兎)하는 마음을 던져버리고, 연목구어(緣木求魚)하려는 뜻도 버렸다. 행장을 꾸려 산을 내려와 서해를 따라가다가 배를 타고 가는 객을 우연히 만나 함께 타고 서쪽(중국)으로 갔다.

거친 파도를 헤치고 이주(夷州)의 풍랑을 따라가니 곧바로 우혈(禹穴)의 경치를 구경하였다. 이 때 강표(江表)를 거쳐 홍부(洪府)를 지난 뒤에 계속 서쪽으로 올라가서 운거선사를 친견하였다. 운거선사가 말하였다.

"옛날에 놀던 때가 멀지 않은 듯한데, 여기에서 서로 만나게 되는구나. 대중을 지도하고 있을 때 자네가 찾아오니 기쁘네."

우리 대사가 법을 물으니,

"내가 그대를 위하여 대답을 아끼지 않으리라."

하였다.

그로부터 몇 해를 보내면서 추위와 더위에 두루 강인해지니, 이미 여연(驪淵)에 이르러 여의주를 찾을 계기를 얻었다고 생각하였다. 이에 고행길에 올라 바야흐로 여의주를 딸 수 있는 부적을 고르게 되었다. 대사가 '비록 관공(觀空)을 본받기는 하나 어찌 능히 본국을 잊겠는가' 하고 홀연히 고국으로 돌아가리라 생각하였다. 이미 늦었다는 수심에 잠겨 선비(禪扉 ; 禪寺)를 떠나려고 운거대사에게 진심 어린 정성을 베푸니 대사가 말했다.

"네가 나면서 갈 곳은 바로 고국이니 그냥저냥 지체하지 말고 빨리 떠나라. 내가 바라는 바는 진종을 부연하여 우리 도를 빛내며 법의 요체를 보존하는 것인데, 그 책임이 그대들에게 있다는 것을 명심하라. 용이 천지에서 뛰고, 학이 일역(日域)으로 돌아가는 것과 같다 할 수 있으니, 왕래함에 있어 그 시기를 놓치지 말라."

이로써 대각의 마음을 전수받아 운거선사의 심인을 지니고, 거듭 큰 파도를 넘어 다시 제잠(鯷岑)에 이르니, 이 때가 천우 6년(909) 7월이었다.

무주의 승평에 도착하였다. 이 때 뗏목을 버리고 동쪽으로 가서 월악산에 이르렀는데, 편안히 연좌할 곳을 찾고자 하였으나 어찌 걱정없는 곳이 있겠는가? 세상을 살펴보니 고통에 빠져 있고, 인간을 돌아보니 한을 품고 있었다. 비록 물과 돌에 의지하나 점점 연진(烟塵)에 가까워져서 내령(경북 영주)으로 길을 나서 아름다운 경치를 지나치게 되었다. 미봉(彌峰)을 바라보면서 은거하다가 소백산으로 가서 지냈다. 이에 기주의 제군을 맡고 있는 상국 강공(康公) 훤(萱)은 보수의 교풍(敎風)을 흠모하며 선림의 도를 사모하였다. 돌이켜 보니 대사가 멀리 위태로운 나라를 떠나 안전한 곳으로 왔다고 하여 정성스럽게 맞이하고 매번 예의를 갖추면서 법문을 청하였다. 선덕에 귀의하여 점점 현풍에 감득하였으니, 이것은 학이 그윽한 곳에서 울면 뭇 새끼들이 서로 응하는 것과 같음을 알 수 있다. 흰 구름이 해를 붙들고 아름다운 기가 상서로움을 나타내는 것과 같았으며, 동쪽을 바라보면 자주 신령스런 서조(瑞兆)가 며칠 동안 나타나기도 하였다. 이러한 사실을 임금께 삼가 자세히 아뢰었더니, 임금께서 대사의 도가 중화에 으뜸으로 명성이 양국에 높다는 말을 듣고, 급히 조서를 날려보내 왕궁으로 초빙하였다.

한 해가 다 저문 뒤에 갑자기 산골 빗장을 열고 나와 왕궁에 도착하니 왕이 홀연히 해를 만난 듯이 반갑게 맞이하였다. 찬앙하는 마음이 깊어 다른 사람과 달랐으니, 소무제(蕭武帝)가 오로지 불교를 숭상한 것과 동등하게 비교하여 말할 수 없었다. 중간에 잠시 산으로 돌아가서 다시 유지를 순례하는데, 오래지 않아 특령으로 사신을 보내 급히 입조(入朝)해 달라고 청하니, 임금의 조서를 거역하기 어려워 다시 난전(蘭殿)으로 올라갔다. 설법을 할 때 용안을 올려다 보고 말하였다.

"나라가 부강하고 백성이 편안해지려면 궁정(肯庭)의 경우도 양보하지 말아야 합니다. 요임금의 인자함과 순임금의 덕망도 오직 화하의 조정(우임금)만이 짝할 수 있었습니다."

"삼황오제 때의 태평한 운세를 과인의 부족함과 천함으로 어떻게 감당하겠습니까?"

하고 임금께서 대답하였다.

거듭 고향산천을 그리워하자 개경과 거리가 멀다 하여 보리사를 지어 주지를 맡으라고 청하였다. 이 때 성은에 깊이 감읍하고 그 곳에 머물기로 하였다. 그 절은 산천이 빼어나게 아름다워 열반처로 삼으려고 뜻을 굳혔다. 그래서 선을 좇는 무리가 부르지 않아도 모여 들었으며, 그들을 가르치는데도 게을리하지 않고 부지런히 노력하였다. 어떤 사람이 대사에게 물었다.

"청류를 짐작하여 다했을 때는 어떠합니까?"

"다된 뒤에는 어떤 일이 생기겠는가?"

"어찌 청류와 같겠습니까?"

하니, 대사가 이에 인가하였다.

동광 7년(929) 11월28일에 병세를 보이다가 다음 해 2월17일 법당에 앉아 입적하시니 춘추는 69세요, 승랍은 50년이었다. 이 때 비는 처절하고 바람은 구슬프며, 구름은 시름에 차고 물은 오열하니 하늘도 사람도 깊이 애도하고, 도계와 속계가 창자를 도려내듯 통탄하였다. 감마(紺馬)가 하늘로 날아오르고, 청오가 터를 점지하였으니, 입적할 때의 상서로움이 고래로 듣기 어려운 것이었다.

임금께서 스님의 열반 소식을 들으시고 가만히 슬픔에 잠겼다. 특별히 조서와 부의를 보내 국사에 대한 예의를 다하였다. 문인 스님들이 그 달 19일에 함께 감(龕;사당 안에 神主를 모셔두는 欌)을 메고 □□□의 서쪽 모퉁이 3백여 보 지점에 입감하였다. 학업을 전해 받은 제자 융천(融闡)과 흔정(昕政) 등 5백에 가까운 사람들이 공손히 스님의 유덕을 펴고자 비석을 세울 것을 윤허해 달라는 표를 올렸다. 그리하여 왕은 시호를 대경대사(大鏡禪師)라 하였다. 탑명을 현기지탑(玄機之塔)이라 추증하였다.

슬프다! 대사는 박옥(璞玉)에서 상서로움을 나타냈고,
혼금(渾金)으로부터 경사로움을 나타냈다.
뜻은 저속함이 없고 말은 꾸미지 않았으며,
죽을 때까지 포납(布衲;굵은 삼베옷)이라는 이름을 가졌고,
후세에는 온포(縕袍;솜으로 만든 장삼)의 영예로 존경받았다.

여러 지방으로 다니면서 교화를 베풀었고,
중국에 가서는 그 나라의 문물을 돌아보았다.
그러므로 초에서는 강평(江萍)의 뿌리 없이 물 위에 떠 있는 것에 비견하여
동요의 발생을 묻는데 답하였고,
제(齊)에서는 해조(海棗)를 묻고서야
바야흐로 국어(國語)에 대한 대답을 알게 되었다.

비문을 짓는데 대강의 개요만 추린다.
억지로 붓을 잡았으니 두려움과 부끄러움을 금할 수 없다.

명한다.
석존은 교단을 창립하시고 가섭은 마음을 전해 받았네.
동산의 법이 멀고 먼 계림으로 온 지 몇해이런가!
해동의 바닷가 경심(鼇潯 ; 金鼇山 물줄기)까지
운거(雲居)의 제자로 법음을 떨쳤네.

천복 4년(939) 세차 기해 4월15일 세우고
경내인 최문윤(崔文尹)이 받들어 새겼다.

원응국사 학일(學一)

고려의 원응국사(圓應國師)는 속성이 이씨이고, 휘는 학일이며, 자는 봉거(逢渠)이다. 서원 여안 사람이다. 아버지는 응첨(應瞻)인데 벼슬길에 나가지 않았고, 어머니는 이씨이다. 나이 겨우 8세에 오신채와 음식을 끊었다. 11세에 진장(眞藏)법사를 따라 머리를 깎고, 13세에 구족계를 받았다.

훗날 향수사의 혜함(惠含)선사를 알현하였는데 스승께서 지시해 준 것에 따라 선지를 깊이 밝혔고, 또한 경과 율과 논이 무르익어 궁구하지 않음이 없었다. 더욱이 대반야경에 있어서는 다른 이들보다 능숙하였다.

송 신종 원풍 7년 갑자년(1084)에 광명사와 선불장에 나아가 우수한 성적으로 합격하였다. (대각국사가) 서역 중원으로 유유히 유람하면서 화엄학과 천태교관을 전하였다.

그 때 예종이 스님의 도와 덕을 싫증이 날 만큼 많이 들어온 터라, 송 휘종 숭녕 4년 삼중대사의 법계를 가증하고, 송 도군 2년 무자년(1108)에는 선사라는 법계를 가증하였으며, 또 정화 4년 갑오년(1114)에는 대선사라는 법계를 가증하였다. 선화 4년(1122)에 왕이 내전에 스님을 불러 왕사를 모시려고 하였다. 그러나 스님은 굳이 사양하고 받아들이지 않았다. 그 후 대신이 또한 함께 권하였으므로 어쩔 수 없이 명을 받아들였다. 이에 임금이 왕사로 모시는 배례를 올렸으나, 왕사 책봉의 의식을 치리지 못하고 임금이 붕어하였다.

4월에 인왕(仁王)이 즉위하였는데 7월 7일에는 사신을 보내 글로써 뜻을 전하고, 그 다음 날에도 똑같이 하였으나 스님이 장계를 갖추어 사양하였다. 재삼 사신을 보내 허락을 받고 12일에 예의를 갖추어 책봉하고 왕사로 삼았다.

16일에는 임금이 명경전에 행차하여 제자의 예의를 펴고, 백관들은 공손히 절하고 치하하였다. 금나라 천회 4년(1126) 병오년에는 노년을 핑계로 운문사로 돌아가려고 청하였으나, 임금이 윤허하지 않았다. 안남 경암사(瓊巖寺)는 거리가 개경과 멀지 않으므로 주지를 겸하도록 허락하고 스스로 왕래하기 편하도록 하였다.

7년(1129) 기유년 9월 19일에 왕사의 직인을 봉하여 10월 19일에 운문사로 들어가니 사방의 학자들이 폭주하였다.

황통 4년(1144) 28일에 스님은 양치하고 씻으신 뒤 옷을 여미고 가부좌하고 단정히 앉아서 분향하고 축원을 마치고 난 다음 교문의 제자들에게 법어를 내리고 입적하시려고 했다. 그 때 문인들이 서로 말했다.

"오늘은 중일이므로 세속에서는 크게 기피하는 날이다."

스님은 마침내 맥박과 숨이 되살아나고 평정을 되찾았으므로, "오늘 죽지 않고 너희들의 청에 부응할 것이다"라고 하면서 먹는 것이나 기거하는 것이 평일과 같았다.

그 후 11월15일에 이르러 다시 병을 보이더니, 12월 9일 5경에 머리를 깎고 목욕재계한 뒤 유게(遺偈)를 설하였다.

5음은 구름 한 조각,
흩어져 사라지고 남은 것 없다네.
오직 외로운 달 드높이 떠 있으니,
맑은 빛이 큰 허공을 덮는구나.

가부좌하고 차수한 채 단정히 앉아 움직이지 않았다. 문인들이 무릎 꿇고 모시니, 포시(哺時)에 입적하였다.

문인들이 유언장과 인보(印寶), 열반하신 상황을 적은 글을 가지고 말을 타고 달려와 아뢰니, 임금은 부음을 듣고 몹시 슬퍼하며 자주 탄식하였다. 3일간 조회를 폐하고 신하 김경원(金景元)을 보내 장례 지내는 일을 통솔하게 하였다. 이듬해 정월 24일에 사신을 보내 예를 갖추고 국사로 책봉하고 "원응(圓

應)"이라는 시호를 내렸다. 또 사신을 보내 제사를 지내도록 하였다. 27일에는 그 문도들이 견여(肩輿)로 '앉은 채 가신 몸'을 마주 들고, 청도 지곡사(池谷寺)의 동쪽 산기슭에서 장례를 지냈다. 30일에 유골을 거두니, 머리에는 무거운 골이 있었고 나머지는 모두 노끈이나 새끼줄이 이어져 있는 것처럼 영골이 붙어 있었으며, 오색이 영롱했다. 2월 15일에 자인현 판악산 남쪽에 무덤을 봉하니, 세수는 93세요 승랍은 82년이었다.

문인들이 그 스승의 행적을 갖추어서 비를 세울 일을 조정에 아뢰니, 인왕(仁宗)이 신하 윤언이(尹彦頤)에게 명하여 비문을 찬술하도록 하였다. 비문 짓는 일을 사양하였으나 받아들여지지 않으므로 대략적인 사적에 의거하여 억지로 서를 하고 명을 지었다.

대각국사(大覺國師) 후(煦)

고려 대각국사의 휘는 후(煦)이며 자는 의천(義天)으로 문종의 넷째 아들이다. 선종 2년 을축년에 몰래 송으로 불법을 구하러 들어갔다가 3년 병인년에 돌아왔다. 천태·현수·남산·자은·조계 및 서천의 법학을 동시에 전수 받았고, 더욱 그 법에 힘써 널리 통달한 것은 천태교관(天台敎觀)이다.

고려 민지(閔漬)가 찬한 국청사 석가여래 사리 영이기에 보면, "우리 태조가 창업한 때 행군복전 사대법사 능긍(能兢) 등이 상서를 올려 '듣건대 당나라에는 회삼귀일(會三歸一)의 법화경과 천태 지자대사의 일심삼관(一心三觀)의 선법이 있다고 합니다. 성군께서 이제 삼국을 합해 한 나라를 이루어 풍토가 서로 화합하니, 만약 이 법을 구해 유행시킨다면 후사와 자손들의 수명이 연장되며, 왕업이 끊어지지 않고 항상 일가를 이루실 것입니다'라고 하였다. 그러나 그 때 법을 구할 여가가 없어서 그 계책을 수사에게 물려주었다. 선묘조(宣廟朝)에 이르러 대각국사가 당나라에 들어가 비로소 천태육산(六山)을 세웠다. 이로 말미암아 좋은 땅을 골라 송산(松山) 서남쪽 기슭에 절을 세우고 또한 국청(國淸)이라 하였으며, 육산의 근본으로 삼았다"고 하였다.

대각국사가 지은 신창 국청사 계강사(新創國淸寺啓講辭)에서 말하기를, "면면히 이어져 내려온 해동의 불법이 7백여 년이 되어 비록 여러 종파가 그 법을 펼치고 여러 가르침이 서로 다투고 있으나, 천태 일교는 제대로 발전되지 못하였습니다. 옛적에 원효보살은 앞에서 아름다움을 칭찬하고 체관법사는 뒤에서 전하여 떨쳤습니다. 그러나 기연이 아직 무르익지 않아 빛을 발하지 못하였습니다. 교법의 유통은 아마도 기다림이 있어야 할 것 같습니다.

돌아가신 어머니 인예국모(仁睿國母)께서는 여러 생을 두고 불법을 받들고 수겁을 두고 행원의 인을 닦아서 절을 짓기 시작하였습니다. 국청사의 웅대한 제도를 본받아 묘법을 떨쳐 일으키시고 불룡산의 높은 교풍을 옮겨 놓으려 하셨으니, 큰 원을 마치지 못한 채 갑자기 세상을 떠나셨습니다. 엎드려 생각하건대 우리 주상께서는 왕위를 잇고 동방에 나서서 도를 지키고 높은 자리에 계시면서 성스럽고 거룩한 원을 따르고 부처님께서 당부하신 부촉을 받으시며 돌아가신 어머니의 뜻을 이었습니다. 이는 간절한 효도의 생각에서 나온 것입니다"라고 하였다.

김부식이 찬한 대각국사비(大覺國師碑)에서는 "정축년 여름 5월 국청사의 주지가 되어 처음 천태교를 강설하였다. 이 교파는 과거에 이미 우리나라에 전래되었지만 중간에 사라졌다. 국사께서 스스로 전당(錢塘)에 가서 도를 물어 배우고 불룡산에서 천태 종지를 전래하여 중흥시키기로 발원을 세운 이후 하루도 이 서원을 마음에 잊은 적이 없었다. 인예태후가 이 소식을 듣고 기뻐하며 이 절을 짓기 시작하였고, 숙종이 계승하여 일을 마쳤다. 국사는 이 때 천태교문에 의거하여 교리를 밝히고 그 이치를 연구하는데 온 마음을 다했다. 그러므로 3지(三止)와 3관(三觀)은 원명하고 언어와 묵언이 자재하여 경서만 믿고 고수하려는 집유(執有)의 생각을 빼앗아 다하고 악견(惡見)으로 공을 취하는 집착을 깨뜨리는 중도를 제시하였다. 당시에 배우는 이들이 국사의 성스러운 생애를 우러러 바라보았다. 이에 옛것을 버리고 스스로 천태종으로 찾아오는 스님이 1천 명이나 되었다. 융성하구나! 세상에 천태종을 논하는 자들은 국사를 백세를 다하도록 바뀌지는 않는 종수라 한다"고 하였다.

남숭산비(南嵩山碑)에서 말했다.
"후(대각국사)가 하루는 태자 희(熙 ; 문종의 셋째 아들로 후에 숙종이 되었다)와 함께 인예태후를 알현하고 이야기하던 중, 우연이 이 부분을 언급하여 말했다. '천태삼관은 최상승법입니다. 그러나 우리나라에 이 종파가 아직 세워져 있지 않은 것은 참으로 애석한 일입니다. 그러므로 신이 이에 대한 깊은 뜻을 가지고 있습니다'라고 하였다. 태후가 이 말을 듣고 크게 기뻐하였고 숙종도한 외호를 원하였다.

이후 후가 송나라에 들어가 천태산으로 가서 지자대사의 부도에 참배하고 발원문을 지어 탑 앞에서 서원하였다. '대사께서 오시 팔교(五時八敎)로 일대 성인을 판석하여 다하지 않음이 없다고 들었습니다. 우리나라에도 옛날 체관스님이 있어 천태교관을 전승하였으나 이제 그 승습이 단절된 지 오래입니다. 제가 이제 분발하여 몸을 잊고 스승을 찾아 도를 배우고 있습니다. 이미 전당 자변(慈辯)의 강하에서 천태교관을 품수하였으니, 훗날 본국에 돌아가면 목숨이 다하도록 전하여 떨치겠습니다.'

법을 구하고 돌아온 초기에 가히 도를 널리 베풀 만한 자를 모집하였는데, 덕린(德麟)·익종(翼宗)·경란(景蘭)·연묘(連妙) 등이 각기 그의 문도를 거느리고 모여드니, 모두 제자의 항렬에 속하였다. 태후께서 예전에 세웠던 큰 소원을 다시 발하여 가람을 창건하여 국청사라 하였다. 큰 소원을 미처 이루지 못하고 먼저 승하하셨으나 숙종이 이를 계승해 건축 불사를 계속했다. 공사가 끝난 다음에 국사를 청해 주지를 겸하게 하였다.

국청사의 낙성법회에 법가(法駕 ; 숙종)께서 친히 왕림하시고, 천태 일종의 학자와 모든 종파의 대덕 수천 명이 국사의 도풍을 들으려고 다투어 모였다. 국사께서 법화에 올라 앉아 해조음(海潮音)을 떨쳐 일찍이 없었던 일종묘의(一宗妙意)를 연설하시니, 무상근기는 중도와 무생법인을 수없이 터득하였다. 숙종이 또 대원을 세워 지금 천수가라고 하는 절을 창건해 천태교관을 널리 베풀려고 하다가 낙성을 보지 못하고 승하하셨다. 이에 예종 임금이 왕위를 이어받아 숙종의 대원을 완성하였다.

태후·숙종·예종 그리고 지금의 인종에 이르기까지 스스로 지극한 정성을 발하여 함께 기뻐하고 외호하였으며, 뜻을 계승하여 불사를 완성시켜 묘법으로 하여금 상주하게 하였다"라고 하였다.

이것이 고려 천태교가 대각각사에 이루어진 내력이다.
다음 대각국사비는 한림학사 임존(林存)이 왕명을 받들어 짓고, 천수사 의학, 월남사 주지 묘오와 삼종대사 덕린이 왕명을 받아 쓴 것이다.

인종 임금께서 즉위하여 나라를 다스린 지 10년 만인 대연헌(1131) 8월 7일에 임존에게 해동 천태종 시조 대각국사의 비명을 지으라고 명하셨다. 곧 소를 올려 그 일을 감당할 수 없다고 아뢰었으나 윤허를 얻지 못해 어찌할 수 없어서 감히 재배하고 머리를 조아려 이 글을 짓는다.

『일찍이 들으니 '비로자나불의화장장엄세계 중에 나타난 모든 부처님의 세계는 겁이 다하도록 말하여도 다 말할 수 없다'고 하였으니, 오직 이 사바세계에 계시는 비로자나 부처님이 저 삼천대천세계에 두루 하시며, 비로법 중에 가장 친근한 부처님이시거늘, 하물며 일대사 인연으로 이 세상에 출현하신 분이야 어떠하겠는가!

서천축국과 이 곳과는 멀지 않으니 큰 구름에 두루 덮이고, 같은 비에 함께 젖지 않을 수 없다. 그러므로 신라에 불법이 전래됨으로부터 우리 태조께서 만세의 창업을 이룩함에 이르러, 서천축국의 마후라 삼장법사가 초청하지도 않았으나 스스로 찾아왔으니, 이에 불법이 크게 일어날 것을 알았다. 더욱 원력에 의지하며 완성된 정력과 신비한 공덕으로 자손들에게 덕을 끼쳐 불법을 널리 드날리는 것을 첫째의 의무로 삼았다.

그리하여 5대를 지나 송조에 이르기까지 이름난 스님들을 선발하여 바다를 건너 법을 구하게 하였으나, 근기가 국한되어 겨우 일종의 종지만을 얻어 그 종도에게 전수할 뿐이었다. 그러나 국사는 부처님을 대신하여 이 세상에 나왔지만 오히려 법을 묻고 도를 배우는 형식을 거쳐 선조의 가풍을 계승해 대법륜을 굴리셨으니, 마치 우담바라가 한 번 나타난 것과 같다고 하겠다.

국사는 문종의 넷째 왕자로서 어머니는 인예태후이다. 휘는 석후(釋煦)요, 자는 의천(義天)이다. 두 성인(문종과 태후)이 국사와 더불어 숙세로부터 숙연을 심어 묘하게 부모와 자식 간의 인연이 일시에 서로 들어맞았다. 국사는 날 때부터 특이함이 있었으며, 점차 성장하면서 법도를 행함이 단엄하여 어른과 같았다. 11세 때 문종이 품고 있던 뜻을 받들어 경덕국사 난원(爛圓)을 은사로 하여 출가하였다. 그로부터 현수교관(賢首敎觀)인 화엄경을 수학하였다. 스승인 경덕국사가 입적한 후에도 그 도제와 더불어 강학을 중지하지 않았다. 또 널리 모든 종파의 학자들을 모아 함께 강론하였는데, 무릇 얻은 바가 탁월하고 평범한 노사와 숙덕들이 넘겨다 볼 수 있는 바가 아니었다.

문종 23년(1069) '우세(祐世)'라는 호를 하사하고 승통직을 내렸다. 이에 온 나라에 도량을 세우고자 생각하여 사자후를 발하고 백천 법문을 연설하였다. 인천의 한량없는 대중을 제도하려면 장차 자신이 얻은 견해를 사람들에게 질정하여 믿음을 얻어야 한다고 생각하였다. 그러므로 일찍이 송나라에 들어가 법을 구할 수 있게 해달라고 청하였다. 문종은 마음으로는 허락하였지만 왕손이라는 신분 때문에 결단을 내리지 못하였다. 그 후 선종(宣宗)이 즉위하자 또한 여러 번 청하였는데, 선종 역시 결정하기 곤란하여 여러 군신들과 회의하였다. 그러나 이 때에도 역시 "왕의 아우인 귀한 신분으로 바다를 건너는 것은 부당하다"는 결론을 내렸다.

숙종이 아직 잠저에 있을 때 어느 날 국사와 함께 인예태후를 뵙고 이야기하던 중 우연히 말씀드리기를, "천태종의 3관은 최상의 진승(眞乘)입니다. 그러나 우리나라에서는 아직 이 종파를 세우지 못하였습니다. 참으로 애석한 일이옵니다. 신이 이에 대해 깊은 뜻을 가지고 있사옵니다"라고 하였다. 태후가 이 말을 듣고 크게 기뻐하였으며, 숙종 또한 외화를 원하였다.

선종 3년에 국사는 때가 이르렀음을 알고 다시 법을 구하러 송나라에 가기를 요청하였다. 그런데 이 때 역시 비록 군신의 반대로 저지되었지만, 두 성인(태후와 숙종)의 마음은 국사의 뜻을 따르고자 하였다. 그리하여 홀연히 송나라로 가는 배에 탈 것을 결심하고, 4월 8일에 마침내 바다를 건너 비로소 밀주(密州)의 경계에 도착하였다.

철종 황제가 이 소식을 듣고 수도에 있는 계성원(啓聖院)으로 영접해 모셨다. 며칠 후 수공전(垂拱殿)에 나아가 친히 국사를 접견했는데 예우가 융숭하며 지극하였다. 이 때 국사께서 고승 대덕을 두루 참방(參訪)할 수 있도록 요청하였다. 이에 대해 황제는 화엄법사 유성(有誠)에게 명해 별원에 머물면서 다니는 곳을 따르게 하였다.

대저 성인은 자신을 굽히기를 꺼리지 않아서 남의 좋은 점을 아우른다. 그런 까닭에 공자께서는 장홍(張弘)과 사양(師襄)·노담(老聃)과 담자(郯子) 등을 스승으로 섬기며 배웠다. 국사는 밀주에서 경사에 이르기까지 한 가지 법을 알거나 한 가지라도 수행을 간직한 이가 있다는 소문을 들으면 두루 찾아가서 자문하지 않음이 없었다. 유성법사에 대해서 진실로 제자의 예로써 뵙기를 지극히 하고, 이날 현수와 천태의 교관에 같고 다른 점과 두 종의 그윽하고 오묘한 뜻을 상세히 문답하였다. 그 후 상국사에 나아가서 원소 종본(圓炤宗本)선사를 친견하였다. 원소선사가 법상에 앉아 설법하고 이어서 다음과 같은 게송을 설하였다.

이 세상에 어느 누가 만리의 홍파(洪波)를 타고
불법을 위해 몸을 잊고 선재동자를 본받았던가.
염부제에서는 참으로 희유(稀有)한 일인데
마치 우담바라꽃이 불 속에서 핀 것과 같네.

또 흥국사에 가서는 사천에서 온 천길상 삼장법사를 만나 인도에 관한 일을 자세히 물었다. 한달 후 철종에게 표장을 올려서 항주의 화엄종주인 정원(淨源)법사의 강하에 가서 수업하여 본래의 뜻을 성취할 수 있도록 요청하였다. 황제는 이를 받아들여서 주객원외랑 양걸(楊傑)을 보내 동반하도록 하였다. 금산을 지나면서 불인 요원(佛印了元)선사를 만났다. 이는 세상에서 아주 보기 드문 만남이었다. 마치 공자가 온백설자(溫伯雪子)를 만나 우리의 만남은 대화가 필요 없고 눈을 마주치면 바로 거기에 도가 있다고 한 것과 같았다.

이어서 곧 항주에 도착하여 정원법사를 참견하였다. 법사는 국사를 보고 법기(法器)가 비상함을 알고, 서로 만남이 늦었음을 한탄하고 도를 전하는 것으로만 일을 삼았다. 또 여항(餘杭)은 산수가 천하제일이므로 여러 종파의 노덕들이 세상을 등지고 은둔하여 이곳에 연좌한 이들이 다른 곳보다 많았다. 이들은 국사가 왕족의 애착을 끊고 부귀 권세를 잊고 만리 길을 찾아와 불법을 구하는 것을 보고, 비록 도를 쌓고 덕을 간직하여 입을 다물고 법을 전하지 않는 자라도 가진 것을 다 털어서 줄을 이어 스님을 찾아오므로, 여러 종문의 법문을 여기에서 대부분 얻었다.

다음 해(1877)에 선종이 모후의 뜻을 송의 철종에게 전달하여 국사를 환국하도록 명하여 줄 것을 요청하였다. 이에 철종은 국사를 궐내로 불러 귀국하도록 명하였다. 그리하여 황제에게 하직 인사를 고하고 귀국길에 오르게 하였다.

이 때 천태종 자변 종간(慈辯從諫)대사는 시 한 수를 짓고, 손 향로와 여의주 등을 함께 증정하였다. 국사가 본국에 있을 때부터 이미 자변대사의 높은 덕행을 들은 지 오래였다. 항주에 온 뒤에 특별히 자변대사에게 천태종의 경론을 강설해 줄 것을 청하여 항상 주객원외랑 양걸 및 여러 제자들과 함께 들었으므로, 지금 이와 같이 부촉하는 시를 지어 주었던 것이다.

경화(京華)에 이르니 황제가 수공전에 나와 맞이해 주었다. 며칠 머물고 다시 입궐하여 귀국 인사를 드리고, 다시 항주에 있는 정원법사의 처소에 이르니 정원이 날마다 화엄경의 대의를 강설하였다. 강의를 마치고 향로와 불자를 증정하여 법을 전하는 신표로 삼았다.

다음으로 천태산에 나아가 지자대사의 부도에 참배하고 발원문을 지어 탑 앞에 서서 다음과 같이 서원하였다.

"대사께서 오시 팔교로 동쪽으로 전해진 일대성언을 판석하여 다하지 않음이 없다고 들었습니다. 우리나라에서도 옛날 체관스님이 있어서 천태교관을 전하였습니다. 그런데 이제 그 승습이 단절된 지 오래입니다. 제가 이제 분발하여 몸을 잊고 스승을 찾아 도를 배우고 있습니다. 이미 전당 자변(慈辯)스님의 강하에서 천태교관을 품수하였으니, 훗날 본국에 돌아가면 목숨이 다하도록 널리 전해 선양하겠습니다."

다시 명주(明州)에 이르러 국사는 아육왕산 광리사에 가서 대각선사 회련을 친견하였는데, 이 분은 인종이 존중하여 복전으로 여긴 노덕으로 당시 그 곳에 있었다. 그는 국사가 이르자 법좌에 올라 설법하는데 본래의 뜻과 진정 계합하였다.

이미 배를 타고 본국의 경계에 도달하여서는 곧바로 허락없이 멋대로 출국한 죄를 내려 달라는 표장을 올렸다. 그러나 왕은 벌을 주는 대신 크게 포상하라는 조칙을 내리고 오히려 융숭하게 어루만져 주고 영접하니, 그 예모(禮貌)의 성대함은 이루 다 말할 수 없었다.

국사께서 송나라에서 구법한 것은 두루 선지식을 참방하여 문법에만 그친 것이 아니라 보고 느낀 바를 영부(靈府)에 깊이 새겨 두었다. 그리고 국사가 구해 온 경서 중에 반 이상은 아직 본국에서 유행하지 않는 귀중한 경전들이었다. 불법을 구하러 간 일행이 헤어질 무렵 주객(주객원외랑 양걸)이 모든 선사와 강백에게 말하기를, "예로부터 바다를 건너 법을 구한 성현이 많았지만 어찌 승통이 한 번 중국에 와서 천태·현수·남산·자은·조계·서천범학을 일시에 다 전해 받고 요득함과 같겠습니까? 참으로 법을 크게 펴는 대보살의 행이십니다"라고 하였다.

이 말은 진실로 실상을 그대로 표현한 것일뿐 지나치게 칭찬한 말은 아니라고 하겠다. 옛날 공자가 위나라에서 노나라로 돌아온 다음에야 비로소 음악이 바루어지고, 아송(雅頌)이 각각 제자리를 얻은 것과 같이 국사가 송으로부터 돌아온 뒤에 모든 종문의 교학이 각각 그 바름을 얻었다. 하물며 천태 한 종(宗)에 있어서랴. 비록 체관과 지종 같은 이에 의해 시작되긴 했지만, 이 땅에 그 종이 서지 못해 배움이 끊긴 지 오래 되었음에랴!

법화경에 이르기를 "일월등명불께서 세상에 출현하시어 4제·12인연·6바라밀 등을 설하였다. 석가모니 부처님께서 사리불에게 이르시되 여래는 다만 일승불법으로 중생을 위해 설하셨을 뿐 나머지 이승법이나 또는 삼승법 등은 전혀 없었다"고 하였다. 그러나 이 자리를 떠나지 아니하고 이승과 삼승을 회통한 원묘(圓妙)의 일법에 대한 진관(眞觀)은 이미 영락경에 갖추어져 있고, 공관과 가관가의 중도제일의 진리는 보처대사인 미륵보살이 부처님 말씀을 통해 친히 계승받았다. 여래께서 열반하신 후 5백여년 뒤에 이단이 성하므로 용수보살이 지도론을 지어 중도의 이치를 밝혔다.

그러므로 형계(荊溪)대사가 말씀하였다.

"하물며 3관이 따로 있겠는가? 본종의 영락일기의 교문을 멀리 불경을 품수하며 법화경을 종골(宗骨)로 삼고 지도론을 지남으로 삼았다. 용수보살로부터 형계에 이르기까지 천태의 9조가 된다. 그 교가 중국에서 크게 유행한지 이미 요요(廖蓼)히 4백여년이 되었건만, 이 땅에는 아직도 입종(立宗)하지 못한 것은 무슨 까닭인가"라고 하였다.

대개 여래께서 오랫동안 유지에 대하여 침묵함은 장차 그 법을 감당할 만한 스님을 기다려 전하고자 함이었다. 국사는 명을 받아 세상의 대임(大任)을 맡을 만한 재질을 지니고 제종의 학문에 있어서 고심(刳心)하지 않음이 없었다.

그리하여 국사께서는 스스로 다짐하여 자신의 임무로 삼았다. 현수의 천태양종은 그 시절 인연이 도래하였으므로 법을 구하고 돌아와서 최초로 왕에게 올린 표장(表狀)에 이르기를, "만리의 홍파를 건너 1백 성(城)의 선지식을 친견하고 둘 진교를 찾아다님은 오로지 부왕인 문종의 성스러운 위력을 의뢰한 것이며, 천태·현수의 종학과 태령(台嶺)의 남산율종의 종지에 있어서는 외람되게 향로와 불자를 전수 받았으니, 이는 기구(箕裘)를 그릇되게 승사한 것이 아닌가 걱정되옵니다"라고 하였다.

이에 널리 도를 넓힐 만한 자를 모집하였는데 덕린(德麟)·익종(翼宗)·경란(景蘭)·연묘(連妙) 등이 각기 그 도제를 거느리고 모여들어 모두 제자의 행렬에 속하였다. 태후께서 예전에 세웠던 대원을 다시 발하여 가람을 창건하여 국청사라고 하려 하였는데, 그 대원을 이루지 못한 채 세상을 떠났다. 이에 숙종이 이를 계승하여 건축 불사를 계속하여 완성하자 국사를 청해 주지를 겸임하게 하였다.

국청사의 낙성법회에 임금께서 친히 참석하시고, 천태일종의 학자와 모든 종파의 석덕 수천 명이 국사의 도풍을 들으려고 다투어 모였다. 국사께서 법좌에 앉아 해조음을 떨쳐 일찍이 없었던 일종묘의를 연설하시니, 최상의 근기가 중도와 무생법인을 수없이 터득하였다. 숙종이 또 대원을 세워 지금 천수사라고 하는 절을 창건하여 천태교관을 널리 베풀려고 하다가 낙성을 보지 못하고 세상을 떠나셨다. 예종이 왕위를 이어받아 숙종의 대원을 완성함으로써 영원히 3한을 감싸 보호하였다.

이제 사방에서 병란이 일어나 창생은 도탄에 빠졌으나, 오직 이 고려만은 편안히 아무런 근심도 없이 평화스럽게 닭이 울고, 개 짖는 소리가 사방에서 들렸다. 남자들은 밭에서 농사짓고, 여자는 집에서 베를 짜면서 그 부귀공명과 수명장수를 잃지 않고 있으니 이것이 어찌 인력으로만 될 일이겠는가.

국사는 부처님께서 열반하신 지 이미 오래된 말세에 신명을 돌보지 않고 멀리 해외에 가서 법보를 전해 와서, 이 땅에 법륜이 무궁하도록 전하셨다. 태후와 숙종과 예종 그리고 금상(인종)에 이르기까지 스스로 지극한 정성을 발해 기뻐하고 찬탄하며 외호하였기 때문이다. 또 선대의 뜻을 계승하여 불사를 완성시켜 묘법으로 하여금 상주하게 하였으니, 여러 부처님의 호념한 때문이며 제천의 옹위한 힘이 아니겠는가!

국사가 입적하자 서책을 보내 국사로 봉하고 시호를 대각으로 추증하였다. 이에 앞서 숙종이 '대각'이라는 두 자로 국사의 호를 삼으려고 하였으나, 국사가 간절히 사양하기를 "대각은 부처님의 덕칭이거늘 어찌 감히 외람되게 의거할 수 있겠습니까" 하면서 끝내 받아들이지 않았다. 이 때에 이르러 유사로 하여금 국사의 시호를 논의하게 하였으나, 역시 대각이란 이 두 자를 벗어나지 못하였다. 옛날 영공이 죽어서 사구(沙丘)에 묻으려고 땅을 파던 중 석곽이 나타났는데, 명(銘)에 "영공이 탈취하여 묻힐 것이다"라고 새겨져 있었다. 대저 영공이 다시 영공이 된 것이 이미 오래라고 하겠다.

또 국사가 송나라에 들어가 법을 구하는 도중 항주에 있을 때 주객원외랑인 양걸이 이르기를, "어제 아침 송자(잣)로 끓인 죽을 먹을 때, 정자사의 종본장로가 오시기에 죽을 차려 드렸습니다. 그런데 장로께서 깜짝 놀라서 말하기를, '내가 수년 전 용산사에 있을 때 꿈에 신인이 나타나 한 대접의 잣죽을 주거늘 <당신은 누구냐>고 물으니, <동방부동불국에서 왔습니다>라고 대답하였다. 오늘 이 죽도 그 때 꿈에 보았던 것과 조금도 다름이 없다'라고 하였다. 대저 국사가 증득한 바 지견이 모두 불가사의한 경계인데 그의 나타낸 바 사실도 또한 이와 같은 것이다."

대선사인 순선(順善) 및 선사인 교웅(敎雄)과 유청(流淸)은 모두 국사의 법손이다. 이들이 서로 의논하여 말했다.

"우리 천태종이 이 땅에서 행해지지 않다가 국사를 만나 비로소 힘차게 창시되었다. 마치 저 달마대사가 진단(중국)에서 선종의 시조가 된 것과 같다. 그런데 지금까지 그 업적을 새긴 비문이 없음은 후세에 그 허물을 우리에게 돌리는 바가 되지 않겠는가."

이 말씀을 임금께 올리니 임금께서 국사의 덕을 존중하고 도를 흠모하여 유덕(遺德)의 깊은 뜻을 길이 빛나게 하고자 국사의 비를 남숭산 선봉사(僊鳳寺)에 세우도록 명하고 법손들로 하여금 상속하고 주지하여 그 유교를 선양하며 단절함이 없게 하였다. 다음과 같이 명한다.

일체법 공한 것을 설하려고 하건만
생각을 가지고는 헤아릴 수 없다.
공이 곧 색이기 때문이다.

헛된 이름에 집착한다면
그 또한 궁구할 수 없으니
색이 곧 공이기 때문이다.

이와 같은 관법을 행하는 것
이를 중도라 하네.
법따라 궁구하여 본체를 발명하면

원만한 깨침이 두루 비추리로다.

시방삼세에 모든 부처님
모두가 이 길 따라 정각을 성취했네.
우리의 대각국사 송나라에 유학하여
교와 관의 가르침 동방에 흘렸도다.

이 때문에 왕명으로 받들어 세우니
거룩하다 천태 시조의 비여.
남숭산 높고 높아 우뚝 솟았는데
비와 산이 다 아름답구나.』

문인 천수사의 대지(大智)와 덕천(德遷)이 비문을 새겼다.

제관법사(諦觀法師)

불조통기(佛祖統紀)에 이르기를 "법사 제관은 고려 사람이다" 하였다.

처음 오월왕이 영가집(永嘉集)의 '동제사주(同除四住)'의 어구를 열람하다가 덕소(德韶)국사에게 물으니, 덕소가 말했다.

"이 교의는 천태의 의적(義寂)에게 물어야 합니다."

이에 즉시 그를 불러서 물으니 대답하였다.

"이것은 지자대사의 법화현의(法華玄義)의 '위묘(位妙)'에 있는 문구인데, 당나라 말에 교적이 해외로 흩어지게 되어 지금은 다시 있지 않습니다."

이에 오월왕이 글을 써 사신을 보내 50종의 보배를 가지고 고려에 가서 구하게 하였다. 나라에서는 제관으로 하여금 교승을 전하게 하였다. 그러나 지론소(智論疏)·인왕소(仁王疏)·화엄골목(華嚴骨目)·오백문론(五百門論) 등은 금하여 전하지 못하게 하였다. 또 제관에게 중국에서 법사를 구해 물은 다음 만약 대답하지 못하면 교문을 빼앗아 돌아오라고 하였다.

제관법사가 이미 중국에 이르러 나계(螺溪)가 강수(講授)를 잘한다는 말을 듣고 찾아갔다가 한 번 보고 심복하여 스승의 예로 대했다. 일찍이 사교의(四敎義)를 지어 광주리 속에 감추어 두었는데 사람들이 알지 못하였다. 제관법사는 나계에 머문 지 10년이 되는 날 앉아서 임종하였다. 후세 사람이 광주리 속에서 빛이 나오는 것을 보고 열어 보니 오직 이 책만 있을 뿐이었다. 이로 말미암아 제방에 성행하게 되었는데, 초학의 어리석음을 크게 깨우쳐 개발하는 데 도움이 되었다.

제관법사가 중국에서 죽음에 이르자, 고려에는 천태종의 맥이 끊어지게 되었다. 이런 까닭에 대각국사 의천이 천태산에 들어가 지자탑(智者塔)을 참배하고 서원을 발하는 글을 썼다.

"고려에는 옛날에 제관법사가 있어 교관을 전하였습니다. 그런데 이제 그 전승이 끊어진 지 오래되었습니다. 제가 이에 발분하여 몸을 잊고 스승을 찾아 도를 물었습니다."

천태 4교의는 부처님의 가르침을 ① 화엄시 ② 아함시 ③ 방등시 ④ 반야시 ⑤ 법화·열반시 5시로 구분하고, 여기 화의사교(化儀四敎)와 화법사교(化法四敎)로 구분하였다.

다시 5시를 우유의 ① 유미(乳味) ② 낙미(酪味) ③ 생소미(生酥味) ④ 숙소미(熟酥味) ⑤ 제호미(醍醐味)에 비유하여 설명하고,

다음 4교는 부처님의 일대시교를 화의·화법 두 가지로 구분하여 설명한 것이니, 화의사교는
① 돈교(頓敎 ; 화엄경)
② 점교(漸敎 ; 아함·방등·반야·법화·열반)
③ 비밀교(秘機不定)
④ 부정교(性識不定)와 장교(藏敎)·통교(通敎)·별교(別敎)·원교(圓敎)로
  구분한 것이다.

불일 보조국사 지눌(知訥)

고려시대 불일 보조(지눌)는 배움에 전승 받은 바 없이 스스로 선종을 창립하였다. 처음에 육조단경을 통해 스스로 뜻을 터득하였다. 그 후 대혜어록을 얻어 눈이 홀연히 열렸다. 이것이 이른바 "멀리로는 육조단경을 스승으로 삼고 가까이로는 서장을 벗하였다"고 하는 것이다.

송광사 길상사로 옮겨 정혜결사를 맺고 크게 선풍을 드날렸다. 희종은 즉위하자 조계산 수선사로 고칠 것을 명하였다.

조계종이 처음 여기에서 나타났고, 그 후 진각국사가 조계산의 제2조 수선사주가 되었으며, 원감국사 제6세 수선사주가 되었고, 각엄존자는 왕사대조계종사로 불리었으며 보조 후 13세가 되었다. 태고 보우는 대조계사조가 되었고, 나옹 혜근은 대조계종사로 불리었으며, 환암 흔수 또한 대조계종사로 불리고, 그리고 찬영은 조계승으로 불리었으며, 구곡 각운은 판조계종사조계도대선가가 되었고, 무학 자초는 대조계사로 불리었다.

대체로 고려 중기 이후 선파는 무슨 종에서 나왔는가를 논할 것 없이 조계종이라 칭하였으니, 선종이라는 말과 같다. 이것은 바로 불일 보조국사의 위덕 법화가 그렇게 하게 한 것이다.

이제 자금어대 김군수(金君綏)가 찬하고 춘추관 최치옹(崔致翁)이 쓴 비문을 보면 다음과 같다.

『선학의 근원은 가섭의 계파로부터 나왔다. 달마가 이를 얻어 와서 진단(중국)을 교화하였다. 이를 전하는 자는 전하지 않은 것(不傳)으로써 전하였으며, 이를 닦는 자는 닦지 않음(無修)으로써 닦아 대대로 서로 잇고 등등(燈燈)

이 서로 비추었다. 한결같이 어찌 그리 기이한가!

성인과의 거리가 더욱 멀어져서 법도 따라 해이해짐에 이르자, 학자들은 말을 펼치는 것만 고수하고 은밀한 뜻을 망각하고, 근본을 버리고 지말을 따랐다. 이에 관찰해서 깨달아 들어가는 길을 막히고 문자로 희론하는 단서는 벌떼같이 일어나 정법안장은 거의 땅에 떨어졌다.

이러한 때에 어떤 사람이 홀로 부위(浮僞)한 세속을 등지고 정진(正眞)의 종을 흠모하고, 문지를 찾아 이치에 나아감으로 시작하여 선정을 닦아 지혜를 발명하는 것으로 끝마쳤다. 자기에게서 얻은 다음 아울러 남에게 베풀고, 침체된 선풍을 다시 진작하여 어두워진 조월(祖月)을 다시 밝게 할 수 있다면 가섭의 적손이며, 달마의 종자로서 잘 계승하고 훌륭하게 조술한 사람이라고 말하지 않을 수 있겠는가. 아! 우리 국사가 바로 그런 사람이다.

스님의 휘는 지눌이고, 경서의 동주(지금의 서흥) 사람이다. 일찍이 스스로 목우자(牧牛子)라고 불렀다. 속성은 정씨이다. 아버지의 이름은 광우(光遇)이었으며, 어머니는 조씨(趙氏)로 개흥군부인이다.

스님은 자라면서 병이 많았는데 의사가 치료해도 효과가 없었다. 아버지가 부처님께 서원하기를 만약 병을 낫게 해주시면 출가시키겠다고 하였다. 그러자 병이 금방 나았다. 나이 겨우 8세 때에 조계종의 운손인 종휘(宗暉)선사에게 삭발하고 구족계를 받았다. 배움에 일정한 스승을 두지 않고 오직 도만을 따랐는데, 지조가 뛰어나 무리 중에서 뛰어났다. 25세 때인 대정 22년 임인년에 승과에 응시하여 합격하였다.

그 후 얼마 지나지 않아 남쪽으로 유행하여 창평 청원사에 이르러 주석하였다. 어느 날 우연히 학료에서 육조단경을 열어 보다가 "진여자성이 생각을 일으켜 육근이 비록 견문각지 하더라도 온갖 형상에 오염되지 않고, 진성(眞性)은 항상 스스로 존재한다"는 구절에 이르러 깜짝 놀라면서 크게 기뻐하며 일찍이 없었던 경지를 얻었다. 바로 일어나 불전을 돌아다니면서 외우고 생각하니 스스로 얻은 바가 컸다. 이 때부터 마음은 명리를 싫어하고 항상 깊은 산중에 숨어 간념(艱恬)으로 도를 닦되 잠깐 동안이라도 반드시 이와 같이 하였다.

대정 25년 을사년에 하가산 보문사로 옮겨 주석하면서 대장경을 열람하다가 이장자의 화엄론을 보고 거듭 신심을 일으켜 후벼내듯 숨은 뜻을 찾아내고, 맛보듯 실정을 음미하여 이전의 이해가 더욱 밝아졌다. 이에 마음을 원돈관문(圓頓觀門)에 두었으며, 또 말학들의 미몽을 인도하여 못과 쐐기를 뽑아 주고자 하였다.

그 때 마침 이전부터 알고 지낸 선로인 득재가 팔공산 거조사에 머물고 있었는데, 국사를 맞이하고자 하는 청이 간곡하고 지극하여 마침내 가서 머물렀다. 널리 명리를 버린 여러 종파의 의지가 굳건한 스님들을 맞아들여 각고의 뜻으로 권하고 청해, 밤낮으로 습정균혜(習定均慧)하기를 여러 해 동안 게을리하지 않았다.

승안 2년 무오년 봄에 몇 사람의 선려와 함께 발우 하나만 가지고 지리산을 찾아가 상무주암에 은거하였다. 경계가 그윽하고 고요하여 천하의 으뜸이어서 참으로 편안히 좌선하며 머물만한 곳이었다. 이에 외연을 물리치고 오로지 내관에만 전념하였다. 갈고 닦아 예리한 지혜를 발휘하고 깊게 찾아 근원을 궁구하였다. 이 때 법을 얻은 상서로운 일이 몇 가지 있었지만 말이 번거러워 싣지 않는다.

스님은 일찍이 말하였다. "내가 보문사에서 지낸 이후 10여 년이 되었다. 비록 뜻을 얻고 부지런히 수행하여 헛되이 시간을 보낸 적이 없으나 정견(情見)이 아직 없어지지 않아 사물을 대하면 가슴이 막힌 것이 마치 원수와 함께 있는 듯했다. 지리산에 거처할 때 대혜보각선사어록의 '선은 고요한 곳에 있지 않으며, 시끄러운 곳에도 있지 않고, 일상 생활하는 곳에 있지 않으며, 사량분별하는 그 자리를 버리지 않고 참구하여야 홀연히 눈이 열려서 바야흐로 집안 일을 알 수 있다'고 한 구절에서 계합하고 이해하여 자연히 가슴이 막히지 않게 되었고, 원수와 멀리한 것 같아서 바로 그 자리에서 마음이 편안하고 즐거울 뿐이었다"고 하였다. 이로 말미암아 지혜와 이해가 더욱 높아져서 대중들이 우러르는 바가 되었다.

5년 경신년에 송광산 길상사로 옮겨서 11년간 무리들의 작법을 이끌었다. 도를 닦거나 수선·안거·두타 등을 했는데 한결같이 율장에 의거하였다. 사방의 스님과 신도들이 소문을 듣고 찾아와 수많은 대중이 운집하였다. 심지어 명예와 벼슬과 처자를 버리고, 옷을 찢고 머리를 깎고 승려를 따라 함께 오는 자도 있었다. 왕공사서들이 이름을 버리고 결사에 들어온 자도 수백 명이나 되었다.

스님은 도로써 자임하고, 사람들의 칭찬이나 비방에 마음을 움직이지 않았다. 또한 자비와 인내로 후배들을 대하였다. 비록 무례하게 뜻을 거역하는 자라도 가엾게 여기는 마음으로 거두어 주고 감정으로 다스리지 않았다. 마치 어머니가 어리광 부리는 아들을 대하는 것과 같이 하였다. 그리고 대중에게 외워 지니기를 권함에는 항상 금강경으로써 법을 세웠고, 교의를 연설함에는 반드시 육조단경에 뜻을 두었으며, 설법할 적에는 이통현 장자의 화엄론과 대혜어록으로써 도움을 삼았다. 삼종문을 열었는데 성적등지문(惺寂等持門)·원돈신해문(圓頓信解門)·경절문(俓截門)이다. 이 삼문에 따라 수행하며 믿음에 드는 자가 많았다. 그리하여 선학의 왕성함은 근고에 비교할 바가 아니었다.

스님은 또 몸가짐을 잘 단속하여 소처럼 걷고 범처럼 보았다. 평상시에도 조심하여 조금도 행동거지가 흐트러지지 않았다. 사람들을 모아 일을 할 때에도 항상 대중들이 앞에 섰다. 억보산의 백운정사·적취암, 서석산의 규봉난야·조월암 등은 모두 스님께서 창건하고 왕래하면서 선을 닦던 곳이다. 임금께서 잠저 시절부터 평소 스님의 이름을 소중히 여겼는데, 즉위한 후에는 왕명으로 조계산 수선사로 고치고 친히 편액을 써주었다. 그리고 또 만수가사 한벌을 하사하여 존경을 표하였으니, 독실히 공경하고 크게 보호하는 정성은 달리 견줄데가 없었다.

처음 스님이 남유할 적에 동학도반들에게 약속하였다. "나는 이름을 숨기고 향사(香社)를 맺고 정혜(定慧)를 일삼고자 하는데 스님들은 어떻게 생각하는가?" 그러자 도반들은 "말법이어서 적당한 때가 아닌 것 같습니다"라고 했다. 스님은 깊은 한숨을 내쉬면서 "시기는 변천하지만 심성은 변하지 않는다. 교법이 흥왕하거나 쇠퇴함은 삼승권학의 견해일 뿐이거늘, 지혜 있는 자가 이와 같이 해야 하겠는가"라고 하였다. 대중들은 모두 탄복하면서 "옳은 말씀입니다. 뒷날 함께 결사를 맺게 되면 반드시 정혜라고 합시다"라고 하였다.

거조사에 있을 때 과연 정혜사를 세우고 곧 권수정혜결사문을 지었으니, 이는 처음부터 품고 있던 뜻이었다. 정혜사를 송광사로 옮긴 이후에도 명칭을 그대로 사용하였다. 이후 이웃 사찰 가운데 동일한 명칭이 있어서 조지(朝旨)를 받아 명칭을 바꿔 수선사라고 하였다. 비록 명칭은 다르지만 뜻은 같았기 때문이다. 스님의 뜻이 정혜에 있었음이 이와 같았다.

대안 2년 봄 2월 어머니를 천도한 것을 계기로 법연을 수십 일 동안 열었다. 이 때 결사 대중에게 "내가 세상에 머물며 설법할 날이 얼마 남지 않았으니 각각 노력하라"고 말하였다. 얼마 후 3월 20일에 발병하여 8일에 입적하였으니, 미리 알고 있던 일이었다. 입적하기 하루 전날 저녁 욕실에서 시자가 게송을 청하자 스님은 조용히 대답하였다. 밤이 깊자 방장실로 들어갔는데 문답이 처음과 같았다.

새벽에 이르러 "오늘이 며칠인가?"라고 묻자 "3월 27일입니다"라고 대답하였다. 스님께서 법복을 입고 세수와 양치질을 한 다음 "이 눈은 조사의 눈이 아니고 이 코도 조사의 코가 아니며, 이 입은 어머니가 낳아 주신 입이 아니고, 이 혀도 어머니가 낳아주신 혀가 아니다"라고 말하였다. 법고를 쳐서 대중을 모이게 하고 육환장을 짚고 선법당에 이르러 축향하며 법상에 오름이 평상시의 모습과 같았다.

육환장을 떨치고 전날 밤 방장실 가운데에 문답한 어구를 그대로 들고 "선법은 영험하여 불가사의하다. 오늘 여기에 대해 그대들에게 말하려 한다. 그대들이 어리석지 아니한 일착자로 질문한다면 나도 어리석지 아니한 일착자로 대답하리라"고 하였다. 좌우를 돌아보고 손으로 육환장을 만지면서 "산승의 명근은

다 여러 사람들 손에 달려 있다. 여러 사람들에게 가로 끌거나 거꾸로 끌기를 일임할 것이니 근골이 있는 이는 나오너라"고 하였다. 곧 발을 뻗어 법상에 걸터앉아 묻는 대로 대답하였다. 말은 조리가 있고 뜻은 상세해 분명하고 걸림이 없었다. 자세한 것은 임종기의 내용과 같다.

마지막으로 어떤 스님이 "옛날 비야리성에서 유마거사가 질환을 드러내 보인 것과 오늘 조계산에서 목우자께서 질병을 얻은 것이 같은지 다른지 모르겠습니다"라고 물었다. 이에 스님께서는 "너희들이 같은지 다른지 배우라"고 대답하였다. 곧 주장자를 짚고서 몇번 내리치며 "천가지 만가지가 모두 이 속에 있느니라"고 하고는, 주장자를 잡고 법상에 걸터앉아 움직이지 않았다. 고요하게 가신 것이다.

문도들이 향등을 베풀고 7일간 공양을 올렸다. 얼굴빛은 살아 있는 듯 하였고 수염과 머리카락은 계속 자랐다. 다비 후 유골을 수습하니 유골이 모두 오색이었다. 사리 중에 큰 것이 30과(顆)이고 작은 것은 헤아릴 수 없이 많았다. 수선사의 북쪽 기슭에 부도를 세웠다. 임금께서 들으시고 애통해 하셨다. 시호를 '불일보조국사'라고 하고 탑호를 '감로(甘露)'라고 하였다. 세수는 53세요 법랍은 36년이었다.

평생 저술로는 정혜결사문·상당록·법어·가송 각 1권이 있는데, 종지를 발양하여 모두 볼만하다.

그 때 어떤 이가 말했다.
"죽음은 큰 일이라고 할 수 있는데, 스님께서는 운명에 맡기시고 열반에 드셔서 우유(優遊)하고 자재하셨습니다. 이는 그 마음에 반드시 남들보다 크게 뛰어난 점이 있는 사람이지만 지극한 도리에서 본다면 아직 아닙니다.왜 그런가 하면 노자는 나를 알아줌을 드물게(없게) 하고, 장자는 남과 다르고자 하지 않았습니다. 옛날 도를 닦은 사람들은 일반 사람과 같았을 뿐이니, 어찌 스스로 이상하고 기이한 자취를 나타내 남들이 알아주기를 바랐겠습니까.

세존과 같은 경우에 있어서는 법중왕이라 존칭하였으며, 신통작용 유희자재 하셨습니다. 쌍림에서 입적할 때 '내 이제 등이 매우 아프니 곧 열반에 들 것이다'라고 하시고, 드디어 오른쪽 옆구리를 땅에 대고 포개고서 입적하였습니다.

또 당나라 은봉선사는 거꾸로 물구나무를 서서 입적하였는데, 누이 중에 비구니가 된 이가 있어 '쯧쯧'하고 혀를 차며 '오라버니는 평생 동안 법률(法律)을 따르지 않더니, 죽어서도 사람들을 현혹한다'고 하였습니다.

지금 스님께서는 개당하고 시중하심이 많으신데도 죽는 날까지 다시 법고를 쳐서 대중을 모아 법상에 올라 설법하고 걸터앉아 입적을 알리니, 도에 있어서 군더더기가 되지 않겠습니까?"

이에 답하였다.

"그렇지 않다. 무릇 도의 작용은 방소(方所)가 없어서 사람들의 행함이 같지 않다. 그러므로 옛말에 '천하에 하나의 이치에 백가지 생각이 있으니, 길은 다르지만 돌아가는 곳은 같다' 하였다.

만약 그렇다면 하나는 알고 둘은 모르는 것이다. 또 역대로 선문의 여러 조사들이 임종할 적에 법을 부촉함에 있어 반드시 신이를 나타내었다. 승사(僧史)에 자세히 실려 있다. 이후 여러 스님의 경우에도 법상에 올라 설법하고 입적하셨다.

가령 홍선사의 유관은 상당하여 임종게를 설하고 편안히 앉아 입멸하였고, 수산의 성념은 임종게를 남긴 다음 온종일 상당설법하고 편안히 앉아 길이 가셨고, 서봉의 지단은 삭발 목욕하고 법상에 올라 앉아 대중들에게 하직하고 편안히 앉아 천화하셨으며, 대령의 은미는 상당하여 임종게를 설하고 천화하였다. 이들 모두를 비방할 수 있겠는가?

슬프다! 상법과 계법(말법) 시기에 사람들은 의심은 많고 신심은 적어서 선각자들이 선교방편으로 개시하고 권도(權導)하여 흠모하는 마음을 내게 하는 이가 있지 않다면 비록 성도(聖道)로 나아가고자 하더라도 이것은 매우 어려울 것이다. 스님의 마음을 보건대 역시 근기에 맞게 중생을 이롭게 하는 일단이다."

스님께서 입적하신 이듬해에 사법제자인 혜심(惠諶) 등이 스님의 행장을 갖추어 임금께 올리고 스님의 행적을 후세에 보이게 해줄 것을 원하였다. 임금이 허락하고 소신에게 비문을 쓰게 하였다. 신은 유교를 공부했지만 아직 지극하지 않은데 하물며 불심과 조인인 방외의 말에 어떻겠는가? 다만 밝으신 왕명을 사양할 길이 없어 이에 유문(諛聞)을 구갈(扣竭)하여 감히 스님의 성미(盛美)를 형용하여 명을 짓는다.

　　손가락으로 달을 가리키지만 달은 손가락에 있지 않듯이,
　　말로 법을 설하지만 법은 말에 있지 않네.
　　삼승의 제부(諸部)는 근기에 따라 차별이 있으나,
　　경절문에 곧바로 들어가려면 오직 한 문만 있네.

　　석가모니가 꽃을 보이자 가섭이 웃었고,
　　달마대사가 면벽함에 혜가가 팔을 끊었네.
　　마음에서 마음으로 전하여 둘이 없고,
　　법이 법을 주어 하나를 이루네.

　　진풍이 끊어지지 않으니 어느 시대인들 인재가 없으랴.
　　스님의 몸은 둥우리에서 나온 닭이요,
　　스님의 마음은 티끌 없는 거울이네.

　　가산(하가산)에서 길을 열어
　　광사(송광사)에서 자취를 감추었네.

　　정수(定水)는 고요하여 파도가 없고,
　　지혜의 횃불이 빛나서 밤이 없네.
　　뜰 앞의 잣나무는 조사의 뜻에 답하였고,
　　못의 연꽃은 진종(眞宗)을 펼치네.

　　사부대중이 둘러 섞여 북적이지만

일음(一音)이 드러남에 느긋하네.
죽고 사는 것은 환몽(幻夢)과 같은데
어찌 참됨과 허망이 길이 다를까.

아! 스님의 떨친 주장자 만상이 모두 녹아나니,
바람이 버들개지에 불고 비가 배꽃을 때리네.』

대금 대안 3년(1211) 신미년 12월 일 전전(殿前) 보창(寶昌) 간(刊)하고
대금 숭경 2년(1213) 계유년 4월 내시 창락궁록사 신 김진(金振)이 받들어
비석을 세웠다.

진각국사 혜심(慧諶)

심법이 생긴 이래 콧구멍이 하늘을 찌를 정도로 기개 높은 남자들이 마음의 근원을 탐구해 왔다. 그중 누군들 서리 내린 밤에 뜬 달과 정결함을 다투지 않겠는가. 하지만 종문에 명성이 오르내리는 문제에 있어서는 마음을 놓아 버리지 못하는 자들이 있다. 이에 염증을 느껴 바위 골짜기에 깊이 숨어 조용히 마음을 닦으면서 절대로 명예에 매이지 않으려 하였으나 명성이 저절로 쫓아와서 핍박한 사람이 있었으니, 그가 누구인가? 우리 국사가 바로 그 사람이다.

스물 안짝에 공부를 마치고 글 쓰는 일에 종사하다가 얼마 안되어 인재로 발탁되었으니, 정통하지 않은 학문이 없었고 맛보지 않은 도가 없었다. 아마도 조금만 참았더라면 대과에 급제하여 창창한 앞날을 오래도록 누리며 사대부로 명성을 떨칠 기회를 잃지 않았을 것이나, 반대로 이름 쫓아가는 일을 과감히 버렸다. 그러고도 오히려 일찍 출가하지 못한 것을 한스러워 하였으니, 세간을 벗어나려는 그의 초연한 마음을 여기서도 알 수 있다. 옛 분들 중에서 찾아본다면 아마도 법융(法融)선사나 천연(天然)선사에 비할 수 있을 것이다.

스님의 휘는 혜심(慧諶)이고 자는 영을(永乙)이며 자호는 무의자(無衣子)이다. 속성은 최씨 속명은 식(寔)이며, 나주 화순현 사람이다. 아버지의 이름은 완(琬)이며 향공(鄕工)으로 진사가 된 사람이다. 어머니 배씨가 천문(대궐문)이 활짝 열리는 꿈과 벼락 맞는 꿈을 세번 꾸고서 임신하여 열두 달 만에 국사를 낳았는데, 여러 겹으로 얽힌 포막에 싸여 있는 모습이 마치 가사를 입은 듯하였다. 낳자마자 양쪽 눈이 다 감겨 있었는데 이레 만에 눈을 떴다. 젖을 먹은 뒤에는 매번 몸을 뒤채서 어머니를 등지고 누웠으므로 부모가 이상하다고 생각하였다.

아버지가 일찍 돌아가시고 어머님께 출가하겠다고 빌었으나, 어머니가 허락하지 않고 유학을 공부하라고 권하였다. 그러나 스님은 오랫동안 항상 경을 읽고 주문을 외워 드디어 힘을 얻었다. 그 힘으로 음탕한 무당이나 요사스런 사당을 쳐부수기를 좋아하였다. 가끔 남의 병을 치료하는데 효험을 보이기도 하였다.

승안 6년 신유년(1201)에 사미시에 응시하여 합격했다. 그런데 태학에 들어갔으나 어머니가 아프다는 소식을 듣고 고향으로 돌아왔다. 친척 윗분인 배광한(裵光漢)의 집에서 어머니를 간호하는데 일념으로 관불삼매에 들었더니, 어머니가 여러 불보살이 사방에 두루 나타나는 꿈을 꾸고 깨어나서 병이 나았다. 배씨 부부도 같은 꿈을 꾸었으나 이듬해 어머니가 별세하셨다.

이 때 보조국사가 조계산에 있으면서 수선사를 열어 도화가 매우 융성하였다. 스님은 곧 나아가 보조국사를 찾아뵙고 재를 베풀어 어머니를 천도한 뒤 출가하겠다고 청하자 보조국사가 허락하였다. 그날 밤 외가 아저씨(배광한)는 스님의 돌아가신 어머니가 승천하는 꿈을 꾸었다. 스님이 보조국사를 처음 뵈었을 때, 보조국사는 그가 승려인 줄 알았으나 다시 보니 아니었다. 그보다 먼저 설두 중현(雪竇重顯)선사가 절에 들어오는 꿈을 꾸고서 이상하다고 여겼다. 그런데 다음날 스님이 찾아오자 더욱 신기하게 생각하였다.

스님이 예전 오산(鰲山)에 있을 때 어떤 반석에 앉아 밤낮으로 선정을 닦다가 매번 5경(3시에서 5시 사이)이 되면 게송을 크게 읊었는데, 그 소리가 10여 리까지 들렸다. 매일 시간을 어기지 않았으므로 사람들은 그 소리를 듣고 새벽이 온 줄을 짐작하였다. 또 지리산 금당암(金堂庵)에 살 때 당에 앉아 참선하면 눈이 이마까지 쌓였는데도 고목처럼 꼼짝하지 않아서 대중들이 죽었는가 하고 흔들어 보면 반응이 없었다. 뼈를 깎는 고행이 이 정도였으니, 도와 정밀하게 합치하여 생사를 벗어나 몸 껍데기를 버리지 않은 사람이라면 누가 이럴 수 있겠는가.

을축년(1205) 가을, 보조국사가 억보산에 있을 때였다. 스님이 몇 명의 선객과 함께 국사를 뵈러 가는 길에 산 밑에서 쉬고 있었다. 국사가 있는 암자와는 천 보 이상 떨어진 곳이었다. 국사가 암자에서 시자를 부르는 소리가 멀리 스님의 귀에 들리자, 스님은 이런 게송을 지었다.

> 시자야! 부르는 소리
> 송라(松蘿) 안개 속에 사라지니
> 차 달이는 향기
> 바람 타고 좁은 산길에 전해 오네.

국사를 뵙고 이 시를 올리자 국사가 고개를 끄덕이고는 들고 있던 부채를 주었다. 스님은 받고 나서 게송을 바쳤다.

> 예전에는 스승의 손에 있던 것이
> 이제는 제자의 손에 왔으니
> 무더위가 기승을 부리거든
> 청풍을 일으켜도 좋겠습니다.

국사가 이 게송을 듣고 스님의 그릇을 더욱 인정하게 되었다.

하루는 보조국사를 따라서 어디를 가는 중이었는데, 해진 짚신 한 짝이 있었다. 국사가 보고는 "짚신은 여기 있는데 사람은 어디에 있는가?" 하고 물었다. 스님이 "그 때 만나지 않았습니까?"라고 대답하자, 국사가 매우 기뻐하였다.

또 국하가 조주의 "개에게는 불성이 없다"는 화두를 거론하고, 이어서 대혜 종고의 열 가지 병통을 들어 질문을 하였다. 그런데 대중들이 아무 대답이 없자, 스님이 "세 가지 병을 가진 사람은 어디서 숨을 쉬고 있는가?" 하자, 스님이 손으로 창문을 한 번 쳤다. 국사는 껄껄 웃고는 방장실로 돌아갔다. 그리고는 몰래 스님을 불러 대화를 나누고 기뻐하면서, "나는 이제 너를 만났으니 죽어도 여한이 없다. 너는 불법을 떠맡아 본원(本願)을 잃지 말라"고 하였다.

태화 무진년(1208) 보조국사가 스님에게 수선사의 법석을 물려주고 규봉암에 들어가 편히 살려고 하였다. 그러나 스님은 굳이 사양하고 지리산으로 들어가 자취를 끊고 여러 해를 살았다.

대안 경오년(1210) 보조국사가 입적하시자 문도들이 임금께 보고하여 왕명으로 그 자리를 잇게 하니 할 수 없이 절에 들어와 당을 열었다. 그러자 사방에서 학인들과 승속의 높은 사람들과 은둔자들까지 구름처럼 모여들었다. 절이 비좁다는 소식을 강종(康宗)이 듣고 담당관에게 수선사를 증축하게 하고, 공사에 착수하여 여러 차례 중사(中使)를 보내 감독한 끝에 절을 크게 확장하였다. 또 신하를 보내 만수가사와 마납 한 벌씩, 그리고 차와 향과 보병을 내리면서 법요를 구하였다. 스님이 심법의 요체에 대해 글을 지어 올렸는데, 지금까지 세상에 유행하고 있다.

이 때부터 공경대부의 친척들과 사대 명산의 관리들이 스님의 소문을 듣고 도를 흠모하여 멀리서 예를 갖춰 스승으로 삼기도 하고, 직접 와서 뵙기도 하였는데 그 수를 셀 수 없을 정도였다. 누구에게도 지지 않는다고 자신만만하던 선객이나 강사들도 스님을 한 번 보기만 하면 놀라서 얼굴색을 바꾸며 스승으로 섬기기에 바빴다.

지금의 문하시중인 진양공 최우(崔瑀)도 스님의 명성을 듣고 뵙기를 기대해 마지않던 차에 여러 번 수도(개성)로 모시려 하였으나 스님은 끝내 가지 않았다. 그러나 천리 길을 사이에 두고도 그들의 만남은 서로 얼굴을 마주 대한 것 같았다. 최공은 두 아들을 보내 스님을 뵙고 모시도록 하였다. 그뿐만 아니라 절에서 필요한 물건들을 힘닿는 대로 마련해 주고, 심지어 차와 향과 약품과 음식과 이름난 과자 그리고 도구들과 법복까지도 항상 떨어지지 않도록 때맞춰 보내왔다.

지금 임금(高宗)이 즉위하여 스님에게 선사의 법계를 내리고, 또 대선사의 법계를 추가하였으니 승과를 거치지 않고 승직에 오른 사례가 스님으로부터 시작되었다. 참정 최홍윤(崔洪胤)이 재상이 되기 전 사마시를 관장한 적이 있었는데, 스님은 그의 문하 출신이다. 얼마 되지 않아서 공이 재상이 되고 스님이 조계산의 주지가 되자, 상국은 제자를 자처하면서 수선사에 자신의 이름을 올려 달라는 뜻을 편지로 전해 왔다. 대략 이런 내용이 있다.

"불광선사는 백학사(白學士)와 친하게 지내면서 직접 보살계를 주었으며, 숭익의 도사는 하비서(賀秘書)를 맞아 도교의 묘한 이치를 비밀리에 전했습니다."

스님은 이렇게 답장을 하였다.

옛날에는 내가 그대의 문하에 있었는데
지금은 그대가 나의 절에 들어왔네.
서로 번갈아 주인 되고 객이 되며
스승과 제자의 자리가 바뀌었네.

사람들이 이 이야기를 듣고는 아름다운 일이라고 전하였다.
정우 기묘년(1219)에 단속사 주지를 맡으라는 왕명을 받고 여러 차례 사양하였으나 허락하지 않아서 부득이 다음 해에 취임하였다. 그러나 본사인 수선사를 거처로 삼았다. 계사년(1233) 11월에 수선사에 있을 때 병세를 보였다. 진양공이 이 소식을 듣고 매우 놀랐다. 진양공이 임금께 보고하여 어의 아무개를 보내 진찰을 하게 했고, 이듬해 봄에 월등사로 옮겼다. 마곡스님이 방에 들어가자 스님은 "내가 오늘 매우 아프다"고 하였다. 마곡이 어째서 그러냐고 묻자 스님은 게송으로 답하였다.

모든 고통이 이르지 못하는 곳에
또 하나의 세계가 있으니
거기가 어디냐고 묻는다면
매우 고요한 열반문이라 하리라.

그리고 스님은 주먹을 들어 보이며, "이 주먹이야말로 해탈선이다. 그대들은 믿는가?"라고 하였다. 이번에는 손바닥을 펴면서, "주먹을 펴니 다섯 손가락이 들쑥날쑥 하구나" 하고 다시 주목을 쥐고, "주먹을 쥐니 한 덩이가 되어 쥐락

펴락 자재하고, 하나와 여럿이 걸림이 없구나. 그렇긴 하나 이것이 주먹의 본분설화는 아니다. 무엇이 본분설화인가?"하고 주먹으로 창문을 한 번 내리치고 껄껄 웃었다.

갑오년(1234) 6월 26일 문인들을 불러 놓고 뒷일을 부탁하였다. 그리고는 마곡에게 "노승이 오늘 몹시 바쁘다"고 하니 마곡이 무슨 뜻인지 모르겠다고 하였다. 스님이 다시, "노승이 오늘 몹시 바쁘다"고 하니 마곡이 어쩔 줄을 몰랐다. 스님은 미소를 지으며 가부좌한 채로 입적하셨다.

다음날 월등사 북봉에서 다비를 하고 영골을 거두어 본산으로 돌아왔다. 임금이 이 소식을 듣고 매우 애도하며, "진각국사"라는 시호를 내렸다. 을미년(1235) 중염(中炎)에 광원사 북쪽에서 장사 지내고 부도를 세웠다. 임금이 "원소(圓炤)라는 탑 이름을 내려 주었다. 세수는 57세 법랍은 32년이었다.

스님이 병세를 보일 때부터 태어난 곳의 산석 돌이 무너져 내렸고, 마을에 가득 찬 새들이 10여일 동안 슬피 울었다. 아아, 참으로 신기한 일이다. 거북이가 계를 받고, 두꺼비가 법문을 들으며, 까마귀가 꽃을 물어 오고, 황소가 길에서 꿇어앉는 등 평생에 걸쳐 보여 온 신비한 일들은 모두 세상 사람들이 전하고 문도들도 기록하였다. 그러나 유학을 하는 자가 말할 것이 아니라서 여기에는 상세히 적지 않는다.

스님은 천성이 온화하고 진실하였으며, 유교에서 불교까지 안팎의 모든 경서를 통달하였다. 그러므로 불교를 설법할 때나 저술과 게송을 지을 때 언제나 넉넉해서 능수능란하였다. 그렇지 않다면 서울 땅 한 번 밟아 보지 못하고서 이 정도로 온 나라의 흠모를 받을 수 있었겠는가. 아아, 참으로 선문의 정안(正眼)이며 육신보살이라 하겠다. 스님의 법을 이은 몽여(夢如)선사 역시 법왕이다. 그는 일암거사 정군분(鄭君奮)에게 청하여 스님의 전기를 초안 잡게 하였고, 비석 세우는 일을 진양공에게 청하였다. 진양공은 "화상께서는 평생 남에게 많은 이익을 주었으니 비석을 세우지 않을 수 없다"하고 임금께 보고하였다. 왕이 변변찮은 신하인 나에게 지으라 명하시어 다음과 같이 비명을 짓게 되었다.

염화미소 이래로
마음을 전해 받은 자는 누구인가.
우리 삼한에서는
국사가 그것을 받았도다.

날 때부터 가사를 메고 나와
징조가 이미 범상치 않더니
과연 정법안장을 얻고는
세속을 초월한 눈을 가졌다네.

이 성품을 스스로 보아서
사람들에게 전했으니
법을 전한 일 없었다면
미혹중생 무엇을 의지하랴.

상당하여 화두를 들 때
누누이 그 말씀 해주시니
혀가 그대로 부처의 마음이며
마음이 그대로 부처의 혀라네.

말없이 있어도 자연스럽고
말을 해도 기쁨이 있었으니
몸은 깊은 바윗골에 숨었으나
명성은 어디로부터 퍼지는가.

학인들이 멀리서 그 명성 쫓아와
물 머금은 구름에서 비 내리듯 모여들어
이리 묻고 저리 물으니
맞이하고 가르치느라 틈이 없었네.

나를 놓아 버리지 못했을 적에는
한 치도 한가할 틈 없었고
각 학파(五敎)의 학인들이 몰려와서는
반야(般若)를 닦고 익히네.

산맥같이 많은 사람들 몸소 찾아와
결사에 들겠다 간청하였고
왕공대부들도 멀리서 예를 갖추어
스님께 깊은 가르침을 받았네.

승려로 지낸 32년 동안에
가장 중요한 법문을 베풀어
많은 사람들이
골고루 배를 불렸네.

법의 기둥이 쓰러졌다는 소식에
모든 이의 눈에서 눈물이 솟았고
임금께서도 매우 가슴 아파하시며
용안에 슬픈 기색을 보이셨도다.

임금께서 성대하게 시호를 내리시니
총애의 은전은 어긋남이 없으셨다.
변변찮은 이 신하에게 명하여
공덕비를 세우라 하셨네.

이 산이 변해 없어질지언정
이 비석은 변치 않으리.
이규보가 왕명을 받고 쓰다.

선문염송(禪門拈頌)
한 가지를 들면 천 가지가 부서진다.
1702명의 전등인들의 어록을 잡아
1462칙으로 줄거리를 거두어 놓으니
잎과 열매, 뿌리가 완연하게 나타난다.

〈활안〉

진명국사 혼원(混元)

와룡산 자운사 왕사 증시 진명국사 비는 김구(金坵)가 찬하였다.

스님의 휘는 혼원(混元)이고, 속성은 이씨로 수안현 출신이다. 아버지 사덕 (師德)은 경시서승(京市署丞)이었고, 어머니는 왕족의 후예 열보(閱甫)의 딸이 다. 어머니가 감로를 마시는 꿈을 꾸고 임신하였다.

태어나면서부터 영특하였고 불교를 알고 공경하였다. 겨우 13세에 구씨(舅 氏) 품일의 법손인 선사 종헌(宗軒)에게 출가하여 구족계를 받았다. 총기가 남 보다 훨씬 뛰어나서 안팎의 학문에 통달하였다. 드디어 굴산 총림의 수좌가 되 었으며, 승직을 뽑는 과거에서 상상과에 합격하였다.

산림에 뜻을 두어 명예의 길을 밟지 않으리라 다짐하고 지팡이를 짚고 여러 곳을 돌아다녔다. 처음에 쌍봉사의 변청우(辯靑牛)를 찾아뵙고 그 밑에서 몇년 을 정진한 끝에 심오한 뜻을 얻었다. 다음으로 조계산 무의자(진각국사 혜심) 문하에 가서 그릇을 크게 인정받았다. 또 청진(淸眞)국사를 스승으로 삼아, 그 가 가는 곳마다 모시고 다니면서 구구절절한 가르침을 받고 골수를 다 얻었다. 그렇게 해서 옛사람들의 공안을 훤히 뚫고 현묘한 관문을 자유로이 드나들었으 며 요설변재를 얻었다.

주국(柱國) 진양공(晉陽公)이 스님의 도행을 듣고 임금께 주청하여 삼중대사의 직위를 내렸다. 또한 성혜사의 주지를 맡기라고 주청을 드렸는데, 뜻밖에 대중에게 우환이 있어서 진양공에게 편지를 보내 굳이 사양하니 임금이 선사의 직위를 추가 하였다. 스님은 이미 주지가 되려는 마음이 없었고, 그저 인연 닿는 대로 설법을 했 으므로 세상에서는 이름을 부르지 않고 '법주(法主)'라고 불렀다.

을사년(1245)에 진양공이 선원사를 창건하여 낙성식을 크게 열고는 스님을 주맹으로 청하였다. 이듬해 병오년에 스님은 열심히 정진하는 납자 2백 명을 거느리고 서울로 갔다가 선원사로 들어가니, 임금이 지난번 상소에 답을 내려 대선사로 삼았다. 진양공이 소를 짓고 문객을 보내 개당을 청하자 스님은 법좌에 올라 청진국사의 법을 이었다. 며칠 뒤에 임금이 행차하여 먼저 스님께 금란가사를 올리고 예를 갖추어 청하는 소(疏)를 올렸다. 스님이 법을 설하였는데 왕은 그 설법이 마음에 들어 매우 기뻐하였다. 스님은 왕 밑에 있으면서도 마음을 항상 골짜기에 두어 산으로 돌아가겠다고 여러 번 청하였으나 왕이 허락하지 않았다.

임자년(1252) 8월이 되어 청진국사가 입적하려고 할 때 사찰 일을 스님에게 맡기셨다. 이에 왕이 조계산의 제4세 주지로 임명하고 중사를 시켜 조계산까지 모시라고 했다. 겨울 12월에 절에 들어가 목우자의 선풍을 다시 일으켰다. 병진년(1256) 가을에 선원사 법주인 단공(旦公)에게 사찰 일을 대신하라 부탁하고 운수행각을 떠날 수 있게 되었다. 그러나 조정과 가신들은 복리를 바라면서 존경의 예를 줄이지 않았다.

무오년에 왕이 스님의 도덕을 흠모하여 '불신례(不臣禮)'로 섬기려 하였다. 봉숭도감(封崇都監)을 세우라 하고 스님을 단속사 주지로 명하였다. 중사로 예부낭중(禮部郎中) 최탁(崔鐸)을 보내 맞이하게 하였으나 스님은 명을 받으려 하지 않았다. 중사가 임금의 간절한 마음을 전하자, 스님은 하는 수 없이 임금의 뜻을 저버리지 못하고 자운사(단속사)로 들어갔다. 그 때 마침 가뭄이 든 지가 오래였는데, 그날 저녁에 소나기가 쏟아지니 그 곳 사람들이나 외부 사람들이나 모두 경탄을 금치 못하였다. 이렇게 해서 구의지례(摳衣之禮)를 청하고 기미년(1259) 5월 11일에 왕사에 책봉되었다. 왕이 친히 스승으로 모시는 예를 행하려 하였으나 뜻하지 않게 앓아누웠다가 승하하셨다.

원종이 즉위하자 선왕의 뜻을 받들어 더욱 극진한 예로 대우하고 자운사를 하산소로 삼게 하였다. 스님은 물러나서 쉬겠다고 재차 삼차 간절히 청하였다. 그러자 왕이 "짐은 스님을 붙잡아 두고 친히 법을 듣는 은혜를 입고 싶지만,

스님의 뜻이 너무 확고하여 더는 말리지 못하겠습니다. 멀리 있어도 뜻을 변치 마시고 나라의 영복을 빌어주십시오"라고 하였다. 그리고 대궐로 초대하여 스승으로 모시는 예를 행하고 손수 음식을 올리면서 여유롭게 대화를 나누었다. 날이 저물어 스님이 작별을 고하니 왕이 중사(中使)에게 호위하라고 명하였다.

경신년(1260) 10월에 하산하여 절에 들어와 상당법문을 하였다. 공이 "문에 들어오니 전각은 하늘을 찌르고, 눈을 들어보니 조계산이 그림 같도다. 사람들과 지친 새는 돌아갈 곳을 안다 하고, 하늘이 보낸 늙은 용은 어리석게 주워 있구나. 그대들이여, 용은 이미 누웠는데 자운(자신을 가리킴)은 어디에 있는가?"라고 하였다. 잠시 묵묵히 있다가(良久) "물이 다한 곳까지 와서 앉으니 구름이 일어날 때라(行到水窮處 坐看雲起時)"고 하였다. 사방에서 학인들이 구름처럼 모여들어 이 때부터 12년 동안 설법으로 중생을 제도하고 낡고 무너진 건물들을 모두 수리하니, 사람들이 개산조인 경공대사(京空大師)의 후신이라 하였다.

왕의 외삼촌(王舅)인 대선사 경지(鏡智)는 어려서 양산 원진국사께 머리를 깎은 사람이었는데, 스님을 존경하여 문인의 예로 모셨고, 왕명을 받아 굴산으로 승적을 옮겨 품일의 법손이 되었다. 그는 단속사에 주석하면서도 항상 스님의 법석에 와서 예를 올릴 만큼 스님께 존경을 바쳤다.

지원 8년(1271) 신미년 12월 초하루, 방장에서 게송을 하나 지었다.

오늘이 12월 초하루인데
보아라, 30일이 다가오는구나.
바른 생각을 잃지 말아라.

그리고 이레만에 가벼운 병세를 보이더니 10일 새벽에 시자가 안부를 묻자, 평소와 같이 "새는 공중으로부터 날아오르고, 사람은 마음속으로 들어가 머문다"는 불안(佛眼)스님의 화두를 들어 답하였다. 임금께 드리는 편지를 써서 인신(印信)을 봉하여 시자에게 맡겼다. 신시가 되자 옷을 갈아입고 가사를 걸치고 선상에 걸터앉아 손을 모아 가슴에 대고 단정히 입적하셨는데, 얼굴색은 분을 바른 듯했고 자세는 살아있는 듯하였다. 16일에 절 뒷동산에서 다비를 하였다.

문인이 유서와 인신을 임금께 바치면서 소식을 전하니, 임금께서 매우 애도하면서 국사로 봉하고 '진명(眞明)'이라는 시호와 '보광(寶光)'이라는 탑명을 내려주었다. 그리고 진주목 부사 호부시랑 설앙(薛昻)에게 뒷일을 주관하라 명하였다. 임신년(1272) 2월 17일에 절의 서쪽 언덕에 부도를 세웠으니 향년 81세 법랍 68년이었다.

스님은 자비심으로 중생을 제도하였고 겸손으로 사람을 대하였다. 행동에는 꾸밈이 없고 말에는 숨김이 없었다. 이야기와 연극에 취미가 있어서 지칠 줄 모르고 사람들을 즐겁게 해주었으며, 사랑하고 존중하였다. 평생토록 앉은 자리가 따뜻해질 새도 없이 움직였는데, 승직을 맡았을 때만 자리를 지키고 앉아 있었다. 게송이나 글을 짓는 일에서도 아주 참신하고 완벽하여 모두가 후학을 깨우쳐 줄만한 밝음이 있었다. 스님의 행적은 대략 이와 같다.

나는 스님께 법유(法乳)를 먹여 길러주신 은혜를 입고 어찌 갚을 길이 없었는데, 왕께서 비석에 새길 글을 지으라고 명하셨다. 글 솜씨가 없어 감히 지을 수 없다고 사양하다가 이제 붓을 적셔 명을 쓴다.

백억 국토 바깥에 범궁(梵宮)이 하나 있어
아름답게 칠하지(精彩) 않아도 팔면(八面)이 영롱하다네.
조사님들이 여기 머무사 온 누리에 맑은 바람이요
인도에서 중국을 거쳐 해동까지 이르렀네.

품일(品日)이 법을 설해 보배 창고의 열쇠를 여시고
소(炤)·감(鑑)·각(覺)이 이어서 크게 천명하셨네.
꼭두서니 붉은 색과 쪽빛의 푸른 색 우리 스님께서 크게 나타내시니
감로의 상서러운 징조가 쇠북은 저절로 성인의 선(善)이며
법의 그릇이 탄생하자 자비와 지혜 항상 갖추시니
천성(千聖)이 북면하고 일시에 우단편견(右袒偏見) 하였네.

겸손으로 중생을 제도하며 앉은 자리 덥힐 새도 없더니
행적을 감추었으나 명성이 더욱 퍼졌네.
조정과 재야 다같이 천거하여 왕의 스승 되시니
만승의 왕이 스님께 굽히고 구의지례(摳衣之禮) 갖추어 자비를 구하였네.

활은 정수(鼎水)에 떨어지고 해는 함지에서 떠오르는데
두 임금(高宗과 元宗) 시절에 모범이 되어 복과 이익 널리 펼치셨네.
묘용을 자재하게 활용하사 인간·천상의 으뜸이 되시니
법의 비를 충분히 내려서 용을 눕혀 와룡이 되니
인연을 가꾸고 인재를 만들어 학인들이 구름처럼 모여들었네.

여든 한 살에 이르러 그림자를 숨기고 종적을 감추시니
길 떠나 보내며 큰 소리로 노래 부른다. 그 곡조는 어떠한가.
흰구름 떠 있고 창공은 광활한데 새 한 마리 저기로 날아가네.
불 속에 목욕시켜 드리는데 흰 탑이 우뚝우뚝 솟았구나.
만고에 신령스런 빛줄기 산하대지를 밝게 비춘다.

※ 청진국사(?~1252)는 조계산 제3세 몽여(夢如)스님이다.

보각국사 일연(一然)

무릇 맑은 거울과 탁한 쇠붙이가 원래 두 물건이 아니고, 출렁이는 물과 잔잔한 물이 같은 근원에서 나온다. 근본은 같으나 지말이 다른 것은 갈았느냐(磨) 아니냐, 움직이느냐 아니냐에 달렸을 뿐이다. 부처와 중생도 성품이 그러하여 미혹하냐 깨달았느냐의 차이일 뿐이다. 누군가 이렇게 말하였다.

"어리석은 이와 지혜로운 이는 종자가 따로 있어서 지극히 어리석은 자가 부처 되기를 바라는 것은 그 형세가 하늘과 땅 차이지만, 일단 심기일전하고 나면 그대로 본각에 일치한다."

가섭이 미소를 짓고 달마가 서쪽에서 온 뒤로 법의 등불이 계속 이어져 오늘날에 이르게 된 것이다. 그렇다. 마음을 전하고 골수를 얻어 해 지는 곳에서 지혜의 해를 돌리고, 해 뜨는 곳에서 신령한 빛을 비춘 이는 우리 국존이다.

국존의 휘는 견명(見明)이고 자는 회연(晦然)인데 뒤에 일연(一然)으로 이름을 바꾸었다. 속성은 김씨로 경주 장산군 사람이다. 아버지의 휘는 언필(彦弼)인데 벼슬길에 나가지 않았으나 스님 때문에 좌복야(左僕射)로 추증되었다. 어머니 이씨는 낙랑군부인(樂浪郡夫人)에 봉해졌다.

처음 어머니가 해가 집에 들어와 햇빛이 배에 내리쪼이는 꿈을 사흘 밤 계속 꾸고서 임신하고, 태화 병인년(1206) 6월 신유일에 스님을 낳았다. 태어나면서부터 걸출하고 고상했으며 몸가짐이 단정하고 엄숙하였다. 몸집은 넉넉하고 입이 반듯하게 생겼으며, 소 같은 걸음걸이에 호랑이 눈초리를 가졌다. 어려서부터 티끌 같은 세속에서 벗어날 뜻을 가졌다가 겨우 아홉 살에 해양 무량사로 가서 몸을 의탁하여 처음으로 공부를 시작했는데 총기가 무리 중에 뛰어났다. 한 번은 오똑하게 앉아 있느라 저녁을 다 보내니 사람들이 기이하게 보았다.

흥정 기묘년(1219)에 진전장로(陳田長老) 대웅(大雄)에게 머리 깎고 구족계를 받았다. 그리고 여러 선방을 돌아다니니 명성이 자자하였다. 당시 무리들이 추천하여 구산(九山) 사선(四選)의 수좌가 되었다. 정해년(1277) 겨울에 승과에 응시하여 상상과에 합격하였다. 그 후 포산 보당암에 머물렀는데 항시 선관을 닦는 마음뿐이었다. 병신년(1236) 가을에 전란이 있자 스님은 피난을 떠나려 하면서 문수보살 오주(五呪) 진언을 외워 감응을 기다렸는데, 벽 사이에서 홀연히 문수가 몸을 나타내 "무주에 머물라"고 하였다.

이듬해 여름, 이 산의 묘문암(妙門庵)에 살게 되었는데 그 암자 북쪽에 '무주'라는 이름을 가진 절이 있었다. 스님은 전에 문수가 했던 예언을 깨닫고 이 암자에 머물렀다. 그 때 항상 "중생의 세계가 줄어드는 것도 아니요, 부처와 세계가 늘어나는 것도 아니다"는 화두를 참구하고 있었는데, 하루는 활짝 깨닫고 누군가에게 "내가 오늘에야 삼계가 허깨비 같고 꿈 같은 줄을 알아서 산하대지를 보는데 털끝만큼의 막힘도 없다"고 하였다.

이 해에 '사문대사'에 제수되고, 병진년(1256)에 '선사'를 추가로 받았다. 기유년(1249)에 정상국 안(晏)이 남해에 있는 자기 집을 희사해서 '정림사'라는 절로 세우고 스님을 주지로 초청하였다. 기미년(1259)에 '대선사'를 추가로 받았다. 중통(中統) 신유년(1261)에 왕의 부름을 받고 서울로 올라가 선월사에서 개당하여 목우화상의 법을 간접적으로 이었다. 지원 원년(1264) 가을에 남쪽으로 돌아가겠다고 여러 차례 청해 오어사에서 살게 되었는데, 얼마 지나지 않아 인홍사(仁弘寺) 주지 만회(萬恢)가 스님에게 주지 자리를 내주어 거기에 머무니 학인들이 구름처럼 모여들었다.

무진년(1268) 여름, 선종과 교종에서 명망 높은 고승 백 명을 모아 운해사에서 대장경 낙성회를 열라는 왕명이 있었는데, 스님에게 주맹(主盟)을 맡으라고 청하였다. 그 곳에서 낮에는 경을 읽고 밤에는 종취를 논하며 지냈다. 여러 사람들이 의심을 갖는 부분에 대해서 스님이 낱낱이 물 흐르듯이 분석해 주었는데, 정밀한 이치가 입신(入神)의 경지라 모두들 존경하고 수긍하였다.

스님이 인홍사에 11년 동안 머무셨는데 절이 창건된 지가 너무 오래되어 건물들이 모두 낡아 무너질 지경이고 게다가 비좁기까지 하여 수리하거나 다시 지어 절을 넓혔다. 그리고 조정에 아뢰어 인흥사(仁興寺)로 개명하였는데, 왕이 현판을 써서 내려주었다. 또 포산 동쪽 기슭에 용천사(涌泉寺)를 중수하여 불일사(佛日寺)라고 하였다.

왕이 즉위한 지 4년이 되는 정축년(1277)에 운문사(雲門寺)에 주석하라는 왕명을 받고, 이 곳에서 현묘한 종풍을 크게 펼쳤다. 왕은 날이 갈수록 스님 생각이 간절해서 시를 지어 보냈다.

은밀한 전수에 굳이 구의지례(摳衣之禮)가 필요하겠습니까.
금지(今地)에서 만남 역시 기이합니다.
연공(璉公)도 임금의 청을 받아 대궐로 들어갔거늘
스님께선 어찌하여 늘 흰 구름만 연모하시오?

신사년(1281) 여름에 동쪽을 정벌하는 일로 왕이 동도로 납시게 되었는데, 스님을 행재소까지 불렀다. 스님이 거기에 이르자 왕은 길에서 자리에 오르시라 청하며 더욱 존경심을 보였다. 하루는 스님에게서 불일결사문의 제를 가져다가 수결을 하여 절에 들여보냈다. 이듬해 가을, 근시 윤금군(尹金頵)을 보내 선물을 바치면서 대궐로 맞아들여 대전에 오르라 청하였다. 왕은 얼굴 가득 기쁜 빛이 넘쳤으며 담당관에게 명하여 광명사에 거처를 정해 드리라고 하였다. 절에 들어간 날 한밤중에 방장실 바깥에 누군가 서 있다가 "잘 오셨습니다"를 세번 했는데, 둘러보면 아무도 없었다. 그해 겨울 12월에 왕이 직접 와서 불법의 요지를 물었다.

이듬해 봄에 왕이 신하들에게 "우리 선왕께서는 덕이 큰 스님들을 모두 왕사로 삼았으며, 덕스럽고 더 크신 분들은 국사로 삼았다. 나(否德)만 홀로 왕사도 국사도 없다면 옳은 일이겠는가? 지금 운문화상은 도와 덕이 높아서 모든 사람들에게 존경받는 분이다. 어찌 나 혼자만 자비의 혜택을 입을 수 있겠는가. 당연히 온 나라가 함께 해야 할 것이다"라고 하였다. 이에 우승지 염승익을 보내 왕명을 받들어 온 나라가 스승으로 섬기는 예를 행하겠다고 청하였다.

스님이 굳게 사양하자, 왕이 다시 사자를 보내 세 번까지 완강히 청하고 상장군 나유(羅裕) 등에게 명하여 국존으로 책봉하고 '원경충조(圓徑沖照)'라 하였다. 책봉이 끝나고 4월 신묘일에 대궐 안으로 모셔서 신하들을 거느리고 직접 구의지례를 행하였다. '국사'라는 명칭을 '국존'으로 바꾼 것은 대조(원나라)에서 쓰는 국사라는 이름을 피하기 위해서였다.

스님은 원래 궁궐이 있는 서울을 좋아하지 않았던 데다가 늙으신 어머니 때문에 살던 산으로 돌아가겠다고 하였다. 사임하려는 뜻이 더욱 간절해지자 왕이 자기 뜻을 꺾고 허락하였다. 그리고 근시 좌랑 황수명(黃守命)에게 호위해 모시라고 명하였다. 하산을 해서 모친께 인사를 드리니 조정과 재야에서 모두들 드문 일이라고 탄복하였다. 다음해 모친이 나이 96세로 돌아가셨다.

이 해에 조정에서 인각사를 하안소로 정하고 근시 김용검(金用儉)에게 절을 수리하라 하고는 토지와 밭 백여 묘를 내려 상주물을 충당하게 하였다. 스님이 인각사에 들어가 구산문법회를 다시 열자, 가까운 과거부터 지금까지 총림이 이보다 융성한 적이 없었다.

해를 넘겨 기축년(1289) 6월에 스님이 병이 들었다. 7월 7일이 되자 편지를 써서 대궐에 올리고 사자에게 편지를 써서 상국 염공에게 부치라 하여 먼 길 떠날 것을 알렸다. 그리고는 선을 닦는 여러 노스님들과 해가 저물도록 문답을 주고받았다. 이날 밤 커다란 혜성이 주위를 둘러싸더니 방장실 쪽에 떨어졌다. 다음날 을유일 새벽에 일어나서 목욕을 하고 앉아 대중에게 말하였다.

"내가 오늘 떠날텐데 중일(重日)이 아니지?"

이에 아니라고 답하자,

"그렇다면 가도 되겠구나."

라고 하고서 한 스님에게 북을 치라고 하였다. 스님은 법당 앞에 와서 선상에 걸터앉아 인보(印譜)를 봉하고 선별감을 맡은 김성(金成)에게 다시 한 번 견고하게 봉하라 하고는

"마침 저승사자가 노승의 마지막 일을 보러 왔구나"고 하였다.

한 스님이 나서서 물었다.

"세존이 학림에서 열반에 드신 일과 스님께서 인각산에서 진여로 돌아가는

일과는 거리가 얼마나 됩니까?"

스님이 주장자를 들어 한 번 내리치고는 물었다.

"이것이 거리가 얼마나 되느냐?"

"그렇다면 옛날과 지금 떨어지는 일없이 분명 눈앞에 있겠습니까?"

스님이 한 번 더 내리치고

"분명 눈 앞에 있도다."

하니 그 스님이 말했다.

"뿔 셋 달린 기린은 바다 속으로 들어가고, 허공에 남은 조각달은 파도 속에서 나옵니다."

"언젠가 다시 온다면 그대와 한바탕 놀아 보리라."

이번에는 다른 스님이 물었다.

"스님 돌아가신 뒤에 무엇을 해드릴까요?"

"이것 뿐이다."

"군왕께 탑을 하나 만들어 달라고 해도 괜찮지 않을까요?"

"어디 갔다 오느냐?"

"그래도 물어봐야지요."

"이 일만 알면 그만이다."

또 다른 스님이 물었다.

"스님께선 세상에 계실 때나 세상에 계시지 않을 때나 같고, 몸을 보이실 때나 몸이 없을 때나 같은데, 세상에 좀 더 계시면서 큰 법륜을 굴리셔도 무방하지 않겠습니까?"

"가는 곳마다 불사니라."

이것으로 문답이 끝나고 스님이 여러 스님들에게 말하였다.

"매일같이 공부하는 경지를 보고하여라. 가렵고 아픈 것과 가렵고 아프지 않은 것이 모호하여 구분이 되지 않는다."

그리고 주장자를 한 번 내리치면서 "이것이 아픈 것이다" 하고, 다시 한 번 내리치며 "이것이 아프지 않은 것이다" 하고, 또 다시 한 번 내리치고 "이것은 아픈 것이냐, 아프지 않은 것이냐? 한 번 가려내 보아라" 하고 자리에서 내려와 방장으로 들어갔다. 그리고 작은 선상에 앉아 태연하게 웃고 말하고 하다가 잠깐 사이에 손으로 금강인을 맺더니 이윽고 입적하셨다.

이 때 오색 광채가 방장실 뒤쪽으로 일어났는데, 깃발 모양의 불꽃이 타오르듯 하였다. 위로는 흰 구름이 덮개처럼 덮여 있었는데, 그 광채는 하늘 쪽으로 사라졌다. 때는 가을 더위가 한창이었는데, 스님은 안색이 맑고 사지도 깨끗하고 자세가 살아 있는 듯했다. 멀고 가까운 곳에서 구경하는 사람들이 담장을 두른 듯 늘어섰다. 정해년(1287)에 다비를 하고 영골을 수습하여 선방 안에 두었다.

문도들이 스님이 남긴 편지와 인보를 가지고 왕께 아뢰니, 왕이 매우 애도하면서 판관후서사를 보내 엄숙하게 장례식을 돕게 하고 안렴사에게 장례를 살피라고 명하였다. 그리고 '보각(普覺)'이라는 시호와 '정조(靜照)'라는 탑 이름을 내려 주었다. 10월 신유일에 절 동쪽 언덕에 탑을 세우니 향년 84세 법랍 71년이었다.

스님은 허튼 말을 하지 않고 꾸밈을 싫어하는 성격이어서 진심으로 사람들을 대하였다. 대중과 섞여 있어도 마치 혼자 있는 듯 했으며, 높은 자리에 계셨지만 낮은 사람처럼 행동하였다. 그의 공부는 스승의 가르침에 의존하지 않고도 저절로 훤히 깨우친 것이다. 이미 도의 깊숙한 곳까지 들어가서 막힘없는 언변으로 그것들을 쏟아 놓았다. 옛 사람들의 기연이나 법어들이 얽히고 설킨 뿌리와 마디처럼 복잡하거나 소용돌이와 험한 파도처럼 파악하기 어렵더라도 살을 긁고 뼈를 발라내듯 거울 속을 들여다보듯 명확하게 해석하여 소통하게 함이 마치 포정(庖丁)이 칼을 놀리는 듯 여유로웠다.

그 뿐만 아니라 선의 기쁨을 즐기는 여가에 다시 장경을 열람하여 여러 학자들의 주석을 철저히 연구하였고, 곁다리로 유학의 서적까지 섭렵하고 제자백가를 관통하였다. 가는 곳마다 사람들에게 도움을 주고 자재한 묘용을 펼쳐 50년간 승려들 사이에서 우두머리로 통하였고, 머무는 곳마다 다들 다투어 존경을 바치며 그 밑에서 공부하지 않는 것을 수치로 여겼다. 뛰어나다고 자부하던 자들마저 일단 그의 자취만 듣고도 흠모하는 마음 때문에 정신을 못 차릴 정도였다.

어머니를 봉양하여 효성을 다하였는데, 목주(睦州)는 진존숙의 풍모를 존경하여 자신의 호를 '목암(睦庵)'이라 지었다. 70이 넘어서도 총기가 조금도 줄어들지 않았고 남을 가르치는 일에도 지칠 줄을 몰랐으니, 지극한 덕과 진정한 자비가 없다면 뉘라서 이렇게까지 할 수 있겠는가!

처음 용검(龍劍)이 (인각사를 중수하라는 왕명을 받고) 왔을 때, 마산의 역리의 꿈에 "내일 천사가 담무갈보살이 머무는 곳을 보구하기 위해 여기를 지나갈 것이다"라고 하였다. 다음날 과연 (용검이) 지나갔으니, 스스로 수행하고 다른 이를 이롭게 하신 스님의 행으로 보건대 그 꿈이 어찌 헛된 것이겠는가. 그 밖에도 신기한 행적과 꿈 이야기가 허다하지만 괴담처럼 여겨질까봐 생략한다.

스님의 저술로는 어록 2권, 조도 2권, 대장수지록 3권, 제승법수 7권, 조정사원 30권, 선문염송사원 30권 등 백여 권이 세상에 유포되었다.

문도 운문사 주지 대선사 법진(法珍)이 쓴 스님의 행장이 임금의 귀에 들어가 편찬을 명하였다. 나는 학식이 천박하여 그분의 지극한 덕을 빛내기에 부족하므로 몇 년을 질질 끌다가 계속되는 부탁에 왕명을 거역하기도 어렵고 해서 겨우겨우 서(序)를 쓰고 다음과 같이 명을 짓는다.

뛰어난 깃발은 서쪽까지 펄럭이고 말 솜씨는 대천세계를 덮을 만하였네.
이 법의 도장(法印)은 은밀히 단독으로 전해지는 것,
인도의 많은 조사와 중국의 다섯 조사가 있었으니
세월은 달라도 사람은 같아 빛에서 빛으로 이어졌네.

조계(曹溪)라는 한 물줄기 해뜨는 동쪽을 적시고
지혜의 해를 낳아서 우리 스님 대에서 극히 번성하였네.

성인 가신 지는 멀어지고 세상에 도는 없어져

군생(群生)들이 편안히 우러러볼 도인 하나 없었더니
스님이 나오신 건 본래 남을 위해서라네.

내외 경전을 연구하사 천차만별로 근기에 응하시고
백가의 주석을 훤히 꿰뚫어 오묘한 뜻 찾아내시며
거울에 물건을 비춰 보듯 모든 의심 분명히 녹여주셨네.

선(禪)의 숲에는 호랑이 포효하고 교(敎)의 바다에는 용의 울음소리
회오리바람에 구름 일듯 학인들이 모여들었네.
함정에 빠진 이, 물에 빠진 이를 건지사 깊은 그 공이 시대를 덮어서
오십년 동안이나 사람들의 추대를 받았네.

왕께서 온 백성의 스승으로 삼겠다고 자꾸 부탁하시어
국존으로 책봉되시니 더이상 높은 것 없어라.
보배 창고가 길거리에 있고 자비의 나룻배가 건너가니
거지 아들이 비로소 집에 돌아오고 나루터 못 찾아 헤매던 이들이 달려오네.

혜성이 홀연히 떨어지고 법의 기둥이 이미 꺾였으니
가고 오는 것이 자기에게 달렸으나 어찌 그리 빨리도 가시는가.
참된 공(眞空)은 공하지 않고 묘한 있음(妙有)은 있는 것 아니라
자취를 끊고 이름을 떠난 뒤에라야 그것이 오래갈 수 있는 것이라.

임금이 명하신 기일이 촉박하여 나는 사양할 길이 없어서
거북 털로 만든 붓을 잡고 글자 없는 비석을 마주 대한다.
겁화(劫火)가 활활 타서 산하대지가 다 없어져도
이 비석만은 홀로 남고 이 글만은 닳지 않으리라.

원정 원년(1295) 을미 8월 일, 문인 사문 죽허(竹虛)가 왕명을 받들어 진(晉)나라 우군 왕희지의 책에서 집자를 하고, 문인 내원당 겸 주지 통오 진정 대선사 법진(法珍)이 비석을 세웠다.

보감국사 혼구(混丘)

근세에 불조의 도를 밝혀 후학을 깨우쳐 준 큰 비구가 있었으니, 바로 보각 국존(普覺國尊)이다. 그의 문도는 수백, 수천 명이나 되었는데 그 중에서 깊이 있게 파고들어 이치를 터득하고 스승과 같은 깨달음에서 만난 이를 꼽는다면 보감국사(寶鑑國師)가 그런 분이다.

국사의 휘는 혼구(混丘)이고 자는 구을(丘乙)이다. 어릴 때 이름은 청분(淸 玢)이며 속성은 김씨다. 그의 아버지는 첨의평리(僉議平理)를 추증되고, 휘는 홍부(弘富)이며 청풍군 사람이다. 황려 민씨(閔氏)에게 장가들었는데, 복령사 (福靈寺) 관음상에 기도를 드린 끝에 충헌왕(忠憲王) 27년(1239) 을해년 7월 27일에 스님을 낳았다.

스님은 어려서 친구들과 놀 때는 기와조각이나 돌을 쌓아서 탑묘를 만들었고 쉴 때는 면벽(面壁)을 하였다. 무언가를 골똘히 생각하는 듯했고, 그 모습이 단정하고도 엄숙했으며, 성품이 자상하여 친척들이 그를 '어린 미타(小彌陀)'라 불렀다. 10세에 무위사(無爲寺)에서 천경(天鏡)선사에게 머리를 깎았다. 구산 (九山) 사선(四選)의 수좌가 되었으며, 승과에 수석으로 합격하였으나 버리고 떠났다.

보각국존에게 배울 때는 깊은 이치를 보지 못하면 자책하면서 그만두는 법이 없었다. 처음에 보각국존의 꿈에 한 승려가 와서 자신이 오조 법연(五祖法演) 이라고 했는데, 다음날 아침 스님이 찾아오니 내심 이상한 일이라고 생각하였 다. 그런데 스님의 민첩성과 근면성을 보고 나서 보각국존은 대중들에게 "내 꿈이 맞았다"고 하였다. 보각국존의 법을 이어 개당을 할 때는 대중을 이끄는 데 법도가 엄격하면서도 온화하고 여유와 품위가 넘쳤다.

충렬왕이 승가리 법복을 하사하면서 여러 차례 비답을 내렸으며 품계가 대선사에 이르렀다. 덕릉(충선왕)이 즉위(1308)해서는 특별히 양가도승통(兩街都僧統)에 제수하고 '대사자왕법보장해국일(大師子王法寶藏海國一)'이라는 호를 붙여 주었다. 황경 계축년(1313)에 덕릉이 왕위를 물려주고 영안궁에 거처하였다. 그 때 여러 차례 중사를 보내 스님을 가마로 맞아들여 여유롭게 법담을 나누었는데 간혹 날이 저물기도 하였다. 그리고 국왕에게 조종의 전례를 따를 것을 간언하여 스님을 '오불심종해행원만감지왕사(悟佛心宗解行圓滿鑑智王師)'로 책봉하고, 두 왕(충선왕과 충숙왕)이 함께 구의지례(摳衣之禮)를 갖추어 법을 청하니, 이는 일찍이 없었던 일이었다.

몇 해가 지나 스님이 물러나겠다고 간절히 청하자, 왕이 허락하면서 영원사에 주석하라고 명하였다. 이 절은 본래 선원이었는데, 원정(1295~1307) 연간에 지자종(천태종)의 소유가 되었다가 스님이 가면서부터 원래대로 선원이 되었다. 지대 2년 겨울 10월에 스님이 병이 들어 송림사로 자리를 옮겼다. 스님은 유서를 써서 봉인하고 시자에게 맡겼다. 30일이 되어 손씻고 목욕하고 설법을 하고는 대중에게 대략 다음과 같이 이별을 고하였다.

가시밭에 발을 내딛고
창과 방패의 숲에 몸을 숨긴다.
오늘 갈 길은 과연 어디인가?
흰 구름 끊긴 곳, 여기가 청산인데
나그네는 다시금 청산 밖에 있구나.

그리고 방장으로 들어가 선상에 기대고 입적하였다.
스님은 침착하고 돈후하며 말수가 적은 분이었다. 들여다보지 않은 학문이 없어 풍부한 시문을 남겼다. 어록 2권, 가송잡저 2권, 신편수륙의문 2권, 중편염송사원 30권이 총림에 유행하고 있다. 중국 오의 몽산 덕이선사가 일찍이 무극설을 지어 배편으로 부쳤는데, 스님이 그 뜻을 묵묵히 이해하고는 스스로를 '무극노인(無極老人)'이라 불렀다. 스님의 세수는 73세 법랍은 63년이었다. 왕이 부고를 듣고 매우 애도하여 '보감국사(寶鑑國師)'라는 시호를 내리고 탑 이름을 '묘응(妙應)'이라 지어 주었다. 그리고 신하인 나에게 그의 덕행을 글로 써서 비에 새기라고 명하였다.

　나는 불교도들이 복과 지혜에 대해 말하기를 좋아한다고 들었는데, 이는 자기 수행을 해서 세상에 응하는 것을 말한다. 둘 중에 하나가 빠지면 둘 다 성립할 수 없으니 사람들에게 믿겨지겠는가. 스님은 일곱 차례나 품계를 더하였고, 여섯 번이나 호를 받았으며, 아홉번 이름난 절을 거치셨고, 두번이나 내원에 계셨다. 한 나라 불교계의 총수가 되고 두 왕에게 함장의 예(函丈之禮)를 받았는데, 아무도 이의를 제기하는 이가 없었고 모두들 당연한 일이라고 하였다. 그러니 소위 복과 지혜로 장엄되지 않은 자라면 누가 이럴 수 있었겠는가. 돌에 새겨서 후세에 전함에 나는 부끄러움이 없다. 명을 지어 말한다.

　멀리서 저 심종(心宗)이
　바다 건너 동쪽에 와서
　그 갈래 아홉이 되니
　도와 의리가 으뜸이라.

　후손에게 면면히 이어지고
　대대로 철인이 나와
　정법을 지키고 잘못을 바로잡았네.

　운문(雲門)의 한 사람
　넓은 학식와 깊은 수행
　높은 덕과 밝은 지혜로
　법 이을 자를 잘 살펴서
　마음속에 깊이 품었네.

　그 재질이 뛰어나
　이에 그는(충혜왕)
　조상을 이을 만하니

이미 종문의 맹주가 되어
제방에서 몰려들었네.

서(書)와 사(史)까지 섭렵하고
깊은 이치 철저히 연구하여
붓을 떨쳐 글을 쓰니
가을의 파도이고, 봄날의 구름 같아라.

아름다운 모습에 왕께서
총애하사 호를 지어 주시고
총애에 그친 것 아니라
북면(北面)의 예로 스님을 대했네.

불교도들이 기쁘게 의지했으나
스님은 자만하지 않고
구름 덮인 산 속에 석장을 걸어 두어
음복(飮福)이 세상에 미치게 하였네.

지혜의 빛이 홀연히 숨어 버리자
왕은 매우 슬퍼하시며
나에게 비명을 지어서
그 이름 억년토록 전하라 하셨네.

학식이 없으면 도리에 거슬리고
사유가 없으면 마음이 산란하니
치의(緇衣)를 걸친 자들이여,
힘쓰기를 내 바라노라.

자진국사 천영(天英)

스님의 휘는 천영(天英)이며 속성은 양씨(梁氏)이다. 아버지는 택춘(宅椿)이고 어머니는 김씨다. 스님은 고종 2년 을해년(1215) 6월 13일에 태어났다. 12년 기축년(1225)에 조계산 진각국사에게 출가하였다. 15세가 되는 20년 계사년(1236)에 선과에 응시해서 상상과에 합격하였으나, 얼마 있다가 명예를 털어 버리고 지팡이 하나 짚고 남쪽지방으로 돌아다녔다.

그 때는 청진국사(淸眞國師)가 조계산에서 교화를 크게 펼치고 있었는데, 그 곳을 찾아가서 참구하고 법을 물어 지혜가 더욱 밝아졌다. 또 진명국사에게서 법요를 묻고 배웠다. 이 때부터 나날이 명성이 높아져 멀리까지 소문이 났다.

33년 병오년(1246)에는 주국(柱國) 진양공(최우)이 선원사(禪源寺)를 창건하고 선법회를 크게 열었다. 그 소문이 왕에게까지 들려 왕이 중사 김거경(金巨卿)에게 명하여 진명국사를 모셔 와서 법주로 삼게 하였다. 그리고 나라의 고명한 스님 3천 명을 초대했는데 스님도 그 자리에 갔다. 조정 사대부들이 뒤질세라 스님을 따랐고, 진양공은 더욱 존경을 바쳤다. 진양공이 왕에게 아뢰어 삼중대사에 제수하게 하였다. 35년 무신년에는 선사 법계를 추가하고 이어 단속사 주지로 임명하였다.

36년 기유년(1249)에는 진양공이 창복사를 창건하고 낙성법회를 열어 스님을 주맹으로 청하였다. 37년 경술년에는 왕이 스님에게 선원사에 주석하라 명하였고, 38년 신해년에는 주국 최항이 보제사 별원을 지어 구산 선문의 승려들을 초대했는데, 여기에서도 스님을 주맹으로 청하였다. 39년 임자년에 청진국사가 입적하자, 왕이 진명국사에게 조계산에 주석하라 명하고 스님을 선원사 법주로 명하였다. 43년 병진년(1256) 가을에 진명국사가 물러나 쉬겠다고 청하면서 스님을 천거하니 왕이 스님에게 조계산의 주지를 잇게 하였다. 그리고 대선사 법계를 내려 궁궐로 맞이하여 손수 음식을 제공하고 중사 한영(韓瑛)을 보내 스님을 호위하게 하였다. 8월 28일 배를 타고 남쪽으로 내려가 9월 19일 조계산에 들어가서 종지를 크게 펼쳤다. 그리하여 선객들이 모여들어 부처의 해가 다시 중천에 뜨게 되었다.

충렬왕 12년 병술년(1286) 2월 12일, 청을 받고 고흥군 불대사에 가서 있을 때 장로를 불러서 "나는 돌아갈 테니 너희들은 잘 있어라"고 하였다. 그리고 지필묵을 찾아서 왕에게 올리는 글과 염상국(廉相國)·홍상국(洪相國)에게 올리는 글을 쓴 다음 삭발하고 옷을 갈아입고 가사를 걸치고 작은 선상에 앉았다.

한 스님이 나서서 물었다.
"목우자가 '이 하나'를 어둡게 하지 말라(不昧一着子)고 하셨는데, 스님께선 어둡게 하지 않으셨습니까?"
"어둡게 한다거나 어둡게 하지 않는다거나 하는 것은 그것과는 아무 상관이 없다."

또 한 스님이 물었다.
"스님 돌아가신 뒤에는 어디서 만나 뵐 수 있습니까?"
"도를 묻는다면 내가 갈 것이다."

그리고는 다시 말하였다.
"때가 되었구나. 많은 말이 필요 없다. 태어나는 건 바지를 입는 것과 같고, 죽는 건 치마를 벗는 것과 같다. 어떤 것이 입고 벗는 놈인가?"
잠시 묵묵히 있다가,
"'천만 가지가 다 여기에 있다'는 목우자의 말씀을 들어 보지 못했는가?"
말을 끝내자 어느덧 입적하였는데 안색이 평소와 다름없었다.

29일에 문도들이 울면서 스님의 색신을 받들어 두원현(고흥군)의 동쪽 봉우리에서 다비를 하고 유골을 수습하여 3월 6일 조계산으로 돌아왔다. 왕이 소식을 듣고 매우 애도하여 통례문 통사사인 강취(姜就)를 보내 문상하게 하고 제문을 써 보냈다. '자진원오국사(慈眞圓悟國師)'라는 시호를 내렸는데, 자필로 써서 족자를 만들어 보냈다. 또 일관과 춘관(禮曹)인 정문(正文)과 서영(瑞英)을 문도들에게 보내 '정조(靜照)'라는 탑명을 내렸다. 또 관리 두 사람을 보내 장례를 돌보게 하였다.

6월 9일 대원사(大原寺) 서쪽 언덕에 탑을 봉안했는데 서기 어린 쌍무지개가 떴다. 한 줄기는 조계산 남쪽 봉우리 꼭대기에서 뻗어 나왔고, 또 한 줄기는 탑이 서 있는 앞산 봉우리에 걸쳐 있었는데 모두 탑이 선 자리를 지나갔다. 스님은 세수 72세 법랍 57년이었고 조계산에서 30년을 살았다.

이 비석은 고흥군 불대사(佛臺寺)에 있는데 이익배(李益培)가 왕명을 받들어 지었다.

원감국사 충지(忠止)

이 글은 봉록대부 국학대사성 문한학사 승지 김훈(金曛)이 왕명을 받들어 지었다.

국사의 휘는 법환(法桓)인데 뒤에 충지(忠止)로 개명하였고, 자호는 안암 (安庵)이다. 속성은 위씨(魏氏)이고 정안(定安) 사람이다. 아버지의 휘는 소 (紹)인데 호부원외랑을 지냈다. 어머니는 송씨이며 이부원외랑을 지낸 자옥(子沃)의 딸이다. 스님은 병자년(1216) 11월 17일에 태어났는데, 눈매가 수려하게 생겼다. 아홉 살에 공부를 시작했는데 경(經)·서(書)·자(子)·사(史)를 한 번 눈으로 훑으면 그냥 외웠을 뿐만 아니라 글재주에도 능하였다. 열아홉 살에 장원급제하였고 일본에 사신으로 가서 나라의 아름다움을 외국에 떨쳤다.

어릴 때부터 세속을 벗어나겠다는 뜻이 있었는데, 이 때 원오국사(圓悟國師)가 선원사에 법주로 있었다. 스님은 그 곳에 가서 출가하여 구족계를 받고, 곧장 지팡이를 짚고 남쪽으로 떠나 여러 강원을 다니며 공부하였다. 가고 머무는 총림이 중하거나 가볍거나 간에 스님은 주지가 될 생각이 애초에 없었으니, 아마도 태원 부상좌(太原孚上座)의 고고한 풍모를 사모했던 듯하다. 41세가 되어서야 처음으로 김해현 감로사에 주지를 맡았다. 이 때 한 선객이 스님 앞으로 나와서 시를 청하자, 스님이 이런 시를 지어 주었다.

봄날 계원(桂苑)에 꽃이 피어
은은한 향기 소림(少林)의 바람에 실려 오네.
오늘 익은 열매 감로에 적셔
무한한 인천(人天)들 한 맛을 느끼네.

사람들이 멀고 가까운 곳을 떠나 이 시를 듣고 그 모습을 본 듯 상상하였다. 스님이 이 절에 들어왔을 때부터 나이 지긋한 스님들도 바람같이 달려오고 후학들도 구름같이 모여와서 살았다. 병술년(1286) 2월에 원오국사가 입적하자 대중들이 그 자리를 이을 사람으로 스님을 천거하여 왕께 보고하였다. 왕(충렬왕)은 원외시랑 김호담(金浩淡)에게 명하여 스님을 수선사 주지로 들어오도록 하였다. 스님은 그 해 4월 16일에 절에 들어와 개당을 하고, 원오국사를 이어 제6세로서 절에 주석하며 7년 동안 보조국사가 남기신 법을 다시 빛냈다.

그리고 밭을 청하는 글을 왕에게 올려서 옛 토지를 회복하였는데, 글의 내용은 대략 이러하였다.
"순임금같이 총명하시고 탕왕같이 성스러우사, 성대한 업은 3왕(禹王과 湯王과 文王·武王)보다 낫고 큰 치적은 천고에 독보적입니다."

상국(중국)에서 스님에 대한 소문을 듣고 스님의 덕을 아름답게 여겨 궁사를 보내와 중국으로 모셔 갔다. 황제(세조)가 직접 맞이하여 빈주(賓主)의 예로 대접하고 사부의 은혜로 받들었다. 온 나라 사람들이 스님의 덕을 우러러보고 만백성이 어질게 되었다. 황제가 금란가사와 벽수장삼(碧繡長衫), 흰털로 된 불자 한 쌍 등을 주었다.

임진년(1292) 8월 초순에 스님이 가벼운 병세를 보이더니, 계사년 4월 7일 병이 더 깊어졌다. 10일 새벽에 일어나 삭발하고 옷을 갈아입고 문도들에게 말하였다.
"태어나면 죽는 것이 인간세상의 일이다. 나는 갈 터이니 너희들은 잘 있거라."
문인이 계송을 청하자 이렇게 말하였다.

어느 덧 67년 지내고
오늘 아침에 만사가 끝나니
고향 길은 툭 트여 평탄하여라.

길이 분명하여 헤매진 않을테고

내 손에 지팡이 하나 있으니
아아, 가는 길에 넘어지진 않으리라.

만호(萬湖) 장로가 물었다.
"고향으로 돌아가는 길이 어디에 있습니까?"
"눈 뜨고 보아라."
"보고 나서는 무어라 합니까?"
"알면 되었다."

말을 마치고 이윽고 입적하시니, 안색이 맑고 희었으며 자세가 살아 있는 듯
하였다. 그달 20일에 다비를 하고 유골을 수습하였는데 오색 영골이 서로 비추
었고, 상서로운 기운이 그 달 내내 하늘에 뻗쳤다. 왕이 소식을 듣고 매우 애
도하여 편지와 제문을 보내 문도들을 위로하고, '원감국사(圓鑑國師)'라는 시호
와 '보명(寶明)'이라는 탑명을 내렸다. 조계산 북쪽 골짜기에 부도를 세웠다.
스님의 세수는 67세 법랍은 39년이었다.

스님은 본래 너그럽고 순박하여 사람을 사랑하고 만물을 구제하였는데, 천성
이 그러하였다. 스님의 일생을 대강이나마 살펴보건대, 세간의 일이든 출세간
의 일이든 빠짐없이 완벽했으니 진짜 대장부라 할 만하다. 아아, 아름답도다.
문도들이 임금께 스님의 비를 세우겠다고 청하여 행장을 받들어 올리니, 임금
께서 나에게 문장을 지으라고 명하였다. 나는 지난 날 스님에게 자비로운 가르
침을 받은 적이 있었고, 게다가 높은 행적을 눈으로 보고 귀로 들었던 터라,
재주 없다는 말로 사양할 수가 없어서 힘을 다해 이 글을 짓는다. 명은 다음과
같다.

청정한 마니보주 둥글고 깨끗하여 흠집이 없네.
어디에 있든지 각각 비추어 아무것도 여기서는 속일 수 없네.
그것을 여의보(如意寶)라 하는데 움직일 때마다 신령하고 기특하도다.
그 누가 이것과 같으랴. 우리 국사 뿐이로다.
덕망 있는 사람들을 불교에 귀의케 하고 목우자의 법을 정통으로 이어받아

제방의 총림에 머물 때마다 가장 윗자리에 계셨네.
가는 곳마다 고요함을 기르고 유유자적 여유가 있으니
대중들이 추대하여 원오국사의 자리를 이었네.

무거운 그릇을 짊어지고 종지를 펼쳐 드날리니
학인들이 구름처럼 모여들어 지극한 존경을 바쳤네.
조정과 재야에서 모두 귀의하여 만물의 이치를 스님께 구하였고
스님의 작은 일도 미리 염려하여 사람들의 재앙을 벗겨 주었네.

남은 힘으로 중생을 비호하여 백성과 나라가 부유해졌네.
도력이 높고 덕이 풍성하지만 수명만은 아쉽도다.
밝은 달이 허공에서 떨어지고 빛나던 해도 그 빛을 잃어
불법도 따라서 시들어 가니 하늘이 우리를 돕지 않으시는구나.

혜감국사 만항(萬恒)

큰스님들은 나아감과 물러남, 말함과 침묵에 전혀 구차함이 없다. 나아가느냐 물러나 있느냐는 시절에 달렸고, 말을 하느냐 침묵을 지키느냐는 거기에 달렸다. 그러므로 불도를 깨닫고 그것으로 뒤에 깨달을 사람을 깨닫게 해주는 분들이다. 혜감국사가 그런 시절을 만난 분이 아닌가 한다.

국사의 휘는 만항(萬恒)이고 속성은 박씨이다. 진사를 지낸 아버지의 휘는 경승(京升)으로 웅진군 사람이다. 스님은 유가의 자제로 태어나 승려가 된 분이다. 어려서부터 영특해서 스스로 공부에 힘썼고, 자라서는 더욱 더 태만하지 않았다. 구산 선과에 응시해서 괴과(魁科)에 합격했으나 옷자락을 떨치고 풍악산으로 가서 하안거를 지내고 지리산으로 옮겼다. 배가 고파도 먹을 것을 중요하게 생각하지 않았고, 추워도 겉옷을 껴입지 않았다. 옆구리를 자리에 대지 않고 지낸 지가 여러 해 되었다. 자취를 숨길수록 이름이 더욱 알려져 충렬왕이 삼장사(三藏社) 주지로 임명하였는데, 그의 스승인 조계산 원오화상의 권유로 그 곳으로 갔다.

그 뒤에 낭월사(朗月社)·운흥사(雲興社)·선원사(禪源社) 주지를 역임하였다. 학인들을 지도하며 지내는 동안 귀머거리처럼 행동했으나 들을 것은 다 들었고, 주정뱅이 같았으나 정신은 맑았다. 제자가 거의 7백 명이나 되었으며, 구의지례(摳衣之禮)를 바치고 절에 들어오는 사대부들도 셀 수 없을 정도였다. 중국 오(吳)의 몽산 덕이(蒙山德異)스님의 게송을 보고는 감탄해 마지않았으며, 화답으로 십여 게송을 지어 보내면서 '고담(古潭)이라는 호까지 지어 주었다.

황경 계축년(1313) 대위왕(충렬왕)이 영안궁에 물러나 쉴 때 겸손한 말과 함께 수레를 보네 경성으로 초대하였다. 때마침 선종과 교종의 이름난 승려들이 모여서 강론을 하던 차였다. 하루는 스님이 거기에 이르자 방(榜)과 할(喝)의 바람이 일어났고 폭포 같은 언변을 쏟아 놓았다. 왕이 매우 기뻐하면서 수레를 같이 타고 손수 음식을 바쳤다. 아울러 '별전종주중속조등묘명존자(別傳宗主重續祖燈妙明尊者)'라는 법호를 내리고 가사와 법복・모자・버선 그리고 은폐 50일(鎰)을 선물로 주었다. 스님은 그것을 자기가 갖지 않고 산에 돌아오자마자 사찰 재산으로 돌렸다.

연우 기미년(1319) 7월에 병이 들어 거처를 옮기려 하면서 산중 식구들에게 두루 고하였다. 그전에 하룻저녁에는 남쪽 봉우리에 있던 큰 나무가 쓰러졌고 붉은 햇무리가 계곡을 따라 뻗쳐 있었다. 8월 18일이 되자 삭발하고 목욕하고 옷을 갈아입고 유서를 쓰고 장사 지낼 곳까지 정해주었다. 밤에 시자를 불러 북을 치라 하고 가사를 어루만지면서 선상에 기대고 작별을 고하는 게송을 읊었는데, 내용은 대략 다음과 같다.

오온(五蘊)이 맑게 확 트여
참된 빛 끝이 없으니
생사에 출몰하는 일
달이 공중을 도는 것과 같아라.

내 이제 길을 떠나려 하니
현묘한 자취 찾아낼 이 누군가.
너희들 제자에게 고하노니
부질없이 허공을 움켜쥐지 말아라.

경호(景瑚)라는 선객이 가고 머무는 뜻을 물었다.
"어디에선들 만나지 못하겠느냐. 강을 건너는 데 뗏목이 필요치 않느니라."
그리고는 무릎을 치고 차수를 하고는 미소를 띤 채 돌아가셨다. 다비를 하고 절 동북쪽 언덕에 탑을 세우니 세수는 71세 법랍은 58년이었다. 왕이 부고를 듣고 매우 슬퍼하며 '혜감국사(慧鑑國師)'라는 시호와 '광조(廣照)'라는 탑명을 내려 주었다.

    처음에 스님이 어머니 정씨의 꿈에 하늘에서 비취빛 휘장이 내려오더니 거기에 빙옥(氷玉) 같은 통통한 동자가 하나 있어서 쳐다보는데 그 애가 합장을 하고 정씨의 뱃 속으로 뛰어 들어왔다. 꿈에서 깨고는 뱃속에 한 말쯤 되는 돌덩이가 들어 있는 듯하여 침도 맞고 약도 써 보았으나 효과가 없더니 기유년(1189) 8월 6일에 스님을 낳았다. 이 일로 '휘장에서 나온 아이(幕兒)'라는 이름을 붙여 주었다. 입적하시려고 할 때는 대방군에 사는 백태(白太)라는 자가 스님이 비취빛 장막으로 가서 하늘로 올라가는 꿈을 꾸었다. 그래서 이상하다고 생각하면서 다음 날 절에 달려오니 스님이 입적하신 뒤였다. 명은 다음과 같다.

    스님의 성품은
    따뜻하고 곧으며 사려 깊고 성실하였다.
    스님의 학문은
    넓고 핵심을 찌르고 세밀하고 정확하였다.

    그 마음은 해인(海印) 같았고
    그 음성은 사자후 같았다.

    조계산 소임을 맡아서
    보조(普照)의 자물쇠를 열고
    원오(圓悟)의 목탁을 쳤으며

    몽산 덕이(蒙異)의 진흙을 깎아 냈으니
    도가 있는 것이라

    왕이 굽혀서 존경을 표하고
    화려한 수레와 선물을 거듭 주시고
    문 입구를 꾸며 주시니
    왕래하는 스님들이 많았네.

나에게 법유(法乳)를 주시어
법유가 널리 퍼지니
많은 무리들이 때마침 비를 맞았네.

숨어서 수행하지 않았다면
어찌 그만한 덕을 얻었겠으며
마음을 일으켜 분발하지 않았더라면
뉘라서 그 깊숙한 곳을 궁구했으랴.

이미 여러 생에 몸을 닦아
남을 이롭게 하였으니
이름을 비석에 새겨
천년토록 빛나게 하리라.

이 글은 이재현(李齋賢)이 찬하였다.

각진국사 복구(復丘)

　지원 14년(1355) 을미년 왕사 각엄존자가 열반에 드셨다. 그 사이 5년간 그의 문도 원규(原珪) 등이 "저희 스승의 행적을 실로 묻히게 할 수는 없습니다. 비를 세워 알리고자 합니다"라고 왕께 보고하니, 왕이 나에게 글을 지으라고 명하였다.

　나는 명을 받고 나서 가만히 생각해 보고 말했다.
　"옛날 통달한 사람들은 몸이나 세상을 여관으로 여기고 명예나 지위를 헌신짝처럼 보았다. 하물며 불교인들은 유위를 꿈이나 허깨비로 보고 무상에 주지하며 청정하고 적멸하여 무엇이라고 이름을 붙일 수 없다. 그러므로 아무리 칭송을 한다 해도 그것이 스님과 무슨 관계가 있겠는가. 그러나 그의 문도들이 가슴 깊이 사모하는 이유는 스님의 가르침이 그들의 마음속에 와 닿은 바가 있기 때문이며, 우리 왕께서 믿고 존경한 이유는 스님의 도가 반드시 나라 일에 도움이 되었기 때문이니 어찌 글로 쓰지 않을 수 있겠는가."

　옛날에 우리 태조가 처음 나라를 세웠을 때 왕의 정치를 돕고 백성들의 삶을 돕는데 무슨 일이든지 다 했던 분들이 있었으니, 불교도들이 자비로 교화한 것이다. 이는 우리 동방정치에서 진실한 족적이라 하겠다. 태조께서는 인사(사찰)를 널리 설치하고 승려들을 머물게 하였다. 그리고는 선종과 교종이 각각 그들의 법으로 나라를 복되게 하였는데, 선이 교보다 더욱 성해 보였다. 그럴 만한 인물이 아니면 감히 한 도량의 주지로 머물지 못하였으니, 태조가 그들을 존경하고 받든 뜻이 이미 분명하다.

　그리고 뒷사람들이 믿음에 게으를까 염려하여 열 가지 항목의 맹세를 조칙으로 내렸는데, 그 첫번째가 "삼보를 공경하고 믿을 것"이었다. 그 뒤로 승려들

중에 덕이 높은 자가 있으면 반드시 천거하여 예를 차리고 스승으로 삼았다. 대대로 이어져 법식이 되고 예를 차리는 의식이 점점 완비되었다.

생각하건대 우리 주상은 나라를 다스리는 일을 세밀히 계획하시고 부지런히 정사에 힘써(宵旰憂勤) 모든 일에 옛 규범을 따르고 재상들과 제방의 종문에 자문을 구하며 이렇게 말하였다.

"변변찮은 내가 왕위를 물려받았고 마침 어려운 시절을 만났으니 정사에 잘 임할 수 있을지 걱정이다. 승려 중에 덕이 뛰어난 자를 스승으로 모셔 존경을 바치고 정사에 도움을 받아 선대왕들의 가르침을 빛내고자 하는데 누가 좋겠는가?"

그러나 모두가 말했다.

"각엄존자 만한 이가 없습니다. 선대왕들도 존경을 바쳤고 덕이 높다고 이름난 분입니다."

이에 담당관에게 명하여 절을 올리고 왕사로 모셨다. 이 때 스님은 불갑사에 머무셨는데 너무 늙고 길도 험해 갈 수 없었다. 그래서 초상화를 그려 보내서 보게 하는 것으로 답례를 하였다. 왕은 시중 이익재에게 찬을 지으라 하고 예물과 의례를 성대해 갖추어 스님께 보냈다. 왕이 스님께 보이신 예의와 진심어린 존경과 독실한 마음이 이러하였다. 스님은 국서를 받들고

"노승은 일찍이 윗대부터 은혜를 받아 왕의 스승이라는 자리에 외람되이 오른 적이 있었는데, 이제 거듭 명을 받으니 더욱 부끄럽습니다. 어쨌든 열심이 예불하여 나라의 복을 받들겠습니다."

이는 지금 임금(공민왕)께서 즉위한 지 2년 되는 임진년(1352)이었다.

스님의 휘는 복구(復丘), 자호는 무능수(無能叟)이며 고성군 사람이다. 판밀직우상시 문한학사 승지를 지낸 이존비(李尊庇)의 아들이다. 스님의 가계는 친가나 외가나 세상에 이름을 날린 이가 많은데, 그 족보는 여기서 생략하겠다. 그런 집안에서 태어나 큰스님이 되셨다. 어머니는 평소에 대승경전을 독송하고 지내셨는데, 항상 꿈에 관복을 차려입은 한 거사가 앞에 나타나서 "내가 왔다"고 하였다. 그리고 나서 임신하여 지원 경오년(1270) 9월 15일에 스님을 낳았다.

스님은 세속의 범부들과는 달리 자질이 밝고 똑똑하였다. 조금 자라서는 불교를 공경할 줄 알았으며, 장난감을 가지고 놀 때도 절의 조형물들을 본떠 만들면서 놀았다. 열살 때 조계산 원오국사에게 가서 머리 깎고 계를 받았다. 얼마 있지 않아 원오국사가 입적하시면서 스님을 대선사 도영(道英)에게 부탁하여 거기서 열심히 법을 묻고 공부한 지 10년 만에 통달하여 총림의 추대로 수좌가 되었다. 경인년91290) 가을 시험에 응시하여 상하과에 합격하였다. 그때가 21세였는데 소견이 이미 보통이 아니었다. 도에 뜻을 두고 번거로움을 싫어하여 도를 찾아 이리저리 다니다가 혼자서 마음을 관하면서 살았다. 샘물과 돌 사이를 거닐고 구름 같은 숲 속에 노닐면서 명예의 길을 밟지는 않으리라고 다짐하였다.

자각국사는 스님의 두번째 스승인데, 스님을 깊은 예의로 대하였다. 그가 스님에게 언젠가 자신의 학도들을 맡긴 적이 있었는데, 스님은
"자기한테 터득한 것이 있어야 남에게 전해줄 수 있는데 나는 정말로 감당할 수 없다."
하고는 백암사(白巖寺)로 가버렸다.

거기서 열명 남짓한 도반들과 아침 일찍부터 밤까지 참구하며 십여 년을 보냈다. 그리고 월남사·송광사 같이 큰 도량의 주지를 지낸 전후 40여 년간, 나라를 복되게 하고 백성을 이롭게 하여 왕에게 표창과 선물과 이름 등 총애받은 일은 이루 헬 수가 없다. 그러나 그것은 스님에게는 껍데기에 지나지 않는 일이므로 여기에 일일이 적지 않겠다.

만년에 왕명으로 불갑사에 주석하였는데, 그의 문도들에게 이렇게 말하였다.
"옛날에 이 산에 왔을 때 꿈에 어떤 이가 나타나서 '스님께선 여기에 머물 것입니다'고 하였다. 속으로 매우 이상하게 생각했더니 오늘에야 그 꿈이 맞았다."
그리고 이런 게송을 읊었다.

임금께서 오성(筬城)의 불갑산을 주시니

피곤한 새 돌아갈 곳을 안다는 말이 맞도다.
임금의 천수를 정성껏 축원하니
이로부터 나라의 기틀 만고토록 안녕하리라.

여기서 임금과 나라에 정성을 쏟는 마음을 볼 수 있다.

을미년(1355)에 백암사로 옮겼는데, 여름 6월에 병세를 보였다. 7월27일, 질환이 잠시 뜸하자 국왕과 재상에게 보내는 편지를 써서 봉하고 읍관에게 봉인하여 맡겼다. 그리고는 옷을 갈아입고 목욕하고 법복을 갖춰 입었다. 시자에게 북을 치라 하고 작은 선상에 앉아서 이렇게 말하였다.

즉심즉불은 강서노인의 말씀이요
비심비불은 외물을 초탈한 분의 말씀이라.
날다람쥐 우는 소리 속에 나 홀로 가노니
열반과 생사 본래 공한 것이로다.

그리고 근엄하게 입적하셨는데 붉은빛 구름이 골짜기를 가득 메웠고, 안색은 분을 바른 듯하였다. 다음날 문인들이 울면서 모셔다가 절 서쪽 봉우리에서 다비를 하고 유골이 든 상자는 불갑사로 모셔왔다. 겨울 12월에 왕이 사자를 보내 위로하고 '각진국사(覺眞國師)'라는 호와 '자운(慈雲)'이라는 탑명을 내려주었다. 세수는 86세 법랍은 76년이었다.

스님은 과묵하고 순박하며 곧고 공평한 성격이었다. 정수리가 푸르고 눈썹이 크며 입술은 붉고 이는 희었다. 그래서 바라다보면 신선같이 깔끔하였고 직접 만나 보면 부모같이 따뜻하였다. 좋다거나 나쁘다를 입에 올리는 적이 없었고, 마음속에는 항상 공경심이 있었다. 평생 방장으로 지냈어도 남긴 물건이 하나도 없다.

계보를 따져 보면 멀리 보조국사에서부터 스님에게 이르렀으니 13세이다. 문도들 중에 우수한 이들로는 선원사의 백화(白華), 가지산의 마곡(麻谷)이 있고, 그 아래로 1천여 명의 제자들이 있다. 내질인 행촌(杏村 ; 李巖) 시중은 지금의 명재상으로서 우리들이 본보기로 삼는 분이다. 행촌의 아우인 이부상서는 나와는 동갑내기 친구이다. 나는 한 번 스님의 주실(籌室)에 참례한 적이 있으며, 그 뒤로 황송하게도 여러 번 편지를 받았으니 아주 행운이다. 그래서 스님의 비명을 쓰는 일에 비천한 재주를 생각지 않고 다행이라 여기며 글을 짓는다. 다음과 같이 명을 짓는다.

높이 있어도 위태롭지 않음은
우리 스님의 도력이요
몸을 굽혀 부지런히 힘씀은
우리 왕의 복이라.

큰 도는 여러 갈래로 나뉘어도
하나의 근원에서 나왔으니
서로 모름지기 제도하여
세상에 큰 복이 된다.

만년에 걸쳐
전후에 길이 빛나니
이를 돌에 새기려 한다.

이 껍데기를 통해서
영원히 영원히
잊혀지지 않으리라.

이 비문은 지원 19년 기해년(1359) 늦은 봄 하존문한학사 춘추관 승지 첨시 중제정 이익재(李益齋)가 왕명을 받들어 썼다.

담당(湛堂)국사와 영해(影海) · 풍암(楓庵)

송광사 담당국사에 대해 이 절에서 전해 내려오는 말에 따르면, 그의 본계는 중국인이라고 하는데 그에 관한 사적이 유실되었다고 한다. 내가 석감계고략속집(釋鑑稽古略續集)을 살펴보니 원나라 순종(順宗) 지정 3년(1343) 계미년에 담당에 관한 것이 있는데, 법사 스님은 고려에 왔던 적이 있었고 연대도 들어맞으므로 그의 행적을 기록하여 제방이 참고할 수 있도록 제공한다.

담당법사의 휘는 성징(聖澄)이다. 자는 담당(湛堂) 호는 월계(越溪)이며 회계 손씨(孫氏) 자손이다. 어머니 강씨가 꿈에 해를 보고서 스님을 낳았다. 석문 수율사(石門殊律師)에게 머리 깎고 계를 받아 지지작범의 이치에 깊이 통달하였다. 또 불감 섬공(佛鑑銛公)에 의지하여 천태교관을 닦았으며, 운몽 윤택을 찾아뵙고 그릇을 인정받았다. 천태종 국청사 강원에도 갔었고, 천태학 서적을 구하러 고려를 돌아다니기도 하였다.

오월(吳越) 지방에 큰 가뭄이 들었는데 스님이 대중을 거느리고 설법을 하고 기우제를 지냈더니 감응이 있었다. 흉년으로 사람들이 굶어 죽었는데도 시체를 수습할 수조차 없었는데, 시체를 덮어 주고 수륙재를 크게 열어 천도해 주었다.

지치 연간(1321~1323)에 황제가 서울로 불러들여 명인전에서 도를 물었다. 그리고 교지를 받고 청탑사(靑塔寺)에 머물며 대장경을 교정하였다. 왕이 특별히 금란가사와 '불해대사(佛海大師)'라는 호를 내렸다. 그뒤 천축의 운외재(雲外齋)로 돌아갔다가 월(越)의 불과사(佛果寺)로 귀환하였다. 정토에 굳은 뜻을 두어 일심삼관을 7일간 밤낮으로 수행했는데, 여러 차례 상서로운 감응을 보았다. 하루는 스님이 대중에게 인사를 하고 물었다.

"오늘은 있으나 내일은 없을까 한다. 세월을 가지고 놀아서야 되겠는가."

다음날 동틀 무렵에 단정히 앉아서 돌아가시니 세수 78세 법랍은 64년이었다. 감실에 7일 동안 그대로 두었는데 용모와 안색이 생전과 다름없었다.

금강집주(金剛集註)·심경소재경주(心經消災經註)·미타경구해(彌陀經句解)·인왕경여의륜주경과(仁王經如意輪呪經科) 등의 저술이 모두 세상에 전해진다.

그런데 송광사 사기에는 금나라 장종 때 황후가 모진 병에 들어 죽게 생긴 것을 보조국사가 신통력으로 치료하여 그의 막내아들 담당을 보내 3일 만에 도를 깨달으니 "삼일선원"이 생기고, 그가 거처하던 천자암에 짚고 온 향나무를 꼽아 쌍향수(雙香樹)가 생기게 되었다고 하였다.

조선 이후 보조의 법맥이 거의 끊어질 듯하다가 부휴 선수선사가 그의 법손이 되어 본사에 주석하였다. 선수가 벽암 각성에게 전하고, 각성이 취미 수초에게 전하였으며, 수초가 백암 성총에게 전하고, 성종이 무용 수연에게 전하니, 수연이 영해 약탄에게 전하고, 약탄이 풍암 세찰에게 전하였다. 세찰에게는 상수제자인 묵암 최눌·응암 낭윤·재운 해징·벽담 행인이 있는데, 이 네 문파에서 종도들이 번성하였다.

영해화상은 법명이 약탄(若坦)이며 고흥 사람으로 속성은 김씨다. 열살 때 능가사에 출가하여 득우장로(得牛長老)를 은사로 삼았다. 17세에 처음으로 무용화상(無用和尙)을 뵈었고, 18세에 삭발하고 계를 받았다. 독경하는 법을 배우고 각고의 노력으로 참구하면서 10년을 보낸 끝에 입실하게 되었다. 자기 수행이 원만해져서 세상에 응하자 명성이 널리 퍼졌다. 한 번은 송광사에서 화엄 법회를 열었는데 법을 묻는 자가 천명을 넘었다. 스님의 나이는 87세였다. 갑술년(1754) 정월 초이튿날 약한 병세를 보였다가 3일 깊은 밤이 되자 목욕하고 옷을 갈아입고 대중에게 이별을 고하고 낭랑하게 게송 한 수를 읊었다.

둥그런 일원상을 뉘라서 웃어 주랴.
벌거벗은 채로 천지를 활보하노라.
자기 집에 왔어도 가슴엔 보물을 품지 않고

홀로 존귀한 것은 나뿐이로다.

하하하, 이것이 무엇인고?
너무나 깨끗해서 잡을 길이 없구나.

그리고 단정히 앉아서 입적하셨다. 향로봉 아래에서 다비를 했는데, 한 조각의 뼈에서 온 방향으로 빛이 뻗어 나왔다. 멀고 가까운 곳의 사람들이 보고 듣고서 더욱 더 공경해 마지 않았다. 탑은 능가사와 송광사 두 곳에 세웠다.

풍암화상은 법명이 세찰(世察)이며 속성은 밀양 박씨다. 숙종 14년(1688) 12월 16일 순천군 장안리에서 태어났다. 어려서 출가하여 동화사 철웅장로(哲雄長老) 아래에서 스님이 되었고, 무용(無用)과 영해(影海) 두 스님에게 공부를 배웠다. 나중에 영해화상에게서 의발을 전해 받고 대중에게 법을 널리 펼쳤다. 영조 기묘년(1759) 봄 대법회 때 스님은 의발을 묵암과 응암(應庵)에게 전하였다. 정해년(1767) 7월 8일, 보조암에서 입적하였다. 다비를 했는데 흰 사리 두 알이 나와서 보조암 북쪽 기슭에 탑을 세워 봉안하였다.

보자국존 홍진(弘眞)

이 글은 국학대사성 김환(金晅)이 짓고 좌승지 김순(金恂)이 썼다.

스님의 휘는 혜영(惠永)이고 속성은 강씨(康氏)로 경북 문경군 출신이다. 아버지는 내원승과 직한림원을 겸임하였는데, 휘는 자원(子元)이다. 어머니는 홍씨(洪氏)로 조산대부이며 호부시랑 충사관 수찬관인 인연(仁衍)의 딸이다.

스님은 무자년(1228)에 탄생하여 11살 때 충연수좌(沖淵首座)의 당하를 찾아가 남백월사에서 삭발하고 스님이 되었다. 그 후 17세 때 왕륜사 선불장에서 승과에 합격하고, 처음으로 흥덕사에 머물렀다.

기미년(1259)에 삼중대사의 법계를 받았고, 을축년(1265)에는 좌주(座主)에 선출되었다. 중통 계해년(1263)에 이르러 수좌의 법계를 더해 받았다. 지원 4년(1267)에는 보은 속리사로 이주하였고, 기사년(1269)에는 승통에 올랐으며, 중찬 유경이 국사에게 백의예참(白衣禮懺)을 주석해 줄 것을 요청하자, 국사는 여러 경문을 인용 참고하여 백의예참해(白衣禮懺解) 1권을 찬술하였고, 후세에 전하여 귀감이 되었다.

갑술년(1274)에는 불국사로 옮겨 갔고, 병자년(1276)에 양산 통도사로 가서 부처님의 진신사리 몇과를 기도 끝에 얻어 항상 좌우에 모시고 있었다. 다시 그 사리가 분신하여 여러 개가 되었다. 수시로 누구나 사리 모시기를 원하는 사람이 있으면, 나누어 주었는데도 또한 그 본래의 수효는 전혀 줄어들지 않았다. 이해에 다시 중흥사로 이주하였는데, 왕이 개성으로 초빙하여 개성에서 9년간 주석하고 산중으로 돌아갈 수 있도록 허락을 비는 다음과 같은 걸퇴시(乞退詩)를 지어 바쳤다.

임을 위해 참고 참아 축록(祝麓)했으나
산중으로 돌아가서 침수(枕漱)하면서
해와 달이 멀고 가까움의 차별 없는 것과 같이
숲속에서 임을 위해 기도하리다.

을유년(1285)에는 유가사로 옮겼다가 경인년(1290)에 이르러 사경승 1백 명을
거느리고 대원국에 대도에 가서 금자법화경을 사경하여 선물로 올렸다. 수양대군이
크게 기뻐하면서 그 노고를 치하하고, 경수사(慶壽寺)에 머물게 하였다.

이 때 국사께서 대중 지도를 엄숙히 하여 모범을 보였더니, 모두 공경하며
복종하지 않는 이가 없었다.

또 어느 날 만안사의 당두(堂頭)가 여러 가지 깃발·일산·의장·당·다라
니 등으로 도량을 장엄하게 꾸미고, 국사로 하여금 인왕경을 강설해 주기를 청
하였다. 국사는 사양하다가 마지못하여 법상에 올라 연설하니, 그 명쾌함이 마
치 현하(懸河)의 변재와 같았다. 법문을 청한 사부대중들은 크게 우러러 흠모
하여 마치 부처님을 친견하듯 기뻐하였다.

그 다음 해에 이르러 금니(金泥)로 대장경을 쓰는 사경불사를 마치니, 수양
대군이 크게 가상히 여겨 귀하고 소중한 많은 선물을 하사하고, 사신을 보내
국사의 귀국길에 동반하여 호송하게 하였다. 국사께서 두드러진 아름다움을 원
(元)에 선양하여 이와 같은 존경을 받았다. 일찍이 국사는 더욱 힘찬 용기를
자신에게 얻어 마치 사공(射工) 벌레가 풀잎을 갉아 먹는 것과 같이 일이 순조
로웠고, 또 항상 마음을 교법 연마에 몰두하여 마침내 이입망전(理入忘筌)의
경지에 이르게 하였다.

임진년(1292)에 임금께서 스님을 국존으로 책봉하고자 근시인 내의직장 민
적(閔頔)에게 명하여 스님을 유가사로 맞이하였다. 스님은 깜짝 놀라면서 국존
추대를 꺼려 진심으로 피해 도망치려 하였다. 그러나 왕도 물러서지 않고 연독
(緣督)에 맞추면서 억지로 추대하려 하였다.

10월 개성에 들어가자 임금이 대장군 황원길(黃元吉)에게 명하여 내마를 데리고 천수사로 가서 국존을 숭교사 별원으로 모셨다. 22일 국존으로 모시는 책봉식을 거행하여 법호를 '보자(普慈)'라고 하였다. 그리고 26일 수녕전에서 임금이 여러 신하들을 거느리고 국존의 직인을 드리는 납배의 예를 행하고, 또이어서 오교도승통직을 제수하였으며, 동화사 주지로 임명하였다. 계사년(1293)에 삼전(대왕과 주상 왕비의 7전)을 찾아 배알하였는데, 스님을 청하여 성도사주법(祖室)으로 추대하였다.

지원 31년(1294) 5월 19일 스님께서 가벼운 병에 걸렸다. 회하에 있는 명덕이라는 스님이 국존에게 병세를 물으니 국존께서 이르시기를,
"다만 음식의 소화가 잘 안 될 뿐이다."
라고 하였다. 또 대중을 상대함이 편안하였고 담소도 태연자약하였다.

24일 인시가 되어 시자를 불러 유서와 직인을 함께 봉하게 하고, 행리별감인 최홍단(崔洪旦)에게 부탁하여 임금께 전하도록 하고는 단정히 앉아 대방광불화엄경 십지품을 봉독한 후 잠시 후에 조용히 입적하였다.

얼굴빛과 모양이 깨끗하여 3일 동안 조금도 변하지 않았다. 대지는 눈으로 덮여 온통 은색이었다. 2월 2일 용수산 남쪽 산기슭에 화장하고 영골을 수습하여 탑을 동화사에 세웠다. 세수는 67세 법랍은 56년이었다. 이 때 왕은 원 세조를 만나기 위하여 원의 수도에 있었으므로, 그 곳에서 국존의 유서와 부음을 받아 보고는 크게 애도하며 시호를 '홍진(弘眞)' 탑호를 '진응(眞應)'이라 추증하였다.

국존은 천성이 매우 특별하여 총명과 재주가 남보다 뛰어났고, 자비로써 몸을 삼고 너그러운 마음을 삼았다. 그뿐만 아니라 엄격하고 강직하며, 과묵하여피차에 대하여 전혀 교만한 마음이 없었다. 다만 어디에 있던 후진에게 강의하고 가르치는 것으로 업을 삼았다.
슬프도다! 참으로 한 나라에서 가장 존경할 만한 법왕이셨다. 국존께서 평생동안 도덕으로 인해 감득하신 영험이 여러 가지가 있었다. 그러나 이는 진리의

세계에서는 작고 하찮은 일에 속하는 것이며, 또한 보는 사람들이 괴이하고 허탄하게 여길까 염려되어 이 비문에는 모두 기록하지 않는다.

문인으로서 금산사 주지이며 승통인 효정(孝楨) 등이 창자가 끊어지는 듯한 슬픔에 흐르는 눈물이 깊은 샘을 채웠다. 스님의 행장을 모아 궁궐에 아뢰어 위대한 업적을 길이 후세에 전하고자 하니 비석을 세울 수 있도록 허락을 청하였다. 국왕께서 소신에게 스님의 큰 행적을 돌에 새겨 높이 천양하도록 명하였으나, 다만 학예가 천박하여 스님의 참된 자취를 모두 갖추어 서술할 능력이 부족함을 걱정하였다. 그러나 국왕께서 내린 조칙을 끝내 사양할 길이 없으니, 뻔뻔한 얼굴을 무릅쓰고 사실대로 명을 짓는다.

중생 근기 상중하의 차별이 없고, 허망하게 분별하여 생멸하나니
세존께서 이를 위해 출현하시어 근기 따라 연설하여 제도하도다.
권·실교와 돈·점교 등 8교(敎)가 한 법에서 흘러나와 달라졌도다.

자은종의 법상종지는 자씨(미륵보살)가 시조, 오묘한 그 진리 알기 어렵네.
최초에 자씨보살이 전해 주었고, 무착보살 연구하여 골수를 얻고
현장법사와 규기스님 널리 전하여 우리나라 동국까지 전하여 왔네.

철인들 서로 출현 계승하면서 우리 스님 전해 받아 8조가 되었고
국존께서 그 법통을 이어받아 옛 스님과 비교해도 부끄럼 없었으며,
위대하신 그 도덕은 천하에 가득하고, 정통한 그 학문은 내외를 망라하였네.

중생들을 이롭게 함이 무궁하오며, 군신 상하 모든 백성이 의지하였네.
인자하신 마음으로 도와주시니 모든 사치 추방하고 진실만 가졌네.
자신에게 엄격하여 겸손하시고, 다른 사람 잘못됨에 관용하셨네.

계신 곳이면 어디든 불교를 펴니, 사방에서 학자들 모여들었네.
일거일동 모든 것이 덕행뿐이니, 모든 사람 존경하여 예배하도다.
국존으로 추대됨은 자의가 아니니, 임금님은 옳다 해도 당신은 싫어하셨네.

법상종풍 크게 불어 찬양하니, 말세 중에 영산회상 재현함이여!
며칠 후 입적하실 때 미리 알아서 종용 자약하고 온화하시니
하늘도 무심하지 않아 참담하며, 삼라만상 물색들도 슬퍼하노라.

보우국사 태고(太古)

선사의 속성은 홍씨이고 홍주 사람이다. 아버지는 연(延)이며 어머니는 정씨(鄭氏)이다. 나이 13세에 회암사(檜巖寺) 광지(廣智)선사에게 출가하였다. 가지산(迦智山) 총림에서 도를 찾았으며, 19세에 '만법귀일 일귀하처(萬法歸一 一歸何處) 화두를 참구하였다. 26세 때 화엄선(華嚴選)에 합격하였으나 미련을 버리고 떠났다.

용문산 상원암에 들어가 관세음보살에게 참례하며 서원을 발하였다. 이후에 성의 서쪽에 있는 감로사(甘露寺)에 머물면서 고행하며 정진하였는데 마치 신의 도움이 있는 듯하였다. 지원 정축년(1337) 겨울 10월, 송도의 채씨 전단원(栴檀園)에 머물면서 '개는 불성이 없다(狗子無佛性)'는 화두를 참구하여 겨울 결제를 하였다. 무인년(1338) 정월 7일 오경에 활연히 깨달은 바가 있었다.

지정 원년(1341) 신사년 단신(檀越)의 요청에 의하여 삼각산 중흥사(重興寺)에 머물렀는데 현묘함을 배우려는 무리가 운집하였다. 선사는 절의 동쪽에 난야(蘭若) 한 채를 짓고 편액을 태고암(太古庵)이라 하였는데, 그 곳에서 소요하며 자적하기를 무릇 5년이나 하였다.

병술년(1346) 봄 중국의 연도(燕都)에 들어가고 그 다음해 7월 강남 호주(湖州) 하무산(霞霧山)의 석옥 청공(石屋淸珙)선사를 참례하고 깨달은 바를 통달하여 태고암가(太古庵歌)를 바쳤다.

내 이 암자에 살지만 나도 잘 몰라
깊고 깊어 은밀하나 옹색함 없다.
하늘 땅 모두 가두었으니 앞뒤가 없고

동서남북 어디라도 머물지 않네.

구슬 누각, 백옥 전각도 비길 바 아니고
소실(少室 ; 소림사)의 맑은 풍모도 본받지 않았다.
8만 4천의 문을 부수니
저쪽 구름 밖에 청산이 푸르다.

산 위의 흰 구름은 희고 또 희며
산속의 흐르는 물은 떨어지고 또 떨어진다.
흰 구름 저 모습 볼 수 있는 이 그 누구인가.
개다 비 오며, 때때로 번개 치듯 하는데
이 샘물 소리 들을 수 있는 이 그 누구인가.
천 구비 만 구비 흘러 쉬지 않도다.

생각이 일기 전이라도 이미 그르쳤거니
게다가 입까지 열면 난잡하기만 하네.
봄비 가을서리 몇 해를 지났나.
그저 그런 일이었음을 오늘에야 알겠네.

거칠어도 밥이요 고와도 밥이니
누구나 그런대로 먹도록 놔두네.
운문(雲門)의 호떡, 소주(趙州)의 차라 해도
어찌 이 암자의 맛없는 음식만 하랴.
본래부터 이러함이 옛 가풍이거늘
누가 감히 그대에게 기특하다 말할 건가.

한 터럭 끝의 이 태고암
넓다 해서 넓지 않고, 좁다 해서 좁지 않네.
겹겹 세계들이 그 안에 숨어 있고
뛰어난 기틀 길이 하늘까지 닿았네.

삼세의 부처님도 전혀 알지 못하고
역대의 조사들도 이내 벗어나지 못하리.

어리석고 아둔한 주인공은
법칙 없이 도리를 거슬러 거꾸로 행하지만
청주(靑州)의 해진 베 장삼 입고
등나무 덩굴 그늘 속 절벽에 기대었네.
눈앞에는 법도 없고 사람도 없어
아침저녁 부질없이 푸른 산 빛만 마주하네.

홀로 오똑 일 없이 이 노래 부루나니
서쪽에서 온 음률이 더욱 분명하여라.
온 세계 누가 있어 이 노래 화답하리
영산(靈山)과 소실(少室)에서는 부질없이 박자 맞춘다.
누가 태곳적 줄 없는 거문고를 가져와서
지금 구멍 없는 피리에 화답하리.

그대 보지 못했나
태고암의 태곳적 일을
다만 이렇게 지금처럼 밝고 분명한데
백천의 삼매가 그 가운데 있어서
사물을 이롭게 하고 인연에 응하면서도 항상 고요하네.
이 암자는 이 노승만 사는 곳이 아니라
티끌과 모래만큼 많은 여래들과 풍격을 같이하네.

결단코 말하노니, 그대는 의심치 말라.
지혜로도 알기 어렵고 지식으로도 헤아릴 수 없다네.
빛을 돌이켜 비추어 보아도 더더욱 아득하고
당장 그대로 알았다 해도 자취에 또 막히며
그 까닭 물어도 오히려 크게 어긋나니

굳은 돌처럼 여여히 움직이지 말라.

집착 여의고 망령된 상념 갖지 말라
그것이 바로 여래의 크고 원만한 깨달음이니
오랜 겁 지나더라도 이 문을 어찌 벗어나랴만
잠시 잘못으로 이 길에 떨어져 머물고 있네.

이 암자는 본래 태고라는 이름이 아닌데
오늘이 있으므로 태고라 하네.
하나 속의 모두(一切)이며 많음(多) 속의 하나이다.
하나라 해도 맞지 않되 항상 분명하여라.

모날 수도 있고 둥글 수도 있으니
흐름 따라 변하는 곳마다 모두 현묘하다.
그대 만일 나에게 산중 경계 물으면
솔바람 시원하고 달은 시냇물에 가득 찼다 하지.

도도 닦지 않고 참선도 하지 않고
침수향(沈水香)은 다 타고 향로에 연기 없다.
그저 제멋대로 이렇게 지나거니
무엇하러 구구하게 까닭을 캐물으랴.

뼛속에 사무치고 사무친 청빈함이여
살아갈 계책은 원래 위음왕불(威音王佛) 앞에 있었네.
한가하면 태고가를 소리 높여 부르며
무쇠 소 거꾸로 타고 인간 천상 노니네.

아이들 눈에는 모두가 광대놀이로 보여
이리저리 끌어보나 부질없이 눈꺼풀만 수고롭히네.
이 암자의 치졸함은 그저 이러하니

알겠다, 더 말할 필요 없음을.
춤을 그치고 삼대(三臺)로 돌아간 뒤에는
푸른 산은 여전히 샘과 수풀 마주하네.

석옥이 물었다.
"우두가 아직 사조를 만나지 못했을 대 어찌해서 온갖 새들이 꽃을 물고 왔는가?"
"부귀하면 사람들이 모두 우러러보기 때문입니다."
"사조를 만난 뒤에는 어찌해서 꽃을 문 새들을 찾아볼 수 없었는가?"
"청빈하면 아들도 멀어지기 때문입니다."
"공겁 이전에 태고가 있었는가, 없었는가?"
"허공이 태고 가운데서 나왔습니다."
석옥이 미소 지으며,
"불법이 동쪽으로 가는구나."
하였다.

드디어 가사를 신표로 주며 말했다.
"옷은 비록 오늘 주지만 법은 영산으로부터 지금까지 내려온 것으로 이제 그대에게 부촉하노니, 그대는 잘 보호하고 지켜서 단절됨이 없게 하라."

또 주장자를 들고 부촉하였다.
"이것은 노승이 평생 지니던 것이오. 오늘 그대에게 주노니, 그대는 이것으로 길잡이를 삼으라. 지혜가 그대보다 나은 사람을 천년이 지나도록 만나기 어려울 것이오. 만약 그러한 사람을 만나면 그에게 전해주고, 무엇보다 위로부터 내려온 불조의 명맥을 끊어지지 않게 하시오."

10월 연경에 돌아오니 명성이 멀리 퍼졌다. 원의 순종이 선사에게 당을 열어 설법하기를 청하고, 두 황후와 황태자가 모두 법의와 폐백을 하사하였다. 무자년(1348) 봄에 고려로 돌아왔다. 공민왕이 왕사로 봉하니 은혜로이 예우함이 매우 융숭하였다. 정유년(1357) 2월 선사가 양근 소설산으로 돌아가기를 청하니 공민왕이 선사의 뜻을 알고 법복과 인장을 선사의 처소에 보냈다.

이 때에 고담 적조 현명(寂照玄明)선사가 있었는데 절강성 사람으로 미원(迷原)의 은성사(隱聖寺)에 객승으로 있었다. 태고암가를 보고는 공경하고 감탄하며 소설산으로 찾아갔다. 선사는 마침 다리에 병을 앓고 계셨다. 고담은 그것을 자세히 보다가

"스님, 피로해서 그런 것이 아닙니까?"

하니, 선사가 "그렇다" 하거늘, 고담이

"모든 것을 놓고 안심하십시오."

하였다. 선사는 "좋다"하고는 시자를 시켜 금란가사와 선봉(주장자)를 가져오라 하여 그에게 주면서 말하였다.

"들여우거든 때려죽이고 사자거든 길러라."

고담은 꿇어앉고 받은 가사를 입고 선봉을 집고서 힘차게 일어서며 할을 한 번 하고, 그 소리와 동시에 때릴 형세를 지었다. 선사가 물었다.

"원래 그러한가?"

고담은 절을 올리고 물러갔다. 얼마 안 있어 선사의 병이 나았다.

뒷날 요승 신돈(辛旽)이 권세를 부리는데 선사를 꺼리어 죽이려고 하였다. 왕에게 참소하여 스님을 속리산에 가두었다. 신돈이 주살되자 왕이 예사를 보내 국사로 봉하였으며 법호를 더하여 내렸다. 홍무 임술년(1382) 여름에 선사께서 양산사에서 소설산으로 돌아왔다.

12월 24일 목욕을 하고 옷을 갈아입은 뒤 단정히 앉아 게송으로 말하였다.

사람의 목숨은 물거품처럼 허무하니,
80여 년이 봄날 꿈속 같았네.
죽음에 다다라 이제 가죽부대 버리노니,
수레바퀴 붉은 해가 서산으로 넘어가네.

말을 마치고 입적하였다. 세수 82세요 법랍 69년이었다. 다비하였는데 사리를 셀 수 없었으며, 영골을 삼각산 중흥사의 동쪽 봉우리에 안치하였다. 시호

를 "원증(圓證)" 탑호를 "보월승공(寶月昇空)"이라 하였다.

한산부원군 이색이 지은 원증국사 사리탑 비문에는,
"병신년(1356) 3월 현릉(공민왕)이 친히 봉은사로 모셔 청법하였는데, 법회가 끝나자 왕사로 모셔 원융부를 세웠다."
하였고,
"그 뒤(1362) 양산사(회양산 봉암사)와 가지산 보림사를 거쳐 본자리로 돌아갔는데 신돈의 권세가 막강하였기 때문이다. 왕이 신돈의 말을 듣고 직접 문초하여 속리산에 가두었다가 이듬해 신돈을 죽이고 다시 국사를 모시고 영원사·양산사를 거쳤다."
하였다.
문인 유창(維昌)의 행장에는 더 구체적인 이야기가 실려 있고, 시자 설서(雪捿)가 지은 태고어록에는 많은 글이 실려 있다.

나옹국사 혜근(慧勤)

선사의 옛 이름은 원혜(元慧)요, 거처하는 곳은 강월헌(江月軒)이라 하며, 속성은 아씨(牙氏)인데 영혜부(寧海府 ; 경북 포항 일대) 사람이다. 그 아버지는 서구(瑞具)이며 어머니는 정씨(鄭氏)이다. 정씨가 꿈에 금빛 새매가 (날아와) 떨어뜨린 알이 품안에 드는 것을 보고 이내 아기를 배고, 연유 경신년(1320) 정월 15일에 선사를 낳았다.

선사는 날 때부터 골상이 보통 아이와 달랐고, 자라서는 근기가 매우 뛰어나 곧 출가하기를 청하였으나 부모가 허락하지 않았다. 20세 때에 이웃 친구가 죽는 것을 보고 여러 어른들에게 물었다.
"죽으면 어디로 갑니까?"
모두들 "모른다" 하였다. 매우 슬픈 생각을 품고 공덕산 묘적암의 요연(了然)선사에게 갔다.

요연선사가 물었다.
"너는 무엇을 위해 머리를 깎으려 하느냐?"
"삼계를 뛰어넘어 중생을 이롭게 하기 위해서입니다."
"지금 여기 온 너는 어떤 물건인고?"
"말할 수도 없고 들을 수도 없습니다. 어떻게 닦아야 이를 증득할 수 있겠습니까?"

요연화상이 머리를 깎아주고 말했다.
"나도 너처럼 아직 알지 못한다. 다른 스승을 찾아가서 물어보라."
그리하여 선사는 요연을 하직하고 여러 절을 돌아다니다가 지정 4년 갑신년(1344)에 회암사로 가서 한 방에서 밤낮으로 언제나 고요히 앉아 있었다.

그 때 일본의 석옹(石翁)화상이 그 절에 머무르고 있었다. 어느 날 석옹화상은 승당에서 내려와 선상(禪床)을 치며 말하였다.

"대중은 이 소리를 듣는가?"

대중이 말이 없자, 선사가 게송을 그에게 올렸다.

선불장(選佛場) 안에 앉아
정신 차리고 자세히 보라.
보고 듣는 것 다른 물건 아니오,
원래 그것이 옛 주인이라네.

그 후 4년 동안 부지런히 닦다가 하루아침에 갑자기 깨친 뒤에 중국으로 가 스승을 찾고 도를 구하려 하였다. 정해년(1347) 11월에 북쪽으로 떠나 무자년(1348) 3월 13일에 연경의 법원사에 도착했는데, 그 곳에서 처음으로 서천의 지공화상을 뵈었다.

"그대는 어디서 왔는가?"

"고려에서 왔습니다."

"배로 왔는가, 육지로 왔는가, 신통으로 왔는가?"

"신통으로 왔습니다."

"신통을 나타내 보라."

선사는 그 앞으로 가까이 가서 합장하고 섰다.

지공이 또 물었다.

"그대가 고려에서 왔다면 동해 저쪽을 다 보고 왔는가?"

"보지 않았다면 어떻게 이곳에 왔겠습니까?"

"열두 방자(房子)를 데리고 왔는가?"

"데리고 왔습니다."

"누가 그대를 여기 오라 하던가?"

"혜근이 스스로 왔습니다."

"무엇 하러 왔는가?"

"뒤의 사람들을 위해 왔습니다."

지공은 허락하고 대중과 함께 있게 하였다.

경인년(1350) 3월에 연도를 떠나 통주(通州)에서 배를 타고, 4월 8일에 평강부에 이르러 휴휴암에서 여름 안거를 지내고 8월에 정자선사(淨慈禪寺)에 이르렀는데, 그 곳의 몽당(蒙堂) 노숙이 선사에게 물었다.
"그대 나라에도 선법이 있는가?"
선사가 계송으로 대답하였다.

부상(扶桑) 나라에 해가 오르니
강남의 바다와 산이 붉어지네.
같고 다름을 묻지 말지니
신령한 빛은 고금에 통하네.

다시 선사가 평산 처림(平山處林)을 만나니 평산은 마침 승당에 있었다. 선사는 곧 바로 승당에 들어가 내키는 대로 이리저리 걸었다.
평산이 물었다.
"그대는 어디서 왔는가?"
"대도에서 왔습니다."
"누구를 보고 왔는가?"
"지공스님을 뵙고 왔습니다."
"무슨 일을 하고 있던가?"
"날마다 천검(千劍)을 쓰고 있었습니다."
"지공의 천검은 그만 두고 그대의 칼이나 한 번 보자."
순간 선사의 좌복을 들어 치니 평산이 쓰러지면서 외쳤다.
"이 도적놈아. 사람을 죽이는구나."
스님은 즉시 붙들어 일으키면서
"내 칼은 사람을 죽이기도 하고 살리기도 합니다."
"하하."
크게 웃고 손을 잡고 방장으로 들어가 차를 권하며 "쉬었다가 가라" 하며 설암스님이 전한 급암스님의 법의를 주면서 말했다.

"그대의 말과 기운에는 불조의 종지가 분명하고, 말 속에 메아리가 있으며, 날카로운 칼이 들어 있구나. 돌속에서 티없는 옥을 꺼냈으니 정혜로 원명 구족 하라."

이듬해(1351) 2월 초2일 평산을 하직하고 떠나려하자 게송 1편을 주었다.

회암의 판수가 운문을 꾸짖고
백만 인천을 한 입에 삼켰네.
다시 밝은 스승을 찾아 참구한 뒤
집에 돌아가 설법하면 성난 우뢰가 번득일 것이네.

천암 원장(千巖元長)선사를 찾아가니 물었다.
"어디서 왔는가?"
"정자선사에서 왔습니다."
"부모미생전 소식을 아는가?"
"오늘이 4월 초2일입니다."
"눈밝은 사람은 속이기 어렵구나."

선사가 해동으로 돌아오니 공민왕이 왕사로 봉하였다.

경술년(1370) 광명사에서 양종 납자들을 시험한 뒤 법좌에 오르게 하였다.
"고금의 격식을 깨뜨리고 법성의 자취를 쓸어버린 자는 한 말씀해보라."

모든 사람들이 꿀먹은 벙어리가 되어 있는데 환암혼수가 나와 3관 3구(內・外・中間)로 대답하자 보제존자를 왕사로 모시고 송광사로 보냈다.

임자년 가을 지공스님의 삼산양수처를 생각하고 임금님의 부름을 받아 회암 사에서 법회를 보고 병란에 손실된 절을 복구하였다. 너무 많은 신자들이 왕래 하자 사천부에서 탄핵하여 자리를 영원사로 옮겨 가다가 여주 신륵사에서 열반 하시니 회암사에 탑을 세우고 선각이라 시호를 내린 뒤 이색에게 비문을 짓게 하고, 신하 권중화에게 단사로 전액을 쓰게 하였다.

이색이 비명을 썼다.

진실로 선을 깨친 이여,
기린의 뿔이로다.
국왕의 스승이여,
인천의 눈이로다.

뭇 스님들이 우러러보기를
물이 골짜기로 쏟아지듯
그를 다 아느니 드무니
서신자리 우뚝하도다.

참새 꿈 빛나고 신령한 이
처음 태어날 때의 일이요,
응신이 상여를 호위함이여
마지막 죽음을 빛내도다.

하물며 사리에서
선사의 신령함을 나타냈으니
강은 넓게 트여 있고
달은 밝게 비치도다.

공인가 색인가.
위 아래가 훤히 트였으니
아득하여라. 높은 모습이여,
마침내 길이 멸하지 않으리라.

문인 각굉(覺宏)이 기록한 운집에 더 많은 글이 쓰여져 있다.

소현왕사 범위(範違)와 원공(圓空)

고려 유식종사에는 왕사 소현(韶顯), 승통 우상(祐翔), 국존 미수(彌授) 등 여러 사람이 있으며, 대각국사 또한 본종에 대한 저서가 있다.

왕사 소현의 자는 범위(範圍)이고 속성은 이씨이며, 문하시중 자연의 아들이다. 지광국사(智光國師 ; 海鱗)에게서 머리를 깎고 수학하였다. 선종(宣宗) 때 승통이 되어 현화사에 머물렀다. 대사는 절의 남쪽에 광교원을 창건하고, 이에 새로 경판을 새겨 광교원의 가운데에 설치하고, 따로 금당 한 곳을 지었다. 아울러 노사나 및 현장·규기 두 대사의 초상을 그렸다.

태강 9년에서부터 대사의 말년에 이르기까지 자은(규기)이 찬한 법화·현찬·유식 술기 등의 장소(章疏) 32부 총 353권을 찾아내어 그 판본을 고증하여 바로 잡고 장인들을 불러 모아 판을 만들었다. 사사로이 종이와 먹을 들여서 인쇄하고 유통시켜 법을 널리 베풀었다.

삼가 대송고승전을 살펴보면, 현장법사는 유식의 기치를 올린 개조가 되었으며, 규기는 글을 지키고 저술하는 으뜸이 되었다. 현장은 진실로 규기가 없었다면 어떻게 시조로 그 학문을 장려했겠는가. 무릇 장차 성상의문(性相義門)에 들어가려는 사람이 자은의 학문을 버린다면, 그 궁극에 이르지 못한다는 것을 비로소 알게 되었다.

당 문황(태종)으로부터 신라왕이 표문을 올려 유가론 100권을 베풀어 보내 줄 것을 청하니, 이에 이치에 응하고 원만한 실체인 학문이 점점 이 땅에 성하게 되었다. 원효법사가 앞에서 인도하고 대현·대통이 뒤따라 부처님의 가르침을 전해 대대로 흥성하게 하였다.

그러나 성인으로부터 점점 멀어질수록 남긴 글이 잘못되고 변한 것이 많아서, 대사가 항상 가슴에 병처럼 품고 있다가 그 '조문장소(祖門章疏)'를 세상에 크게 유행시켜, 배우는 자로 하여금 본종의 평탄한 길이 있음을 알게 했다. 이는 오직 대사의 힘이니, 원효를 돕고 곁으로 대현을 따랐다고 할 만하다.

고려 대각국사가 혜덕왕사(慧德王師)를 애도하였다.

복과 지혜 두 가지가 엄연히 온전하니,
마음을 쪼개어 강연을 베풀었다.
천 년의 가르침이 엷게 스며드니,
일생의 인연으로 널리 보호하였다.

내원의 인연은 처음에 가득하였으나,
남주의 보답은 이미 옮겨졌네.
어찌 일어난 구름과 안개를 다스리겠는가?
앉아서 도안이 천하를 편안하게 함을 바라본다.

이 글은 금산사에 있다.

대각국사는 또 성유식론단과(成惟識論單科)를 찬하고 서문에 일렀다.
"현화사의 우상대사(祐翔大師)에게서 유식론을 듣고, 또 여항(餘杭) 혜인사의 정원법사(淨源法師) 강하에 나아가 대경(화엄경)을 배웠으며, 동경 현성사의 혜림법사(慧琳法師) 문하에서 유식론을 물어 의심을 결정하였다.

그 후 이것의 전등을 자신의 소임으로 여기고 홍왕사에 머물면서 잡화경(화엄경)을 사방에 두루 폈다. 가야산 해인사에 물러나 은거하면서 산수의 즐거움을 좋아하다가 저술할 뜻이 싹트자 백가(百家)를 편람했다.

장차 그 법기가 되는 사람들을 이롭게 하려면 기신론과 유식론 두 가지 논을 성종(性宗)과 상종(相宗) 두 종의 중추적인 요지여서, 배우는 사람은 마땅히 마음을 다해야 할 것이다. 그러나 기신론 또한 일찍이 대충 익혔으나 유식론에 대해서는 아직 공력을 다하지 못하였으니, 번거로운 말에 빠져 중요한 이치를 모를까 염려가 된다. 이에 본기를 찾아 연구하고 옛날 자료를 참작하여 간추리고 정리해서 3권으로 만들었다. 만약 같은 뜻을 갖은 자가 과목을 갖고 논문을 음미하려면, 먼저 바른 글을 익힌 뒤에 소초를 다룬다면 유식의 종지를 아마도 쉽게 볼 수 있을 것이다"라고 하였다.

유가대사 경조(景照)의 자는 공공(空空)이다. 그는 불도에 조예가 깊어 이미 법왕이라 할 만하고, 또 한가한 때에는 시를 일삼아 썼다.

〈이규보 토각암기〉

무종황제가 불법을 숭상하여 일찍이 불사를 도성의 남쪽에 기공하였다. 인종황제가 뒤를 이어 완성해 황경(皇慶) 원년에 준공하였다. 곧 여러 곳의 훌륭한 승려들에게 명령하여 그해 겨울부터 강당을 열고 설법을 시작하였다. 고려의 유가교사 원공(圓公)이 그의 무리를 거느리고 들어와 살고 있었다. 그 곳에 머무른 것이 모두 29년이나 되었다. 지원 경진년(1280) 2월 18일에 그 곳 무후지당(無虖之堂)에서 입적하였다.

5년이 흐른 뒤 갑신년(1284) 가을에 그의 법통을 이은 고제 현인(玄印) 등 30여 명이 그 유골을 안치할 탑을 만들었다. 또한 그의 도행을 비석에 새길 것을 도모하여 내게 글을 청했다.

공의 휘는 해원(海圓)이요 속성은 조씨(趙氏)이며, 함열군 사람이다. 아버지는 검교감문위대호군 혁(奕)이며, 어머니는 완산군부인 이씨이다.

공은 태어날 때부터 단정하며 장중했고 타고난 자질이 자상해 행동거지가 보통 아이들과 달랐다. 부모가 일찍이 말하기를, "이 애가 만약 큰 벼슬을 하지 않는다면 반드시 대복전이 될 것이다" 하였다.

나이가 겨우 12살이 되어 금산사의 대사 석굉(釋宏)에게 가서 머리를 깎고 중이 되었다. 그가 법을 배우는 것이 같은 무리들은 감히 바라보지 못할 정도로 날마다 진보하였다.

갑오년(1294) 봄에 선불과에 급제하여 불주사에 머물렀다. 대덕 을사년에 안서왕이 고려의 승려는 계행이 매우 높다는 말을 듣고, 성종에게 청해 사자를 보내 초빙하였다. 공이 그 명령에 응하여 들어가 뵙고 이어 안서왕을 따라 북방에 갔다. 북방의 풍속은 농사는 짓지 않고 목축으로 생업을 삼았기 때문에 가축의 고기를 먹고 고기국물을 마시며 그 가죽으로 옷을 만들었다. 공이 거기에 있은 지 두 해가 지났으나 비록 굶주림을 참을망정 절대로 마늘 냄새 나는 음식을 먹지 않았다. 계율을 지킴이 더욱 굳세니 안서왕이 더욱 존중했다.

정미년(1307) 겨울에 무종의 뜻을 받들어 도제들을 거느리고 국고의 양곡을 먹었으며, 봄가을의 시순에는 임금의 수레를 호종할 것을 명하였다. 인종의 왕위를 이은 뒤에는 공에게 이 절에 거처할 것을 명하였다. 은총과 지우(知遇)는 더욱 풍부해졌고, 스님의 명성과 명예는 더욱 드러났다. 천력 초에 이르러 저폐(楮幣) 2만 5천을 하사하였으니, 이는 남달리 총애했기 때문이다.

본국의 임금께서 존경과 예의를 더욱 더하시니 대사가 소를 올려 멀리 백제의 금산사에 머물기를 청하였다. 호를 하사하기를, '혜감원명편조무애국일대사(慧鑑圓明遍照無碍國一大師)'라 하고, '중대광우세군(重大匡祐世君)'으로 봉하였다. 종문을 영광스럽게 빛냄은 온 세상에 으뜸이었다.

공은 마음가짐이 관대하고 온화하며 몸을 닦아 실행함이 위엄이 있고 무게가 있어서, 한 번 본 사람은 사랑하고 존경하지 않을 수가 없었다. 이른바 유식지론에 대해서는 이미 큰뜻에 통달하였으므로 사람들과 더불어 수다스럽게 논쟁하는 일이 없었다. 사람들 또한 감히 논란하려고 하지 못했다.

성격이 또한 손님을 좋아해 존귀한 자나 비천한 자, 사악한 자나 올바른 자에 차별을 두지 않고 똑같이 대접했다. 이 때문에 손님을 맞이하는 마루는 항상 만원이었다. 공을 말하고 유를 설명하기를 부지런히 하여 게으르지 아니하였다. 수입이 비용을 감당하지 못하여 간혹 주방의 공궤(供饋)를 계속하지 못하였으며, 주머니와 바릿대가 쓸쓸하였다. 돌아가시던 날에 남아 있는 자산이라고는 없었다. 향년 79세였다. 아! 진정 이른바 복전이었던가.

나는 원통 계유년(1333)에 계획을 갖추어 가지고 와서 공의 별원인 보은승방에 우거하였다. 그런 까닭에 공을 잘 알고 있었지만, 이제 와 보니 공은 입적한 지가 이미 해를 넘겼으며, 그의 무리들은 헤어져서 사방으로 흩어졌다. 나는 슬퍼하지 않을 수 없고 또 부처를 배우는 자들이 오히려 사원을 빼앗으면서도 부끄러운 줄 모르는 것이 일찍이 속세의 사람들만도 못함을 민망하게 여겼다.

이제 대사의 문인이 절을 회복했고 대사의 상사(喪事)에 대한 일이 늦어진 것을 통탄하여 유골을 모실 탑을 잘 이루었으니, 다만 능히 그 뜻을 계승하고 그 은혜를 갚았을 뿐 아니라 또한 그의 덕행을 높이 받들어 영원무궁하게 전하게 하였다.

이 글은 이곡(李穀)이 찬한 것이다.

자정국사 자안(字安)

이 글은 정순대부 이숙기(李叔琪)가 짓고 보문각 김원발(金元發)이 썼다.

신이 삼가 불교의 경전을 자세히 살펴보니, 부처님께서 이 세상에 출현하게 된 가장 큰 목적을 입으로 말씀하신 것이 경이고, 마음을 나타낸 것을 선이라 한다. 그러므로 선은 마음으로 전할 수 있으나, 교는 입으로 설명하기가 더욱 어렵다. 입으로 강설하여 그 뜻을 연출함으로써 후학을 계몽하여 계·정·혜 삼학의 도단주(都壇主)가 되신 분은 오직 자은국일대사(慈恩國一大師)이다.

스님의 휘는 자안(字安)이었다가 뒤에 현몽하였기 때문에 미수(彌授)로 바꿨다. 속성은 김씨이고 선조는 일선군 출신이다. 아버지는 한제(韓磾)로 봉순대부 전객령으로 추증하였고, 어머니는 문씨(文氏)로 공진의 딸인데 화의군부인에 추봉되었다.

태어난 후 며칠 만에 어머니가 돌아가셔서 누나의 손에서 자랐다. 9세 때 스승에게 나아가 시와 서를 배웠는데, 한 번 들으면 금방 외워 총명하고 민첩한 재주가 남보다 뛰어났다. 13세에 선산 원흥사 종연(宗然)스님을 찾아가 은사로 머리를 깎고 사미계를 받아 스님이 되었다. 이후 비구계를 받고 경론을 익혔다. 19세에는 선불장에 응시해 상품과에 합격하고 국령사에 주석하였다.

29세에 삼중대사(三重大師)의 법계를 받았으며, 주로 유식론의 종지를 강의하였다. 나이 든 스님과 석덕들이 모두 스님 앞에 경전을 펴고 배우니, 희대의 뛰어난 학자라고 칭찬하지 않는 사람이 없었다. 20세의 나이에 이미 박학다식하여 종지와 삼승의 교리를 어깨에 짊어진 당대의 표준이 되었다. 삼중대사로서 주법(主法)한 일이 예전부터 없었는데, 스님이 바로 그렇게 되신 분이다.

두번째로 주석한 웅신사(熊神寺)에 있을 때에는 특별히 교지를 내려 수좌로 삼았다. 세번째로 장의사에 있을 때는 승통을 더해 받았다. 네번째로 속리산 법주사에 주석하다가 전하께 하산할 수 있도록 윤허를 청하였다. 이 때 대장군 김자정이 왕의 교지를 전달하였다.

"말법시대에 대종장은 백천만 겁을 지나도 만나기 어렵습니다. 청하건대 스님께서는 경론의 장소(章疏)를 지어 길이 세간에 유통하여 널리 후진을 계몽시키시오."

스님께서는 왕명을 받은 이후로 항상 손에 석권(불서)을 놓지 않았고, 강론에 여념 없이 일대시교를 널리 드날리는 것으로 자신의 임무를 삼았다. 경론에 대한 주해를 찬술한 것이 무려 92권이나 되었다. 다섯번째로 중흥사에 주석하면서 정진하다가 태위대왕(충선왕)이 즉위하던 해인 무술년(1298) 5월에 이르러, 왕이 교지를 내려 석교도승통(釋敎都僧統)과 중흥사 주지 행지원명대사(行智圓明大師)로 추대하였다.

여섯번째로 유가사(瑜伽寺)의 주지로 있을 때 충렬왕은 원의 수도인 연도에 있었다. 왕은 특히 대반야경을 신봉하여 숙위(宿衛)하는 신하들로 하여금 밤마다 독송하도록 하였다. 이로 말미암아 전하 일행이 모두 대반야경을 독송하였다. 어느 날 원의 한 강주가 법화경 신해품의 난해한 부분을 해석해 주기를 요청하였다. 당시 모든 강사들이 "이는 해석할 자가 없습니다"라고 하였다.

이 때 왕이 사신을 스님에게 보내 이에 대한 주해와 또 심지관경에 대한 소기를 짓도록 청하였다. 스님은 이 신해품 주해와 심지관경에 대한 소기를 사신에게 주어 왕에게 받들어 바치도록 하였다. 모든 강사들이 이를 보고 저마다 주장하던 쟁론을 그치고 모두 찬미하면서 그 보기 드문 탁견에 탄복하였다. 임금 역시 더욱 존승하였다.

일곱번째로 다시 장의사로 옮겨 주석하였다. 무신년91308) 4월 교지를 내려 대자은종사(大慈恩宗師) 개내삼학도단주(開內三學都壇主) 대장의사지(大莊義寺) 주지 오교도승통(五敎都僧統) 광지묘변불각보명대사(廣智妙辯佛覺普明大師)라는 법칭을 내렸다. 개내삼학도단주라는 7자는 보록에도 실려 있다. 기유년(1300)에는 숭교원의 교학이 되었고, 계축년(1313)에 이르러 교지를 내려 대자은종사(大慈恩宗師) 삼중대광(三重大匡) 양가도승통(兩家都僧統) 보리살타(菩提薩陀) 마하나가(摩訶那伽) 국일대사(國一大師) 우세군(祐世君)이라는 법호를 올리고 별도로 1품의 봉록을 드렸다.

갑인년(1314) 봄에 연경궁에서 백팔만승재(만승을 초청하여 재를 108일간 올리는 것)를 베풀던 날, 임금께서 '양가도승통'이라는 직인을 새로 주조하여 손수 바쳤다. 을유년(1315)에는 내전참회사(內殿懺悔師) 삼학법주(三學法主) 덕혜원증(德慧圓證) 장통현변(藏通玄辯) 국일대사(國一大師)로 책봉하고, 참회부(懺悔府)를 설립하고 따로 은으로 직인을 만들어 승정(僧政)을 전담 관리하도록 하였는데, 비로소 5교(敎)와 2종(宗)의 사사(寺舍)를 관리하게 하였다.

정사년(1317)에는 불해징원(佛海澄圓) 홍자광지대도사(弘慈廣智大導師)로 봉하였고, 무오년(1318)에는 법가(스님이 타는 수레)를 준비하여 대민천사(大旻天寺) 강원으로 맞아들여, 법상종 삼대가의 장소를 강설하였다. 신유년(1321)에는 법주사 하산소로 삼았다가 다시 동화사로 옮겨 주석하였다.

갑자년(1324)에 이르러 오공진각(悟空眞覺) 묘원무애국존(妙圓無碍國尊)으로 책봉되었고, 을축년(1325)에는 다시 법주사로 옮겨 주석하다가, 정묘년(1327) 12월 1일 아침 서기를 방장실로 불러 임금께 올릴 편지를 써서 직인과 함께 봉하고 상주목사인 김영후(金永煦)에게 부탁하여 전달하게 하였다. 시간이 오후 4시에 이를 무렵 조용히 앉아 입적하였다. 8일에 이르러 법주사 서북쪽 산등성이에서 다비하고 산호전 동쪽 모퉁이에 탑을 세웠다. 세수는 88세 법랍은 75년이었다.

스님의 사람됨은 간결하여 꾸밈이 없고, 천성에 의해 진리를 따르며 도를 닦았다. 일상생활은 인사의 아침 공양에는 죽을 먹고, 오시의 점심 공양에는 밥을 먹으며, 해가 정오를 지나면 오후부터 다음날 아침까지는 일체 먹지 않았다. 중흥사에서 무릇 18년을 주석하는 동안 초청을 받지 않고는 한 번도 권세가의 대문을 밟지 않았다. 날마다 용궁해장(龍宮海藏)인 내서에 속하는 경론을 연구하며 번역하여 정통하지 않음이 없었다. 다른 서적인 외전까지도 모두 섭렵하여 학문을 축적하였으며, 항상 배움을 좋아하고 또한 가르치기에 권태를 느끼지 않았다.

항상 후진을 지도하는 마음을 깊이 간직하여 비록 배우지 못한 어린 무리들이 찾아와 이 책을 강하고 저 책을 논해 주기를 청해도 기꺼이 그 요청을 받아들여 강설하여 주었다. 맹추위와 무더위에도 거처의 불편함을 신경 쓰지 않았고, 사방으로부터 학자들이 구름과 안개처럼 모여들어 스님의 윤택한 법음을 얻고자 하였다. 온 나라의 공경(公卿)과 사대부의 자제들 중 배움에 뜻을 둔 사람들이 스님의 문하에서 배출된 자가 매우 많았다. 스님의 평생 생활이 대개 이와 같았다.

임금께서 (스님의) 부고를 듣고 애도하면서 관원을 보내 사후의 일을 돕게 하고, 시호를 자정국존(慈淨國尊)이라 하고, 탑호를 보명(普明)이라 추증하였다. 지금의 임금이신 충혜왕께서 선위(禪位)를 이어받은 원년(1330) 가을 8월에 임금께서 소신으로 하여금 비문을 짓도록 명하였다. 신하 숙기(叔琪)가 왕명을 받고 두려워서 어찌할 바를 몰라 주저하다가 떨리며 두려움을 무릅쓰고 삼가 손을 씻어 향을 피운 다음 부처님께 머리를 조아리고 비문을 짓는다. 명은 다음과 같다.

시방세계 법왕이신 석가여래의 출세는 우담발화 나타나듯 희귀하도다.
마음 등불 높이 들어 밖을 비추고, 지혜의 거울 갈고 닦아 안으로 밝히다.
계·정·혜 삼학을 펴고 전하여 임금님을 돕고 도와 성군되시다.

75년 수행 끝에 입적하시니, 자은종의 깊은 진리 널리 포교하였네.
오탁세인 나몀부제 뒤로 돌리고, 도솔천궁 내원으로 돌아가시니,
그 유골은 탑 속에서 보이지 않고, 유가종사 이름만이 진동하도다.

왕께서 백탑을 청산의 언덕에 세우시고

소신에게 명을 내려 비문을 짓게 하시나 조잡하여 아름다운 말이 없네.
붓을 잡고 먹을 묻혀 글을 지으니, 마음 가득히 두려움이 크도다.

지정 2년 임오년(1342) 9월   일

  고려무진등(高麗無盡燈)
태조의 왕업이 훈요십계로부터 시작되어
처처에 절과 탑을 무진하게 세우다 보니
날마다 흐드러진 잔치에
부처님 밑 빠지는 줄 몰랐도다.

〈활안〉

원혜국통(圓慧國統)과 제자 무외(無畏)

"오호라! 대도의 넉넉하고 명백함은 철인의 유무에 있다.
오직 스님이 웅대하고 뛰어남이여!
이에 세간을 엿보다 티끌 같은 땅에 내려와서
스물 안짝 꽃다운 나이에 뛰어나게 영특함이여!
널리 3부(部)를 통하고 법을 택하는 안목의 밝음이여!
세밀하고 거친 것을 잘 선별하였구나.
처음 백련을 맡아서 조사의 도를 중흥하더니,
마침내 국통이 되어서 덕과 이름을 구비하였네.
근원으로 돌아가는 날에 이르러 조용히 해탈하였구나!"

박전지(朴全之)가 찬술한 영봉산 용암사 중창기를 보면 다음과 같은 글이 있다.

무외국통(無畏國統)이 하산한 용암사는 진양 속현(屬縣) 반성(班城) 동쪽 모퉁이 영봉산 속에 있다. 옛적에 개국조사 도선이 지리산의 주신 성모천왕이 은밀히 부촉하며
"만약 세 개의 암사(巖寺)를 창립하면 3한이 합해져 한 나라가 되어서 전쟁이 자연히 종식될 것이다."
하였는데, 그로 말미암아 세개의 암사를 세웠으니, 곧 지금의 선암사(仙巖寺)와 운암사(雲巖寺)와 이 절(龍巖寺)이다. 그러므로 이 사찰이 국가의 대비보사찰이 된 것을 고금 사람이 다 함께 아는 바이다.

그러나 세월이 흘러 시대가 멀어지고 또한 주지가 일정하지 않았다. 이에 당우는 쇠퇴해 무너지고, 불상과 시설은 벗겨지고 퇴락했으며, 대장경은 부식되

어 파괴되어 흔적이 모두 없어졌다. 우리 국통이 스물 안짝의 꽃다운 나이에 승려 선발 시험인 상상과에 합격하였으나, 명예의 고삐 속에서 빠져나와 산을 찾아다니고 암자에 머무르며 해를 넘겼다.

임금께서 스님의 행적에 관해 들으시고 대덕 6년 임진년(1302) 여름에 특별히 중사지후 김광식(金光植)을 보내 스님을 월출산 백운암에서 맞이해 원찰인 묘련사의 주지로 명하였다. 10년 병오년 겨울에 이르러 임금께서 '백월낭공적조무애대선사(白月朗空寂照無碍大禪師)'라고 법호를 올렸다. 이듬해 정미년 여름에 심왕(瀋王)과 부왕과 함께 제자의 예를 행하고, 스님을 책봉하여 왕사로 삼으시고 '불일보조정혜묘원진감대선사(佛日普照靜慧妙圓眞鑑大禪師)라는 법호를 올렸다.

이 때 임금께서는 이름난 가람을 스님의 하산소로 삼고자 하였는데, 그 때 마침 금장사(金藏寺)가 주인 없이 허물어져 가고 있었다. 스님은 그것을 다행이라고 여기고 두 번, 세 번 신청해 하산소로 삼았다. 그리고 금당을 개조하고 아울러 자마 금박으로 주불 미륵여래 부처인 두 보살상을 개수하였다. 첨의찬성사 대학사 이산(李㦃)이 지은 기(記)가 있다.

지대 원년 무신년(1308) 가을 심왕이 즉위한 날에 선사를 청하여 용상에 함께 앉았으며, 또 '선교각종산문도반총섭제조(禪敎各宗山門道伴總攝提調)'라는 호를 진상하였다. 이어서 사신을 위촉하여 보내서 함께 일을 의논하게 하였다.

기유년 겨울에 임금께서 국청사로 이주하라고 명하여 오대·수암·조연·안락·마노 등 다섯 사찰을 이 절에 부속시켜 하원으로 삼고, 도감을 세워 수리하였다. 스님은 달친(噠嚫 ; 보시)을 모두 다 희사하여 금당을 새로 짓고 아울러 주불인 석가여래와 보처인 두 보살상을 조성하고 모두 순금으로 장식하였다. 첨의정승 대학사 여흥군 민지(閔漬)에게 기를 쓰게 하여 방을 써서 붙였다.

민지가 지은 국청사 금당주불 석가여래 사리 영이기(國淸寺金堂主佛釋迦如來舍利靈異記)에서 말했다.

"선종 때 대각국사가 처음 천태육산(천태종의 여섯 본산)을 세우고 땅을 점쳐 송산 서남쪽 기슭에 국청사를 지어서 여섯 본산의 근본으로 삼았다. 석가여래 삼존을 조성하고 금당의 주불로 삼고 항상 묘법연화경을 연설하고 역대에 걸쳐 그 복리를 빌고 의지하였다. 나라가 중간에 어렵게 되자 사찰 또한 폐허가 되었다. 쇠퇴했던 나라가 다시 일어난 이래 바야흐로 비로소 중창을 하였으나 옛터를 회복하지 못하였다. 그러므로 불상과 시설에는 의논이 미치지 못하였다. 지금의 국통이 그 불좌(佛座)가 오래도록 비어 있는 것을 가슴 아파하여 맹세코 힘을 다하여 조성하고자 하였다. 또한 대선사가 이안(而安)이 백은 열 근을 희사했으나 주관하여 힘쓸 사람을 얻지 못하였다. 이에 황경 2년 계축년에 비로소 상호군 노우(盧祐)가 삼보를 독실히 공경할 뿐만 아니라 일 처리가 능하다는 말을 듣고 드디어 청해 이 일을 부탁하였는데, 백은 10여 근을 희사하였다. 노공은 이 일을 기꺼이 허락하고 돌을 물에 던지는 것같이 과연 한 달도 안되어 불사가 이루어졌다. 높고 큰 금상(金像)이 땅에서 솟아 나온 것 같았다."

하원인 다섯 사찰은 내 뜻이 아니라고 모두 그 본산으로 돌렸다.

2년 경술년에 이르러 임금께서 다시 영원사로 이주하실 것을 명하셨다. 그러나 그 절은 전대의 국통이 하산소였으므로 스님은 사양하고자 하였으나 그 뜻을 이루지 못하였다. 마침내 또한 금당을 고쳐 짓고 여러 곁채도 보수하였다. 황경 2년(1313) 계축년 여름 6월에 지금의 임금께서 왕위를 이으셨다. 겨울 11월에 이르러 부왕의 명을 계승하여 다시 스님을 국통으로 책봉하고 '대천태종사쌍홍정혜광현원종무애국통(大天台宗師雙弘定慧光顯圓宗無碍國統)'이란 법호를 올렸다.

한국고승전(上) - 삼국·고려편 -

발행일 : 2014년 5월 10일
발행처 : 불교정신문화원
편　저 : 활안·해월
인　쇄 : 이화문화출판사
　　　　02-732-7091~2

발행처 : 477-810 경기도 가평군 청평면 대성리 산 185번지
전화 (02) 969-2410(금강선원)
등록번호 76. 10. 20. 경기 제6호

값 20,000원